소프트웨어 공학
이론과 실제

지은이 **홍장의** jehong@chungbuk.ac.kr

카이스트에서 전산학 박사 학위를 취득했습니다. 현재 충북대학교 소프트웨어학부 교수로 재직 중이며 소프트웨어지능공학 연구실을 운영하고 있습니다. 국방과학연구소에서 선임연구원으로 재직 시 국방 소프트웨어 개발 프로젝트에 참여하였으며, (주)솔루션링크 기술연구소장으로 재직 시 소프트웨어 품질 및 소프트웨어 개발 방법에 대한 컨설팅을 수행하였습니다. 또한 삼성전자, LG전자, SK 텔레콤 등에서 소프트웨어 공학 관련 강의를 다수 진행하였습니다. 과학기술정보통신부의 국가기술지도 작성에 참여하였으며, 한국정보과학회 소프트웨어공학 소사이어티의 회장을 역임하였습니다.

소프트웨어 공학 이론과 실제

초판발행 2022년 6월 10일
3쇄발행 2025년 9월 5일

지은이 홍장의 / **펴낸이** 전태호
펴낸곳 한빛아카데미(주) / **주소** 서울시 서대문구 연희로2길 62 한빛아카데미(주) 2층
전화 02-336-7112 / **팩스** 02-336-7199
등록 2013년 1월 14일 제2017-000063호 / **ISBN** 979-11-5664-602-0 93000

총괄 박현진 / **책임편집** 김성무 / **기획 · 편집** 유경희 / **교정** 박정수 / **진행** 정지윤
디자인 박정화 / **전산편집** 김정하 / **제작** 박성우, 김정우
영업 김호철, 김태진, 김성삼, 이정훈, 임현기, 이성훈, 김주성, 심지연

이 책에 대한 의견이나 오탈자 및 잘못된 내용은 출판사 홈페이지나 아래 이메일로 알려주십시오.
파본은 구매처에서 교환하실 수 있습니다. 책값은 뒤표지에 표시되어 있습니다.
홈페이지 www.hanbit.co.kr / 이메일 question@hanbit.co.kr

Published by HANBIT Academy, Inc. Printed in Korea

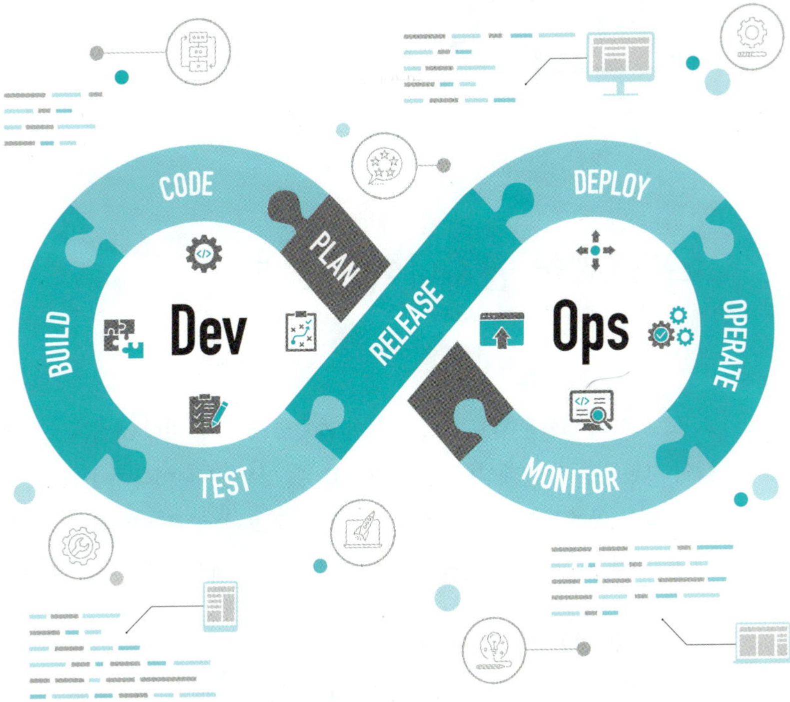

소프트웨어 공학 이론과 실제

홍장의 지음

한빛아카데미
Hanbit Academy, Inc.

소프트웨어 엔지니어의 기본

소프트웨어의 역할은 날로 그 중요성이 커지고 있으며, 현대 사회는 소프트웨어 중심 사회라는 인식이 보편화된 지 오래입니다. 인간이 갈 수 있는 곳은 어디에나 소프트웨어가 존재하고 인간이 갈 수 없는 곳에서도 소프트웨어는 동작하고 있으니, 소프트웨어는 우리 삶의 필수 불가결한 존재라 할 수 있습니다. 그런 만큼 소프트웨어는 우리에게 많은 편리함과 부가가치를 제공합니다.

그러나 다른 한편으로 소프트웨어가 매우 위험하다는 인식이 존재하는 것도 사실입니다. 항공기, 고속 전철, 무인 자동차, 인공위성, 무기 체계, 원자력 발전소 등의 소프트웨어가 오동작을 일으키면 막대한 재산 손실이 발생할 뿐만 아니라 인명 사고로 이어질 수 있기 때문입니다. 따라서 소프트웨어 개발 시 정확한 기능 개발이 매우 중요하며, 이를 통해 소프트웨어의 안전성과 신뢰성이 보장되어야 합니다.

높은 안정성과 신뢰성을 갖춘 소프트웨어를 구축하려면 소프트웨어 개발 과정에서 매우 다양한 소프트웨어 공학 기법을 적용해야 합니다. 새로운 요구사항을 체계적으로 정확하게 도출하는 것에서부터 시작하여 요구사항 분석과 소프트웨어 설계, 코딩 및 테스팅에 이르기까지, 그리고 소프트웨어 진화 과정 전반에 걸쳐 소프트웨어가 고장 없이 동작할 수 있도록 개발해야 합니다.

4차 산업 혁명 시대를 맞아 소프트웨어 개발은 복잡성과 다양성이 커지고 있습니다. 또한 지능 소프트웨어를 비롯하여 방대한 양의 데이터 처리에 대한 요구도 증가하고 있습니다. 이처럼 다양한 분야의 응용 소프트웨어를 개발하기 위해서는 체계적인 소프트웨어 공학적 이론과 기법을 적시적소에 적용하여 품질 좋은 소프트웨어를 개발하고 배포하는 것이 중요합니다.

이 책에서는 '소프트웨어 개발이 왜 중요한가'에 대한 인식을 제공하는 것에서부터 시작하여, 소프트웨어 개발 절차, 프로젝트 계획 및 관리, 소프트웨어 분석 및 설계, 코딩 가이드라인, 품질 향상을 위한 테스팅 기법 등 소프트웨어 공학의 기본 개념을 충실히 담았습니다. 소프트웨어 공학을 공부하는 학생 입장에서 중요한 개념을 파악하고 적용할 수 있도록 구성하였음은 물론, 실무자가 프로젝트 진행 과정에서 활용할 수 있도록 다양한 공학적 기법에 대해서도 자세히 설명하였습니다.

각 장마다 중심 키워드 혹은 기본 개념에 대한 실습 문제를 제시하여, 해당 내용을 정확히 이해하고 있는지, 주어진 문제를 실전에서 적용할 수 있는지 점검하도록 하였습니다. 또한 학습 주제와 연계된 프로젝트 실습 과제를 점진적으로 배치하여, 소프트웨어 개발 프로젝트의 전체 수명주기에 걸쳐 이루어지는 단계별 활동을 수행할 수 있도록 구성하였습니다.

소프트웨어 공학은 주어진 예산과 조건하에서 품질 좋은 소프트웨어를 개발하기 위한 공학적 접근 방법을 적용하는 활동 또는 학문입니다. 품질 좋은 소프트웨어를 개발하려면 실효성 있는 방법론과 우수한 도구도 필요하지만, 그보다 더 중요한 것은 지식과 기술을 겸비한 우수한 엔지니어입니다. 소프트웨어의 중요성이 나날이 커지는 이 시대에, 이 책을 통해 소프트웨어 공학의 기초를 탄탄히 다지고 다양한 공학적 기법의 적용 전략을 습득함으로써, 소프트웨어 개발 프로젝트를 성공으로 이끄는 유능한 소프트웨어 엔지니어가 많이 나오길 기대해봅니다.

저자 **홍장의**

이 책의 사용 설명서

| 강의 보조 자료 |

한빛아카데미 홈페이지에서 '교수회원'으로 가입하신 분은 인증 후 교수용 강의 보조 자료를 제공받을 수 있습니다. 한빛아카데미 홈페이지 상단의 〈교수전용공간〉 메뉴를 클릭하세요.
http://www.hanbit.co.kr/academy

| 연습문제 해답 안내 |

이 책은 대학 강의용 교재로 개발되었으므로 연습문제 해답을 제공하지 않습니다.

| 예제 소스 |

이 책의 부록에서 소개하는 양식을 파일로 제공합니다.
http://www.hanbit.co.kr/src/4602

| 주요 내용 |

❶ **소프트웨어 개발의 중요성(1~2장)** 소프트웨어 공학의 필요성과 중요성을 이해한 후 소프트웨어의 품질 요소를 살펴봅니다.

❷ **소프트웨어 개발 프로세스(3~4장)** 소프트웨어 개발 프로세스 모델의 종류와 선택 기준을 학습합니다. 소프트웨어의 개발과 운영을 연동하여 신속하고 지속적인 소프트웨어 배포를 지원하는 DevOps 모델을 좀 더 자세히 알아봅니다.

❸ **프로젝트 계획 및 관리(5~7장)** 소프트웨어 개발을 관리하는 활동의 종류와 공학적 기법을 학습합니다. 그런 다음 소프트웨어 개발 비용 산정을 위한 방법과 절차 등을 알아봅니다. 그리고 성공적인 소프트웨어 개발을 위한 요구사항을 명확히 정의하기 위해 요구사항의 종류와 표현하는 방법도 학습합니다.

❹ **객체지향 분석과 설계(8~11장)** 소프트웨어 시스템이 어떤 기능을 제공해야 하는가를 이해하고 명세하는 분석 활동과 소프트웨어 시스템 구축을 위한 객체지향 기반 설계 활동을 살펴봅니다. 품질 좋은 소프트웨어를 개발하기 위한 핵심 속성인 모듈화의 개념을 이해하고, 이상적인 솔루션으로 고려되는 객체지향 설계 패턴에 대하여 학습합니다.

❺ **코딩 기법 및 가이드라인(12~13장)** 소프트웨어 개발 산출물에 잠재된 결함을 찾기 위한 인스펙션에 대해 알아봅니다. 좋은 코딩 스타일이란 무엇인지 알아보고 오픈 소스 기반의 소프트웨어 개발을 위한 지원 도구들과 개발 시 고려 사항들을 살펴봅니다.

❻ **테스트 및 품질 향상(14~16장)** 소스 코드를 기반으로 테스트를 수행하는 화이트박스 테스트와 소스 코드 없이 기능 명세만으로 테스트를 수행하는 블랙박스 테스트를 학습합니다. 그리고 소프트웨어 개발 과정에서 적용하는 다양한 기술을 소개합니다. 형상 관리, 코드 리팩토링, 관점지향 프로그래밍과 탐색기반 소프트웨어 공학에 대하여 그 개념과 적용 방안을 살펴봅니다.

| 구성 요소 |

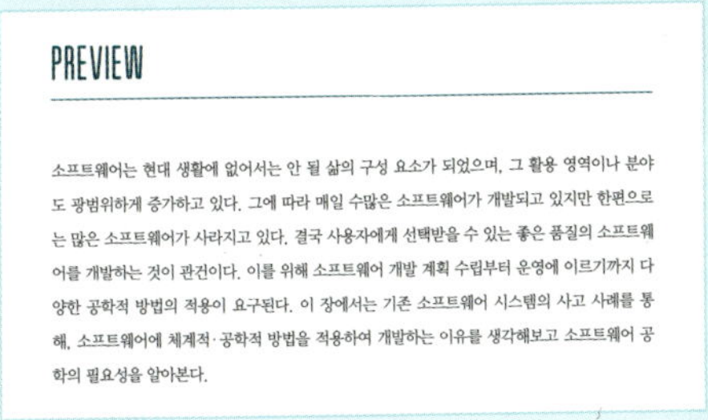

PREVIEW

소프트웨어는 현대 생활에 없어서는 안 될 삶의 구성 요소가 되었으며, 그 활용 영역이나 분야도 광범위하게 증가하고 있다. 그에 따라 매일 수많은 소프트웨어가 개발되고 있지만 한편으로는 많은 소프트웨어가 사라지고 있다. 결국 사용자에게 선택받을 수 있는 좋은 품질의 소프트웨어를 개발하는 것이 관건이다. 이를 위해 소프트웨어 개발 계획 수립부터 운영에 이르기까지 다양한 공학적 방법의 적용이 요구된다. 이 장에서는 기존 소프트웨어 시스템의 사고 사례를 통해, 소프트웨어에 체계적·공학적 방법을 적용하여 개발하는 이유를 생각해보고 소프트웨어 공학의 필요성을 알아본다.

Preview

각 장에서 배울 내용을 안내합니다.

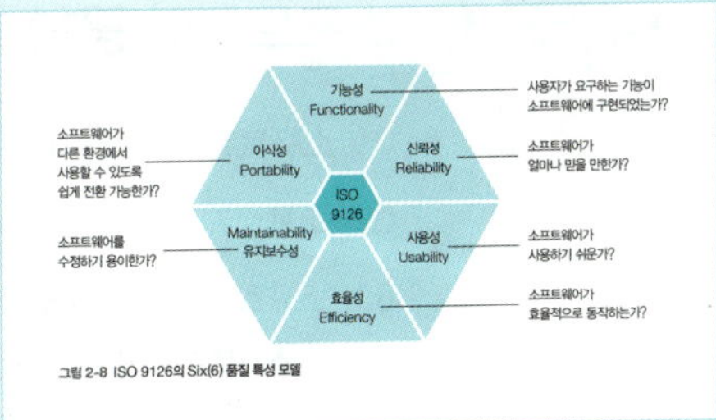

그림 2-8 ISO 9126의 Six(6) 품질 특성 모델

본문

주요 개념을 사례를 통해 쉽게 설명합니다. 그림과 표를 활용해 개념 간의 관계를 명확히 보여주고, 핵심 개념을 일목요연하게 정리합니다.

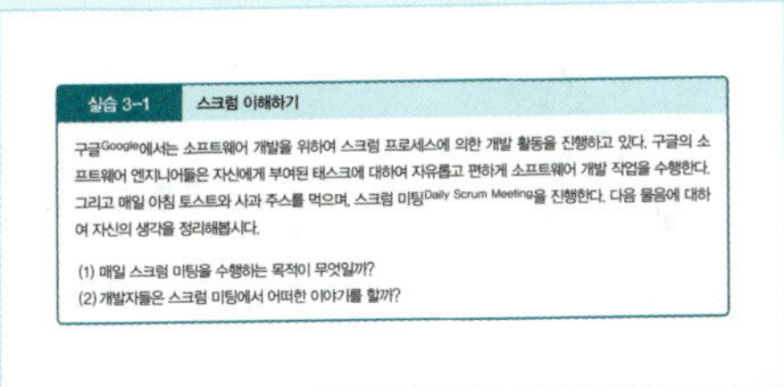

실습 3-1 스크럼 이해하기

구글Google에서는 소프트웨어 개발을 위하여 스크럼 프로세스에 의한 개발 활동을 진행하고 있다. 구글의 소프트웨어 엔지니어들은 자신에게 부여된 태스크에 대하여 자유롭고 편하게 소프트웨어 개발 작업을 수행한다. 그리고 매일 아침 토스트와 사과 주스를 먹으며, 스크럼 미팅Daily Scrum Meeting을 진행한다. 다음 물음에 대하여 자신의 생각을 정리해봅시다.

(1) 매일 스크럼 미팅을 수행하는 목적이 무엇일까?
(2) 개발자들은 스크럼 미팅에서 어떠한 이야기를 할까?

실습

각 장에서 공부한 핵심 내용을 이해했는지 점검하고 실전에서 적용할 수 있도록 간단한 문제를 해결해봅니다.

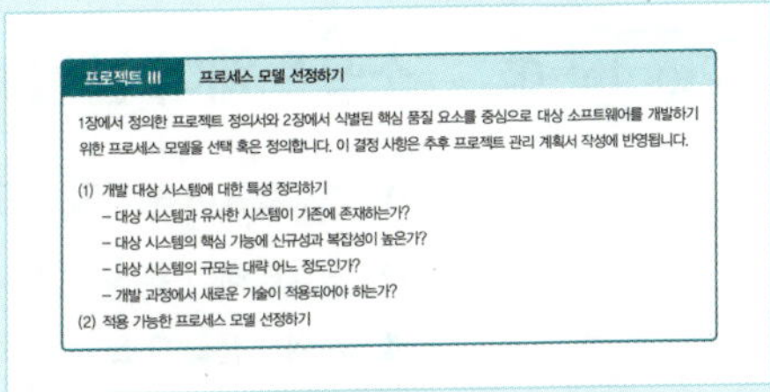

프로젝트 III 프로세스 모델 선정하기

1장에서 정의한 프로젝트 정의서와 2장에서 식별된 핵심 품질 요소를 중심으로 대상 소프트웨어를 개발하기 위한 프로세스 모델을 선택 혹은 정의합니다. 이 결정 사항은 추후 프로젝트 관리 계획서 작성에 반영됩니다.

(1) 개발 대상 시스템에 대한 특성 정리하기
- 대상 시스템과 유사한 시스템이 기존에 존재하는가?
- 대상 시스템의 핵심 기능에 신규성과 복잡성이 높은가?
- 대상 시스템의 규모는 대략 어느 정도인가?
- 개발 과정에서 새로운 기술이 적용되어야 하는가?

(2) 적용 가능한 프로세스 모델 선정하기

프로젝트

각 장에서 학습한 내용을 소프트웨어 개발 프로젝트 진행 단계에 맞추어 예제 시스템에 적용하는 과정을 진행합니다.

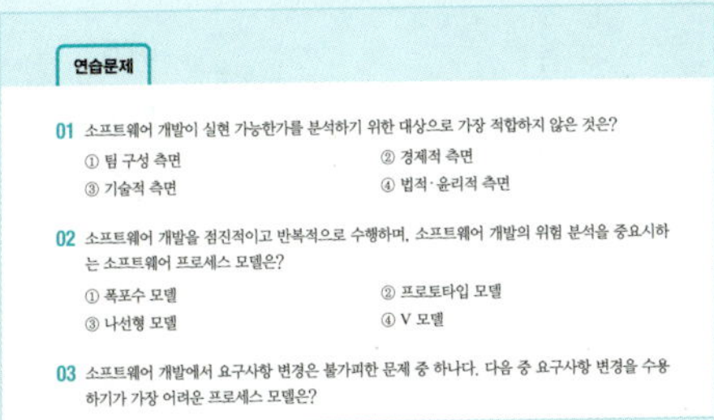

연습문제

01 소프트웨어 개발이 실현 가능한가를 분석하기 위한 대상으로 가장 적합하지 않은 것은?
① 팀 구성 측면 ② 경제적 측면
③ 기술적 측면 ④ 법적·윤리적 측면

02 소프트웨어 개발을 점진적이고 반복적으로 수행하며, 소프트웨어 개발의 위험 분석을 중요시하는 소프트웨어 프로세스 모델은?
① 폭포수 모델 ② 프로토타입 모델
③ 나선형 모델 ④ V 모델

03 소프트웨어 개발에서 요구사항 변경은 불가피한 문제 중 하나다. 다음 중 요구사항 변경을 수용하기가 가장 어려운 프로세스 모델은?

연습문제

장이 끝날 때마다 핵심 내용을 문제 형식으로 요약 · 정리합니다. 배운 내용을 복습하면서 전체적인 맥락을 파악할 수 있습니다.

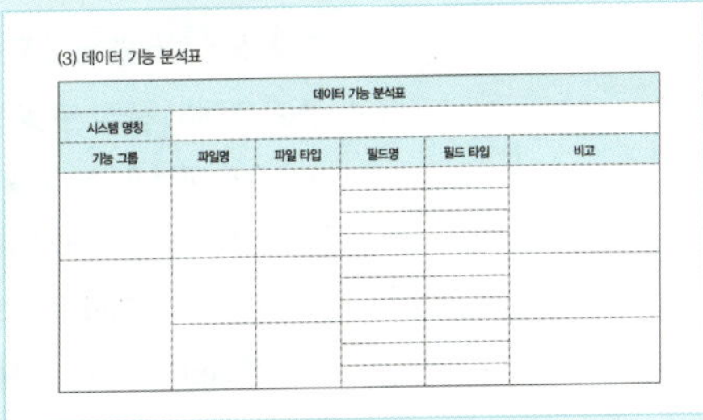

(3) 데이터 기능 분석표

데이터 기능 분석표					
시스템 명칭					
기능 그룹	파일명	파일 타입	필드명	필드 타입	비고

부록

프로젝트 수행 과정에서 작성하는 산출물 정보 양식지, 공학적 기법을 적용할 때 사용하는 양식지 등을 제공합니다.

차례

Chapter 01 소프트웨어 공학 개요

Chapter 02 소프트웨어 품질

Chapter 03 소프트웨어 개발 프로세스

Chapter 04 DevOps

Chapter 05 프로젝트 관리

Chapter 06 소프트웨어 비용 산정

차례

Chapter 07 요구사항 도출

Chapter 08 객체지향 분석

Chapter 09 모듈화 설계

차례

Chapter 10 설계 패턴

Chapter 11 객체지향 설계

Chapter 12 인스펙션

Chapter 13 코딩

Chapter 14 화이트박스 테스트

Chapter 15 블랙박스 테스트

Chapter 01

소프트웨어 공학 개요

학습목표

- 소프트웨어의 오류로 인하여 발생한 대표적인 사고 사례를 알아본다.
- 소프트웨어 개발에 어떠한 문제들이 존재하는지, 소프트웨어 개발이 왜 어려운지 알아본다.
- 소프트웨어 공학이란 무엇인지 그 의미를 명확히 이해한다.

PREVIEW

소프트웨어는 현대 생활에 없어서는 안 될 삶의 구성 요소가 되었으며, 그 활용 영역이나 분야도 광범위하게 증가하고 있다. 그에 따라 매일 수많은 소프트웨어가 개발되고 있지만 한편으로는 많은 소프트웨어가 사라지고 있다. 결국 사용자에게 선택받을 수 있는 좋은 품질의 소프트웨어를 개발하는 것이 관건이다. 이를 위해 소프트웨어 개발 계획 수립부터 운영에 이르기까지 다양한 공학적 방법의 적용이 요구된다. 이 장에서는 기존 소프트웨어 시스템의 사고 사례를 통해, 소프트웨어에 체계적·공학적 방법을 적용하여 개발하는 이유를 생각해보고 소프트웨어 공학의 필요성을 알아본다.

01 소프트웨어 고장 사례

IT 기술이 발전함에 따라 인간의 삶이 크게 변화하였고, 그중에서도 특히 소프트웨어가 핵심적인 역할을 수행해왔다. 그렇다 보니 소프트웨어의 오동작은 막대한 인명 손실과 재산 손실을 일으키기도 한다. 소프트웨어 결함으로 인한 사건 사고는 1991년 미국의 사막 폭풍Desert Storm 작전에서 패트리어트 미사일 추락 사고를 비롯하여 2017년 영국 히드로 공항 발권 시스템 오류와 같이 지속적으로 발생하고 있다.

1 화성 기후 관측 위성 결함 사례

미국 NASA는 1993년에 화성 탐사 프로젝트를 시작하였으며, 1998년 말에는 화성의 기후를 조사하기 위한 탐사 프로젝트를 진행하였다. 이때 기후 탐사용으로 개발한 위성인 MCOMars Climate Orbiter를 발사하였다.

MCO 위성의 탄생

MCO는 1993년부터 설계되어 1998년에 완성되었다. 이 위성은 338Kg의 소형 위성으로 개발되었는데, 카메라 등을 비롯한 다양한 센서와 환경 채집기가 설치되어 있다. MCO는 화성을 돌며 대기권을 촬영하는 임무를 띠고, 1998년 12월에 미국 플로리다 케이프 커내버럴 공군 기지에서 발사되어 초속 5.5Km의 속도로 항해를 시작하였다.

MCO 위성의 항해

MCO는 화성으로 항해하는 동안 태양의 복사 압력을 받아 궤도를 이탈할 수 있기 때문에 반복적인 자세 제어 과정을 거치면서 9개월간 항해하여 화성의 궤도에 이르렀다. 화성에 접근하려면 [그림 1-1]의 (a)와 같이 타원형을 그리면서 화성 중력에 대응해야 하는데, 이 과정에서 자세 교정이 4차례 이루어졌다. 그러나 MCO는 화성 궤도에 진입하는 과정에서 (b)와 같이

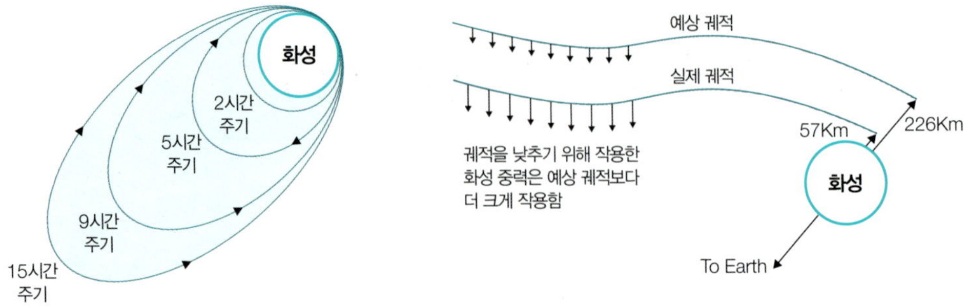

(a) MCO의 화성 공전 주기　　(b) MCO의 화성 궤도 진입

그림 1-1 미국 NASA에서 발사된 MCO 위성의 화성 착륙 개념도(MCO MIB Report, 1999)

사전 계산된 궤적보다 더 낮게 화성을 돌면서, 결국 지구와 통신이 두절된 채 사라져버렸다.

MCO 위성의 결함

MCO와 연락이 두절되자, NASA는 특별 조사반을 꾸려 사고 원인 규명에 나섰다. 1999년 9월 29일, 공학자들은 지상 관제소에서 위성 속도 변화를 계산하는 프로그램인 'SM_FORCE'에 사용된 ΔV라는 변수가 정상 값보다 4.45배 작게 계산된 것을 발견했다. 이 값은 앞서 설명한 위성 궤도의 변화를 계산하는 데 사용되는 값으로, 위성에서 전송받은 추력 데이터와 엔진 분사 시간을 통해 계산된다.

조사 결과를 보면, 전송받은 추력 데이터의 단위는 국제 표준 단위인 1(N·s)로 표시되어야 하는데, 'SM_FORCE' 프로그램은 추력 데이터의 단위를 미국식인 4.45(lb·s)로 사용했다. 원래 프로그램 개발 사양서에는 모든 단위를 국제 표준 단위를 사용하도록 규정하고 있지만 어찌된 일인지 이 규정이 지켜지지 않았다. 이로 인해 MCO 위성의 자세 제어가 수행될 때마다 위성 궤도 모델에 사용된 속도 차이는 4.45배만큼 작은 값이 사용되었다. 결국 9개월에 걸친 항해 동안 이 오차가 발견되지 않고 계속 누적되면서 위성 궤도가 예측한 궤적과 다른 항로를 따라 움직이게 된 것이다.

2 자동차 해킹 사례

자동차는 고급화되고 수많은 장치를 컴퓨터로 조작할 수 있게 되면서 점점 다양한 기능을 제공하고 있다. 짚 체로키Jeep Cherokee 2014 모델도 다양한 기능을 탑재할 수 있도록 개발되었다. 최근 커넥티드 카Connected Car라는 기술이 개발되면서, 이를 기반으로 하는 군집 주행 및 자율 주행 제어 등의 기술이 점점 구체화되고 있다.

짚 체로키 Uconnect 시스템

자동차들이 서로 연결된다는 것은 상호 통신 수단이 존재한다는 것이다. 이러한 통신 수단이 해커들에게 공격받으면, 자동차에 탑재된 개인 정보(방문 정보 등)의 유출은 물론 자동차의 동작까지 제어받는 등 심각한 문제를 유발할 수 있다. 따라서 대부분의 자동차에서 물리적 특성을 갖는 시동, 바퀴, 브레이크, 핸들, 엔진 등에 대한 제어는 차량에 종속적인 명령어로 정의되어 있고, 이는 자체적인 CANController Area Network 통신에 의해 이루어진다.

2014년에 출시된 짚 체로키 모델에는 다양한 기능과 자율 주행, 커넥티드 카 등을 실현하기 위한 소프트웨어 장치들이 탑재되어 있었다. 이들 소프트웨어의 제어 아키텍처도 [그림 1-2]와 같이 매우 흥미롭게 구성되어 있다.[1] 즉 전화, 블루투스, 와이파이 등을 제어하는 라디오Radio 소프트웨어 모듈과 에어백, 서스펜션, 차량 자세 제어, 미끄럼 방지 등 자동차의 본체를 제어하는 BCMBody Control Module 부분을 CAN 버스로 연결하였다. 아마도 무선 시동 등을 고려한 것 같다.

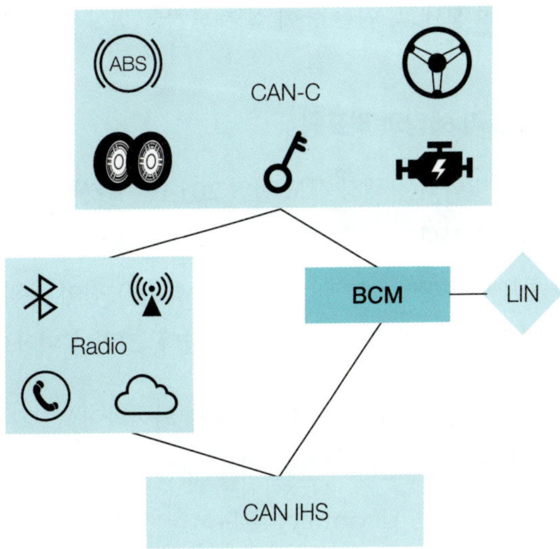

그림 1-2 Jeep Cherokee 제어 아키텍처

1 Remote Exploitation of Unaltered Passanger Vehicle, C. Miller and C. Valasek, 2015

짚 체로키의 해킹

짚 체로키의 해킹 사건은 2014년에 발생했다. 소프트웨어 엔지니어인 밀러Miller와 발라섹Valasek이 짚 체로키에 원격으로 접속하여 운행 중인 자동차를 제어, 엔진을 정지시키면서 주행하는 자동차를 탈선시키는 사고를 냈다. 이 사건 사례는 자동차의 안전성에 심각한 문제가 있음을 보여주었다.

밀러와 발라섹은 먼저 타깃으로 삼은 자동차의 IP 주소를 스캔해서 알아내었다. 일반적으로 짚 체로키의 IP 주소 영역이 21.0.0.0에서 25.0.0.0 범위에 있는 것으로 알려져 있었기 때문에 IP 주소를 알아내는 것은 어렵지 않았다. 이 주소를 통해 자동차에서 앱App을 다운로드하는 것과 같이 특정 모니터링 프로그램을 설치하였고, 오랫동안 라디오 모듈과 자체 제어 모듈 간에 전송되는 모든 메시지를 수집하였다.

이들은 메시지를 지속적으로 수집하고 해석하면서, 어떤 타입의 메시지가 어떻게 자동차 제어를 수행하는지 하나씩 찾아가기 시작하였다. 결국 SPISerial Peripheral Interface를 이용하여 CAN 메시지를 보내고, 이를 통해 짚 체로키를 정상 운영 경로에서 탈선시키는 데 성공하였다.

짚 체로키 해킹의 리포팅

밀러와 발라섹은 해킹 시도 전인 2014년 10월에 짚 체로키의 D-Bus 서비스가 외부에 노출되어 취약하다는 것을 공개적으로 발표하였다. 그리고 2015년 3월에 피아트 크라이슬러 자동차Fiat Chrysler Automobiles 그룹에 V850 칩이 온라인 모니터링 포트를 이용하여 프로그램 수정이 이루어질 수 있음을 경고하였다. 그러나 피아트는 이 경고를 무시했다.

이들은 2015년 5월에도 D-Bus가 와이파이Wi-Fi가 아닌 무선 전화로 접근 가능하다는 것을 세상에 알리면서, 7월에 이에 대한 상세한 사항을 적어 FCA, Harman Kardon(체로키가 사용하는 Uconnect 라디오를 개발한 회사), NHTSANational Highway Traffic Safety Administration(미국 고속도로 안전 위원회), QNX(체로키의 Uconnect 시스템이 돌아가는 운영체제)에 보냈다. 결국 크라이슬러는 이 문제를 패치하여 해당 소프트웨어를 보완했다.

2015년 7월 21일, 밀러와 발라섹은 관련 내용을 정리하여 논문을 냈다. 이후, 통신사 Sprint는 휴대폰의 6667포트를 차단하여 단말기를 출시하기 시작하였고, 크라이슬러도 자발적으로 140만 대의 자동차에 대한 리콜을 단행하였다.

3 보잉 737 MAX8 추락 사례

비행기는 먼 거리를 빠르고 편하게 이동할 수 있게 하는 중요한 교통수단이다. 따라서 국제적인 비즈니스가 많은 기업인이나 해외 여행객들은 대체로 비행기를 이용하여 이동한다. 이처럼 비행기는 우리 삶에 큰 이로움을 주지만, 만약 사고가 발생한다면 탑승객 전원이 생명을 잃을 수 있는 매우 위험한 교통수단이기도 한다. 따라서 비행기를 구성하는 모든 요소에는 고도의 정확성과 안전성이 요구된다.

거대 항공사인 보잉과 에어버스의 경쟁

보잉 사The Boeing Company는 1916년 윌리엄 보잉이 창립한 항공기 전문 업체로, 153,027명의 종업원을 고용한 항공우주산업 분야의 글로벌 미국 기업이다. 창립 당시에는 퍼시픽 에어로 프로덕츠Pacific Aero Products Co.라는 이름이었으나 추후 개칭되었다. 보잉 사의 대표적인 항공 기종은 보잉 300과 보잉 700 시리즈다. 이 중에서 보잉 737 단일 기종은 전 세계 국가에 4,000대 이상 판매되었다.

에어버스Airbus 사는 1970년 네덜란드에 세워진 대표적인 유럽 항공사로, 영국, 프랑스, 독일 정부가 미국의 방위 산업 및 항공 산업과 경쟁하기 위하여 컴소시엄 형태로 설립하였다. 에어버스의 기종은 A300 시리즈로 이어지고 있으며, 종업원은 대략 133,670명으로 알려져 있다. 에어버스 사의 A300 시리즈 판매량은 총 13,213대에 이르고 있다.

보잉 737 MAX 항공기의 탄생

2010년에 보잉 사와 에어버스 사는 전 세계 항공 산업 분야의 경쟁자였다. 2016년 자료에 의하면 전 세계 항공기 시장의 38%를 보잉 사가, 28%를 에어버스 사가 차지하고 있었다. 에어버스 사는 자사의 항공기 판매량 증진을 목적으로 2010년에 주력 모델인 A320 모델을 업그레이드하여 A320 NEO 모델을 개발하였다. 새로운 엔진을 탑재하고 연료 효율을 15% 향상시켰다. 이러한 대대적인 변경에도 항공기의 형체는 크게 변하지 않아서 별도의 조종사를 양성하지 않고도 쉽게 비행기 조종이 가능하였다. 이러한 이점 때문에 많은 나라에서 A320 NEO를 선호하였으며 판매량이 획기적으로 증가하였다.

보잉 사는 에어버스 사의 이러한 변화에 대응하기 위하여 보잉 737 기종을 확장하기로 계획하였다. 그러나 확장된 737 기종은 크기가 커져서 새로운 엔진을 탑재할 만한 충분한 공간을 확보하지 못했고, 결국 엔진의 위치를 날개 쪽으로 올리는 기체 변경을 시도하였다. 이렇게 탄생한 것이 보잉 737 MAX다. 2011년 항공기 판매량을 보면 에어버스 1,226대, 보잉 150대였는데, 보잉 737 MAX가 개발되자 2012년에는 에어버스 478대, 보잉 914대로 판매량이 역전되었다.

MCAS 오동작 및 추락

보잉 사가 737 MAX 개발을 완료하였지만, 바뀐 엔진 위치 때문에 항공기 이륙 과정에서 부작용이 발생하였다. 즉, 항공기 노즈(항공기 앞부분을 코Nose라고 부름)가 지나치게 상향되어 기체가 세워지는 성향을 보였다. 이는 항공기에 미치는 공기의 부력을 감소시켜 항공기 추락을 초래할 수도 있는 매우 심각한 문제였다. 보잉 사는 이 문제를 해결하기 위해 기체의 물리적 변경 없이 MCASManeuvering Characteristics Augmentation System라는 소프트웨어를 이용하여 항공기의 자세를 제어하도록 하였다. MCAS는 항공기의 노즈가 지나치게 상향되면 센서가 이를 감지하여 강제로 노즈를 내리도록 동작하는 소프트웨어 기반 제어 시스템이다. MCAS는 이륙과 같은 수동 조정을 할 때, 플랩(항공기 날개에 있는 판)이 접혀진 상태일 때, 기체의 노즈가 상향각일 때, 저속일 때 동작하도록 설계되었다.

그런데 MCAS는 자동으로 동작하는 시스템이어서 보잉 사는 조종사에게 시스템 홍보와 교육을 하지 않았다. 게다가 항공기가 보유한 2개의 노즈 센서 중 1개의 센서 값만 이용하여 동작하도록 소프트웨어가 개발되었다. 이는 센서 값에 오류가 존재하더라도 그 값을 이용하여 자세 제어를 수행할 수 있다는 의미다.

2018년 10월 29일, 자카르타에서 출발한 라이언 에어 610편(보잉 737 MAX8 기종)은 MCAS에 입력되는 노즈 센서 값의 오류로 인하여 노즈를 계속 내리는 과정을 반복하였다. 조종사가 MCAS에 대항하여 수동 조작으로 기체의 자세를 잡으려고 힘겹게 싸웠지만, 결국 이륙 12분 만에 자바 해변에 추락하여 189명이 사망하였다. 2019년 3월 10일, 에티오피아 볼레 공항에서 이륙한 ET 302편(보잉 737 MAX8 기종)도 MCAS에 의한 과도한 노즈 하강 때문에 이륙한 지 6분 만에 아디스아바바(에티오피아 수도) 상공에서 추락하였다. [그림 1-3]은 라이언 에어 610편의 이륙 시점(23:20)에서 12분간의 고도 변화를 보여준다. 그래프에서 보는 바와 같이 고도의 작은 변화가 지속적으로 나타나는 것을 알 수 있다.

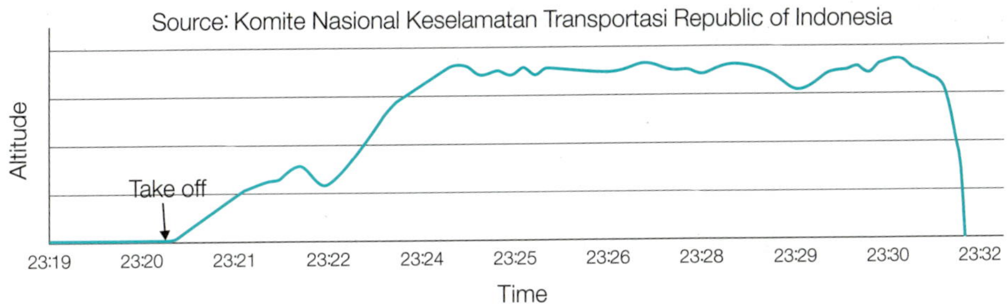

그림 1-3 라이언 에어 610편의 이륙 후 고도 변화
(출처: https://www.youtube.com/watch?v=H2tuKiiznsY&feature=emb_logo)

4 테슬라 자율 주행차 사고 사례

자동차가 보급되면서 인간의 삶은 매우 편리해졌다. 또한 자동차는 인간의 활동 범위를 넓혀 생산성 향상에 큰 기여를 해왔다. 그러나 한순간 운전자의 잘못된 판단으로 자동차 사고가 일어나면 큰 인명 피해로 이어지기 쉽다. 이런 문제를 해결하기 위한 수단으로 자율 주행차를 만들게 되었다. 하지만 자율 주행자는 자동차에 탑재된 다양한 센서와 제어 소프트웨어에 의해 동작하기 때문에 이 장치들이 오동작하면 결국 사고의 원인이 된다.

테슬라의 오토파일럿

2015년 10월, 테슬라는 오토파일럿Autopilot 기능을 처음 발표하였다. 오토파일럿은 테슬라Tesla의 자율 주행차에 탑재되는 첨단 운전자 보조 시스템Advanced Driver Assistance System이다. 소프트웨어 업데이트를 통해 쉽게 기능 개선이 가능한 오토파일럿 기능은 처음 발표되었을 당시 많은 사람의 관심을 불러일으켰으며, 테슬라 CEO인 엘론 머스크Elon Musk도 오토파일럿에 대한 사용자들의 관심을 트위터 등의 SNS를 통해 확대하고자 노력하였다.

2019년 3월 이후에 출시된 테슬라 자동차의 ADAS에는 차량 인식 크루즈 컨트롤Traffic Aware Cruise Control 기능과 자동 조종Autosteer 기능이 포함되어 있다. 차량 인식 크루즈 컨트롤 기능은 지정된 최고 속도로 운행하면서 앞차와 간격이 가까워지면 속도를 줄이거나 정차하고, 앞차와 간격이 벌어지면 다시 최고 속도까지 가속하는 기능이다. 자동 조정 기능은 인접 차선의 자동차를 관찰하고 현재의 차선을 계속 유지하면서 운행하는 기능이다. 2020년 2월까지 테슬라의 오토파일럿에 대한 운행 거리 및 데이터 축적량은 다음과 같이 보고되었다.

- 오토파일럿 총 도로 운행 거리: 30억 마일(48억Km)
- 오토파일럿 내비게이션: 10억 마일(16억Km)
- 자율 차선 변경: 20만 회
- 운행 국가: 50개국 이상
- 자율 비상 브레이크: 전 테슬라 차량 중 하루 수십-수백 회

오토파일럿이 사용된 차량의 총 도로 운행 거리의 합이 48억Km에 달한다고 했다. 지구 둘레가 40,075Km이므로 지구를 119,775바퀴 도는 것과 같은 운행 거리다. 엄청난 주행 기록을 갖는 오토파일럿은 지속적인 주행 경험을 통해 안정성과 신뢰성을 향상하기 위한 기능 개선 작업을 지속적으로 수행하고 있다.

테슬러 모델 S의 사고

오토파일럿의 오토Auto는 완전 자율 주행Full Autopilot을 의미하는 단어가 아니다. 오토파일럿 기능은 대부분 자동으로 작동하지만, 아직까지는 기능이 잘 작동하고 있는지 사람이 감시해야 한다. 오토파일럿이 사람들의 관심 대상이 되고 있던 어느 날, 오토파일럿 때문에 운전자가 사망하는 사건이 벌어졌다. 조슈아 브라운이라는 사람이 오토파일럿 기능을 켜놓고 운전하다가 다른 차와 충돌하여 사망한 것이다. 오토파일럿 기능이 나온 지 7개월 만에 벌어진 일이다.

2016년 5월, 테슬라 모델 S 자동차가 미국 플로리다주 윌리스턴Williston 고속도로를 자율 주행하고 있었다. 윌리스턴 고속도로는 대체로 넓은 평야 지대를 관통하며, 신호등 없이 교차로 통과가 가능한 자율 고속도로Freeway다. 테슬라 자동차가 오토파일럿을 이용하여 자율 주행하는 중, 교차로 반대편에서 흰색 트럭이 좌회전을 하고 있었다. 테슬라 자동차는 이를 인식하지 못하고 트럭 측면과 충돌한 뒤 트럭 하단을 통과하여 도로의 측면 울타리와 충돌하고 다시 전봇대와 충돌한 후 정지했지만, 운전자는 사망하였다. 추후 테슬라가 발표한 사고 일지에 의하면, 모델 S 자동차와 운전자 모두 맑은 하늘 아래에서 트럭의 흰색 부분을 인지하지 못해 사고가 일어났다([그림 1-4] 참조).

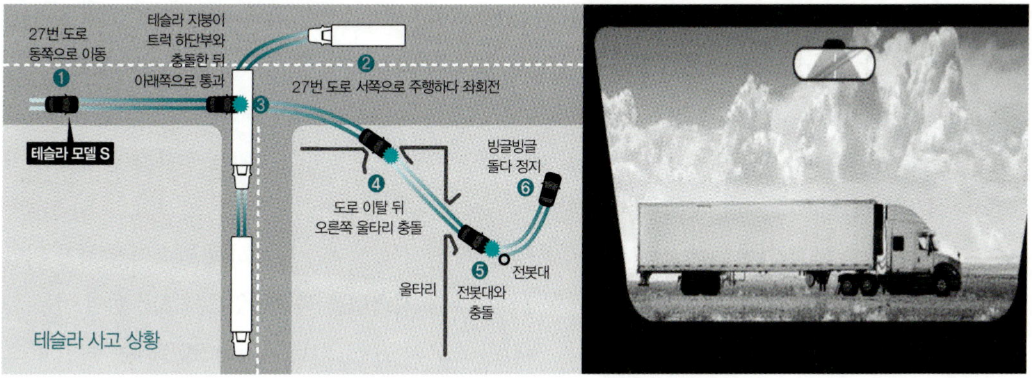

그림 1-4 테슬라 자동차의 인식 오류 사고(출처: 엠파크 매거진, 2016.07.01.)

5 기타 소프트웨어 사고 일지

미국의 국가 표준기술 연구소NIST, National Institute of Standards and Technology는 2002년 6월 보고서를 통해 매년 미국에서 소프트웨어 오류로 지불되는 비용이 595억 달러(약 60조 원)에 이른다고 발표하였고, 2020년에는 2조 달러(약 2,000조 원)에 달하였다고 발표하였다. 소프트웨어 오류가 경제적으로 얼마나 막대한 비용 손실을 유발하는지 단적으로 보여주는 내용이다.

특히, 항공 우주 분야에서 소프트웨어 결함은 막대한 비용 손실과 인명 피해를 유발한다. 2002년 유럽의 위성 로켓인 아리안 5Ariane 5는 유럽 지역 통신 위성과 상업용 실험 위성을 싣고 우주로 발사되었으나, 정상 궤도 진입 전에 소프트웨어의 결함으로 폭파되었고, 약 9,300억 원의 손실이 발생했다. 2012년에 발사된 러시아의 화성 탐사선도 컴퓨터 프로그램 오류로 발사한 지 10분 만에 폭발하였다.

자동차의 경우에도 소프트웨어 오류에 의한 사고가 많이 발생하고 있다. 2009년 8월, 미국 캘리포니아 샌디에고 고속도로에서 발생한 도요타 자동차의 급발진 사고는 캘리포니아 경찰관 마크 세일러Mark Saylor 가족을 죽음으로 몰아갔다. 자동차에 연료를 주입하는 제어장치의 오동작을 모니터링하는 소프트웨어 모듈에 프로그래밍 실수가 들어가 사고가 발생한 대표적인 사례다. 2014년에는 도요타 프리우스 자동차에 대해 190만 대의 리콜이 발생했는데, 이 또한 소프트웨어 결함으로 판정되었다.

최근에 발생한 대표적인 사고로 2017년 2월 28일, 아마존Amazon의 클라우드 NoSQL DB인 S3가 약 4시간 동안 사용 불능이 되었던 사고를 들 수 있다. 이 서비스를 사용하던 IFTTT, Amazon Alexa 등 수많은 IoT 서비스 역시 사용할 수 없게 되어 수만 명의 사용자가 비즈니스상의 손실을 입었다. 2017년 3월 10일에는 테슬라 자동차의 API에 장애가 발생하여 사용자들이 앱으로 차량 잠금 해제를 할 수 없는 문제가 발생하기도 하였다([그림 1-5] 참조). 2017년 6월 16일에는 한국의 코레일 중앙 관제 센터에 장애가 발생하여 다량의 열차가 지연되는 문제가 발생했다. 응급조치를 하여 1시간 후에 시스템을 복구하였으나 시스템이 너무 복잡하여 오류 원인을 파악하는 데 많은 시간이 소요되었다. 2015년 6월 29일에는 독일 폭스바겐 공장의 차량 조립 과정에서 생산 라인의 로봇 팔이 오동작하여 인명 피해가 발생하는 사고가 있었다.

그림 1-5 테슬라 자동차

이처럼 많은 산업 분야, 과학기술 분야, 생활 편의 시설 분야에서 소프트웨어 결함으로 인한 사고가 발생하고 있다. 소프트웨어 개발 과정이 수학 공식처럼 정확한 풀이 과정이 있는 게 아니라, 엔지니어의 지식과 경험을 바탕으로 개발되는 지극히 지적인 활동이기 때문에 잠재된 오류를 완벽하게 제거하기는 불가능하다. 따라서 '어떻게 해야 결함이 적은 높은 품질의 소프트웨어를 개발할 수 있을까?'가 매우 중요한 문제라 할 수 있다.

02 소프트웨어 위기

1 소프트웨어 위기의 등장

소프트웨어 위기Software Crisis는 소프트웨어 공학 초기에 출현한 용어로, 소프트웨어 개발의 공학적 접근 방법이 체계화되기 전에 사용되었다. 이 용어는 컴퓨터에 의한 계산 용량과 문제의 복잡성이 급격히 증가함에 따라 발생한 충격을 표현한다. 본질적으로는 정확하고 이해할 수 있고 검증 가능한 컴퓨터 프로그램을 작성하는 것이 얼마나 어려운가를 의미한다. 결국 소프트웨어 위기라는 용어는 소프트웨어가 처리해야 하는 문제의 복잡성, 사용자의 높은 기대, 빈번하게 발생하는 변화에 근거한다.

서로 상충하는 사용자의 요구 조건은 항상 소프트웨어 개발 과정에 걸림돌이 되어 왔다. 예를 들어, 최종 사용자는 많은 기능을 요구하는 반면 구매 담당자는 일반적으로 소프트웨어의 가격과 개발 기간을 최소화하길 원한다. 네덜란드의 컴퓨터 과학자인 에츠허르 다이크스트라Edsger Wybe Dijkstra는 소프트웨어 위기를 그의 논문에서 다음과 같이 표현하였다.

소프트웨어 위기의 주요한 원인은 컴퓨터 성능이 수십 배나 더 강력해졌기 때문입니다. 심하게 말하면 컴퓨터가 없었을 때는 프로그래밍에 전혀 문제가 없었습니다. 느린 컴퓨터 몇 대뿐이었을 때는 프로그래밍에 사소한 문제가 생겼습니다. 하지만 이제는 거대한 컴퓨터의 출현으로 프로그래밍에도 비슷하게 거대한 문제가 발생했습니다.

소프트웨어 위기라는 용어는 1968년 바우어Friedrich L. Bauer가 독일 가미쉬Garmisch에서 열린 첫 번째 나토NATO 소프트웨어공학학회에서 처음 사용하였다. 에츠허르 다이크스트라도 1972년 ACM 튜링상 수상 연설에서 이 용어를 사용하였다. [그림 1-6]은 1980년대에 수행된 수많은 소프트웨어 개발 프로젝트의 상황을 보여주는 다이어그램이다.

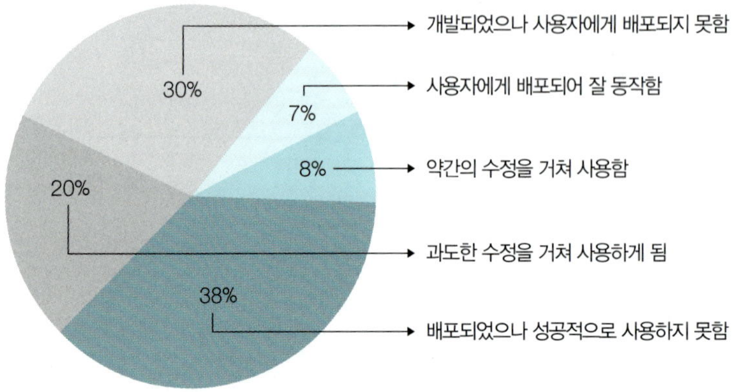

그림 1-6 1980년대 소프트웨어 개발 프로젝트의 통계 분석 결과

[그림 1-6]에서 볼 수 있듯이, 1980년대 소프트웨어 개발 프로젝트는 전체 프로젝트 중에서 15%만이 성공적으로 수행되었고, 30% 정도는 사용자에게 배포되지 못했다. 이로 인해 소프트웨어 개발을 보다 체계적으로 수행하기 위한 공학적 원리 및 기법 적용에 대한 논의가 매우 활발하게 이루어졌다. 소프트웨어 개발 프로젝트의 성공과 실패에 대한 비율은 2000년대에 와서 다소 다른 양상을 보여준다. [그림 1-7]의 그래프는 2000년대에 수행된 전 세계 소프트웨어 개발 프로젝트의 조사 분석 결과를 보여준다.

[그림 1-7]에는 해당 연도마다 3개의 막대그래프가 있다. 왼쪽 그래프는 개발된 소프트웨어가 성공적으로 사용자에게 배포되어 동작하는 경우Succeeded, 중간에 있는 그래프는 많은

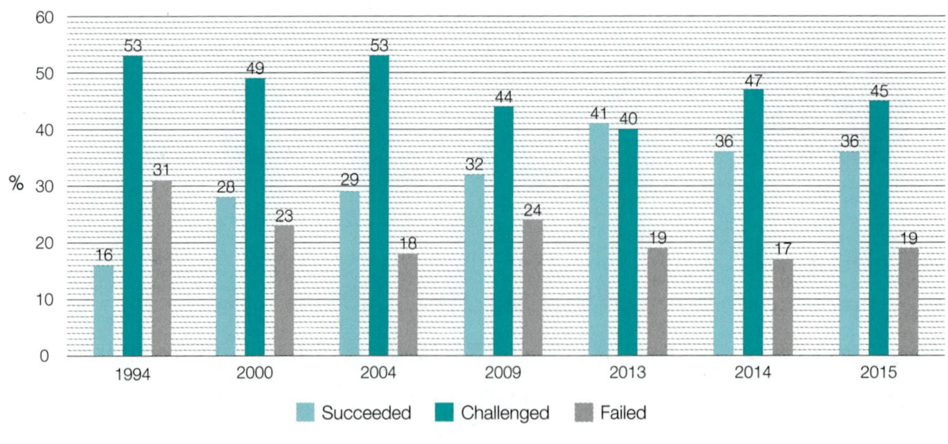

그림 1-7 2000년대 소프트웨어 개발 프로젝트의 통계 분석 결과(출처: Standish Group, CHAOS Report, 2015, USA)

재작업을 통해 사용자에게 전달된 경우Challenged, 오른쪽 그래프는 개발되었지만 사용자에게 배포되지 못한 경우Failed를 의미한다. 1994년에서는 성공적인 소프트웨어 개발 프로젝트가 16%에 불과했지만 2009년에 32%로 증가한 것을 볼 수 있다. 그러나 Challenged와 Failed가 혁신적으로 감소되지는 않았다. 그 이유는 점점 소프트웨어가 복잡해지고, 사용자 요구도 다양해지고 있기 때문이다.

2 소프트웨어 위기의 원인과 증상

소프트웨어 위기의 원인은 전반적인 소프트웨어 프로세스의 복잡성 증가와 전문 분야로서 소프트웨어 공학의 상대적 미성숙함과 관련 있다. 소프트웨어 개발 프로젝트가 실패하는 원인을 살펴보면 다음과 같이 요약할 수 있다.

- 소프트웨어 규모의 대형화 및 복잡화에 따른 개발 비용 증대
- 하드웨어 기술의 급진전으로 인한 소프트웨어 개발 기술의 상대적 부진
- 하드웨어 비용 대비 소프트웨어 가격 상승 폭 증가
- 소프트웨어 유지보수의 어려움과 개발 정체 현상 발생
- 소프트웨어 개발 프로젝트 기간 및 소요 예산에 대한 정확한 예측의 어려움
- 신기술에 대한 교육 및 훈련의 부족
- 사용자의 소프트웨어에 대한 기대치 증가
- 소프트웨어에 대한 사용자 요구사항의 빈번한 변경 및 반영

위와 같은 원인들 때문에 소프트웨어 개발 프로젝트는 (1) 예산 초과, (2) 일정 지연, (3) 낮은 품질의 소프트웨어 개발, (4) 비효율적인 소프트웨어 개발, (5) 사용자 요구사항 불만족, (6) 산출물 관리의 어려움과 같은 증상을 겪는다. 이런 증상이 누적되면 결국 소프트웨어 개발이 실패하거나, 사용자에게 전달되지 못하는 현상이 발생한다.

그러나 지난 수십 년간 소프트웨어 위기를 해결하기 위한 다양한 공학적 접근 방법과 기법이 개발되어 소프트웨어 개발에 적용되면서 다양한 수준의 성공을 보여주고 있다. 그러나 "공부에 왕도는 없다", "만병통치약은 없다"라는 격언도 있듯이, 소프트웨어 공학적 기술의 적용이 프로젝트의 성공과 실패를 명확히 결정할 수는 없을 것이다. 일반적으로 소프트웨어 프로젝트가 대형화되고 복잡해짐에 따라 요구사항이 명확하지 않고, 신기술을 포함하는 소프트웨어

의 특성을 고려할 때, 사실상 여전히 통제 불가능하며 예측 불가능한 문제에 소프트웨어 개발 프로젝트는 노출되어 있다.

3 소프트웨어 개발이 어려운 이유

그렇다면 소프트웨어 개발은 왜 어려운 것일까? 일반적으로 소프트웨어 개발은 창의적인 활동으로 간주된다. 즉, 소프트웨어 엔지니어의 지식과 경험에 따라 결과물이 달라질 수 있다는 의미다. 다음은 소프트웨어 개발이 어려운 이유를 정리한 것이다.

■ 의사소통의 문제

소프트웨어 개발 과정에는 다양한 역할 담당자들이 참여한다. 기본적으로 소프트웨어 시스템 사용자가 있으며, 개발자, 품질 관리자, 마케팅 관리자를 비롯해 개발 비용을 지원하는 스폰서도 있다. 이들은 소프트웨어 개발 과정에서 모두 자기 자신의 언어로 소통하며, 자신의 도메인에서 그 의미를 해석한다. 그렇다 보니 많은 의사소통이 필요한 소프트웨어 개발 과정에서 소통 오류가 빈번하게 발생한다. 이처럼 다양한 경로로 의사소통이 이루어지고 소통의 양이 늘면서 소프트웨어 개발이 어려워지고 진행 속도가 느려진다.

■ 시스템의 순차 특성

소프트웨어 개발은 2차원 평면에 프로그램 실행 명령어를 적어가는 과정이다. 그러나 실제 소프트웨어 동작은 3차원 공간에서 반복적으로 수행하기, 병렬적으로 수행하기, 다른 위치로 분기하기 등으로 진행된다. 소프트웨어 엔지니어들은 이러한 3차원적 상황을 오류가 발생하지 않도록 2차원 평면에 정리해야 한다.

■ 개발에 의한 결과물

앞서 설명했듯이, 소프트웨어는 조립이나 문제 풀이 활동이 아닌 개발 활동의 결과물이다. 따라서 개발자의 경험과 지식, 노하우가 매우 중요하다. 최근 오픈 소스 기반의 소프트웨어 조합 기술이 출현하기는 했지만, 오픈 소스를 생성하려면 여전히 개발 활동이 선행되어야 한다.

■ 프로젝트의 복잡한 특성

소프트웨어는 주어진 예산과 기간 내에 개발 프로젝트를 통해서 생산된다. 이러한 개발 과정이 체계적으로 정의된 개발 프로세스에 의해 가이드되고 있지만, 프로젝트마다 특성이 다르기 때문에 개발 프로세스를 동일하게 적용하기는 매우 어렵다.

프로젝트가 갖는 복잡한 특성은 다음과 같다. (1) 프로젝트마다 개발 기간이 다르다. 짧게는 3개월 미만의 프로젝트도 있고, 길게는 5년에 걸쳐 개발되는 장기 프로젝트도 있다. (2) 동일한 기능의 소프트웨어도 어떤 기술을 적용하느냐에 따라 개발 과정이 달라진다. (3) 프로젝트에 참여하는 개발자가 몇 명인가에 따라 프로젝트 운영 방식은 달라져야 한다. (4) 어떤 목적으로 소프트웨어를 개발하느냐에 따라 프로젝트의 관리 방식이 달라져야 한다.

■ **개발자의 특성**

소프트웨어 생산은 개발 활동에 기반하기 때문에 개발자의 특성에 따라 소프트웨어 개발이 쉬울 수도 있고, 어려울 수도 있다. 개발자에게 해커의 기질이 있다면, 아무리 프로그램을 잘 개발한다 하더라도 팀 기반의 작업에 쉽게 참여하지 못할 수 있다. 또한 특정 언어에 능통한 개발자라 하더라도 다른 언어를 다루는 능력은 다소 부족할 수 있다.

■ **다양한 관리 이슈**

소프트웨어 개발은 혼자 하기보다 여러 사람이 팀을 이루어 하는 것이 일반적이다. 이러한 팀 기반의 소프트웨어 개발에서는 요구사항 관리, 프로젝트 일정 관리, 리스크 관리, 산출물 관리, 코드의 버전 관리(형상 관리) 등 수많은 세부 관리 활동이 들어간다. 또한 이러한 관리 활동들이 독립적으로 수행되는 것이 아니라 하나의 목표, 즉 품질 좋은 소프트웨어를 개발해야 하는 공통의 목표와 정렬Alignment되어야 한다.

위와 같은 이슈들을 잘 관리하고 해결할 때, 소프트웨어 프로젝트를 성공적으로 수행할 수 있으며, 보다 품질 좋은 소프트웨어를 사용자에게 전달할 수 있다.

4 소프트웨어의 특성 정보

소프트웨어 개발과 관련하여 고려해야 하는 몇 가지 특성 정보를 살펴보자. 이러한 특성 정보는 우리가 왜 소프트웨어를 단순한 개발 활동으로 간주할 수 없는지, 왜 소프트웨어 위기를 극복하기 위해 체계적인 공학적 기술을 도입해야 하는지를 설명한다.

소프트웨어 개발 비용

소프트웨어 개발에서 비용의 분포는 일반적으로 [그림 1-8]과 같다. 보다 세부적으로 구분하면 다른 활동들도 포함될 수 있겠지만, 크게 분류해본다면 분석 및 설계를 위한 비용이 전체의 40%, 코드 개발이 20%, 테스트를 위한 비용이 40%를 차지한다.

이는 소프트웨어 개발에서 분석 및 설계 과정이 코드 개발보다 더 중요하고 비중 있게 수행되어야 함을 의미한다. 이를 통해 사용자가 원하는 소프트웨어를 개발할 수 있다.

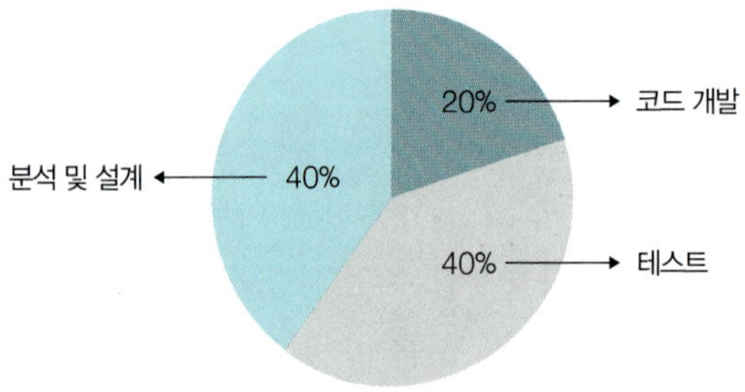

그림 1-8 소프트웨어 개발 비용의 분포

소프트웨어 개발 및 유지보수

소프트웨어 수명주기에 대한 비용 및 노력의 분포를 나타내면 일반적으로 [그림 1-9]와 같이 표현할 수 있다. 즉, 소프트웨어의 운영 유지 비용이 개발 비용의 2배에 이른다. 이는 개발된 소프트웨어를 수정하고 개선하기 위한 노력이 개발 노력보다 더 많이 요구된다는 의미다. 따라서 소프트웨어를 개발할 때, 운영 유지 비용 절감 방안을 중요하게 고려해야 한다.

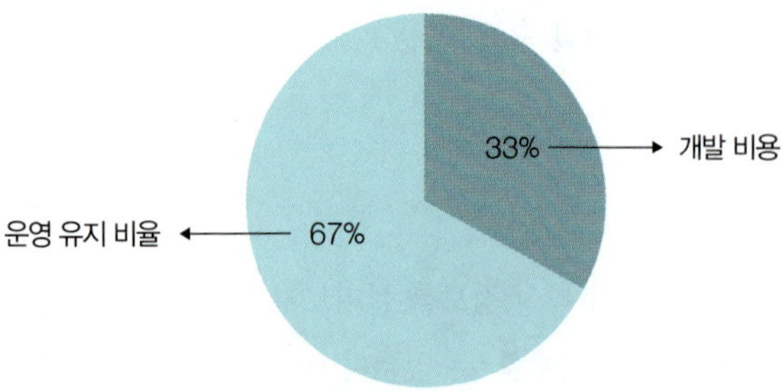

그림 1-9 소프트웨어 개발 비용 대비 운영 유지 비용

소프트웨어 개발 시 오류의 근원

소프트웨어 수명주기에서 결함 또는 고장이 발생했을 때 그 원인에 대한 조사 분석 결과는 [그림 1-10]과 같다. 그림을 보면 기능에 대한 오해나 로직 설계의 오류보다는 개발자가 코딩하는 과정에서 발생하는 오류나 문서화 과정에서 발생하는 오류가 훨씬 더 많음을 알 수 있다. 이는 기능에 대한 잘못된 이해나 로직 설계의 오류는 상대적으로 쉽게 발견하고 수정할 수 있는 반면, 코드에 숨겨진 잠재적 오류나 문서화의 불일치는 소프트웨어 개발이 완료되어도 쉽게 고쳐지지 않을 수 있다는 의미를 내포한다.

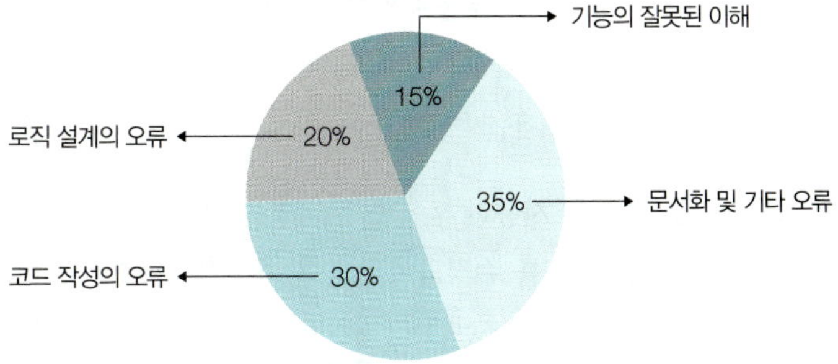

그림 1-10 소프트웨어 오류의 원인

소프트웨어 고장 그래프

소프트웨어의 수명주기 전체를 고려할 때 '고장의 발생 빈도는 어떠한 변화를 보여주는가?'가 소프트웨어 고장 그래프로 나타난다.

우선 [그림 1-11]은 하드웨어의 고장률 그래프를 나타낸다. 하드웨어 제품을 처음 개발하면 다양한 성능 조정과 테스트를 통해 많은 오류를 수정함으로써 오류 발생률을 최저로 감소시킬 수 있다. 이것을 일반적으로 'Infant Morality'라고 한다. 그러나 시간이 지나면서 하드웨어는 마모Wear out되거나 낡아서 성능이 저하되기 때문에 고장 발생률이 급격히 증가한다. 따라서 하드웨어는 일정 시간이 흐르면 그 성능이 유지될 수 있도록 교체 과정을 거쳐야 한다.

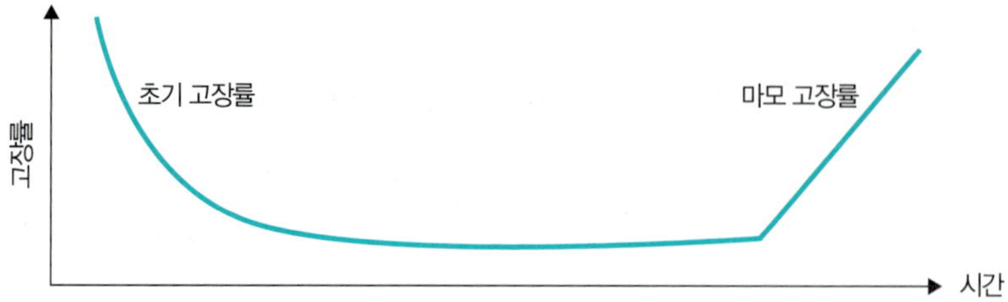

그림 1-11 하드웨어 수명주기에 따른 고장률 그래프

소프트웨어에 대한 고장률 그래프는 [그림 1-12]와 같다. 소프트웨어는 하드웨어와 달리 마모되는 특성이 없다. 따라서 개발 초기에 발생하는 오류를 수정하면 고장 발생률을 최소화할 수 있다. 그러면 마모되지 않는 소프트웨어의 특성상 고장 없이 잘 운영될 거라고 생각할 수 있다. 이것이 소프트웨어 고장 그래프의 이상적인 패턴Ideal Curve이다.

그러나 소프트웨어는 하드웨어와 달리 일정 시간 사용한 후에 변경 과정을 거치게 된다. 하드웨어와 같이 대체되는 개념이라기보다 기존 코드를 수정하여 성능을 개선한다는 개념이다. 이러한 변경 과정이 반복되면, 소프트웨어의 코드 구조는 복잡해지고 로직은 서로 엉켜 이해하기 힘들어진다. 결국 변경 과정에서 오류의 발생 빈도가 높아져 하드웨어와 같은 실제 패턴Real Curve이 나타난다.

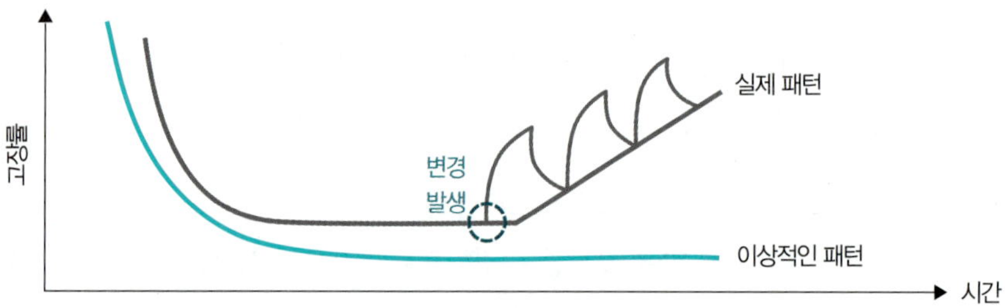

그림 1-12 소프트웨어 수명주기에 따른 고장률 그래프

따라서 소프트웨어 운영 과정에서 변경으로 인해 소프트웨어 구조가 바뀌지 않도록 코드 구조를 체계적으로 모듈화하고 융통성 있게 작성하는 것이 매우 중요하다. 이를 위해 체계적인 공학적 기법이 적용되어야 한다.

5 인공지능 시대의 소프트웨어 위기

4차 산업 혁명은 흔히 정보 혁명으로 불린다. 이는 정보를 확보하고, 정보를 잘 활용하는 것이 매우 중요한 시대가 되었음을 의미한다. 4차 산업 혁명의 특징은 초연결, 초융합, 초지능으로 대표된다. 초연결Hyper-Connedted은 사람, 사물 등 객체 간의 상호 연결성이 확장됨을 말하며, 이는 곧 실시간 데이터 공유가 질적·양적으로 크게 확대됨을 의미한다. 초융합Hyper-Convergence은 초연결 환경의 조성으로 이전에는 생각할 수 없었던 이종(異種) 기술·산업 간의 결합이 촉진되어 새로운 융합 산업 출현이 이루어짐을 의미한다. 그리고 초지능Hyper-Intelligence이란 서비스 활동의 질적인 향상, 즉 최적 의사결정을 통해 문제 해결 등의 영역에서 더 나은 서비스를 제공하는 지적 역량을 의미한다.

이러한 4차 산업 혁명의 특성으로 인해 인공지능, 빅데이터, 가상현실, IoTInternet of Things 및 CPSCyber Physical Systems 분야의 기술이 확산되고 있으며, 데이터 분석 및 처리 과정에서 인공지능을 기반으로 하는 학습 알고리즘에 대한 연구가 많이 진행되고 있다. [그림 1-13]은 Grand View Research에서 2021년에 발표한 아시아 태평양 지역의 인공지능 시장 규모를 보여준다. 이처럼 소프트웨어 시장 규모가 커지고 소프트웨어가 지능화되면서 다양한 특정 영역에서 소프트웨어가 사람보다 우월한 성능을 보여주고 있지만, 이로 인하여 여러 가지 문제점이 발생하기도 한다.

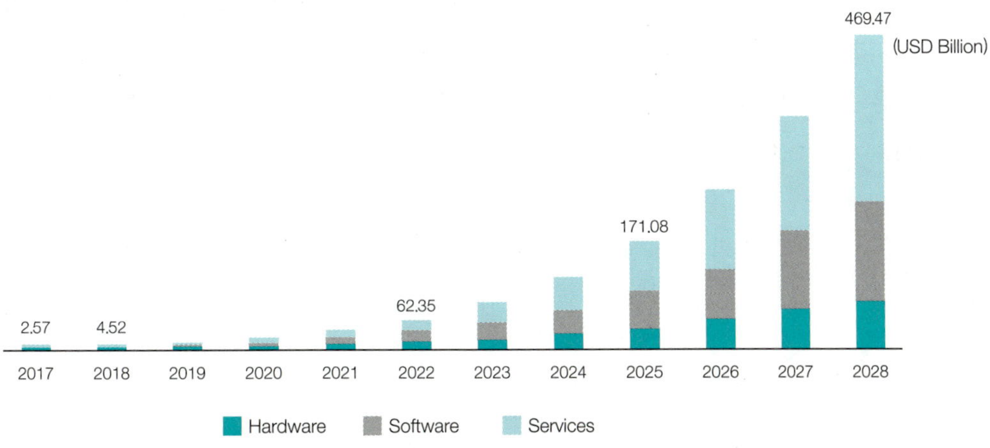

그림 1-13 아시아 태평양 지역의 AI 시장 규모(출처: www.grandviewresearch.com)

지능 소프트웨어 개발의 남발

영상 인식, 문자 인식, 음성 인식 등과 응용 분야에서 기계학습 기반의 영상 처리 알고리즘이 높은 인식 성능을 보여주면서, 다양한 분야에서 기계학습을 적용하고 있다. 2016년 구글의 알파고와 이세돌의 바둑 대결을 통해 높은 관심을 받기 시작한 인공지능은 최근 자율 주행차의 제어 소프트웨어 개발에서 매우 중요한 적용 기술로 활용되고 있다.

기계학습에 대한 다양한 학습 모델이 개발되면서 그 인식률과 처리 성능이 시시각각 변화하고 있다. 지도학습Supervised learning, 비지도학습Unsupervised learning, 준지도학습Semisupervised learning, 강화학습Reinforcement learning 등의 학습 유형이 있고, 각 유형 내에서도 많은 알고리즘이 개발되고 있다. 이러한 학습 모델은 이미 준비된 많은 데이터를 기계가 미리 학습하도록 훈련시킨 후에, 새로운 정보가 입력되었을 때 훈련된 정보와 가장 유사도가 높은 정보를 찾아내어 입력 정보를 인식하는 접근 방법을 사용한다. 물론 사전 학습이 아닌 경험을 통한 학습 방법도 제시되고 있지만, 어떤 방법이 되었든 결국 기계의 판단을 위한 정책Policy을 정의하고 이 정책에 의해 판단된 결과에 보상Reward을 받는 구조로 동작한다.

이러한 방식의 유용성으로 인하여 소프트웨어 개발 과정에서도 많은 기계학습 방법이 적용되고 있다. 방대한 소프트웨어 프로젝트 데이터베이스로부터 정보를 마이닝Mining하여 최적의 해Solution를 찾는 방법에 인공지능 기법이 적용되고 있다. 그런데 문제는 너무 많은 학습 알고리즘이 무분별하게 응용 소프트웨어 개발에 적용되고 있다는 것이다. 응용 영역에 적합한 알고리즘을 사용하고 있는지, 어떤 입력을 구성하여 제공하는지, 최적의 해를 결정하기 위한 정책은 올바르게 적용되었는지 등에 대한 충분한 검토 없이 기계학습 알고리즘이 사용되고 있다.

지능 소프트웨어 사고 위험

학습을 통한 훈련된 정보에 대하여 기계는 사람보다 올바르고 신속한 솔루션을 제공할 확률이 매우 높다. 그러나 기존 인공지능 연구 결과를 보면 훈련된 데이터를 조금만 변형해도 다른 데이터로 인식한다는 실험 결과를 쉽게 찾아볼 수 있다. 기계학습 알고리즘이 수십 가지가 넘고 지속적으로 새로운 알고리즘이 제시되는 이유도 바로 이러한 문제를 해결하기 위한 시도라고 할 수 있다.

그런데 문제는 이렇게 기계학습 알고리즘을 이용하여 개발된 응용 소프트웨어들이 자율 주행차, 스마트 팩토리 로봇 제어 등과 같은 안전 중심의 소프트웨어 개발에서도 적용되고 있다는 점이다. 따라서 지능 소프트웨어가 실제로 우리 삶 속에 적용될 때, 어떤 문제를 유발할지 예상해보는 일은 매우 중요하다. 증권이나 주식을 예측하는 학습 알고리즘의 경우, 소프트웨어가 오동작을 일으키면 재산상의 손실을 유발하는 문제에 국한될 수 있다. 그러나 자율 주행차나 자동차 조립 공정에서 오동작이 발생한다면, 재산 손실은 물론 인명 피해가 발생하는 심각한 상황이 전개된다. 실제로 2015년 폭스바겐의 자동차 조립공정에서 로봇에 의해 엔지니어가 사망하는 사고가 발생했다.

이처럼 충분한 전문 지식 없이 기계학습 알고리즘을 사용하여 상용 소프트웨어를 개발하고 시스템에 탑재하는 경우, 많은 사고의 원인이 될 수 있다. 특히, 단독으로 개발된 소프트웨어가 초연결 IoT나 협업 VR^Virtual Reality^ 등의 환경에서 상호 동작할 때, 알고리즘이 학습하지 못했거나 예상하지 못한 환경에 놓일 수 있는데 이 경우 시스템의 출력이 사고를 유발하는 원인이 될 수 있다. 따라서 안전 측면에서 소프트웨어 품질을 고려하지 못한다면 소프트웨어는 우리 삶을 윤택하게 하기보다 파괴자의 역할을 수행할 수도 있다.

03 소프트웨어 공학 기술의 적용

소프트웨어 결함으로 인해 발생하는 사고를 줄이고, 소프트웨어가 대형화·복잡화되면서 발생하는 소프트웨어 위기를 극복하기 위하여 다양한 측면에서 공학적 기법이 개발·적용되고 있다. 즉, 소프트웨어의 공학적 수단 및 기법을 더욱 적극적으로 활용하는 것이 소프트웨어의 위기를 해소하고 안전한 소프트웨어를 개발하는 해결책이 될 수 있다.

1 소프트웨어 공학적 기법의 종류

소프트웨어 개발에 적용하는 다양한 공학적 기법은 소프트웨어의 품질을 높이고, 보다 신속 정확하게 사용자에게 소프트웨어를 전달하는 것을 목표로 한다. 소프트웨어 위기 극복을 위해 개념적으로 살펴본 공학적 수단들은 다음과 같이 요약될 수 있다. 물론 기술 영역이나 도메인에 따라 보다 특화된 기법 및 기술이 적용될 수도 있다.

구조적 프로그래밍

소프트웨어 개발의 패러다임은 1970년대에 어셈블리어 프로그래밍의 시대에서 C 언어, 포트란 언어와 같은 절차적 언어의 시대로 발전했다. C, 포트란, 코볼과 같은 고급 프로그래밍 언어가 탄생하면서, 프로그램을 좀 더 이해하기 쉽고 논리를 체계적으로 표현할 수 있는 공학적 접근 방법을 고민하게 되었으며, 이로 인해 구조적 프로그래밍이 탄생하였다.

구조적 프로그래밍은 다이크스트라Dijkstra, 디마크로DeMarcro, 페이지–존슨Pages–Johnson 등의 과학자들에 의해 발전하였으며, 추후 구조적 분석 및 설계를 통해 구조적 프로그램 개발로 발전하였다. 다이크스트라는 프로그램의 구성이 순차Sequence, 반복Repetition, 선택Selection의 세 가지 기본 구조로 구성될 수 있음을 주장하였고, 이는 하위 수준에서 구조적 프로그램을 개발하는 근간이 되었다. 디마크로나 페이지–존슨은 코드 개발 이전의 분석 및 설계 단계에서 모듈화Modularity의 개념과 단계적 상세화Stepwise Refinement의 개념을 제시하여 설계에 대한 구조화를 제안하였다.

객체지향 프로그래밍

구조적 프로그래밍의 패러다임에서 발전한 소프트웨어 개발 패러다임은 객체지향 프로그래밍이다. 1960년대에 올-요한 달Ole-Johan Dahl과 크리스텐 나이가드Kristen Nygaard가 클래스라는 개념을 처음 도입하여 Simula-67 언어를 개발하였는데, 이것이 객체지향 개념을 처음 반영한 언어다. 그러나 진정한 객체지향 언어로 평가된 최초의 언어는 팔로알토 연구소의 앨런 카이Alan Kay가 개발한 스몰토크Smalltalk 언어다.

객체지향 프로그래밍에서는 클래스 개념을 기반으로 캡슐화 및 정보 은닉, 상속, 다형성 등의 개념을 제공함으로써, 소프트웨어를 직관적으로 이해하고 유지보수 및 재사용을 쉽게 할 수 있도록 지원한다. 1990년대 이후에 출현한 C++를 비롯하여 Java, C#, Python 같은 언어가 객체지향 패러다임을 지원하고 있으며, 이 언어들이 현재 소프트웨어 개발에서 가장 널리 사용되고 있다.

소프트웨어 컴포넌트 및 재사용

객체지향 언어가 일반화되면서 소프트웨어 재사용에 많은 관심이 생겨나기 시작했다. 즉, 기존의 코드 묶음을 컴포넌트Component로 명세하고, 이를 재사용하기 위한 시도가 이루어졌다. 컴포넌트를 재사용하여 소프트웨어를 개발하면 개발 시간이 단축될 뿐만 아니라 컴포넌트를 조립하여 대규모 소프트웨어를 개발할 수 있다는 장점이 있다.

소프트웨어 컴포넌트는 재사용 가능한 코드뿐 아니라, 코드에 대한 명세를 포함하고 있기 때문에 소프트웨어 개발을 신속하게 진행할 수 있다. 뿐만 아니라 기존에 검증된 컴포넌트를 사용하기 때문에 개발 소프트웨어의 품질도 함께 향상된다는 장점을 제공한다. 컴포넌트의 개념이 보편화·일반화되면서 오픈 소스 소프트웨어를 활용하여 소프트웨어 시스템을 개발하는 추세가 늘고 있다. 그러나 오픈 소스 소프트웨어 활용에 따른 책임은 사용자에게 있기 때문에 보다 세심한 코드 선택과 통합 과정이 필요하다.

통합 개발 환경

통합 개발 환경IDE, Integrated Development Environment은 소스 코드 작성, 컴파일 및 디버깅, 크로스 컴파일, 배포 등 프로그램 개발에 관련된 일련의 작업을 하나의 프로그램 안에서 처리하도록 지원하는 통합 소프트웨어 개발 환경이다. 종래의 소프트웨어 개발에서는 텍스트 편집기, 컴파일러, 디버거 등을 각각 별도의 프로그램으로 제공하였다. 초기 유닉스 버전의 소프트웨어 개발이 이와 유사한 독립적인 개발이었다. 이러한 단위 프로그램들을 하나로 묶어 대화형으로 구성하고 그래픽 인터페이스를 제공한 것이 통합 개발 환경이다.

통합 개발 환경은 개인의 소프트웨어 개발 활동뿐 아니라 팀 기반의 소프트웨어 개발도 지원한다. 통합 환경을 지원하는 도구로 파워빌더, 델파이, 비주얼 스튜디오 등이 있으며, 최근에는 자바 언어 개발을 지원하는 이클립스가 대표적인 통합개발 환경(그림 1-14) 지원 도구로 각광받고 있다. 최근의 통합 개발 환경은 플러그인Plug-in을 통한 소프트웨어 개발을 지원하고 있어 컴포넌트의 재사용을 제공하고 있다.

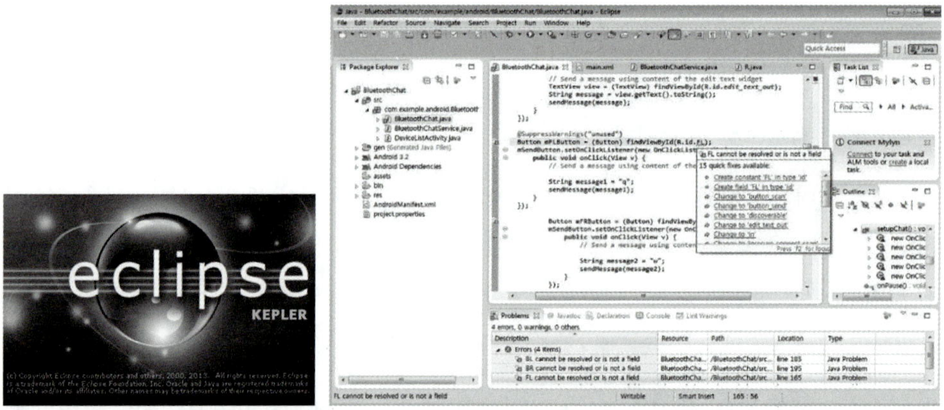

그림 1-14 이클립스의 로고와 통합 개발 환경의 예 화면(eclipse.org)

소프트웨어 프로토타이핑

소프트웨어 개발 과정에서 겪게 되는 리스크 중 하나는 사용자의 과도한 변경 요청이다. 이는 소프트웨어가 눈에 보이지 않고 만질 수 없는 결과물이기 때문에 나타나는 현상이다. 잦은 변경 요청에 따라 소프트웨어 개발자는 빈번하게 재작업을 해야 하며, 이로 인해 개발 시간이

지연되거나 개발 산출물에 대한 품질이 저하될 수 있다. 따라서 이러한 변경에 대비하기 위한 접근 방법의 하나로 프로토타이핑Prototyping 기법이 개발되었다.

프로토타이핑은 최종 소프트웨어를 개발하기 전에 사용자가 원하는 소프트웨어 시스템의 원형, 즉 프로토타입을 개발한 것이다. 프로토타이핑의 목적은 최종 소프트웨어 개발이 완료되기 전까지 눈에 보이지 않는 소프트웨어를 사전에 보여줌으로써, 사용자의 요구사항을 명확히 반영하고 확정하기 위함이다.

소프트웨어 개발 프로세스

소프트웨어가 복잡해지고 대형화되면서 소프트웨어를 개발하는 절차도 다양해졌다. 전통적으로 1970년대 초에 일반화된 베리 보헴Berry Boehm의 폭포수 모델은 요구사항, 분석, 설계, 코딩, 테스트, 배포 등의 절차를 통해 소프트웨어 개발이 이루어지도록 체계화한 것이다. 가장 전통적이지만 가장 보편적으로 소프트웨어 개발에 사용되는 개발 절차다.

그러나 소프트웨어 개발 프로젝트의 다양한 특성, 예를 들면 요구사항의 잦은 변경, 신속한 시장 대응 시간Time to Market에 대한 요구, 대형 소프트웨어의 장기간 개발에 따른 기술의 변화 등으로 인해 폭포수 모델만으로는 소프트웨어 위기를 탈출하기가 어려워졌다. 이로 인해 프로젝트 특성에 따라 체계적인 소프트웨어 개발을 지원하는 절차가 제시되었다. 대표적으로 점진적 개발 방식, 프로토타입 개발 방식, 나선형 개발 방식, V 모델, 애자일 개발 방식, DevOps 개발 방식이 있으며, 각 개발 방식은 서로 다른 개념에 따라 소프트웨어 개발 과정을 정의하고 있다.

소프트웨어 검사 및 검증

소프트웨어가 복잡해지고 대형화되면서 결함이 없는 소프트웨어 시스템 개발이 점점 어려워지고 있다. 요구사항에 대한 잘못된 이해, 설계 과정의 부적절성, 코딩 오류 등으로 인하여 소프트웨어에 결함이 내재된 경우, 실제 사용 환경에서 고장을 유발할 수 있기 때문이다. 따라서 품질 좋은 소프트웨어를 개발하기 위하여 소프트웨어에 대한 검사 및 검증Verification and Validation 활동이 강조되었다.

소프트웨어 검사 및 검증을 위한 공학적 기법은 매우 다양하다. 그중에서 대표적인 것은 소프트웨어 테스트다. 테스트는 체계적으로 설계·개발된 테스트 케이스Test Case를 이용하여 개발된 소프트웨어가 정확하게 동작하는지 확인하고, 동시에 잠재된 결함을 최대한 찾아내어 추후 고장 발생 가능성을 줄이는 데 목적이 있다.

소프트웨어 형상 관리

소프트웨어 개발에서 변경 발생은 피할 수 없는 사건이다. 따라서 변경이 발생하지 않도록 관리하는 것도 중요하지만, 발생한 변경을 어떻게 처리하고 관리할 것인가가 더욱 중요하다. 발생한 변경이 소프트웨어 개발에 어떠한 영향을 미칠 것인가, 변경이 어느 부분에서 어떻게 발생하였는가를 체계적으로 기록하고 관리해야 한다. 이를 위해 제안된 공학적 접근 방법이 형상 관리Configuration Management 혹은 구성 관리 기술이다.

형상 관리는 소프트웨어의 변경 사항을 체계적으로 추적하고 통제하는 활동으로, 하드웨어 형상 변경의 관리 기술을 소프트웨어 구성 요소에 적용한 것이다. 소프트웨어 형상 관리는 단순히 개발 산출물(소스 코드 포함)에 대한 버전 관리 개념을 넘어, 형상 항목Configuration Item이라는 형태로 작업 산출물을 정의하고, 형상 항목 간의 변경 사항 추적과 통제 정책을 수립하여 관리하는 활동이다.

소프트웨어 아키텍처

소프트웨어가 복잡해지고 대형화되면 개발 기간이 길어지며 개발된 소프트웨어의 수명Lifetime도 매우 길어진다. 이처럼 오랜 기간 사용되는 소프트웨어들은 운영 환경이나 정책의 변화를 반영하기 위하여 지속적으로 수정·보완된다. 그러나 이러한 과정을 거치면서 소프트웨어는 점점 더 비구조화되어 로직을 이해하기가 어려워진다.

따라서 코드 수준이 아닌 소프트웨어 설계 구조에서 이러한 변화를 체계적으로 쉽게 반영할 수 있는 소프트웨어 아키텍처가 필요해졌다. 소프트웨어 아키텍처는 소프트웨어에서 상호 독립성이 높은 구성 요소들을 식별하고 이들 간의 관계를 정의한 설계 산출물이다. 변경에 강한 아키텍처를 설계하기 위해서는 사용자 인터페이스 부분, 처리 로직 부분, 데이터 관리 부분 등을 분리하여 소프트웨어 구조를 설계하고 설계 패턴 등을 적용하여 보다 융통성 있는 아키텍처를 개발하는 것이 중요하다.

지금까지 소프트웨어 위기에서 벗어나기 위해 그동안 개발되고 적용되어 온 소프트웨어 공학적 기법 및 접근 방법에 대해 간략히 설명하였다. 최근 보다 넓은 영역에서 소프트웨어가 활용됨에 따라 융합 소프트웨어 개발의 필요성이 증대되는 추세이며, 이러한 상황에 대응하기 위한 새로운 공학적 기법들이 지속적으로 출현하고 있다.

2 소프트웨어 공학의 정의와 원리

앞에서 설명한 소프트웨어 공학적 기법들은 소프트웨어 고장으로 인한 막대한 손실을 예방하고, 소프트웨어 개발 프로젝트가 직면한 위기에서 벗어나기 위하여 수많은 소프트웨어 과학자들이 제안하고 적용한 기법들이다. 이러한 공학적 기술들은 소프트웨어 공학이라는 하나의 관점에서 체계화되어 진화하고 있다.

소프트웨어 공학의 정의

소프트웨어 공학Software Engineering이라는 용어는 1968년에 나토의 소프트웨어 위기 대응 방법에서 처음 언급되었다. 그러나 소프트웨어 공학이 소프트웨어의 개발, 운용, 유지보수와 같은 수명주기 전반을 체계적·서술적·정량적으로 다루는 활동의 총체적인 모임으로 인식되기 시작한 것은 1970년대 이후부터다. [표 1-1]은 소프트웨어 공학에 대한 다양한 정의를 요약한 것이다.

표 1-1 소프트웨어 공학의 정의들

번호	제안자(연도)	소프트웨어 공학의 정의
1	Bauer (1972)	Deals with establishment of sound engineering principles and methods in order to economically obtain software that is reliable and works on real machines. (실제 환경에서 신뢰성 있는 소프트웨어를 경제적으로 확보하기 위한 건전한 공학적 원리와 방법의 구축 및 적용)
2	Boehm (1976)	Practical application of scientific knowledge in the design and construction of computer program and the associated documentation required to develop, operate, and maintain them. (컴퓨터 프로그램을 개발, 운영, 유지보수하기 위해 요구되는 프로그램의 설계 및 구축과 관련된 문서화에 대한 과학적 지식의 실질적인 적용)
3	Zelkowitz (1978)	Study on the principles and methodologies for developing and maintaining software systems. (소프트웨어 시스템을 개발하고 유지보수하기 위한 원리 및 방법에 대한 연구)

4	Parnas (1978)	Multi-person construction of multi-version software. (소프트웨어의 여러 버전에 대한 여러 사람에 의한 개발)
5	Pfleeger (1990)	Methods and techniques to develop and maintain quality software to solve problem. (주어진 문제를 해결하는 품질 좋은 소프트웨어를 개발, 유지보수하기 위하여 적용되는 방법 및 기법)
6	ISO 24765 (2010)	Systematic application of scientific and technological knowledge, methods, and experience to the design, implementation, testing, and documentation of software. (소프트웨어의 설계, 구현, 테스트, 문서화를 위한 과학적이고 기술적인 지식, 방법, 경험의 체계적인 적용)

[표 1-1]에서 서술한 소프트웨어 공학의 정의로부터 소프트웨어 공학 기술이 전체 수명주기를 지원한다는 것과 사용자의 요구사항을 충족시키기 위한 활동임을 알 수 있다. 이를 통해 보다 좋은 품질의 소프트웨어를 개발하려는 것이 소프트웨어 공학의 목표라고 할 수 있다.

소프트웨어 공학의 원리

소프트웨어 위기에서 벗어나기 위하여 개발 및 적용되어온 소프트웨어 공학적 기법은 다음과 같은 기본 원리를 바탕으로 한다.

엄격성Rigor과 정형성Formality

엄격성과 정형성은 소프트웨어 개발이 창의성과 독창성을 요구하는 활동이라는 점을 고려한 것으로 방만함이나 지나친 자유스러움을 제안하기 위한 보완적 수단이며, 정확한 소프트웨어를 개발하기 위한 필수 요소다. 특히 수학적인 이론을 근간으로 하는 소프트웨어 개발에서 누구나 동일한 의미로 해석할 수 있어야 하는 정형성은 엄격성의 대표 원리가 된다.

소프트웨어를 개발할 때 프로젝트 관리 및 스케줄 관리에서 엄격성을 적용하는 것은 매우 중요하다. 문서화 요구 시에도 이 엄격성의 원리가 적용된다. 소프트웨어 테스트에도 엄격성과 정형성이 반드시 적용되어야 한다.

관심사의 분할Separation of concerns

소프트웨어는 매우 복잡하며 다차원적인 요소가 고려되어야 한다. 이러한 복잡함을 해결하기 위해 적용되는 원리가 관심사의 분할이다. 소프트웨어 개발 시 처리 로직과 데이터 관리를 별도로 고려하는 것은 관심사의 분리라는 원리를 적용하는 것이다.

소프트웨어 개발 과정이 요구사항 분석, 설계, 구현, 테스트 등의 활동으로 이루어지도록 하는 것도 복잡한 문제를 단순하게 고려하기 위함이다. 즉, 이 과정 역시 관심사의 분할이라는 원리를 적용한 대표적인 예다.

모듈화Modularity

모듈은 독립적인 기능을 수행하는, 작은 단위의 구별되는 프로그램 조각이다. 따라서 소프트웨어가 모듈화 구조로 개발되는 것은 매주 중요하다. 모듈화 원리를 적용함으로써, 소프트웨어를 쉽게 분리하거나 조합할 수 있으며 전체적인 소프트웨어 기능에 대한 이해도 높아질 수 있다.

모듈화는 소프트웨어를 구성하는 작은 단위 모듈 간의 관계를 통해 설명된다. 모듈 간의 관련성 정도는 결합력Coupling으로, 모듈 내의 속성 간 관련성은 응집력Cohesion으로 정의할 수 있다.

추상화Abstraction

추상화는 세부적인 사항들을 감추고 대상물의 특징으로 사물을 대표하도록 정의하는 원리다. 즉, 추상화는 관심사를 잘 표현할 수 있는 원리에 해당하며, 함수의 정의, 매크로 함수, 객체, 추상 데이터 타입, 반복문 등이 추상화 원리를 적용하는 대표적인 소프트웨어 구성 요소들이다.

변경의 예측Anticipation of changes

소프트웨어 개발 과정에서 변경의 발생은 피할 수 없으므로 변경에 잘 대처할 방법이 있어야 한다. 변경이 발생할 것으로 예측되는 부분에 대해서는 모듈화 구조를 통한 분리가 필요하다. 변경이 예상되는 부분을 독립된 모듈로 정의한다면 추후 변경 발생 시 해당 모듈만 수정하여 변경의 영향을 최소화할 수 있다.

일반화Generality

일반화는 소프트웨어의 기능을 다양한 플랫폼이나 환경에서 사용할 수 있도록 최대한 정형화하고 공동 활용성을 높이고자 하는 원리다. 일반화를 높이려고 하면 종종 개발 시간이 오래 걸리거나 해당 기능의 수행 속도가 저하될 수 있다. 그러나 애플리케이션 서버Application Server와 같이 불특정 다수에게 서비스를 제공하는 소프트웨어에서는 일반화의 원리가 반드시 적용되어야 한다.

점진성Incrementality

점진성은 소프트웨어를 단계적이며 순차적으로 개발하도록 하는 원리다. 예를 들면, 소프트웨어의 수많은 기능을 순차적으로 개발해나가거나, 소프트웨어 테스트를 점진적으로 수행하는 것이다. 소프트웨어를 점진적으로 개발하고 점진적으로 사용자에게 배포함으로써, 사용자가 원하는 기능을 순차적으로 개발·통합하여 배포함으로써, 사용자에게 피드백을 받고 이를 수용할 수 있는 기회를 얻게 된다.

명세화Documentation

명세는 소프트웨어 개발 과정에서 생성되는 정보를 체계적으로 기술하는 것이다. 명세의 중요성은 특히 팀 작업에서 강조된다. 또한 지속적으로 진화하는 소프트웨어의 경우, 유지보수를 위해 소프트웨어 명세를 남기는 것은 중요한 활동이다. 오픈 소스를 활용하는 경우에도 소스코드의 기능과 인터페이스 등을 명세해두면 그 활용성을 높일 수 있는 중요한 수단이 된다.

지금까지 소프트웨어 공학이 무엇이며, 공학적 활동에서 적용되는 기본 원리가 무엇인가를 살펴보았다. 이러한 정의 및 원리를 기반으로 모든 소프트웨어 개발이 이루어진다면 결함이 적은 좋은 품질의 소프트웨어를 개발할 수 있으며, 복잡하고 큰 규모의 소프트웨어를 체계적으로 개발할 수 있을 것이다. 그 결과 소프트웨어의 오류 또는 낮은 품질로 인해 발생하는 2,000조 원의 비용을 절반 이상 줄일 수 있을 것이다.

프로젝트 I **프로젝트 정의서 작성하기**

소프트웨어 개발 프로젝트를 준비하기 위한 작업을 진행합니다. 준비 단계에서는 향후 학습을 통해 습득하는 공학적 지식과 기법을 적용할 소프트웨어 프로젝트를 정의하는 것입니다. 프로젝트 정의서에는 다음과 같은 내용을 포함합니다. 부록에 제시한 프로젝트 문서 양식 1번(시스템 정의서)을 활용하여 작성하기 바랍니다.

(1) 프로젝트 명칭 정하기
(2) 개발 시스템 명칭 정의하기
(3) 개발 시스템에 대하여 간략히 설명하기(3~5줄 정도)
(4) 개발 시스템에서 제공하는 핵심 기능 5개 이상 나열하기
(5) 기존 유사 소프트웨어에 대하여 조사하고 분석하기

연습문제

01 소프트웨어 개발 프로젝트가 실패하는 원인과 거리가 먼 것은?

① 소프트웨어 복잡도의 증가
② 개발 기간 및 예산 계획의 미흡
③ 요구사항의 빈번한 변경 발생
④ 신기술 수용 정책의 부재

02 소프트웨어 오류의 원인 중 가장 많은 비중을 차지하는 것은?

① 로직 설계 오류
② 기능 오류
③ 코딩 오류
④ 명세 오류

03 다음은 ISO 24765 표준에서 소프트웨어 공학의 정의를 표현한 것이다. 밑줄에 들어갈 단어로 가장 적절하지 못한 것은?

> 소프트웨어 공학은 소프트웨어의 설계, 구현, 테스트, 문서화를 위한 과학적이고 기술적인 지식, ___________, 경험의 체계적인 적용 및 적용 학문을 의미한다.

① 방법
② 도구
③ 예산
④ 이론

04 다음 중 소프트웨어 공학의 기본 원리Principle와 거리가 먼 것은?

① 엄격성과 정형성
② 관심사의 분할
③ 모듈화
④ 정보 보안

05 다음 설명은 무엇을 의미하는가?

> 세부적인 사항들은 감추고, 대상물의 특징으로 사물을 대표하도록 정의하는 원리로, 함수 정의, 매크로 함수, 객체, 추상 데이터 타입, 반복문 등이 대표적인 요소에 해당한다.

① 정형성
② 엄격성
③ 추상화
④ 모듈화

06 소프트웨어 공학의 궁극적인 목표는 무엇인가?

① 품질 좋은 소프트웨어 개발
② 다수의 사용자 확보
③ 조직 차원의 개발 기술 증진
④ 다양한 소프트웨어 개발

07 소프트웨어 개발과 관련한 공학적 기법에 해당되지 않는 것은?

① 객체지향 프로그래밍　　② 프로그래밍 언어

③ 소프트웨어 테스트　　④ 통합 개발 환경

08 소프트웨어 개발의 역사를 살펴보면, 대규모 소프트웨어의 결함으로 인하여 인명 사고 및 재산상의 손실을 초래한 사례가 많다. 자신이 알고 있는 소프트웨어 결함으로 인한 사고 사례와 그 원인을 제시하고, 그러한 사고가 발생하지 않도록 소프트웨어 개발 과정이 어떻게 이루어져야 하는지 제안하시오.

(1) 사고 사례

(2) 사고 원인

(3) 개발 시 고려 사항

09 소프트웨어 공학의 출현과 역사에 대하여 문헌과 인터넷을 통해 조사하고 다음에 대하여 정리하시오.

(1) 출현 시기

(2) 출현 동기

(3) 기술 발전 흐름

10 최근 인공지능 및 기계학습을 이용한 소프트웨어 개발이 범람하고 있다. 이러한 지능 기반 소프트웨어가 불러올 제3의 소프트웨어 위기가 발생할 것이라는 전문가의 예측에 대하여 어떠한 근거를 제시할 수 있는지 설명하시오.

Chapter

02

소프트웨어 품질

학습목표

- 소프트웨어의 품질에 대한 의미를 정확히 이해한다.
- 소프트웨어 품질을 결정하는 요소는 무엇이 있는지 알아본다.
- 인공지능 소프트웨어 품질 요소는 무엇인지 알아본다.
- 소프트웨어 품질과 관련된 표준을 살펴 본다.

PREVIEW

소프트웨어 공학은 주어진 예산과 비용의 범위에서 소프트웨어의 설계 개발, 운영 유지 및 폐기 시점까지 체계적이며 정량적인 공학적 방법을 적용하는 활동으로 정의할 수 있다. 이러한 소프트웨어 공학을 소프트웨어 개발 프로젝트에 적용하는 목적은 궁극적으로 품질 좋은 소프트웨어를 개발하는 데 있다. 그렇다면 소프트웨어 품질이란 무엇인가? 소프트웨어 품질은 사용자가 소프트웨어 시스템에 대하여 기대하고 있는 가치다. 사용자의 기대치는 매우 다양한 측면에서 고려될 수 있다. 이 장에서는 소프트웨어 품질이란 구체적으로 무엇이고, 어떠한 품질 요소가 있으며, 이들을 어떻게 정량적으로 관리하는지에 대하여 살펴본다.

01 소프트웨어 품질의 중요성

소프트웨어 개발 과정에서 공학적 기술을 적용하는 근본적인 목적은 소프트웨어의 품질을 향상하고자 함이다. 소프트웨어 품질을 향상한다는 것은 소프트웨어 개발과 관련이 있는 모든 사람, 즉 스테이크홀더Stakeholder의 만족도를 높이겠다는 의미다. 다시 말해서 사용자뿐 아니라, 개발자, 유지보수자, 마케팅 관리자 등 관련자들의 기대치를 만족시켜야 한다. 따라서 품질 좋은 소프트웨어의 개발은 매우 어려운 과정일 수밖에 없다.

품질 속성을 좀 더 알아보기 위하여 다음과 같은 예를 고려해보자. [그림 2-1]과 같이 2개의 스마트폰이 존재한다고 가정해보자. 왼쪽의 스마트폰은 투명한 스마트폰이다. 매우 가벼운 재질이며 특정한 신호에 따라 반응하기 때문에 사용자가 원하는 기능을 찾아갈 필요 없이 즉시 팝업된다. 오른쪽은 유연성이 있는 재질로 개발된 스마트폰이다. 곧게 펼 수도 있지만, 손목에 걸기 위해 휠 수도 있다. 만약 여러분이 사용자라면 어떤 스마트폰을 선택하겠는가?

둘 중 하나를 선택했다면, 그 스마트폰을 선택한 기준은 무엇인가? 사람마다 선택 기준이 다를 수 있으며, 그에 따라 서로 다른 스마트폰을 선택할 수 있다. 이것이 사용자의 기대치를 만족시키는 품질 좋은 소프트웨어를 개발하기 어려운 이유다. 그러나 개발자 입장에서는 생산

그림 2-1 미래에 나타날 스마트폰의 예(Google 검색)

된 제품이 아예 선택받지 못한다면 큰 문제이므로 사용자 또는 고객이 만족할 수 있도록 제품을 개발해내는 일이 무엇보다 중요하다.

1 소프트웨어 품질의 정의

소프트웨어 품질에는 다음과 같은 특징이 있다. 이러한 특징들로 인해 품질을 관리하고 향상하는 활동이 건축물을 짓는 활동과는 사뭇 다르게 고려될 수 있다.

- 소프트웨어는 물리적으로 존재하지 않아 품질을 눈으로 확인하기 어렵다.
- 개발 초기에 사용자의 요구를 건축물의 설계 도면과 같이 정확히 알 수 없다.
- 시간이 지날수록 사용자가 원하는 품질 수준이 점점 높아진다.
- 소프트웨어와 하드웨어 기술이 급진적으로 발전한다.
- 특정 제품의 품질을 100점, 90점과 같이 절대적으로 평가할 수 없다.
- 품질은 다양한 관련자들을 고려해야 하는 다차원적인 것이다.
- 소프트웨어 품질은 개발자의 능력, 예산, 개발 기간 등에 따라 달라질 수 있다.
- 품질은 스테이크홀더가 수락할 수 있는 수준에 존재해야 한다.

우리는 앞서 소프트웨어 품질을 소프트웨어 개발과 관련된 모든 사람의 기대치를 만족시키는 것으로 간단히 설명하였다. 그렇다면 기존 문헌에는 소프트웨어 품질을 어떻게 정의하고 있는지 살펴보자.

■ 미 국방부Department of Defense의 정의(1985)

미 국방부에서는 소프트웨어 품질을 "사용자가 의도한 기능을 수행할 수 있는 소프트웨어의 속성에 대한 제공 정도"로 정의하였다.

■ 키친햄Kitchenham의 정의(1986)

키친햄B. Kitchenham은 소프트웨어 품질을 "요구에 대한 적합성Fitness for needs"으로 정의하였다. 요구에 대한 적합성은 크게 두 가지로 해석할 수 있다. 첫 번째는 명세 부합성, 즉 좋은 솔루션을 제공하고 있는가에 관한 것이다. 두 번째는 의도한 목적에 부합하는가, 즉 올바른 문제를 정확히 언급하고 있는가에 대한 문제다. 결국 키친햄의 소프트웨어 품질에 대한 정의는 '의도한 목적에 맞는 좋은 솔루션'으로 정리할 수 있다.

■ IEEE의 정의(1990)

IEEE에서는 "시스템, 구성 요소 또는 프로세스에 명시된 요구사항을 충족시키는 정도"를 소프트웨어 품질로 정의하고 있다. 이 정의의 향후 버전에서는 '명시된 요구사항'을 좀 더 구체화하여 "고객 및 사용자의 요구 및 기대를 충족시키는 정도"로 변경하였다.

■ 글래스Glass의 정의(1992)

글래스R. Glass는 소프트웨어 품질을 "대상물 즉 소프트웨어의 우수한 정도"라고 정의하였다. 이는 소프트웨어의 우수성 여부를 소프트웨어가 갖는 속성들의 집합으로 측정해야 함을 의미한다. 여기서 속성들의 집합은 소프트웨어의 품질 요소들을 의미한다.

■ ISOInternational Standards Organization의 정의(1999)

ISO에서는 소프트웨어 품질을 "요구사항을 만족하는 소프트웨어 제품의 능력"으로 정의한다.

■ 프레스만Pressman의 정의(2004)

프레스만R. Pressman은 소프트웨어 품질이란 "명시적인 기능 및 성능 요구사항, 명시적으로 문서화된 개발 표준, 개발된 소프트웨어에서 기대되는 묵시적인 특성에 대한 적합성"으로 정의하였다.

2 소프트웨어 품질이 중요한 이유

소프트웨어의 품질 목표를 달성했다는 것은 사용자를 비롯한 관련자들이 원하는 방향으로 소프트웨어 제품이 개발되었음을 의미한다. 그러나 서로 다른 이해관계에 있는 모든 관련자의 기대에 맞는 소프트웨어를 개발하기란 쉬운 일이 아니다. 소프트웨어 개발 비용을 지원해야 하는 스폰서Sponsor 입장에서는 가능한 저렴한 비용으로 소프트웨어가 개발되기를 원할 것이다. 마케팅 담당자는 비용보다 사용자 편리성에 더 초점을 맞출 것이다. 따라서 여러 관점에서 품질이 고려되어야 하고, 이러한 관점 간에 충돌이 발생하는 경우, 적절한 타협점을 정해야 하는 어려움이 있다.

또한 소프트웨어에 대한 사용자의 기대치가 높아짐에 따라 소프트웨어 기능은 점점 더 복잡해지고 다양한 소프트웨어가 상호 연동되어야 할 필요성이 증가하고 있다. 소프트웨어가 복잡해지고 기능이 많아지면, 개발의 복잡도는 증가하고 소프트웨어 개발 과정에서 오류가 발생할 확률이 높아진다. 오류가 많다는 것은 소프트웨어의 품질이 매우 저하되었음을 의미한다. 복잡하고 큰 소프트웨어일수록 관심을 가져야 할 품질 요소가 매우 많다. [그림 2-2]는 소프트웨어 품질에 대한 아이스버그Iceberg를 나타낸다.

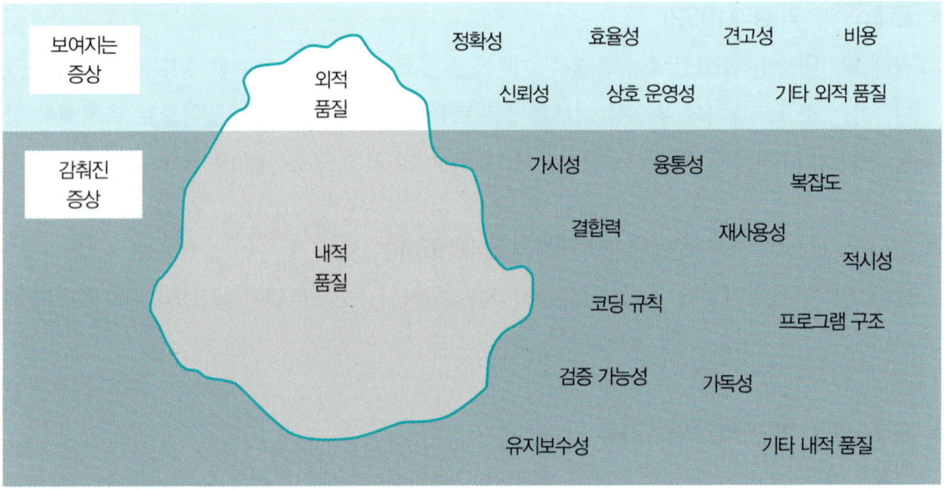

그림 2-2 소프트웨어 품질 특성을 나타내는 품질 아이스버그

[그림 2-2]와 같이 소프트웨어 개발과 관련된 다양한 품질 속성이 존재한다. 이러한 품질 속성은 사용자 관점의 품질 속성External Quality과 사용자가 아닌 개발자 관점에서 고려해야 하는 품질 속성Internal Quality로 구분할 수 있다. 그런데 문제는 외적 속성에 비하여 감춰진 내적 속성이 더 많다는 점이다. 비록 내부 품질 요소가 개발자의 기대치를 만족시키기 위한 요소라 할지라도 최종 소프트웨어 제품의 품질에 매우 큰 영향을 미친다. 예를 들어, 개발된 소프트웨어의 소스 코드에 대한 가독성Readability이 떨어진다면 코드를 쉽게 이해할 수 없을 것이며, 이로 인하여 변경이 발생한 소프트웨어를 수정하기 어려울 것이다. 이는 유지보수에 드는 비용이 증가한다는 것을 의미한다. 즉, 스폰서의 기대치를 만족시키지 못하게 된다.

따라서 소프트웨어 개발에서 좋은 품질 상태를 유지하는 것이 매우 중요하지만, 다양한 품질 요소를 모두 만족시키지 못하기 때문에 대상 소프트웨어의 특성을 고려한 적절한 품질 목표를 설정하는 것이 중요하다.

02 소프트웨어 품질 요소

1986년 키친햄은 소프트웨어 품질을 "요구에 대한 적합성"으로 정의하였다. 즉, 모든 스테이크홀더Stakeholder가 원하는 기대치를 최대한 만족시켜야 한다는 것이다. 그렇다면 각 스테이크홀더의 관심사는 무엇일까? [그림 2-3]은 이러한 관심사를 생각해보기 위한 기본 모델을 나타낸다.

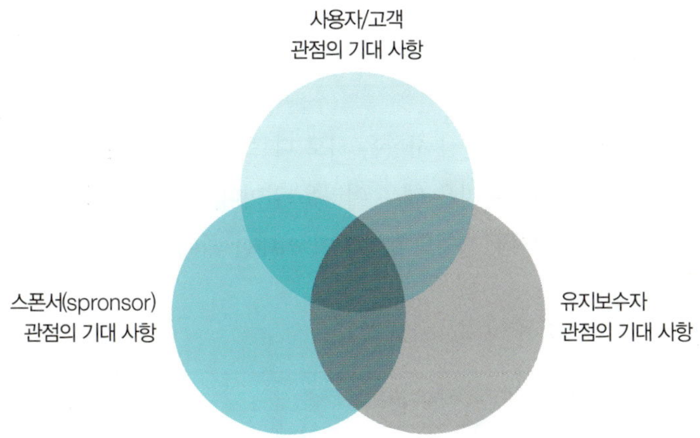

그림 2-3 소프트웨어 품질 요소에 대한 스테이크홀더 간 관심사 및 연관성

[그림 2-3]은 사용자, 스폰서, 유지보수자라는 소프트웨어 개발의 세 역할을 벤다이어그램Venn diagram으로 표현한 것이다. 3개의 원이 겹치는 가운데 부분은 세 역할자의 공통 관심사가 있음을 나타내고, 2개의 원이 겹치는 부분은 두 역할자 간의 공통 관심사가 있음을 의미한다. 그렇다면 세 역할자가 소프트웨어 개발 과정에서 각각 기대하는 것은 무엇일까? 이를 [표 2-1]과 같이 정리할 수 있다.

표 2-1 소프트웨어 스테이크홀더별 관심사의 예

역할	기대치	대응 품질 요소
스폰서 (Sponsor)	• 적은 비용으로 소프트웨어가 개발되기를 원한다. • 개발된 소프트웨어가 다른 응용에 사용되기를 원한다. • 기존 컴포넌트의 재사용을 통해 개발되기를 원한다. • 비즈니스 과정에 이득이 되기를 원한다.	- 낮은 비용 - 적용성(Adaptabiliy) - 재사용성 - 비용 효율성
사용자 (User)	• 소프트웨어의 기능이 정확히 동작하기를 원한다. • 고장이 나지 않기를 바란다. • 사용하기 쉬워야 한다. • 적은 비용으로 구매하기를 원한다.	- 정확성 - 신뢰성 - 사용성(Usability) - 낮은 비용
유지보수자 (Maintainer)	• 소스 코드를 이해하기 쉬워야 한다. • 표준 코딩 스타일에 따라 코드가 개발되기를 원한다. • 변경 영향이 한 부분으로 국한되기를 원한다. • 수정된 코드를 쉽게 테스트하기를 원한다. • 코드와 일관성 있는 문서가 제공되어야 한다.	- 가독성 - 코딩 표준 준수성 - 프로그램 구조 - 검증 가능성 - 문서화

[표 2-1]과 같이 각 스테이크홀더가 기대하는 관심 사항은 서로 다르다. 이러한 관심 사항을 소프트웨어 개발 과정에서 모두 만족시킨다는 것은 매우 어려운 일이다. 그럼에도 불구하고 소프트웨어 개발자는 다양하고 적합한 공학적 기술을 활용하여 최대한 기대치를 만족시키는 전략으로 소프트웨어를 개발해야 한다.

실습 2-1 스테이크홀더Stakeholder의 기대치 식별하기

페이스북, 인스타그램과 같은 SNS 플랫폼 형태의 '가상 가족Virtual Family'을 개발하고자 한다. 이 플랫폼은 가상 공간에서 가족의 형성을 지원하는 기능을 담은 플랫폼으로, 불특정 다수의 인터넷 사용자를 대상으로 개발하고자 한다. 이때 이 플랫폼에 대하여 관련 스테이크홀더(스폰서, 사용자, 운영 관리자)의 기대치가 무엇인지 식별하시오.

스테이크홀더	기대치
스폰서	
사용자	
운영 관리자	

그렇다면 스테이크홀더가 기대하는 관심사와 대응되는 품질 요소에는 정확히 어떤 의미가 있을까? 또 어떻게 그 만족 여부를 평가할 수 있을까? 이 물음에 답하기 위하여 먼저 각 품질 요소에 대한 정확한 정의 및 개념들에 대하여 살펴보자. 그리고 이 정의에 입각하여 각 품질 요소의 척도가 무엇인지 알아보자.

1 외적 품질 요소

소프트웨어 품질은 크게 내적 품질 요소와 외적 품질 요소로 구분할 수 있다. 정의하는 학자마다 조금 다를 수 있지만, 일반적으로 외적 품질 요소는 사용자에게 보이는 품질 요소이며, 내적 품질 요소는 개발자 관점의 품질 요소다. 이처럼 외형적인 구분이 있기는 하지만 임의의 품질 요소는 내적 품질 요소이자 외적 품질 요소가 된다.

또 다른 관점에서 품질 요소를 프로세스 품질Process Quality과 제품 품질Product Quality로 나누기도 한다. 소프트웨어 제품을 개발하는 과정과 관련된 품질 요소가 프로세스 품질이기 때문에 이 구분 역시 명확하게 나누기가 쉽지 않다. 다만 제품 품질은 사용자 관점에서, 프로세스 품질은 개발자 관점에서 주로 고려하는 품질 요소라고 말할 수 있다.

여기서는 제품 품질과 프로세스 품질로 구분하기보다 외적 품질 요소와 내적 품질 요소로 구분하여 그 의미를 살펴보고자 한다. 먼저 사용자가 관심을 갖는 외적 품질 요소의 정의 및 척도를 살펴보면 다음과 같다.

정확성Correctness

소프트웨어가 사용자가 제시한 요구사항 명세에 따라 동작한다면 그 소프트웨어는 정확하다고 말할 수 있다. 정확성을 언급하기 위해서는 먼저 사용자 요구사항 명세가 제시되어야 하며, 그 명세서가 모호성 없이 명확하게 표현되어 있어야 한다. 만약 명세 내용에 모호성이 존재한다면 소프트웨어가 올바르게 동작했는지 판단하기 어렵기 때문이다.

따라서 정확성에 대한 판단은 주어진 명세서의 내용을 하나씩 테스트하여 원하는 결과를 생성하는지 여부로 판단되며, 전체 테스트 중에서 몇 개가 실패하는가로 그 척도를 나타낼 수 있다. 척도는 다음과 같이 표현된다.

$$\text{Correctness}(P) = 1 - (A/B)$$

여기서 P는 정확성을 알고 싶은 프로그램, B는 사용자의 전체 요구사항 개수, A는 테스트를 통해서 명세 내용대로 동작하지 못한 기능 수다.

신뢰성Reliability

사용자가 자신이 수행하던 업무를 소프트웨어에 의존하여 전적으로 수행할 수 있다면, 이 소프트웨어는 믿을 만한 소프트웨어라 할 수 있다. 이러한 관점에서 신뢰성은 소프트웨어를 사용하는 동안 나타나는 오류(정확하게는 고장) 발생 정도로 판단한다. 따라서 신뢰성은 소프트웨어 고장의 빈도수와 그 치명도로 나타낸다.

소프트웨어 고장은 단순히 소프트웨어의 동작이 불가능한 상태뿐 아니라 올바르지 못한 결과를 생성하는 것까지 포함한다. 신뢰성을 나타내는 척도는 일반적으로 MTBFMean Time Between Failure로 나타내는데, 고장과 고장 간의 평균 시간을 의미한다. 예를 들어, 공군의 전투기에 탑재되는 소프트웨어의 신뢰성을 표현할 때 MTBF = 10,000H로 나타내곤 하는데, 이는 전투기 운영 시간인 10,000시간 이내에서는 고장이 한 번도 없어야 함을 의미한다.

견고성Robustness

소프트웨어 견고성은 신뢰성보다 더욱 엄격한 품질 요소다. 사용자가 제시한 요구사항 명세에 정의하지 않은 조건이나 환경에서도 소프트웨어가 합리적으로 동작해야 견고하다고 말할 수 있다.

견고한 소프트웨어를 개발하기 위해서는 아주 큰 노력과 비용이 들어갈 수 있다. 예를 들면 모든 입력 변수에 대하여 그 정당성을 확인하는 루틴이 프로그램에 추가로 반영되어야 하며, 올바르지 못한 정보가 입력되더라도 합리적인 응답을 제공해야 하기 때문이다. 이러한 견고성 요소는 특히 항공기 제어 소프트웨어, 원자력 발전소 제어 소프트웨어처럼 안전을 담보하기 위해 위험한 임무를 수행해야 하는 시스템에서 중요하게 고려되어야 한다.

성능Performance

소프트웨어 성능은 소프트웨어의 효율성Efficiency을 의미한다. 즉, 소프트웨어가 수행되기 위하여 얼마나 많은 메모리가 필요한가, 얼마나 빠른 응답 시간을 제공하는가가 성능과 관련된 사항이다. 따라서 성능은 실행에서 요구하는 메모리의 양Byte, 총 실행 시간msec 등을 척도로 사용한다.

그렇다면 성능이라는 품질 요소는 소프트웨어 개발이 완료된 이후에만 측정이 가능한 것인가? 만약 소프트웨어 개발이 완료되었는데 실행 시간이 만족스럽지 않다면 어떻게 해야 하는가? 이러한 문제를 극복하기 위하여 코드가 생성되기 전에 시뮬레이션이나 코드 분석 등을 통해 성능을 예측하기도 한다.

사용자 친숙성User Friendliness

사용자 친숙성은 소프트웨어가 사용하기 편리한가를 나타내는 품질 요소다. 소프트웨어가 사용하기 편리하다는 것은 인터페이스 관점에서 다양한 편의성을 제공해야 함은 물론, 데이터를 생성하여 입력하는 데 어려움이 없어야 한다는 의미다. 또한 소프트웨어가 제공하는 출력을 활용할 때 별도의 부가적인 처리를 할 필요가 없다는 점도 포함한다.

일반적으로 사용자 친숙성을 나타내는 척도는 편의성 지원 기능이 얼마나 제공되는가로 측정된다. 예를 들어, 소프트웨어 인터페이스에서 도움말 말풍선, 스크롤 바, 핫 키Hot Key 등을 제공한다면, 이러한 기능의 개수를 카운트하여 사용자 친숙성의 척도로 사용할 수 있다.

가용성Availability

소프트웨어를 언제든지 사용하고 싶을 때 사용한다면 가용성이 높다고 표현할 수 있다. 즉, 서버와 네트워크, 프로그램 등의 정보 시스템이 정상적으로 사용 가능한 정도를 말한다. 가용성의 척도는 사용자가 소프트웨어를 정상적으로 사용 가능한 시간Usable Time을 소프트웨어의 전체 운영 시간Operation Time으로 나눈 값이 된다. 이 값이 클수록 시스템의 가용성이 높아진다.

보안성Security

외부의 악의적인 공격이나 해커Hacker의 위협을 소프트웨어가 막아낼 수 있도록 구현되었다면 보안성이 있는 소프트웨어Secure Software라고 할 수 있다. 즉, 잠재적인 공격이 예측되는 상황에서도 소프트웨어가 올바르게 동작할 수 있도록 해야 한다.

소프트웨어가 해커의 공격에 무너질 수 있는 결함이나 약점을 가지고 있을 때, 우리는 소프트웨어가 취약성Vulnerability을 가졌다고 한다. 특히, 접근 취약성Access Vulnerability은 해커가 소프트웨어 시스템이 제공하는 기능을 단순히 실행시키거나 정보에 접근할 수 있는 취약성을 말한다. 여기서 문제는 접근 취약성으로 인해 소프트웨어가 해커에게 뚫려 기능이나 정보가 변경된 경우, 사용자는 소프트웨어의 올바른 동작을 기대할 수 없게 된다는 점이다. 보안성에 대한 척도는 소프트웨어 시스템에서 발견된 취약점의 개수, 사고 통계, 보안 취약으로 인한 연간 손실액 등으로 나타낼 수 있다.

안전성Safety

IEEE 표준 1228(1994)에서는 소프트웨어 안전성을 소프트웨어 위험으로부터 자유로운 상태로 정의한다. 여기서 안전함이란 소프트웨어 위험성을 회피하고, 만약 위험 상태가 발생한다면 정당한 사용자에게 알려줘야 함을 의미한다.

소프트웨어 위험성이란 소프트웨어 사고가 발생하기 위한 필요조건을 의미한다. 이러한 필요조건이 충족되었을 때, 재산상의 손실이나 인명 피해와 같은 사고가 유발된다. 소프트웨어만으로는 사고가 발생하지 않는다. 소프트웨어 오동작으로 하드웨어 제어가 불가능해지고, 이로 인하여 사고가 발생하는 것이다.

소프트웨어 개발자는 소프트웨어가 어떤 조건에서 실제로 운영될 수 있는가를 예측해야 한다. 즉, 발생 가능한 사고 시나리오를 모두 고려하여 이를 방지하기 위한 안전 요구사항을 도출해야 한다. 안전한 소프트웨어를 개발했다는 것은 이러한 안전 요구사항이 적절히, 충분하게 시스템에 반영되어 개발되었음을 보장한다는 것이다.

무결성Integrity

무결성은 프로그램이나 데이터에 대한 불법(허용되지 않은) 사용이나 잘못된 접근을 막는 정도를 의미한다. 여기에는 데이터에 대한 적절한 접근 보장과 함께 권한 없는 사용자의 접근 제한 기능이 포함된다. 무결성을 제공함으로써, 데이터의 부정확함과 손실로부터 시스템을 보호할 수 있다.

따라서 프로그램 코드나 데이터는 물리적인 디바이스의 손상, 의도하지 않은 데이터의 변경, 사용자가 인지하지 못하는 내부적인 데이터의 불일치, 사용자에 의한 의도하지 않는 파일 덮어쓰기 혹은 삭제 등으로부터 보호될 수 있도록 무결성을 보장해야 한다.

2 내적 품질 요소

소프트웨어의 내적 품질 요소는 시스템을 개발하는 엔지니어의 관심사에 해당된다. 따라서 이 부분은 공학적인 기법과 밀접하게 연관되어 있다. 내적 품질 요소에 대한 의미와 척도는 다음과 같다.

검증 가능성Verifiability

소프트웨어가 지닌 속성이 올바르다는 것을 안전하게 확인할 수 있다면 소프트웨어는 검증 가능성을 갖는다고 할 수 있다. 이러한 검증 가능성은 크게 두 가지 방법으로 평가된다. 첫 번째는 정형 검증Formal Verification 방법이고, 두 번째는 테스트다. 정형 검증은 수학적 개념을 근간으로 하는 검증 방법으로, 검증 대상을 형식 언어로 표현하고 이를 풀거나 시뮬레이션함으로써 검증 대상이 정확하게 동작한다는 것을 보이는 방법이다. 테스트는 소프트웨어의 정확한 동작을 확인하기 위하여 적절하게 생성된 테스트 데이터를 이용하여 실행시키는 방법이다.

정형 기법의 경우에는 일반적으로 자동화된 도구를 사용하여 소프트웨어 시스템이 가질 수 있는 데드락Deadlock, 시간 제약 사항, 종료 가능성 등을 확인하는데, 이를 기반으로 소프트웨어 시스템의 모든 기능을 검증할 수 있는지가 중요하다. 일반적으로 요구사항에 제시된 모든 기능이 정형 기법의 검증 대상이 되지만, 어떤 검증 기법을 선택하느냐에 따라 검증이 불가능한 요구사항도 존재할 수 있다. 따라서 단순히 한 가지 정형 기법만 사용하여 소프트웨어 시스템을 검증하지 않고, 다양한 정형 기법을 혼합하거나 테스트를 통해 시스템 속성을 확인해야 한다. 그런데 화성Mars 탐사 위성에 탑재한 온도 조절 시스템이 화성에서 정확히 동작하는가를 테스트할 수 있을까? 이 시스템은 검증 가능할까?

유지보수성Maintainability

소프트웨어는 현장에서 사용되는 경우라도 많은 변경과 수정을 겪게 된다. 예를 들어, 한국은행에서 세율을 높인다면, 모든 은행 계좌의 이자 세율에 이를 반영해야 한다. 다시 말해, 국가 정책의 변화나 비즈니스 정책의 변화가 발생하면 소프트웨어는 유지보수되어야 한다.

유지보수 활동은 크게 [그림 2-4]와 같은 네 가지 세부 활동으로 분류하는데, 어떤 목적으로 유지보수를 수행하는가에 따라 구분된다.

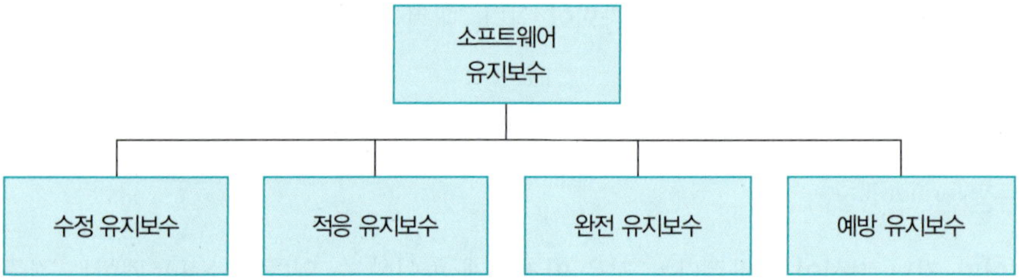

그림 2-4 소프트웨어 유지보수 활동에 대한 구분

- **수정 유지보수**Corrective Maintenance

  개발된 소프트웨어를 사용하는 동안 오류가 발생하는 경우에 이루어지는 활동이다. 일종의 버그 수정에 해당한다. 수정 유지보수성은 주어진 기간, 예를 들면 1년 내에 얼마나 많은 오류가 발생하는가로 그 척도를 나타낸다.

- **적응 유지보수**Adaptive Maintenance

  소프트웨어 운영 조건에 대한 변화를 수용하는 유지보수 활동이다. 예를 들어, OS, DBMS, 미들웨어 등의 변화가 발생하는 경우 이에 적응하기 위해 소프트웨어가 수정된다.

■ **완전 유지보수**Perfective Maintenance

사용 중인 소프트웨어를 재구조화하기 위한 목적으로 수행되는 활동이다. 재구조화는 소프트웨어의 소스 코드 구조가 너무 복잡해지거나 초기에 작성된 모듈화 구조가 무너져서 더 이상 코드를 이해하기 어려운 경우에 수행된다. 이런 문제 상황은 그동안 여러 차례 변경 사항이 반영된 결과인데, 이로 인해 추가 변경이 어려워진다. 따라서 코드에 대한 재구조화를 통해 소프트웨어에 대한 가독성 및 이해성을 높이려는 것이다.

■ **예방 유지보수**Preventive Maintenance

보편화된 유지보수 활동은 아니지만, 임무 중심Mission-Critical 및 안전 중심Safety-Critical 소프트웨어의 경우, 매우 중요한 유지보수 활동이다. 소프트웨어를 탑재한 시스템에 특정 임무를 수행하기 전에, 소프트웨어가 정확하게 동작할 것인지를 테스트하고 점검한다. 일종의 프로브Probe를 소프트웨어에 내장한 뒤 실행하여 소프트웨어 동작에 대한 정보를 외부로 출력해서 점검하는 것이다. 이때 출력 정보가 정확하지 않다면, 소프트웨어는 대체되거나 수정되어 다시 장입Embedding된다.

유지보수성을 나타내는 정량적인 척도 중 하나는 수정 가능성Repairability이다. 수정 가능성은 발견된 오류 또는 결함을 수정하기 위해 소요되는 시간으로 나타낸다. 그러나 일반적으로 소프트웨어 고장이 발생한 경우, 그 원인을 찾아서 수정해야 하기 때문에 얼마의 시간이 걸려 결함이 제거될지는 쉽게 판단할 수 없다.

재사용성Reusability

재사용성은 새로운 소프트웨어를 개발하기 위해 기존 소프트웨어 컴포넌트를 사용하는 정도를 의미한다. 재사용 가능한 소프트웨어 컴포넌트는 매우 다양하다. 가장 작게는 프로그램에 Include되는 라이브러리 함수가 있으며 이클립스 플러그 인Eclipse Plug-in, 최근에 널리 알려진 오픈 소스 등이 재사용을 가능하게 하는 컴포넌트들이다.

단순히 소스 코드를 재사용하는 것뿐만 아니라 특정 도메인에 정의된 요구사항의 재사용, 설계 패턴의 재사용 등 소프트웨어 개발의 전체 단계에서 재사용이 가능하다. 재사용성 척도는 다음과 같이 산출될 수 있다.

$$\text{Reusability}(P) = \text{LOC}(R)/\text{LOC}(S)$$

여기서 어떤 특정 대상 P의 재사용 비율은 재사용에 의해 개발된 부분의 양LOC(R)을 전체 개발된 산출물의 양LOC(S), Lines of Code으로 나눈 것이다.

이식성Portability

소프트웨어가 서로 다른 환경에서 실행된다면 이식성이 높다고 표현할 수 있다. 즉, 얼마나 다양한 하드웨어 플랫폼을 지원하는가와 얼마나 다양한 버전의 소프트웨어 플랫폼을 지원하는가를 나타낸다. 따라서 지원 가능한 플랫폼 수가 이식성의 척도로 활용될 수 있다.

가독성Readability

가독성은 이해성Understandability이라고도 하며, 소스 코드를 포함한 소프트웨어 개발 과정에서 작성되는 모든 산출물Artifacts이 얼마나 쉽게 이해할 수 있도록 작성되었는가를 의미한다. 가독성을 높이기 위해서는 전체적으로 상호 약속된 표준 규약에 따라 산출물을 작성해야 한다.

예를 들면, 소스 코드를 작성하기 위해서는 MISRA-C, 자바 코딩 규칙 등과 같이 조직 혹은 표준화 기구에서 정의하는 가이드라인을 따라야 한다. 이렇게 함으로써, 코드를 직접 작성하지 않은 다른 사람도 그 코드를 쉽게 이해할 수 있다. 또 다른 예는 소프트웨어 분석 및 설계에 사용하는 UMLUnified Modeling Language이다. 이 언어는 정해진 심볼을 이용하여 요구사항을 모델링할 수 있게 제공된 표현 언어다. 따라서 가독성의 척도는 다음과 같은 요소들에 의해 평가될 수 있다.

- 조직 또는 기관에서 정의하는 표준 가이드라인을 따르고 있는가?
- 산출물의 내용이 체계적으로 구조화/모듈화되었는가?
- 모든 문서에는 페이지 번호, 그림 및 표 번호가 있는가?
- 직관적이고 의미 있는 단어들을 사용하여 표현했는가?

생산성Productivity

생산성은 소프트웨어 개발 과정에 외적 품질 요소인 성능Performance의 속성을 적용한 내적 품질 속성이다. 즉, 소프트웨어 개발 과정이 얼마나 효율적인가를 나타내는 지표이므로 주어진 시간 내에 얼마만큼의 성과를 내고 있는가를 그 척도로 사용할 수 있다.

생산성의 척도는 일반적으로 LOCLines of Code, 즉 소프트웨어 개발자가 하루에 몇 줄의 소스 코드를 작성하는가로 나타낸다. 그러나 어떤 프로그래밍 언어를 사용하느냐에 따라 동일한 기능에 대해 서로 다른 LOC 값을 보여줄 수 있기 때문에 상대적인 생산성의 비교 척도로는 적합하지 않다. 그래서 LOC를 대체하기 위해 기능 점수Function Point가 생산성의 척도로 사용되고 있다.

상호 운용성Interoperability

상호 운용성은 서로 다른 소프트웨어들이 협업을 수행할 수 있는 능력을 충분히 제공하는 것을 의미한다. IoTInternet of Things 기술을 근간으로 하는 스마트 시티 환경에서 상호 운용성은 매우 중요한 요소가 된다. 상호 운용성을 확보하기 위해서는 무엇보다도 상호작용 관련 인터페이스에 대한 표준화를 통해 통신Communication이 가능하도록 해야 한다. [그림 2-5]는 소프트웨어 개발에서 상호 운용성의 필요성을 나타내는 개념적 그림이다.

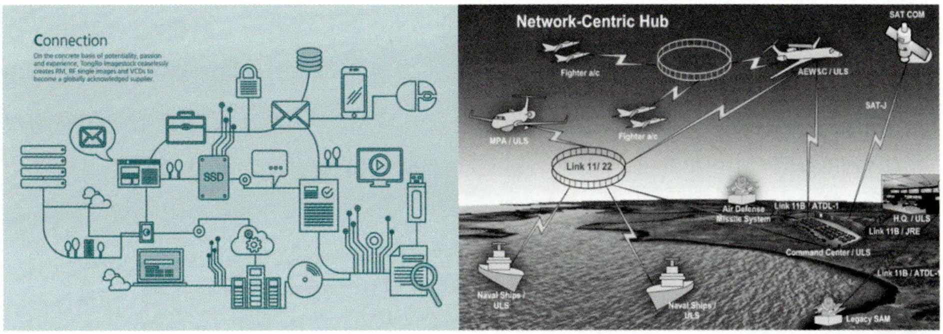

그림 2-5 상호 운용성 품질의 필요성을 나타내는 개념도(Google 검색)

적시성Timeliness

적시성은 소프트웨어를 적시에 사용자에게 배포할 수 있는, 또는 시장에 제공할 수 있는 능력을 의미한다. 적시에 소프트웨어 제품을 개발할 수 있다면 시장 진입 속도Time to Market가 좋아지고, 결국 시장을 점유할 수 있다는 관점에서 매우 중요한 품질 요소라고 할 수 있다.

소프트웨어 개발의 적시성을 향상하기 위해서는 계획된 스케줄에 맞춰 개발이 완료되어야 한다. 따라서 먼저는 면밀하게 검토된 스케줄을 생성해야 하며, 스케줄에 맞추기 위한 적절한 작업량 산정, 마일스톤Milestones에 대한 정확한 정의가 필요하다.

가시성Visibility

소프트웨어 개발 과정의 각 단계에서 소프트웨어 개발 상태 정보가 모두 문서화된다면 가시성이 제공된다고 볼 수 있다. 문서화되어 관리된다는 것은 언제나 필요한 시점의 정보에 접근할 수 있음을 의미하며, 이는 소프트웨어 개발 프로젝트 진행에서 의사결정을 하는 데 매우 중요한 정보가 된다.

소프트웨어 개발 단계의 상태 정보(산출물 리뷰 결과 및 품질 정보)와 산출물(요구사항 명세서, 설계서 등) 등을 체계적으로 유지·관리하게 되면 어떤 이점이 있을까? 앞서 언급한 것처럼 프로젝트 진척에 대한 의사결정이 가능해지고, 개발 일정을 조정하거나 관리할 수 있게 된다. 또한 개발자가 이직한 경우에도 미리 작업 내용을 문서화해두었다면 인계자가 작업 내용을 쉽게 이해할 수 있다.

이상과 같은 품질 요소 이외에도 적응성Adaptability, 무결성Integrity, 회복성Recoverability, 변경성Changeability, 추적성Traceability 등의 품질 요소들이 존재하며, 이들 품질 요소가 어떤 유형의 시스템(실시간 시스템, 임베디드 시스템 등)인가에 따라 핵심적인 품질 요소도 다르게 고려될 수 있다.

3 프로세스 품질

소프트웨어 품질을 구분하는 기준으로 내적 품질 요소와 외적 품질 요소를 살펴보았다. 품질을 구분하는 또 다른 기준으로 제품 품질과 프로세스 품질을 생각할 수 있다. 제품, 즉 프로덕트Product 품질은 소프트웨어 제품 자체에 대한 품질에 해당하는 것으로, 앞서 설명한 내적 품질 요소와 외적 품질 요소를 모두 포함할 수 있다. 따라서 여기서는 프로세스 품질에 대해서만 간략히 설명한다.

프로세스Process는 소프트웨어를 개발하는 과정을 의미한다. 소프트웨어 개발 과정에 대한 품질을 고려하는 것은 개발 과정에서 수행하는 엔지니어의 활동이 올바르고 정확할 때 소프트웨어의 품질 또한 향상될 수 있기 때문이다. 즉, 개발 과정에 대한 프로세스 개선을 통해 제품의 품질을 향상하고자 하는 것이다.

소프트웨어 개발 프로세스에 대한 개선은 일반적으로 ISO 12207, CMMICapability Maturity Model Intgration, ISO 15504: SPICESoftware Process Improvement and Capability dEtermination와 같은 프로세스 관련 표준들에 의해 이루어진다. 이러한 프로세스 표준에 대해서는 추후에 설명하기로 하고, 여기서는 엔지니어링 활동 관점의 품질 요소만 고려해보자.

■ **프로세스 모델 적합성**

대상 소프트웨어를 개발할 때 '어떤 프로세스 모델을 적용할 것인가'를 말한다. 예를 들어 요구사항이 명확하지 못하거나, 빈번한 요구사항 변경이 예상된다면 폭포수 모델을 통해 소프트웨어를 개발하는 것은 적합하지 않을 것이다.

■ **개발 방법론 적합성**

소프트웨어 개발을 위해 객체지향 방법이나 구조적 방법론, 정보공학 방법론 등이 활용될 수 있다. 다양한 데이터를 저장·처리·관리해야 하는 응용 소프트웨어 개발이라면 구조적 방법론보다는 정보공학 방법론을 이용한 소프트웨어 개발이 더 적합할 수 있다.

■ **도구 적합성**

소프트웨어 개발 과정에서 많은 지원 도구, 즉 CASEComputer-Aided Software Engineering 툴Tool을 사용할 것이다. 요구사항을 분석하고 모델링하는 도구, 테스트 지원 도구, 문서화 도구, 형상 관리 도구 등이 소프트웨어 개발 과정에서 사용된다. 이러한 도구들이 개발 환경에 적합한지, 팀 기반 개발을 충분히 지원할 수 있는지 등을 확인하고 선택해야 한다.

■ **표준 준수성**

소프트웨어가 갖는 특성 혹은 요구사항에 따라 다양한 표준이 적용될 수 있다. 예를 들면, 접근 제어 표준, 웹 표준, 프로토콜 표준, 코딩 표준, 문서화 표준 등이 소프트웨어 개발 과정에 적용될 수 있다. 프로젝트에서 선택한 표준이 적절한지, 선택한 표준을 준수하여 프로젝트가 진행되고 있는지 확인해야 한다.

■ **프로젝트 데이터 관리 수준**

소프트웨어 개발 과정에서 작성·생성되는 데이터는 매우 다양하다. 소스 코드 이외의 데이터로는 개발 비용 데이터, 개발 일정 데이터, 결함 데이터, 투여 인력 데이터 등 매우 다양한 데이터가 존재한다. 이러한 프로젝트 진행과 관련된 상세 데이터들은 정보 저장소 Repository에 저장되어 프로젝트 내에서 혹은 추후 신규 프로젝트의 예측 활동에서 활용될 수 있어야 한다.

적합한 프로세스 모델과 적합한 개발 방법론, 개발 생산성을 높일 수 있는 도구 활용 등은 개발 과정에서 엔지니어의 활동을 체계적으로 지원하고 가이드하는 역할을 수행한다. 그와 함께 개발자의 실수를 예방하거나 소프트웨어에 내재한 결함을 감소시킴으로써, 궁극적으로 소프트웨어 품질 개선 효과를 낸다.

03 인공지능 소프트웨어 품질

인공지능AI, Artificial Intelligence, 특히 기계학습ML, Machine Learning 기반 시스템에서 품질은 어떻게 정의되고 측정될까? 기계학습을 포함하는 소프트웨어 시스템의 품질도 일반적인 소프트웨어의 품질 특성을 모두 포함할 수 있을 것이다. 그러나 데이터 학습을 통해 기능을 수행하는 인공지능 혹은 기계학습 기반 시스템에서는 적은 데이터를 학습하느냐 방대한 데이터를 학습하느냐에 따라 판단 결과, 즉 시스템의 출력이 달라질 수 있다는 특성이 있다. 따라서 일반적인 소프트웨어와 다른 측면에서 소프트웨어 품질 요소가 고려될 수 있다.

1 전통적인 소프트웨어와의 차이점

기계학습 시스템은 학습 알고리즘 혹은 학습 모델을 따르는 하나 이상의 소프트웨어 컴포넌트를 포함한 학습 기반 시스템이라고 정의할 수 있다. 이러한 학습 기반 시스템이 전통적인 소프트웨어 시스템과 근본적으로 어떠한 차이점이 있는가를 살펴보면 다음과 같다.

- 학습 모델의 입력과 결과 사이의 관계는 입력 데이터의 일부에 대해서만 정의된다. 즉, 이전에 보지 못한 데이터에 대한 학습 모델의 결과는 불확실성을 유발한다.
- 캡슐화 및 모듈화 같은 소프트웨어 엔지니어링의 일반적인 개발 원칙을 그대로 적용하기 어렵다. 예를 들어 신경망Neural Net은 단순히 더 작은 요소로 분할하여 모듈처럼 재사용할 수 없다.
- 기계학습을 포함하는 컴포넌트의 개발과 통합의 접근 방법은 매우 다양한 방식에 의해 이루어질 수 있다. 응용 도메인에 대한 지식, 기계학습 모델 구성 방법에 대한 지식, 소프트웨어 엔지니어링에 대한 지식이 필요하다. 이때 응용 도메인에 대한 지식이 개발 방법론을 결정할 수 있다.
- 학습 기능을 수행하는 알고리즘은 학습 및 테스트에 사용하는 데이터보다 훨씬 덜 중요하게 고려된다. 즉, 학습 데이터 및 테스트 데이터가 소프트웨어의 품질을 결정하는 중요한 요소가 된다.

2 인공지능 소프트웨어의 품질 특성

인공지능 혹은 기계학습을 포함하는 소프트웨어 시스템에 대한 품질 연구가 유럽 연합의 Ethics Guidelines for Trustworthy AI, 독일의 DIN SPEC 92001, 일본의 QA4AI Consortium 등에서 진행되고 있다. 이들 연구에서 전반적으로 고려되는 소프트웨어 품질 속성은 다음과 같이 정리된다.

■ **투명성**Transparency**과 책임**Accountability

기계학습 기반 시스템은 동일한 입력에 대하여 서로 다른 결과를 제공할 수 있다는 문제가 발생한다. 즉, 학습 초기에는 올바르지 못한 답을 제시할 수 있지만, 학습량이 많아지면 정답에 가까운 결과를 제공한다. 따라서 AI 시스템은 입력에 대한 결과 값을 재현할 수 있도록 해야 품질이 우수하다고 말할 수 있다.

특히, AI 시스템이 제공하는 출력은 시간에 따라 변할 수 있다는 가능성 때문에, 출력에 대한 해석 가능성 및 설명 가능성이 중요하다. 또한 출력 결과가 부정적인 결과를 유발하는 경우, 이를 사용자에게 알려주는 보고 기능이 부가적으로 제공되는 것이 좋다.

■ **다양성**Diversity**, 공정성**Fairness **그리고 사회적 웰빙**well-being

AI 시스템 개발에서 학습 모델의 구성과 이에 필요한 의사결정 정책 등은 특정 요소에 편중하여 출력을 제공하는 오류가 있어서는 안 된다. 모든 가능한 데이터들을 수용하여 출력을 제공할 수 있는 모델을 설계해야 하며, 이를 위해서는 다양한 이해관계자의 참여가 필요할 수 있다. 이러한 과정을 통해 AI 시스템은 환경 친화적 방향으로 구축되어 사회적 웰빙을 제공해야 한다.

■ **보안**Security**과 안전성**Safety

AI 시스템 개발 시 학습을 위해 사용되는 데이터는 매우 중요하다. AI 시스템의 응용 범위가 넓어짐에 따라 매우 다양한 애플리케이션 소프트웨어가 개발될 수 있다. 그렇다 보니 개인 정보의 누출이나 프라이버시 침해가 발생할 소지가 있다. 보다 정확한 문제 해결을 위해서 사용되는 데이터가 좋은 품질과 무결성을 가져야 하는 것은 물론, 데이터에 존재할 수 있는 오류, 노이지Noisy, 정체 불명이거나 악의적인 데이터들에 대처할 수 있어야 한다.

■ **기술적 견고성Robustness과 신뢰성Reliability**

모든 소프트웨어 시스템이 그렇듯이, AI 시스템을 개발할 때도 안전하고 신뢰할 수 있는 시스템을 개발하는 것이 중요하다. 따라서 어떤 예상하지 못한 상황에서도 출력의 정확성을 유지해야 한다. 즉, 유해한 입력, 오류가 존재하는 입력에 대해서도 믿을 만하고 이해할 만한 결과가 제공되어야 한다.

■ **법적Legal·윤리적Ethical 측면**

AI 시스템은 제공하는 지능의 범주에 따라 인간이 그동안 해온 일들을 대행하는 에이전트Agent 역할을 수행할 수 있다. AI 시스템의 적용 가능 영역에 따라 그 범위나 수준이 달라지겠으나, 역으로 AI 시스템이 인간이 하는 일들을 감독하고 모니터링하는 시대가 올 수도 있다. 따라서 AI 시스템은 반드시 인간에게 적용되는 법적·윤리적 문제들을 보장할 수 있도록 개발되어야 한다.

3 시스템 관점별 품질 요소

AI/ML 시스템은 학습 모델, 학습 데이터, 모델의 동작을 감독하는 컴포넌트 등이 핵심 구성요소로 고려된다. 이러한 핵심 구성 요소가 어떤 역할을 수행하느냐에 따라 관심을 가져야 하는 품질 요소도 달라진다. 즉, ML 시스템의 응용 영역에 따라 관심 대상이 되는 품질 요소가 달라질 수 있다.

ML 시스템의 구성 관점

기계학습 기반의 소프트웨어 시스템은 학습 모델, 학습 및 운용 데이터, 시스템/인프라구조, 사용 환경 등과 같은 관점에서 시스템 구성 요소를 살펴볼 수 있다. [그림 2-6]은 ML 시스템의 서로 다른 시스템 관점을 나타낸다. 이는 2020년 독일에 있는 실험적 소프트웨어 공학을 위한 프란호퍼 연구소Fraunhofer Institute for Experimental Software Engineering의 줄리앙 시버트Julien Siebert 등이 진행한 연구에서 제시되었다.

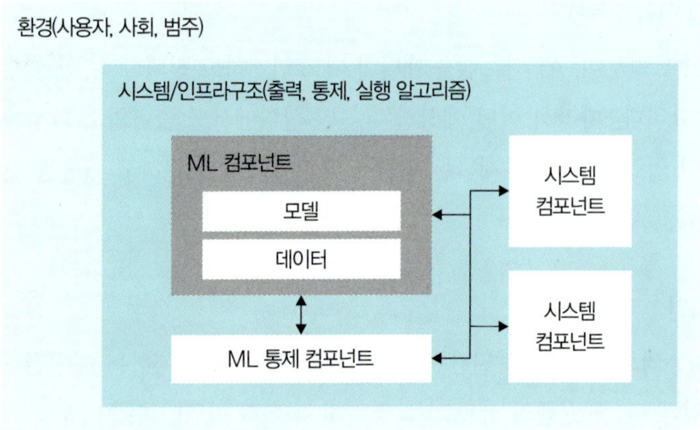

그림 2-6 기계학습 기반 소프트웨어 시스템의 구성 관점

[그림 2-6]에서 제시하는 시스템 구성 관점을 간략히 설명하면 다음과 같다.

- 모델 관점: 학습 모델과 관련되며, 분류나 차원 축소 같은 작업을 수행하기 위하여 데이터에 대한 훈련이 이루어지는 부분이다.
- 데이터 관점: 모델에 입력되는 데이터와 관련된 부분으로, 훈련 및 테스트 데이터, 운영 과정에 사용할 실데이터 준비가 이루어지는 부분이다.
- 시스템 관점: 기계학습 컴포넌트(모델과 데이터)들을 연결하고, 형상Configuration을 정의하는 부분이다.
- 인프라 관점: 시스템이 하드웨어 또는 훈련을 위한 라이브러리 등을 이용하여 어떻게 구현되는가에 초점을 맞춘 부분으로 시스템 관점과 밀접한 관계가 있다.
- 환경 관점: 시스템 외부 관점으로 시스템과 사용자가 어떻게 상호작용하는가를 표현하는 부분이다.

관점별 품질 요소

[그림 2-6]에서 제시한 시스템 구성 관점별로 고려할 수 있는 품질 요소가 무엇인지 살펴보자. 각 품질 요소에서 측정 대상이 무엇이며, 대상별 어떤 품질 요소가 존재하는지, 이들을 측정하기 위한 방법은 무엇인지 고려되어야 한다. 다양한 품질 요소가 고려될 수 있으며, AI 시스템에 적용되는 영역에 따라 품질 요소가 달라질 수 있기 때문에 여기서는 몇 가지 대표적인 품질 요소만 제시한다.

표 2-2 모델 관점의 품질 요소

측정 대상	모델 관점 품질 요소
모델 유형	모델 타당성: 정의된 기능을 수행하기 위해 선정된 모델 유형이 적합한가
훈련된 모델	적합성(Fitness): 정의된 기능이 개발된 데이터를 기반으로 정확하게 수행될 수 있는가
	견고성(Robustness): 누락 혹은 오류가 있는 데이터를 잘 처리할 수 있는가
	안정성(Stability): 서로 다른 데이터에 대하여 반복적인 결과를 생성할 수 있는가
	공정성(Fairness): 모델의 출력이 공정한 결정을 제시하는가
	해석능력(Interpretability): 훈련된 모델의 내용을 사람이 해석할 수 있는가

표 2-3 데이터 관점의 품질 요소

측정 대상	데이터 관점 품질 요소
개발 데이터	대표성(Representativeness): 데이터가 모집단을 대표하는가
	정확성(Correctness): 데이터가 오류 없이 개발되었는가
	완전성(Completeness): 누락된 데이터가 없는가
	유통성(Currentness): 데이터가 최신 내용을 포함하는가
	독립성(Independence): 훈련 데이터와 테스트 테이터가 상호 독립적인가
개발 및 운용 데이터	일관성(Consistency): 서로 다른 데이터셋에 대하여 형식, 표본 추출 등이 일관성이 있는가

표 2-4 환경 관점의 품질 요소

측정 대상	환경 관점 품질 요소
훈련 과정	환경 영향(Env. Impact): 훈련 과정이 환경에 영향을 미치는 정도
활용 집단	사회 영향(Social Impact): ML 컴포넌트가 사회에 영향을 미치는 정도
범위	범위 준수(Scope Compliance): ML 컴포넌트가 의도된 사용 범위 내에 존재하는 정도

표 2-5 인프라 관점의 품질 요소

측정 대상	인프라 관점 품질 요소
인프라구조	인프라 적합성(Suitability): 인프라 구성 요소가 ML 컴포넌트의 요구를 충족하는가
훈련 알고리즘	훈련 효율성(Training Efficiency): 학습 모델을 훈련하기 위한 자원이 유용한가
실행 알고리즘	실행 효율성(Execution Efficiency): 훈련된 모델을 실행시키기 위한 자원이 유용한가

표 2-6 시스템 관점의 품질 요소

측정 대상	시스템 관점 품질 요소
출력 제어	효과성(Effectiveness): 출력 제어 알고리즘이 오류 출력을 탐지하는 능력
	제어 효율성(Supervision Efficiency): ML 컴포넌트를 모니터링하기 위해 사용되는 자원이 유용한가
범주 제어	효과성(Effectiveness): 범주 제어 알고리즘이 문맥 변경을 탐지하는 능력
	제어 효율성(Supervision Efficiency): 응용 범주를 모니터링하기 위해 사용되는 자원이 유용한가

인공지능 소프트웨어의 품질 요소들이 모든 인공지능 소프트웨어의 품질을 측정하기 위한 전체 집합이라고 단언할 수는 없다. 즉, 품질 특성이 적용 분야에 따라 조금씩 달라질 수 있다. 따라서 소프트웨어 개발 과정에서 고려하는 품질은 결국 대상 소프트웨어와 관련 있는 스테이크홀더의 기대치가 무엇인지를 잘 이해하는 것이 중요하다.

실습 2-2 새로운 품질 요소 설계하기

사회적·기술적 변화에 따라 소프트웨어 기능도 복잡해지고 다양해지고 있다. 1990년대 컴퓨터는 다량의 데이터에 대한 연산을 고속으로 처리하여 정확한 결과를 제공하는 것이 목적이었다. 그러나 2020년대 컴퓨터는 의사, 판사 등 전문가들의 역할을 대체하거나 그림 그리기, 작곡하기 등 인간의 창작 영역에까지 도전하고 있다.

이처럼 변화된 소프트웨어의 특성에 맞춰 품질 요소를 고려하는 것은 좋은 소프트웨어를 개발하기 위한 기초가 된다. 새로운 소프트웨어의 품질 요소와 해당 품질 요소를 측정하기 위한 척도Metric를 개발하는 일은 소프트웨어 엔지니어가 해야 할 일 중 하나다. 새로운 소프트웨어 품질 요소를 개발하기 위한 방법으로 GQMGoal-Question-Metric 방법이 있다.

(1) GQM 방법에 대해 조사하고, 그 활용 방법을 이해한다.
(2) SNS 플랫폼 '가상 가족'을 개발하는 데 고려해야 하는 새로운 품질 요소를 설계하시오.

04 소프트웨어 품질 모델 및 표준

2.2절에서 다양한 품질 요소의 정의와 개념에 대하여 살펴보았다. 그리고 도메인마다 다른 특성의 품질 요소가 존재하고, 요소의 개수도 매우 많음을 알 수 있었다. 이처럼 다양한 관점의 품질 요소들을 소프트웨어 개발 조직에서는 어떻게 관리할까? 각각의 독립된 품질 요소를 조직의 표준으로 정의하고, 모든 소프트웨어 개발 프로젝트에서 이들을 선택하여 관리하고 측정하도록 하는 것인가? 그렇다면 서로 중복된 특성 혹은 서로 충돌하는 속성을 갖는 품질 요소들은 어떻게 관리해야 하는가?

소프트웨어 품질 요소의 일반적인 정의만으로는 실제 소프트웨어 개발 조직에 효과적으로 활용되기 어렵다. 또한 모든 품질 요소를 1차원적으로 적용하기도 곤란하다. 따라서 다양한 품질 요소를 적용하는 데 가이드라인이 되는 품질 모델이 필요하다. 품질 모델은 다양한 품질 요소를 2차원적으로 체계화하고, 이를 통해 소프트웨어 특성별 품질을 관리할 수 있도록 지원한다. 소프트웨어 품질 모델에 대한 정의는 여러 연구에서 제시되었는데, 대표적으로 다음과 같은 품질 모델을 고려할 수 있다.

1 McCall의 FCM 모델

1978년 제임스 맥콜James A. McCall은 소프트웨어 품질 모델의 한 유형으로 FCMFactor-Criteria-Metrics 모델을 제안하였다. 이 모델은 기존 품질 요소를 분류하기보다 품질 모델의 기본 구조를 제안하였다. [그림 2-7]과 같이 이 모델에서 제안하는 FCM의 기본 개념은 다음과 같은 속성을 포함한다.

- Factors: 사용자에게 보이는 소프트웨어의 외적 특성을 기술하며, 시스템의 동작 특성을 나타낸다.
- Criteria: 개발자에게 보이는 소프트웨어의 내적 특성을 기술하며, 소프트웨어 개발 및 설계와 관련된 품질 요소를 정의한다.

- Metrics: 소프트웨어의 내적·외적 특성을 측정하기 위한 기본 단위와 방법을 정의하고 설명한다.

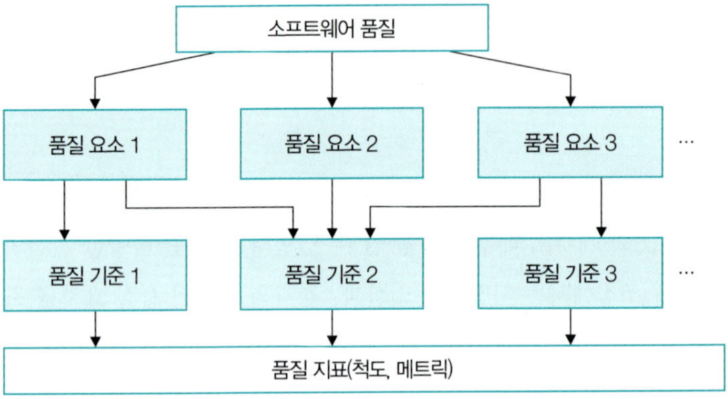

그림 2-7 McCall의 품질 모델

McCall은 FCM의 기본 속성을 기반으로 Factor Model Tree를 제안하였고 이 트리에서 품질 요소Factor를 크게 운영Operation 관점, 개선Revision 관점, 전환Transition 관점으로 구분하였다. [표 2-7]은 이 세 가지 관점에서 분류한 품질 요소를 나타낸다.

표 2-7 McCall이 정의한 품질 요소의 분류

구 분	세부 품질 요소
제품 운영	정확성(Correctness), 신뢰성(Reliability), 효율성(Efficiency), 무결성(Integrity), 사용성(Usability)
제품 개선	시험 가능성(Testability), 융통성(Flexibility), 유지보수성(Maintainability)
제품 전환	이식성(Portability), 재사용성(Reusability), 상호 운용성(Interoperability)

2 HP의 FURPS 모델

FURPS 품질 모델은 1987년 휴렛 팻커드Hewlett Packard 사가 제품 품질을 향상하기 위한 목적으로 다수의 프로젝트에 대한 통계적 조사 분석의 결과로 제시되었다. 이 모델에서 제시하는 FURPS의 구성 요소는 다음과 같다.

- FFunctionality: 소프트웨어가 수행하는 기능Feature Set과 이러한 기능의 일반성Generality 및 보안성Security 요소를 포함한다.

- U[Usability]: 소프트웨어의 미적[Aesthetic] 구성 및 특성, 일관성, 문서화 등의 요소를 포함한다.
- R[Reliability]: 소프트웨어 고장의 빈도와 치명도, 고장 발생 주기, MTBF, 고장 회복력, 출력 정확도 등의 요소를 포함한다.
- P[Performance]: 처리 속도 및 응답 시간, 자원 사용률 등의 요소를 포함한다.
- S[Supportability]: 소프트웨어 확장, 적용, 수정 등과 관련된 요소를 포함한다.

3 ISO/IEC 9126 품질 모델

ISO 9126 품질 모델에서는 소프트웨어 품질 요소를 6개의 품질 특성으로 분류하고, 이들에 각각 세부 품질 요소를 정의하여 품질을 체계적으로 관리할 수 있게 하였다. ISO 9126에서 제시하는 품질의 6개 특성 모델은 [그림 2-8]과 같다.

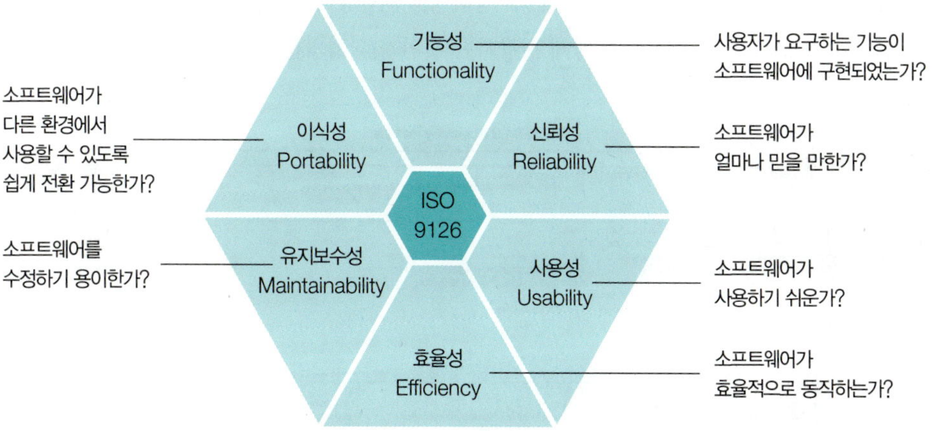

그림 2-8 ISO 9126의 Six(6) 품질 특성 모델

ISO 9126에서 정의하는 품질 모델의 6가지 특성에 대한 세부 품질 요소의 분류는 [표 2-8]과 같다.

또한 ISO 9126 표준에서는 각 세부 품질 요소에 대한 척도를 정의하고 있는데, [그림 2-8]은 ISO 9126 표준에서 정의하는 척도 중 일부를 인용한 것[1]이다. 예를 들어, 첫 번째 품질 특성인 기능성[Functionality]에서는 세부 요소 중 정확성[Accuracy]의 척도를 나타내었다.

1 ISO/IEC 9126:2001, Software engineering-Product quality

표 2-8 ISO 9216에서 정의하는 세부 품질 요소의 분류

품질 특성	세부 품질 요소
기능성	적합성(Suitability), 정확성(Accuracy), 상호 운용성(Interoperability), 준수성(Compliance), 보안성(Security)
신뢰성	성숙성(Maturity), 결함 허용성(Fault-Tolerance), 회복성(Recoverability)
사용성	이해성(Understandability), 학습 용이성(Learnability), 운영성(Operability)
효율성	시간 효율성(Time behaviour), 자원 효율성(Resource behaviour)
유지보수성	분석성(Analyzability), 변경성(Changeability), 안정성(Stability), 시험 가능성(Testability)
이식성	적용성(Adaptability), 설치 용이성(Installability), 부합성(Conformance), 대체 가능성(Replaceability)

[그림 2-9]와 같이 정확성에서는 기댓값의 정확성, 계산 정확성, 정밀도 등을 세부 척도Metric로 정의하였다. 또한 각 척도를 어떻게 정량화할 것인가를 정의하고 있다.

Table 8.1.2 Accuracy metrics

External accuracy metrics

Metric name	Purpose of the metrics	Method of application	Measurement, formula and data element computations	Interpretation of measured value	Metric scale type	Measure type	Input to measurement	ISO/IEC 12207 SLCP Reference	Target audience
Accuracy to expectation	Are differences between the actual and reasonable expected results acceptable?	Do input .vs. output test cases and compare the output to reasonable expected results. Count the number of cases encountered by the users with an unacceptable difference form reasonable expected results.	X=A / T A= Number of cases encountered by the users with a difference against to reasonable expected results beyond allowable T= Operation time	0<=X The closer to 0 is the better.	Ratio	A= Count T= Time X= Count/ Time	Req. spec. User operation manual Hearing to users Test report	6.5 Validation 6.3 Quality Assurance	Developer User
NOTE: Reasonable expected results might be identified in a requirement specification, a user operation manual, or users' expectations.									
Computational Accuracy	How often do the end users encounter inaccurate results ?	Record the number of inaccurate computations based on specifications.	X=A / T A= Number of inaccurate computations encountered by users T= Operation time	0<=X The closer to 0 is the better.	Ratio	A= Count T= Time X= Count/ Time	Req. spec. Test report	6.5 Validation 6.3 Quality Assurance	Developer User
Precision	How often do the end users encounter results with inadequate precision ?	Record the number of results with inadequate precision.	X=A / T A= Number of results encountered by the users with level of precision different from required T= Operation time	0<=X The closer to 0 is the better.	Ratio	A= Count T= Time X= Count/ Time	Req. spec. Test report	6.5 Validation 6.3 Quality Assurance	Developer User

NOTE: Data elements for computation of external metrics are designed to use externally accessible information, because it is helpful for end users, operators, maintainers or acquirers to use external metrics. Therefore, the time basis metric often appears in external metrics and is different from internal ones.

그림 2-9 ISO 9126의 품질 요소에 대한 평가 척도 예(표준서 인용)

4 ISO/IEC 25010 품질 모델

ISO 25010 품질 모델[2]은 ISO 9126의 업데이트 버전으로, 현재는 9126 표준을 25010 표준으로 대체하고 있다. 이 표준에서는 내적 품질과 외적 품질에 대한 개념을 재정의했다. 외적 품질은 블랙박스Black-Box 방식으로 측정되는 제품의 품질 특성을 나타내며, 내적 품질은 소프트웨어의 내부 구조를 기반으로 한 화이트박스White-Box 방식으로 측정되는 제품의 품질 특성을 의미한다. 또한 ISO 9126에서 제시한 6개의 품질 특성을 8개의 품질 특성으로 보다 구체화하여 분류하였다. ISO 25010의 품질 특성은 [그림 2-10]과 같다.

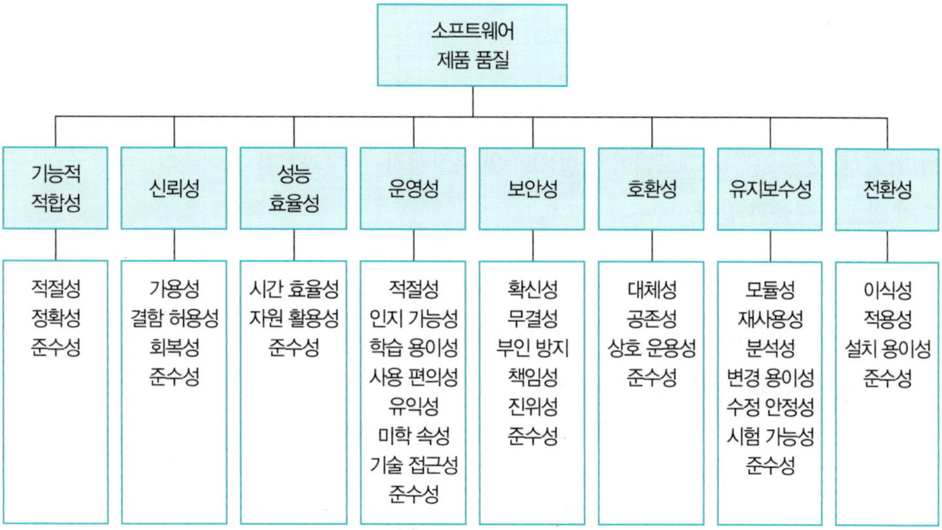

그림 2-10 ISO 25010에서 정의하는 Eight(8) 품질 특성 모델

ISO 25010 표준에서는 ISO 9126에서 정의하지 않는 Quality-in-Use 모델을 제시하였다. 이 모델은 해당 품질 요소가 소프트웨어의 실제 운영 환경에서 활용될 수 있는 품질 특성을 포함하고 있다. Quality-in-Use 모델에 포함된 품질 요소는 [그림 2-11]과 같다.

2 ISO/IEC 25010:2011, Systems and software engineering-Systems and software Quality Requirements and Evaluation (SQuaRE)-System and software quality models

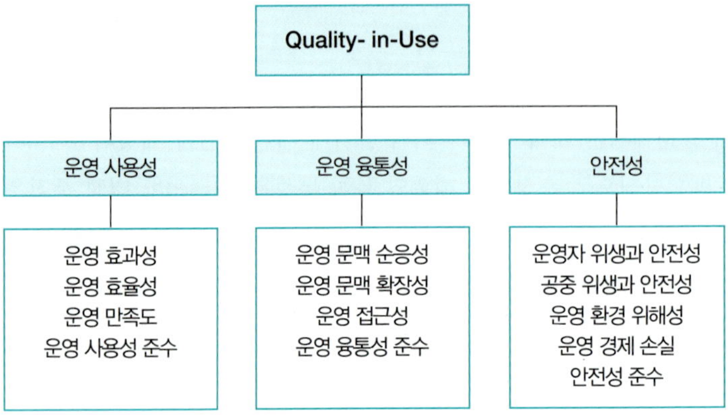

그림 2-11 ISO 25010의 Quality-in-Use 모델

위와 같은 품질 모델 외에도 소프트웨어 품질 향상을 위한 다양한 모델 및 표준이 제시되어 왔다. [그림 2-12]는 소프트웨어 품질 표준의 다양성과 진화 과정을 보여준다. 이 중 일부 표준의 명칭은 다음과 같다.

- ISO/IEC 12207: 2008, Systems and software engineering – Software life cycle processes(2017년에 새로운 버전이 발표됨)
- ISO 15504: 2000, Information technology – Process assessment (also termed as Software Process Improvement and Capability dEtermination(SPICE))
  (15504 표준은 2015년에 ISO/IEC 33001:2015 Information technology – Process assessment – Concepts and terminology 표준으로 대체됨)
- IEEE 730: 2014 (Revision of IEEE 730: 2002), Software Quality Assurance Processes
- IEEE 829: 2008, Software and System Test Documentation
- IEEE 1012: 2012 (Revision of IEEE 1012: 2004), System and Software Verification and Validation

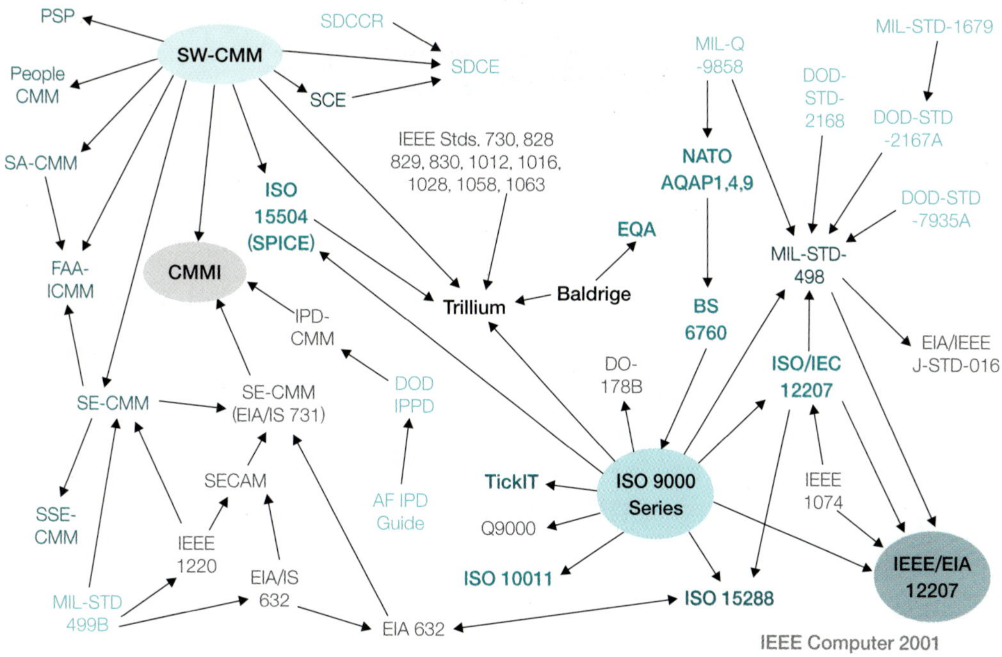

그림 2-12 소프트웨어 품질 표준의 진화 및 관계성

05 소프트웨어 품질 관리

소프트웨어 품질의 중요성은 아무리 강조해도 지나치지 않다. 소프트웨어가 우리 삶의 일부분에 도움을 주는 범주에서 벗어나 현대인의 삶 속에 깊숙이 들어왔기 때문에 이제 소프트웨어가 없는 인류의 삶은 상상하기가 어렵다. 그런 만큼 소프트웨어가 오동작을 일으켜 사고가 발생한다면 우리 삶은 매우 치명적인 영향을 받을 것이라는 점도 쉽게 예측할 수 있다.

따라서 소프트웨어의 품질 목표를 어떻게 달성할 것인가는 매우 중요하다. 소프트웨어 품질에 대한 정량적 평가는 쉽지 않다. 앞서 정의한 것처럼 소프트웨어 품질은 사용자 혹은 당사자의 기대치다. 더 좋은 소프트웨어가 개발될수록 기대치도 올라간다. 따라서 소프트웨어 품질에 대한 정량화는 단일 소프트웨어에 대한 우수성을 입증하는 정보라기보다 이전 소프트웨어에 대한 품질 데이터(폭넓게 보면 소프트웨어 개발 조직에서 수행한 이전 프로젝트의 품질 데이터)와 상대적으로 비교하여 품질이 향상되었다는 척도로 활용하는 것이 일반적이다.

1 정량적 품질 개선

소프트웨어 개발 활동에서 정량적 품질 관리 활동은 어떻게 수행할 수 있을까? 기본적으로 소프트웨어 개발 조직에서 정의하는 품질 요소들과 이들의 정량화 방법에 의해 이루어질 것이다. 그러나 품질은 지속적인 향상을 목표로 삼기 때문에 소프트웨어 개발 과정에서 품질을 개선하기 위한 노력이 지속적으로 이루어져야 한다. [그림 2-13]은 소프트웨어 품질 개선을 위한 소프트웨어 개발 프로젝트 내에서 공학적 활동 과정을 나타낸다.

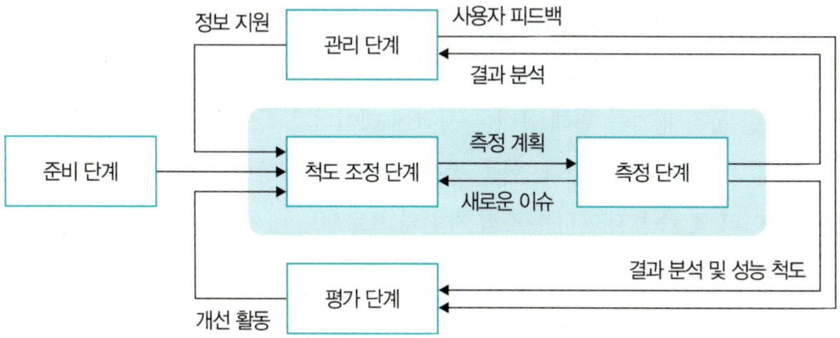

그림 2-13 소프트웨어 품질 측정을 위한 상위 프로세스

■ **준비 단계**

품질 관리 활동은 품질 관리 전문가가 프로젝트 수행 산출물에 대한 적정성을 진단하고, 개선 방향을 모색하는 활동이다. 준비 단계는 프로젝트 혹은 소프트웨어 개발 조직 전체 차원에서 품질 관리 활동이 이루어진다는 것을 공식화하고, 품질 관리 담당자 지정 등 팀 구성과 역할을 정의하며, 품질 관리 활동을 위해 요구되는 적용 표준, 지원 도구, 환경 등을 구축하는 단계다.

■ **척도 조정 단계**

프로젝트의 다양한 품질 요소 중에서 어떤 요소를 측정할 것인가를 결정해야 한다. 프로젝트의 특성과 응용 소프트웨어에 대한 요구사항을 바탕으로 적용 대상 품질 요소를 확정하고, 각 품질 요소를 적용할 단계 및 대상물을 정의한다. 물론 품질 요소에 대한 정량화 방법도 포함되어야 한다. 이러한 정보는 품질 측정 계획서에 담는다.

■ **측정 단계**

품질 측정 계획서를 바탕으로 프로젝트 진행 과정에서 별도의 업무 부담 없이 프로젝트 데이터를 수집하고, 이를 정량화 방법에 의해 분석하는 단계다. 데이터 수집 및 측정 단계에서 새로운 중요 데이터가 발견되거나 하나의 척도를 분리해야 하는 상황이 발생한다면 새로운 척도를 마련하고 적용할 수 있도록 한다.

■ **평가 단계**

측정된 품질 요소들이 올바른 품질 정보를 제공하는지 점검하고, 품질 수준을 평가한다. 품질 수준 평가는 유사 프로젝트의 품질 요소 수준과 상대적인 비교를 통해 진행되거나, 조직에서 정의한 품질 척도에 근거하여 진행된다. 또한 품질 측정 과정이 올바르게 진행되었는지도 점검한다. 또한 품질 평가를 위해 올바른 시점에 데이터가 확보되었는지, 조작되거나 변경된 데이터는 없는지 등을 점검한다. 이를 통해 품질 관리 활동에 대한 개선 방안을 수립한다. 수집된 데이터 및 측정 데이터는 조직 차원의 프로젝트 데이터베이스에 저장한다.

■ **관리 단계**

관리 단계는 단위 프로젝트의 품질 관리 활동이라기보다 조직 차원에서 수행하는 품질 관리 및 기술 관리 프로세스에 해당한다. 적절한 품질 표준을 선택하고, 품질 관리 활동에 대한 다양한 양식 및 가이드라인 제공, 교육 등을 통한 조직 차원의 품질 관리 활동을 관리·지원한다.

2 정보 저장소

정보 저장소, 특히 프로젝트 데이터베이스는 소프트웨어 개발 과정에서 생성되는 계획, 실행, 유지 관리 등의 모든 데이터를 저장·관리·활용할 수 있도록 구성된다. 즉 소프트웨어 개발 프로젝트를 진행할 때 계획, 비용 예측, WBS[Work Breakdown Structure] 생성, 소프트웨어 분석 및 설계, 코딩, 테스트, 배포 및 유지보수 등 소프트웨어 수명주기 전 단계에 걸쳐 생성되는 데이터 및 명세가 프로젝트 데이터베이스에 저장되고 관리된다.

또한 전사[全社] 차원에서 관리되는 표준화된 정보, 예를 들면, 재구성된 개발 프로세스 모델 및 개발 방법론, 프로젝트 특성에 맞게 정의된 WBS 템플릿, 코딩 표준, 문서화 양식 등이 정보 저장소에서 참조 데이터로 관리된다. 이러한 참조 데이터는 프로젝트가 시작될 때 해당 프로젝트 영역으로 복사되어, 대상 프로젝트의 특성에 맞도록 부분적인 재구성 혹은 수정을 거쳐 활용된다.

프로젝트 데이터베이스는 소프트웨어 제품 개발을 위해 정의해야 하는 품질 요소를 결정하고, 품질의 목표 기대치를 정의하는 경험적 데이터로 활용할 수 있다. 현재 진행 중인 유사 프로젝트나 과거 소프트웨어 프로젝트에서 정의한 품질 요소는 무엇이었는지, 어떤 활동에서 결함이 가장 많이 발생했는지, 얼마나 많은 테스트 데이터를 사용했는지, 테스트 기간은 얼마나 소요되었는지 등은 정보 저장소에서 유지·관리되는 히스토리 데이터에서 추출하여 활용한다.

정보 저장소를 구축하기 위한 다양한 방법이 존재한다. 기존의 상용화된 프로젝트 관리 도구 또는 PMO Project Management Office 도구를 기반으로 구축되기도 하고, 최근 Git과 같은 개발 환경을 체계화하고 확장하여 프로젝트 정보 저장소로 활용하기도 한다. 그러나 프로젝트 데이터베이스는 단순 문서화 저장소가 아니며 소프트웨어 설계 툴의 다이어그램이나 독립적으로 사용되는 테스트 도구 등과도 다르다. 따라서 정보 저장소를 구축·운영하는 조직에서는 프로젝트에서 사용하는 다양한 도구로부터 실행 데이터를 임포트하여 통합 관리할 수 있는 플랫폼을 구축해야 한다.

3 예측적 품질 관리

그동안 수행해온 다수의 소프트웨어 프로젝트 정보로부터 결함 발생 그래프를 생성한 결과 인터페이스 오류가 가장 많이 발생했다는 정보를 얻었다면, 이는 무엇을 의미하는 것일까? 그리고 이 정보를 바탕으로 무엇을 할 수 있을까?

소프트웨어 프로젝트를 체계적으로 관리하기 위하여 PMO에서는 전사 차원에서 프로젝트 데이터를 분석하고, 이를 기반으로 조직의 소프트웨어 개발 역량을 향상하기 위한 활동을 계획해야 한다. 인터페이스 오류가 많았다면, (1) 인터페이스 오류를 찾아내는 통합 테스트를 상대적으로 잘 수행하고 있다는 것을 의미함과 동시에 (2) 인터페이스를 정의하고 확정하는 설계 활동이 체계적으로 이루어지지 않고 있음을 의미한다. 따라서 이 경우에는 설계 활동 과정에서 수행하는 인터페이스 명세를 체계적으로 정의하기 위한 양식을 개발하고, 인터페이스 변경에 대한 통제 방법을 마련하여 적용해야 한다.

[그림 2-14]는 프로젝트 정보를 통합 관리하고 포트폴리오를 보여주는 PMO 도구의 화면 예다.

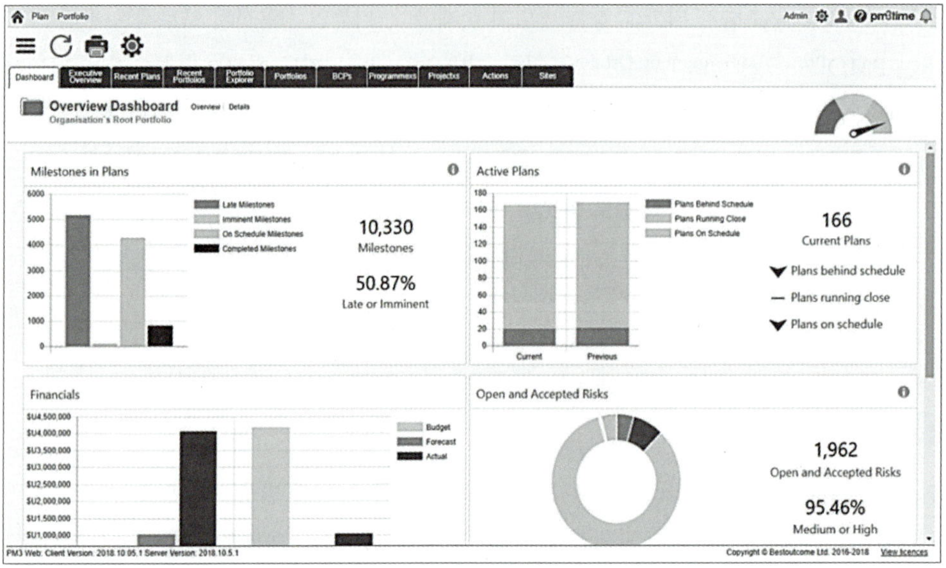

그림 2-14 프로젝트 통합 관리 화면(Dashboard) 예(출처: PMO, Bestoutcome Ltd.)

[그림 2-14]의 프로젝트 대시보드Dashboard에서는 현재 진행 중인 프로젝트들의 상태를 모니터링할 수 있도록 실시간 정보를 제공한다. 이러한 정보를 기반으로 다음 활동에서 발생할 수 있는 위협 요소들을 예상하고 이에 대한 대처 방안을 모색할 수 있다.

프로젝트 II 대상 시스템 품질 요소 추정하기

1장의 프로젝트 정의서에서 제시한 핵심 기능과 유사 시스템 분석 결과를 기반으로, 대상 시스템에서 중요하게 고려해야 할 품질 요소를 추정하고 정리합니다. 이 사항은 추후 프로젝트 관리 계획서 작성에 반영됩니다.

(1) 사용자가 원하는 기대치는 무엇인가?
(2) 개발자 혹은 유지보수 담당자가 원하는 기대치는 무엇인가?
(3) 개발 조직의 관리자가 원하는 기대치는 무엇인가?

01 다음은 소프트웨어 품질에 대한 정의다. 밑줄 친 부분에 가장 적합한 용어는?

> 소프트웨어 품질이란 시스템, 구성 요소, 프로세스가 명시된 ______________을 충족시키는 정도를 의미한다.

① 제품 ② 요구사항
③ 비용 ④ 일정

02 다음 소프트웨어 품질 속성 중, 소프트웨어 고장의 빈도와 그 치명도 수준을 나타내는 품질 요소는?

① 정확성 ② 성능
③ 신뢰성 ④ 보안성

03 소프트웨어 유지보수 활동에는 크게 네 가지 유형이 있다. 이 중 운영체제나 DBMS 등의 변경에 의해 수행되는 유지보수 활동을 의미하는 것은?

① 수정 유지보수 ② 적응 유지보수
③ 완전 유지보수 ④ 예방 유지보수

04 ISO 9126 품질 표준에서 정의하는 6개의 품질 특성에 속하지 않는 것은?

① 기능성 ② 사용성
③ 신뢰성 ④ 정확성

05 소프트웨어 품질 요소 중에서 가용성을 나타내기 위한 품질 척도로 가장 적합한 것은?

① 총 운영 시간 ② 고장 간 평균 시간
③ 데이터 사이즈 ④ 응답 시간

06 인공지능 소프트웨어가 전통적인 소프트웨어와 다른 특성을 설명한 내용으로 올바르지 못한 것은?

① 테스트 데이터의 양이 적을수록 소프트웨어 품질이 향상된다.
② 모듈화, 캡슐화와 같은 개발 원칙 혹은 품질 요소를 적용하기 어렵다.
③ 출력 결과가 처리 알고리즘보다 입력값에 의해 옳고 그름이 결정된다.
④ 기능을 수행하는 알고리즘보다 데이터의 품질이 더 중요하다.

07 인공지능 소프트웨어의 품질 특성에 대한 설명으로 적절하지 못한 것은?

① 동일한 입력값이라도 학습 시간에 따라 다른 결과를 제시할 수 있다.
② 테스트를 위해 사용되는 데이터는 훈련 데이터와 동일해야 한다.
③ 동일한 입력에 대하여 동일한 출력값을 재현할 수 있어야 좋은 품질이다.
④ 출력 결과가 인종, 성별, 사회적 지위 등과 같은 인간 차별적 요소를 드러내지 않아야 한다.

08 다음 보기에 주어진 품질 속성 중에서 성격이 다른 품질 속성을 모두 찾고, 어떤 기준에서 선택했는지 설명하시오.

(1) 정확성	(2) 신뢰성	(3) 견고성	(4) 가독성
(5) 재사용성	(6) 보안성	(7) 가용성	(8) 가시성

09 현재 다양한 소프트웨어 품질 모델, 예를 들면, McCall의 FCM 모델, HP 사의 FURPS 모델 등이 제시되어 있다. 이러한 품질 모델이 생겨난 이유는 무엇인가?

10 자율 주행차를 위한 주행 제어 소프트웨어를 개발한다고 할 때, 고려할 수 있는 중요 품질 요소는 무엇인가? 중요성이 높은 품질 요소 세 가지를 제시하고, 왜 중요한지 설명하시오.

Chapter

03

소프트웨어 개발 프로세스

학습목표

- 소프트웨어 개발 프로젝트가 실현 가능한지를 진단하는 고려 사항으로 무엇이 있는지 살펴본다.
- 소프트웨어 개발 프로세스에는 어떠한 모델이 있는지 이해하고 비교한다.
- 소프트웨어 개발 능력을 향상하기 위한 CMMI와 SPICE에 대하여 이해한다.
- 소프트웨어 프로세스 관련 표준을 살펴본다.

PREVIEW

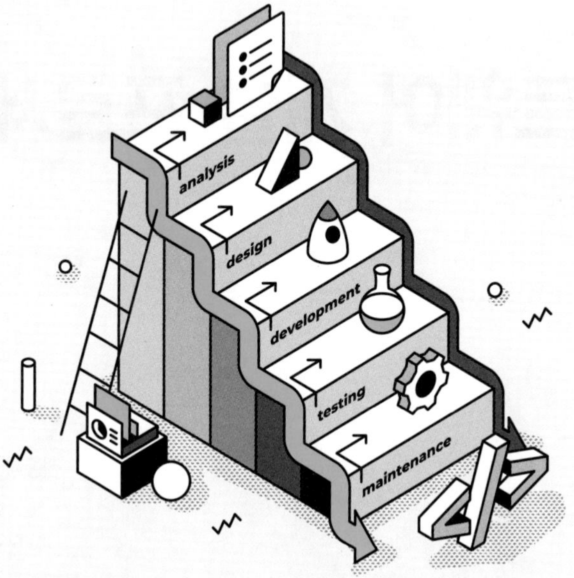

일반적으로 소프트웨어 개발은 사용자 요구사항을 입력으로 하여 이를 실행 가능한 소프트웨어로 변환하는 활동이다. 이러한 변환 과정은 전통적인 소프트웨어 개발에서 요구사항을 분석하고 소프트웨어를 설계한 후 이를 구현하는 일련의 과정, 즉 프로세스로 정의하고 있다. 소프트웨어 프로세스는 사용자 요구사항이 어떠한 수준에서 제시되는가에 따라 매우 다른 형태로 나타날 수 있다. 이 장에서는 소프트웨어 프로세스의 유형을 알아보고 각 유형이 어떤 상황에서 적합한지 살펴본다.

01 실현 가능성 분석

소프트웨어 개발은 텍스트 형태, 즉 자연언어로 표현된 사용자의 요구사항을 C/C++, 자바와 같은 언어로 번역해가는 일련의 활동이라고 표현할 수 있다. 이러한 번역 과정은 매우 지적인 활동이며, 개발자의 지식과 경험에 많이 의존할 수밖에 없다. 소프트웨어 개발 프로세스는 이 같은 활동을 좀 더 체계적으로 수행할 수 있도록 가이드한다. 따라서 소프트웨어 개발 프로세스가 어떤 활동으로 이루어져 있는가를 이해하는 것은 무엇보다 중요하다.

1 여행을 떠나자

서울에서 부산으로 여행을 떠난다고 가정하자. 여행을 떠나려면 매우 다양한 요소가 고려되어야 한다. 그중 가장 먼저 고려할 수 있는 것이 '어떻게 갈 것인가'다. 단순히 생각하면 비행기를 탈 수도 있고, 고속 열차를 탈 수도 있고, 자가용이나 버스를 이용할 수도 있다. [그림 3-1]은 서울-부산 간 교통수단과 경로에 따른 거리 및 소요 시간을 어림짐작으로 나타낸 것이다.

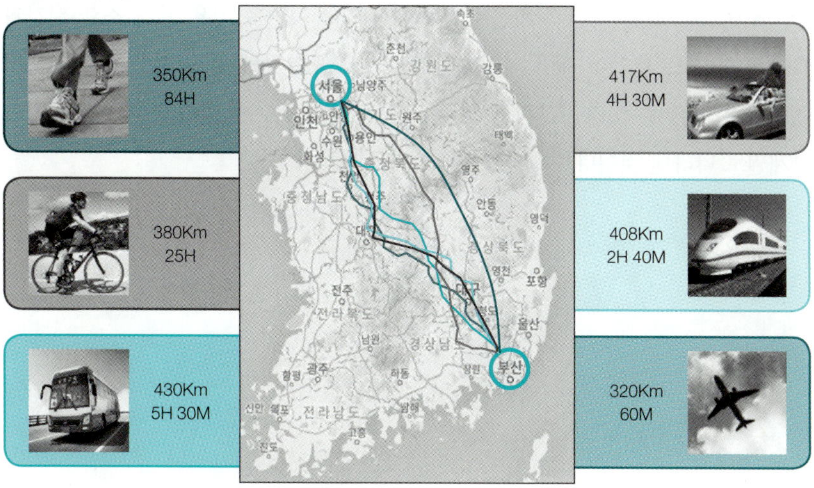

그림 3-1 서울-부산 간 교통수단과 여행 경로에 따른 거리 및 소요 시간

[그림 3-1]에서 보는 것과 같이 서울에서 부산까지 이동하는 경로는 매우 다양하며, 이에 따른 총 길이나 소요 시간도 다르다. 이처럼 길이와 소요 시간이 다른 이동 수단을 선택하는 기준은 무엇인가? 아마도 여행자의 선호도와 여건에 따라 결정될 것이다. 시간이 부족하나 경제적으로 여유가 있다면 비행기를 선택할 것이고, 시간적 여유가 어느 정도 있고 좀 더 적은 비용으로 이동하고자 한다면 버스를 선택할 것이다.

이처럼 서울에서 부산까지 여행하는 방법은 여행자의 조건에 따라 매우 달라질 수 있다. 소프트웨어 개발 과정은 어떠한가? 사용자의 요구사항을 특정 프로그래밍 언어로 바꾸는 과정(경로)이 단지 하나뿐일까?

베리 보헴B. Boehm이 제안하는 전통적인 폭포수 모델을 기반으로 소프트웨어를 개발한다면 요구사항 도출, 요구사항 분석, 소프트웨어 설계, 구현 및 테스트, 통합 및 설치, 운영 및 유지보수의 단계를 거치게 된다. 그런데 설계 과정에서 새로운 요구사항이 출현한다면 어떻게 할 것인가? 이 경우 새로운 요구사항을 이해하고 분석한 후에 설계 과정에 통합해야 한다. 이는 분명 초기에 사용자가 제시하는 요구사항이 100% 도출되지 않았기 때문에 발생하는 현상이다. 이처럼 소프트웨어 개발 과정이 정해진 경로로만 진행되진 않는다. 개발 과정에서 발생하는 예상하지 못한 사건들 혹은 초기 사용자가 제시한 요구사항의 모호성 등으로 인하여 소프트웨어 개발 과정은 매우 다양한 경로를 거쳐 갈 수 있다.

또 다른 고려 사항도 있다. 만약 서울에서 부산까지 자가용을 이용한다면 운전자가 직접 이동 경로를 선택하면서 이동할 때와 교통 상황을 반영하는 내비게이션을 이용할 때 소요 시간과 거리가 달라질 수 있다. 소프트웨어 개발 과정에서도 어떤 도구를 사용하느냐에 따라 개발 시간과 노력의 정도가 달라질 수 있다. [그림 3-2]는 전통적인 폭포수 모델에 따른 소프트웨어 개발 과정을 단계별로 나타낸 것이다.

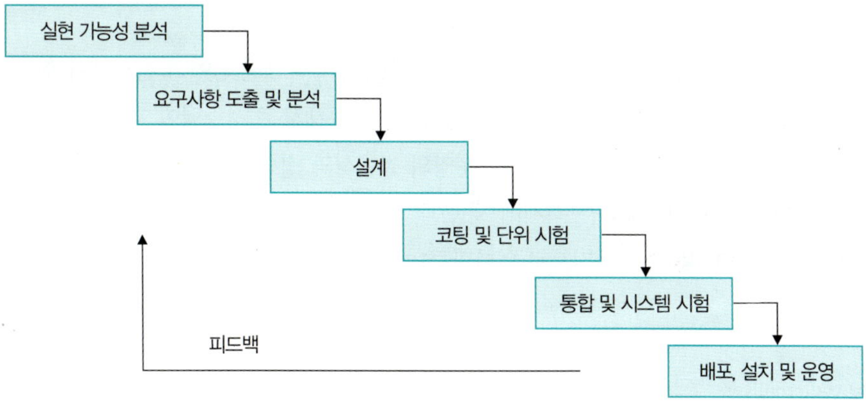

그림 3-2 폭포수(Waterfall) 모델의 개발 단계

2 실현 가능한가?

소프트웨어 개발을 위한 첫 번째 단계의 활동은 실현 가능성Feasibility을 분석하는 것이다. 실현 가능성이란 사용자의 요구사항에 따라 소프트웨어 시스템을 개발하고자 할 때 비용, 일정, 기술적 수준 등이 충분히 가능한가를 살펴보는 것이다. 따라서 일반적으로 실현 가능성 분석은 제안하는 소프트웨어 시스템의 개발 비용Cost, 이득Benefits, 대안Alternatives을 평가하는 것이다.

■ 개발 비용Cost

소프트웨어 개발에 요구되는 비용이 5억 원인데 이 소프트웨어를 비즈니스에 활용함으로써 얻는 이득이 2억 원 수준이라면 소프트웨어를 개발해야 할 것인가? 국가 차원에서 특정 문제를 해결하려 한다든가 꼭 필요한 공공 소프트웨어를 개발하려는 목적이라면 개발할 수도 있을 것이다. 그러나 일반적인 기업에서라면 효과에 비해 개발 비용이 높은 소프트웨어를 개발하는 일은 없을 것이다.

비용이라는 관점에서 보면 단순히 소프트웨어를 개발하는 데 드는 인건비만 산정되는 것이 아니다. 백업을 위한 하드웨어 비용, 개발 및 운영에 필요한 소프트웨어 도구 비용, 유지보수 비용, 문서화 소요 비용, 개발자 교육비, 시스템 교체 비용 등 해당 소프트웨어를 개발하면서 고려할 수 있는 모든 비용이 산정된다. 따라서 이를 기준으로 실현 가능성을 분석해야 한다.

- **이득**Benefits

  새로운 소프트웨어를 개발하여 활용할 때 다음과 같은 다각적인 관점에서 분석해야 한다. 어떠한 이득을 기대할 수 있는가? 이득을 산정하기 위해, 새로운 시스템이 제공하는 비즈니스 프로세스의 개선된 영역은 무엇인가? 운영의 효율성과 정확성은 어느 정도 증진되는가? 의사결정을 위한 정보 제공을 적시에 제공받을 수 있는가? 무엇보다도 새로운 소프트웨어 시스템을 개발했을 때 전체적으로 얼마만큼의 비용 절감 효과가 나타나는지를 고려해야 한다.

- **대안 분석**Alternatives

  비용과 이득 산정 시 다양한 측면을 고려하여 분석해야 한다. 예를 들면, 고급 기술자를 고용하여 소프트웨어를 개발하는 경우와 기존 직원을 교육하여 기술 수준을 확보하는 경우를 각각 고려하여 분석할 수 있다.

이처럼 다양한 경우에 대한 비용 대 효과 분석을 수행하여 그 실현 가능성을 분석해야 한다. 각 대안에 대한 비용 효과 분석은 상호 교환 분석Tradeoffs Analysis을 통해 대안들의 우수성을 평가해야 한다.

3 어떤 측면을 고려할 것인가?

실현 가능성 분석을 수행하기 위해 어떠한 측면들이 고려되어야 하는가? 앞서 비용과 일정 등이 고려 대상이라고 언급하였지만, 그 외에도 다음과 같은 측면들이 실현 가능성 분석에서 고려되어야 한다.

- **경제적**Economic **측면**

  비용 대 효과 분석을 수행하여 프로젝트가 비용 측면에서 정당하게 평가받을 수 있는가?

- **기술적**Technical **측면**

  소프트웨어 개발 프로젝트에서 필요한 이론이나 기술에 대해 제약 사항이 없는가? 현재 가용한 기술 수준으로 목표 소프트웨어를 구현하기에 충분한가?

■ **스케줄Schedule 측면**

소프트웨어 개발 프로젝트를 가용한 인력과 자원을 이용하여 주어진 기간 내에 완료할 수 있는가?

■ **운영적Operational 측면**

개발된 소프트웨어가 사용자에게 전달되었을 때, 데이터 입력이 가능한가? 소프트웨어 운영에 대한 역할이나 책임을 수행하기에 시스템 관리자가 주저함이 없는가?

■ **동기적Motivational 측면**

개발된 소프트웨어를 실제로 사용할 사용자가 그 필요성을 인정하고 있는가? 소프트웨어가 사용자에게 배포되었을 때, 지체 없이 정확하게 업무에 적용할 수 있는가?

■ **법적·윤리적Legal & Ethical 측면**

개발된 소프트웨어 기능을 사용하는 과정에서 개인 정보 유출과 같은 법적 분쟁의 소지가 발생할 수 있는가? 사회적인 문제를 유발할 수 있는 기능이 포함되어 있는가?

02 전통적인 소프트웨어 프로세스

소프트웨어 개발 프로세스 혹은 소프트웨어 프로세스란 무엇인가? 소프트웨어 개발 과정을 체계적으로 계획·관리할 의도 아래 서로 관련 있는 활동을 단계로 분리하여 구분한 것이라 정의할 수 있다. 소프트웨어 제품의 구축, 배포, 설치, 운영 시 수행해야 하는 절차로 정의하기도 한다. 이러한 프로세스 정의에는 소프트웨어 제품을 개발하고 운영·유지하는 데 요구되는 활동activities, 방법methods, 실천 사항practices 등이 포함되어 있다.

1 소프트웨어 프로세스의 필요성

소프트웨어 개발 프로세스는 '무엇을 수행해야 하는가'를 정의한 일련의 단계로, 복잡하고 규모가 큰 개발일수록 더욱 준수해야 하는 과정이다. 왜 소프트웨어 개발 프로세스가 소프트웨어 개발 과정에서 중요할까? [그림 3-3]은 그 의미를 설명하고 있다.

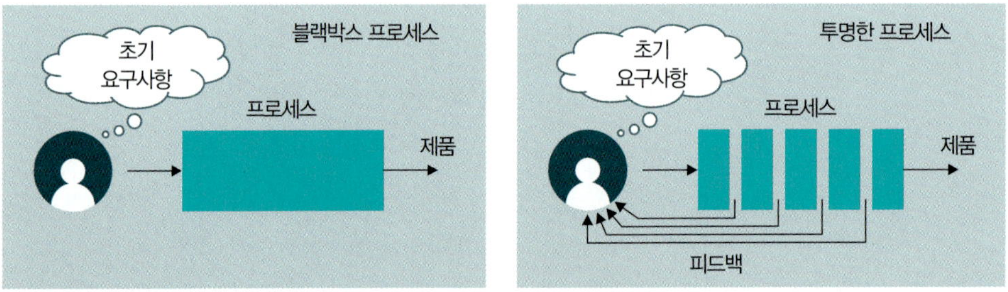

(a) 블랙박스 프로세스 (b) 투명한 프로세스

그림 3-3 소프트웨어 개발 프로세스

[그림 3-3]의 (a)는 소프트웨어 프로세스를 적용하지 않고 소프트웨어를 개발하는 과정을 나타낸다. 사용자가 제시하는 비정형성의 요구사항을 기반으로 소프트웨어를 개발할 때, 하나의 통합된 개발 과정을 거쳐 소프트웨어가 개발되면, 사용자의 요구사항을 만족시키지 못할 확률이 높아져 개발된 소프트웨어를 과도하게 수정하거나 재개발해야 하는 상황이 발생한다.

이러한 개발 과정을 블랙박스 프로세스Black-Box Process라고 한다.

그러나 (b)와 같이 개발 과정을 여러 단계로 분리하고, 각 단계의 종료 시점에서 사용자에게 요구사항에 대한 확인 과정을 거치면, 최종적으로 개발된 소프트웨어는 사용자를 만족시킬 확률이 높다. 이러한 개발 과정을 투명한 프로세스Transparent Process라고 한다. 투명한 프로세스에서는 소프트웨어 개발 과정에서 생성되는 중간 결과물이 어떠한 상태에 있으며, 어느 정도의 품질을 만족하고 있는지 확인할 수 있다.

이처럼 소프트웨어 개발 과정에서 투명한 프로세스를 적용하면 수정 및 재개발 비용이 절감되어 전체적인 개발 비용이 절감되고, 제품 출시 시간Time to Market이 짧아진다는 이점이 있다. 또한 제품 품질을 중간중간 관리할 수 있어서 최종 제품의 품질이 매우 높아질 수 있으며, 개발 과정을 조정 및 통제함으로써 개발 스케줄 관리, 리스크Risk 관리 등을 통해 프로젝트의 성공 가능성을 높일 수 있다.

2 전통적인 프로세스 모델

소프트웨어 개발 프로세스를 일반화하여 정의한 것을 프로세스 모델이라 한다. 전통적인 프로세스 모델은 매우 다양하게 제시되었다. 가장 대표적인 프로세스 모델은 1970년대에 산업체에서 가장 널리 쓰이고 다른 프로세스 모델의 기본이 된 폭포수 모델이다.

폭포수 모델Waterfall Model

폭포수 모델은 폭포의 물이 아래로 떨어지는 것처럼 순차적인 단계로 소프트웨어를 개발하는 것으로, 각 단계마다 정해진 소프트웨어 문서를 작성한다. 작성된 문서는 사용자 확인 과정을 거쳐 다음 단계의 입력으로 사용된다.

그러나 폭포수 모델은 개발 과정에서 요구되는 변경을 수용하기가 어렵다. 또한 입력으로 사용되는 이전 단계의 결과물에 오류가 잔존하는 경우, 이를 이용하여 다음 단계의 작업을 수행하기 때문에 그 단계의 결과물에도 오류가 생성된다. 따라서 폭포수 모델을 기반으로 피드백이 가능한 폭포수 모델, 각 단계를 중첩overlapping하여 진행하는 폭포수 모델 등의 변형된 모델이 제시되었다. 또한 폭포수 모델을 확장한 모델도 다수 제시되었으며 대표적으로 점진적 모델이 있다.

점진적 모델은 전체 소프트웨어 개발 범위를 관리 가능한 일정 크기의 그룹으로 분할하고 이들을 순차적으로 개발해가는 프로세스다. 각 증가분의 개발은 일반적으로 다음과 같은 개발 전략을 갖는다.

- 개발 및 배포: 개발자는 실사용자가 원하는 것을 개발하여 제공한다.
- 측정 및 모니터링: 배포된 부분에 대한 사용자 유용성을 평가한다.
- 조정 및 수정: 모니터링 결과를 설계와 구현에 반영한다.

즉, 개발자는 먼저 사용자의 요구사항을 바탕으로 첫 번째 요구사항 그룹을 분석·설계·구현하고 사용자에게 전달한다. 사용자가 첫 번째 빌드Build인 시스템 버전 1에 대하여 사용 결과 피드백을 제공하면, 개발자는 두 번째 빌드의 개발 과정에서 버전 1에 대한 피드백을 반영하여 조정 및 수정한다. 이런 과정을 분할된 요구사항 그룹만큼 반복하면 전체 시스템이 개발된다.

점진적 모델이 제공하는 이점은 다음과 같다. (1) 새로운 제품 개발 시 사용자의 요구사항이나 변경을 반영할 시간이 주어진다는 점, (2) 변경을 쉽게 수용할 수 있다는 점, (3) 점진적·단계적 개발을 통해 사용자에게 사용 가능한 소프트웨어 시스템을 신속하게 전달할 수 있다는 점이다.

그러나 점진적 모델에는 다음과 같은 문제점도 있다. (1) 각 빌드에 대한 테스트와 통합이 반복적으로 수행되어 오버헤드가 발생할 수 있다는 점, (2) 사용자 피드백을 반영하면 이미 개발된 시스템의 구조화가 무너질 수 있다는 점, (3) 일부 기능만 있는 소프트웨어의 신속한 배포가 오히려 전체 시스템을 기대한 사용자에게 실망을 줄 수 있다는 점이다. [그림 3-4]는 점진적 모델에 의한 소프트웨어 개발 프로세스를 나타낸 것이다.

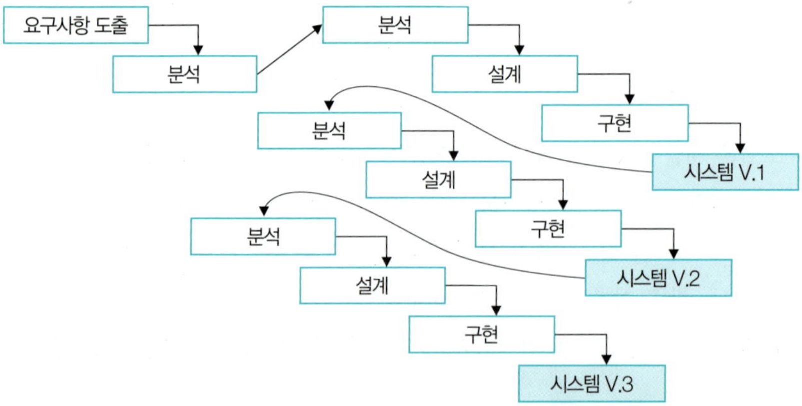

그림 3-4 점진적 모델에 의한 소프트웨어 개발 프로세스

프로토타입 모델Prototype Model

프로토타입 모델도 점진적 모델의 한 유형이다. 즉 개발 및 배포, 사용자 만족도 측정, 조정 및 수정을 통한 시스템 개발 전략을 기반으로 소프트웨어 시스템이 개발된다. 단 프로토타입 모델에서는 사용자가 실제 사용할 수 있는 기능을 갖춘 소프트웨어를 개발하기보다는 기능 메뉴(혹은 버튼)만 포함하는 사용자 인터페이스의 원형을 보여주거나 사용자에게 중요하다고 판단되는 핵심 모듈만 우선적으로 개발하여 사용자에게 제공한다. [그림 3-5]는 프로토타입 모델의 개발 프로세스를 나타낸 것이다.

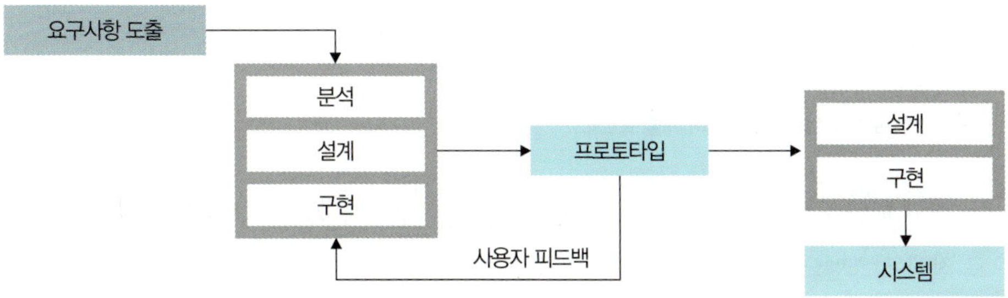

그림 3-5 프로토타입 모델에 의한 소프트웨어 개발 프로세스

제공되는 프로토타입을 통해 사용자의 요구사항을 만족했는지 여부를 판단하고, 이를 바탕으로 최종 시스템을 구현한다. 즉, 소프트웨어 프로세스를 두 번 거친다. 첫 번째는 요구사항을 검증하기 위해 프로토타입을 개발하는 과정이고, 두 번째는 폭포수 모델에 따라 전체 시스템을 개발하는 과정이다.

프로토타입 모델의 이점은 다음과 같다. (1) 사용자 요구사항을 검증하여 개발 비용과 시간을 단축할 수 있다는 점, (2) 프로토타입을 통해 사용자와 개발자 혹은 개발자 간 의사소통이 이루어져 상호 동일한 개념을 확보할 수 있다는 점, (3) 소프트웨어를 개발하는 동안 보다 빠른 시점에서 오류 탐지가 가능하다는 점이다. 그러나 프로토타입 모델에도 문제점은 있다. 사용자 검증 과정 이후에도 변경이 발생할 수 있는데 이 점을 고려하지 못했다.

나선형 모델Spiral Model

나선형 모델은 소프트웨어 개발 과정이 반복적이고 점진적으로 진행되는 나선 모양을 취하고 있어 붙은 이름이다. 나선형 모델에서는 [그림 3-6]과 같이 전체 개발 과정을 서로 다른 활동을 수행하는 4사분면으로 분할한다. 즉 '목표 설정 → 위험 분석 → 구현 및 테스트 → 평가 및 다음 단계 수립'의 활동을 반복하는 과정으로 구성된다.

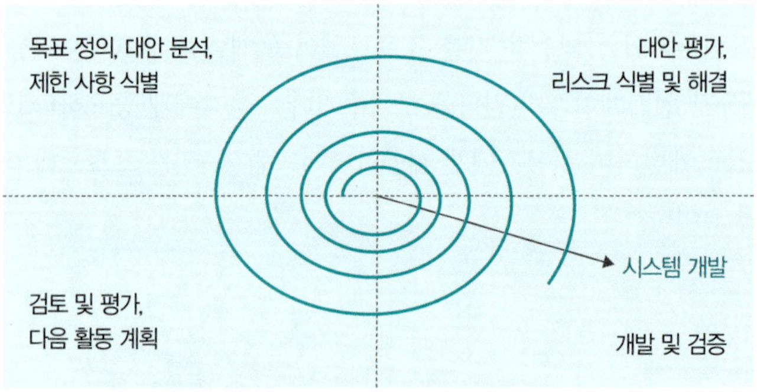

그림 3-6 나선형 모델에 의한 소프트웨어 개발 프로세스

베리 보헴이 제안한 나선형 모델은 소프트웨어 시스템 개발 시 위험을 최소화하기 위해 점진적으로 전체 시스템으로 개발해나가는 모델로 정의할 수 있다. 이 정의에서 핵심 키워드는 '위험의 최소화'와 '점진적 개발'이다. 일반적으로 나선형 모델의 한 사이클은 폭포수 모델에서 정의하는 한 단계에 해당한다.

먼저 1사분면에 해당하는 목표 설정Determine Objective 단계에서는 고객의 요구사항 분석 및 타당성 검토, 프로젝트 수행의 제한 사항을 결정한다. 여기서는 각 단계의 활동에 해당하는 목표가 사이클마다 설정된다. 따라서 각 사이클에 적합한 목표를 현실적으로 수립하는 것이 매우 중요하다. 2사분면에 해당하는 두 번째 단계는 리스크, 즉 위험 분석 단계다. 이는 프로젝트 진행 시 고객 요구사항을 기반으로 예측되는 위험 사항을 추출하고, 이에 대한 대처 방안을 수립하는 단계다. 즉, 위험 사항을 조기에 식별하고 해결하여, 위험을 최소화한다는 것이다.

3사분면에 해당하는 세 번째 단계에서는 개발 및 검증Development & Test 활동을 수행한다. 위험 분석을 완료하면, 구축하려는 시스템과 개발 환경에 맞는 개발 모델을 선택하여 소프트웨어를 구현한다. 테스트 수행에는 개발 결과에 대한 정적 시험, 즉 산출물 리뷰나 인스펙션 같은 활동을 비롯해 단위 시험, 통합 시험들이 포함된다. 마지막 4사분면은 평가 및 다음 계획 수립Evaluation, Plan the Next Iteration 단계다. 이 단계에서는 개발과 테스트가 끝난 산출물을 평가하고 그 결과를 다음 활동의 입력으로 사용한다.

나선형 모델의 장점은 다음과 같다. (1) 체계적인 위험 관리로 위험성이 큰 프로젝트를 수행하기에 적합하다는 점, (2) 사용자 요구사항을 더욱 상세히 적용할 수 있다는 점, (3) 변경되는 요구사항을 반영하기 쉽다는 점, (4) 최종 개발된 소프트웨어 시스템에 대한 사용자 만족도와 품질이 높아진다는 점이다. 반면, 다음과 같은 단점도 있다. (1) 프로젝트 기간이 길다는 점, (2) 반복되는 사이클이 많아질수록 프로젝트 관리가 어렵다는 점, (3) 위험 분석에 따른 비용이 발생하고 위험 관리를 위한 전문적 지식이 요구된다는 점이다.

V 모델V Model

V 모델은 폭포수 모델을 확장한 소프트웨어 프로세스 모델 중 하나로, Verification and Validation 모델로 알려져 있다. 또한 프로세스 모델에 따른 소프트웨어 개발 과정이 알파벳 V 형상을 띠고 있어 붙은 이름이기도 하다. V 모양의 왼쪽은 아래 방향으로 내려가면서 폭포수 모델에 따른 소프트웨어 개발 과정이 진행된다. 그리고 코딩 단계 이후에는 다시 오른쪽으로 올라가면서 테스트(시험) 과정이 단계별로 수행된다. V 모델의 프로세스 모델은 [그림 3-7]과 같다.

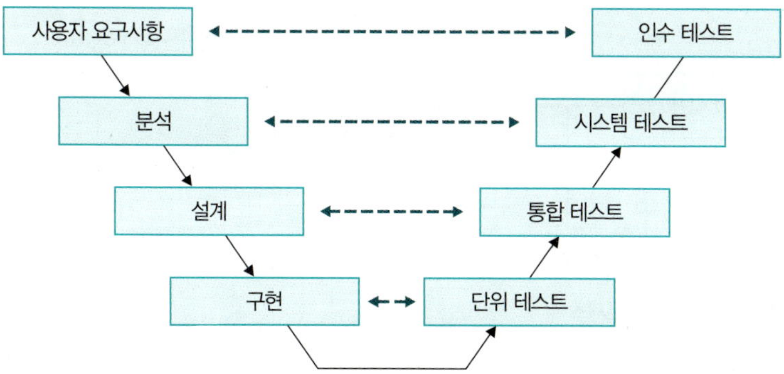

그림 3-7 V 모델에 의한 소프트웨어 개발 프로세스

V 모델은 소프트웨어 개발 수명주기의 각 단계와 그에 상응하는 단계별 테스트 활동 간의 관계를 보여준다. V 모델에서는 소프트웨어 개발의 각 단계마다 개발 활동 결과를 문서화하면서 진행한다. 개발 활동과 테스트 활동 간의 대응 관계는 이러한 문서에 나타난다. 예를 들어, 시스템 테스트를 수행하기 위해 요구되는 테스트 계획은 테스트 수행 직전에 수립하는 것이 아니라 사용자 요구사항을 분석한 후에 수립해야 한다. 즉, 단계별 테스트를 수행하기 위해

요구되는 테스트 계획과 테스트 대상은 각각 대응되는 개발 활동이 종료되는 시점에서 결정되므로, 이 시점에서 테스트 계획(초안)을 수립해야 한다는 것이다.

V 모델의 장점은 [그림 3-7]에 나타난 것과 같이 소프트웨어 개발 결과물에 대한 단계적인 검증과 확인 과정을 거침으로써, 개발 소프트웨어에 대한 오류를 줄일 수 있다는 점이다. 요구사항이 정확히 이해되는 작은 시스템 개발 시 매우 유용한 개발 프로세스다. 그러나 폭포수 모델을 적용함으로써 개발 활동에 대한 반복이 허용되지 않기 때문에 변경을 다루기 쉽지 않다는 단점이 있다.

변환 모델Transformation Model

변환 모델은 정형 명세Formal Specification를 기반으로 하는 소프트웨어 개발 프로세스다. 일반적으로 소프트웨어 요구사항을 제트Z, 패트리 넷Pertri Nets, SDLSpecification and Description Language, 상태 차트State Chart, 시간 논리Temporal logic 등의 정형 기법을 이용하여 명세한 후에, 자동화된 도구를 사용해 직접 코드로 변환하여 소프트웨어를 개발한다. [그림 3-8]은 변환 모델의 프로세스 모델을 나타낸 것이다.

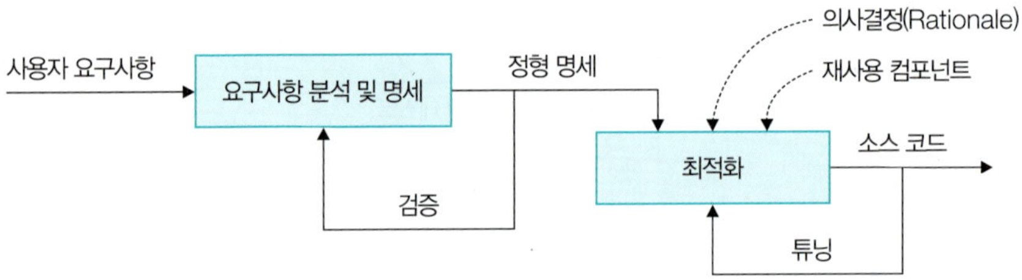

그림 3-8 변환 모델에 의한 소프트웨어 개발 프로세스

변환 모델은 정형 명세를 이용하기 때문에 프로세스에 적용하려면 전문적인 정형 기법에 대한 지식이 요구되며, 명세된 요구사항을 검증하기 위한 자동화된 도구가 필요하다. 요구사항 단계에서부터 수학적 개념을 바탕으로 분석 및 명세 과정이 이루어지기 때문에 안전 중심Safety-Critical 소프트웨어 또는 임무 중심Mission-Critical 소프트웨어를 개발할 때 많이 사용한다.

지금까지 널리 알려진 전형적인 프로세스 모델에 대하여 살펴보았다. 이외에도 컴포넌트의 조립을 기반으로 소프트웨어를 개발하는 하는 CBDComponent-Based Development 프로세스와 객체지향 개념을 근간으로 하는 UPUnified Process 모델 등이 있다.

03 애자일 및 XP 프로세스

최근 애자일Agile 소프트웨어 개발 방법에 대한 관심과 적용이 높아졌다. 애자일 방법론은 계획 없이 무작정 소프트웨어를 개발하는 Build-and-Fix 개발 방식과 상세하고 구체적인 계획을 수립하여 진행하는 개발 방식 사이에서 타협점을 찾고자 하는 방법론이다. 계획 없이 소프트웨어를 개발하는 경우, 앞으로 일어날 일을 예측하기 힘들고 효율적이지 못하다는 취약점이 있다. 반면, 계획에 너무 의존하는 경우 그 형식적인 절차를 따르는 데 드는 시간과 비용을 무시할 수 없으며, 전체적인 개발 흐름 자체가 느려진다는 단점이 있다.

애자일 방법론에서는 이러한 기존 방법의 단점을 극복하기 위해 문서화 중심의 소프트웨어 개발 접근 방식을 넘어 코드 중심의 개발 접근이라는 방법을 선택하였다. 물론 애자일 방법에서 문서 작성이 전혀 없는 것은 아니지만 이러한 선택에 근거하여 일정한 주기마다 끊임없이 프로토타입을 만들어가면서, 수시로 필요한 요구를 더하고 수정한다. 결국 이러한 활동의 반복을 통해 하나의 커다란 소프트웨어를 개발해가는 방법론이라 할 수 있다.

애자일 방법론은 특정 개발 방법론을 가리키는 말이 아니라 '애자일Agile (=기민한, 좋은 것을 빠르고 낭비 없게 만드는 것)' 개발을 가능하게 해주는 방법론 전체를 일컫는 말이다. 애자일 개발 프로세스의 대표적인 방법으로 다음과 같은 것이 있다.

- 동적 시스템 개발 방법Dynamic System Development Method, 데인 포크너Dane Faulkner
- 적응형 소프트웨어 개발Adaptive Software Development, 짐 하이스미스Jim Highsmith
- 크리스털 패밀리Crystal Family, 앨리스테어 쿡번Alistair Cockburn
- 익스트림 프로그래밍XP, 캔트 벡Kent Beck · 에릭 콤마Eric Gamma
- 스크럼Scrum, 켄 스와버Ken Schwaber · 제프 서더랜드Jeff Sutherland
- 린 소프트웨어 개발Lean Software Development, 메리 팝펜틱Mary Poppendieck · 톰 팝펜틱Tom Poppendieck
- 기능 주도 개발Feature-Driven Development, 피터 코드Peter Coad · 제프 드루카Jeff DeLuca
- 애자일 유피Agile Unified Process, 스콧 앰블러Scott Ambler

1 신속한 소프트웨어 개발

신속한 소프트웨어 개발은 최근 다변화하는 사용자 환경에 대한 대응과 시장 확보라는 관점에서 매우 중요해졌다. 그에 따라 사용자 요구를 만족하는 신속한 소프트웨어 개발 과정이 요구되었다.

소프트웨어를 신속하게 개발하려면 소프트웨어 개발 과정에서 발생하는 고질적인 문제인 '잦은 요구사항 변경을 어떻게 해결하는가'가 중요하다. 급변하는 사용자 환경에 대응하려면 안정적인 요구사항을 확보해야 한다. 소프트웨어 개발 과정, 즉 요구사항 명세·설계·구현 등의 활동은 상호 밀접한 연관관계에 놓여 있으므로 이들 간에 변경이 발생할 수 있다. 따라서 이들 활동 간에 사용자의 참여를 통한 산출물 검토가 중요하다. 그러나 사용자는 명세 및 설계 정보를 쉽게 이해하기 어렵기 때문에 적절한 사용자 인터페이스와 프로토타입을 개발하여 사용자와 의사소통해야 한다. 따라서 사용자의 검토 과정을 반복적으로 진행하는 것이 신속한 소프트웨어 개발의 지름길이 될 수 있다. 이러한 검토 과정에서 사용자에게 가시적인 소프트웨어를 보여주는 개발 접근 방법이 탄생하였다. 이것이 바로 애자일 개발 방법론이다.

애자일 개발 프로세스는 소프트웨어 개발을 위한 제한된 시간과 비용 범위 내에서 사용자 요구사항은 불완전하고 변경 예측이 불가능하다는 전제를 둔다. 그리고 그 전제에서 가장 합리적인 솔루션을 만들어내려는 것이다. 애자일 프로세스에는 [그림 3-9]와 같이 12가지 기본 원리가 있다.

(1) 고객 만족을 가능한 한 빨리 이끌어내고, 유연한 소프트웨어를 지속적으로 사용자에게 제공한다.
(2) 개발 과정에서 늦은 시점일지라도 요구사항 변경을 적극 수용한다.
(3) 실행 가능한 소프트웨어를 1~2주일에 한 번씩 사용자에게 배포한다.
(4) 사용자와 개발자 간 친밀한 미팅을 거의 매일 수행한다.
(5) 프로젝트는 신뢰할 수 있고 동기가 부여된 개인을 중심으로 진행한다.
(6) 의사소통을 위해 가능하면 한 곳에 모여 대화한다.
(7) 실행 가능한 소프트웨어를 기준으로 프로젝트 진척률을 결정한다.
(8) 일정한 개발 속도를 유지하며, 지속 가능하도록 소프트웨어를 개발한다.
(9) 우수한 기술의 도입과 좋은 설계에 지속적인 관심을 갖는다.
(10) 단순화는 필수다. 작업을 가장 단순화 형태로 분리하여 고민하고 해결한다.
(11) 최상의 아키텍처, 정제된 요구사항, 좋은 설계는 잘 구성된 팀을 통해 개발된다.
(12) 팀은 더 효과적인 방법의 적용, 적절한 조정 과정을 정기적으로 수행한다.

그림 3-9 애자일의 적용 원리

2 애자일: XP 프로세스

애자일 개발 방법론에서 대표적으로 적용되고 있는 XPeXtream Programming 프로세스는 2000년대에 켄트 벡Kent Beck이 제안하였다. XP 프로세스는 반복 개발이라는 접근 방법을 기반으로 하고 있으며, 새로운 버전의 소프트웨어가 하루에도 몇 번씩 개발된다. 또한 개발된 소프트웨어 증분이 적어도 2주에 1번씩 사용자에게 배포된다. 이때 철저한 테스트가 수행되어야 하며, 성공적으로 테스트를 통과한 빌드Build에 대해서만 배포가 허용된다.

XP Practices

XP 프로세스 기반 소프트웨어 개발에서는 [표 3-1]과 같은 10개의 실천 사항을 제시한다.

표 3-1 XP 프로세스의 10가지 실천 사항

실천 사항	가이드라인
증분 계획 (Incremental Planning)	사용자 요구사항을 스토리 카드에 기록하며, 배포 시 들어갈 스토리는 사용 가능한 시간과 상대적 우선순위에 따라 결정한다. 개발자는 이러한 스토리를 개발의 단위 태스크로 분리한다.
작은 배포 (Small Release)	비즈니스 가치를 제공할 수 있는 최소한의 유용한 기능을 먼저 개발하여 배포한다. 소프트웨어 시스템 배포의 경우, 첫 번째로 배포된 소프트웨어에 기능을 점진적으로 추가하면서 배포한다.
단순 설계 (Simple Design)	추후 나올 가능성이 있는 요구사항이 아닌 현재의 요구사항을 충족시키도록 설계를 수행한다.
테스트 우선 개발 (Test-first Development)	기능 자체가 구현되기 전에 새로운 기능에 대한 테스트를 수행하기 위해 자동화된 단위 테스트 프레임워크를 사용한다.
재구조화 (Refactoring)	모든 개발자는 코드 개선이 가능한 부분을 발견하는 즉시 코드를 재구조화해야 한다. 이를 통해 코드를 간단하고 쉽게 유지보수할 수 있다.
짝 프로그래밍 (Pair Programming)	개발자는 쌍으로 작업하여 서로의 작업을 확인하고, 항상 훌륭한 작업을 수행할 수 있도록 지원한다.
공동 소유권 (Collective Ownership)	개발자들은 시스템의 전 영역에 개발 작업을 수행함으로써, 경험과 전문 지식이 상호 연관되어 적용될 수 있다. 이로 인하여 모든 개발자가 모든 코드를 책임을 지며, 누구나 아무거나 변경할 수 있도록 한다.
지속적 통합 (Continuous Integration)	단위 태스크가 완료되자마자 이는 전체 시스템에 통합한다. 통합한 후, 시스템에 대한 모든 단위 테스트가 통과되어야 한다.
지속 가능한 개발 속도 (Sustainable Pace)	초과 근무가 많아지면 종종 코드 품질이 저하되고 중간 생산성이 감소될 수 있으므로 허용되지 않는다.
현장 고객 (On-site Customer)	고객/사용자 대표는 XP 개발 팀이 항상 접촉할 수 있어야 한다. XP 프로세스에서 고객은 개발 팀의 구성원이며, 고객은 소프트웨어 구현을 위해 시스템 요구사항을 팀에 제공해야 한다.

이러한 실천 사항을 기반으로 사용자에게 더욱 신속하고 정확하게 소프트웨어를 제공하는 것을 목표로 한다.

개발 사이클Development Cycle

XP 프로세스를 기반으로 하는 소프트웨어 개발 사이클은 [그림 3-10] 및 [그림 3-11]과 같은 2개의 사이클로 나누어 고려할 수 있다.

■ 엔지니어링 사이클Engineering Cycle

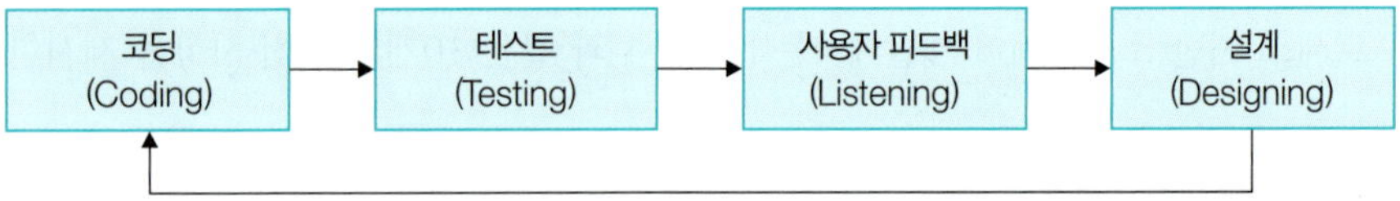

그림 3-10 XP 프로세스의 소프트웨어 엔지니어링 사이클

XP 프로세스에서 엔지니어링 사이클은 팀 내 소프트웨어 개발 작업에 대한 사이클을 정의한다. 먼저 사용자 요구사항에 대한 코딩과 테스트를 통해 개발된 소프트웨어가 사용자에게 배포된다. 배포된 소프트웨어 대하여 사용자 피드백을 받고, 이를 설계에 반영하여 다음 버전을 개발한다.

■ 배포 사이클Release Cycle

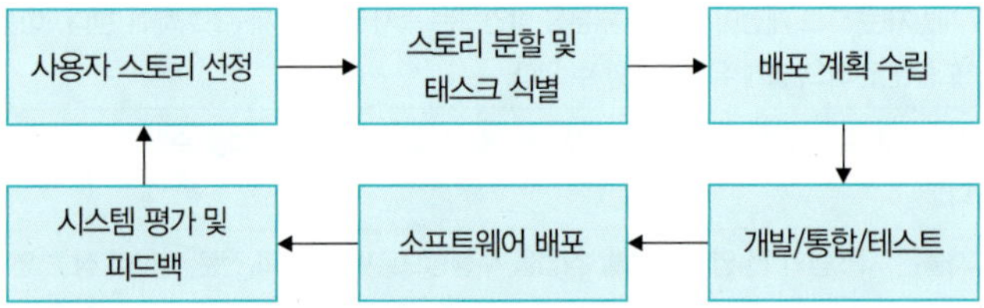

그림 3-11 XP 프로세스의 소프트웨어 배포 사이클

배포 사이클에서는 먼저 우선하여 개발하고자 하는 사용자 스토리(요구사항)를 선정하고, 선정된 스토리를 개발 단위의 작은 태스크로 분리한다. 이러한 태스크를 기준으로 소프트웨어 배포 계획을 수립한다. 수립한 계획에 따라 소프트웨어 개발·통합·테스트를 수행한 후에 사용자에게 소프트웨어를 배포하고, 사용자 피드백 등을 기반으로 시스템을 평가한

다. 이러한 과정은 모든 스토리가 선정되어 소프트웨어 개발이 완료·통합될 때까지 반복적으로 수행된다.

3 애자일: 스크럼 프로세스

스크럼Scrum 프로세스는 2002년 제프 서더랜드Jeff Sutherland와 켄 스와버Ken Schwaber가 제안한 소프트웨어 개발 프로세스로, XP 프로세스와 마찬가지로 널리 활용되고 있는 애자일 방법 중 하나다. 스크럼은 소프트웨어 개발에 대한 실천 사항을 강조하기보다 반복적인 개발을 관리하는 데 초점을 맞추고 있다.

스크럼 프로세스는 일반적인 경험적 프로세스 통제 방법과 유사하게 투명성Transparency, 인스펙션Inspection, 적응adaptation을 큰 축으로 하는 피드백 중심의 경험적 접근 방법이다. 스크럼 프레임워크 내의 모든 작업은 작업 과정, 작업 흐름, 진행 상황 등을 점검 및 모니터링하기 위하여 책임자에게 가시적Visible이어야 한다. 또한 이러한 가시성을 제공하기 위하여 스크럼 팀은 개발 중인 제품과 팀 활동의 적합성을 반복적으로 인스펙션한다.

스크럼 프로세스 용어

스크럼 프로세스는 사용자에게 배포 가능한 소프트웨어를 반복적으로 개발하고 배포하면서 개발 과정에 사용자의 요구사항을 지속적으로 반영하도록 하는 것이다. 스크럼 프로세스에서 사용하는 몇 가지 용어의 의미는 다음과 같다.

- 스프린트Sprint: 반복적인 개발 주기(계획 회의부터 제품 리뷰가 진행되는 날짜까지의 기간이 1 스프린트)
- 제품 백로그Product Backlog: 개발할 제품에 대한 요구사항 목록
- 스프린트 백로그Sprint Backlog: 스프린트 목표에 도달하기 위해 필요한 작업 목록
- 제품 증분Product Increment(or Shippable Increment): 스프린트 결과로 나오는 실행 가능한 제품
- 번다운 차트Burn-Down Chart: 스프린트 백로그에 남아 있는 작업 목록을 보여주는 차트
- 번업 차트Burn-Up Chart: 배포에 필요한 진행 사항(진척도)을 보여주는 차트
- 제품 책임자Product Owner: 제품 백로그를 정의하여 우선순위를 정하는 책임자
- 스크럼 마스터Scrum Master: 프로젝트 관리자

스크럼 프레임워크

스크럼은 특정 언어나 방법론에 의존적이지 않으며, 개발 언어는 물론이고 객체지향 언어와도 관련 없는 넓은 응용 범위의 개발 프로세스다. 스크럼에는 다음과 같은 특성이 있다.

- 솔루션에 포함할 기능 및 개선점에 대한 우선순위를 부여한다.
- 개발 주기는 30일 정도로 하며, 개발 주기마다 실제 동작할 수 있는 결과를 제공한다.
- 개발 주기마다 적용할 기능이나 개선에 대한 목록을 제공한다.
- 날마다 15분 정도 회의하라.
- 항상 팀 단위로 생각하라.
- 원활한 의사소통을 할 수 있도록, 구분 없는 열린 공간을 유지하라.

스크럼 프로세스

위와 같은 스크럼의 특성을 활용하여 소프트웨어를 신속하고 반복적으로 개발하고자 하는 프로세스는 [그림 3-12]와 같다.

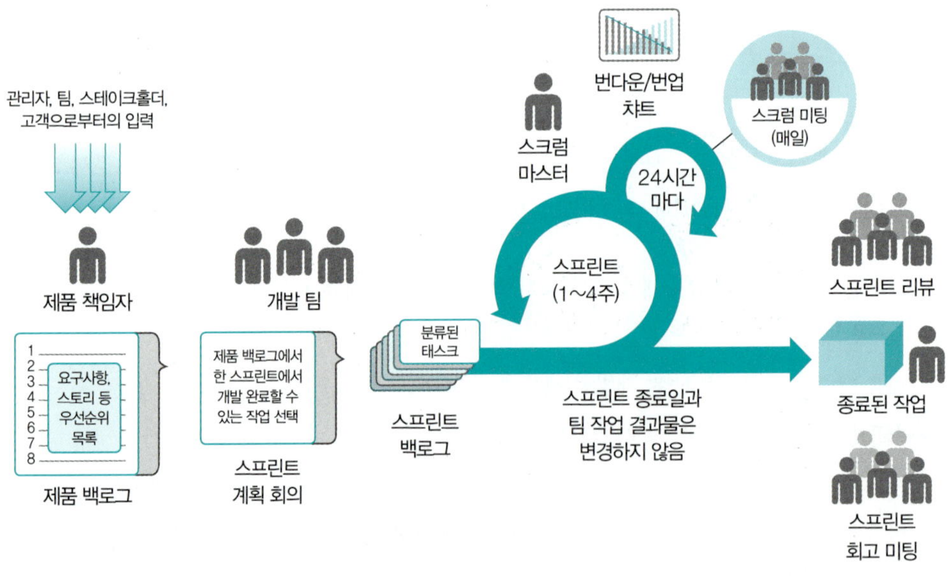

그림 3-12 스크럼 프로세스의 소프트웨어 개발 프로세스
(출처 : neon rain ibteractive, https://www.neonrain.com/agile-scrum-web-development)

실습 3-1	스크럼 이해하기

구글Google에서는 소프트웨어 개발을 위하여 스크럼 프로세스에 의한 개발 활동을 진행하고 있다. 구글의 소프트웨어 엔지니어들은 자신에게 부여된 태스크에 대하여 자유롭고 편하게 소프트웨어 개발 작업을 수행한다. 그리고 매일 아침 토스트와 사과 주스를 먹으며, 스크럼 미팅Daily Scrum Meeting을 진행한다. 다음 물음에 대하여 자신의 생각을 정리해봅시다.

(1) 매일 스크럼 미팅을 수행하는 목적이 무엇일까?
(2) 개발자들은 스크럼 미팅에서 어떠한 이야기를 할까?

4 Chaos와 DevOps

DevOps는 2013년 진 킴Gene Kim, 케빈 버러Kevin Behr, 조지 스파포드George Spafford가 쓴 《The Phoenix Project》에서 그 개념이 정리되어 대중에게 소개되었다. DevOps는 Development와 Operation이 합쳐진 단어로, 개발과 운영 활동에 대한 기민한 협업과 활동의 자동화를 통한 진화된 소프트웨어 개발 활동을 의미한다.

Chaos Engineering

2016년 6월 IEEE Software에 넷플릭스Netflix 엔지니어들이 〈Chaos Engineering〉이라는 논문을 발표했다. 소프트웨어 기반의 서비스는 복잡한 동작과 다양한 장애가 있는 분산 시스템에서 운영되는데, 이러한 환경에서도 서비스에 대한 가용도 및 활용성을 지속적으로 보장하는 것은 매우 중요하다. 따라서 서비스 중단 없이 변경된 코드를 푸시Push하고, 실행 환경 변수를 하루에도 수백 번씩 수정해야 한다.

다양한 서비스 운영 환경에 대응하고 새로운 기능을 중단 없이 제공하기 위해서, 기존 서비스에 임의의 결함을 주입하고 이들이 어떠한 행동을 보이는지 동적으로 검사하면서, 시스템 운영에 대응하는 방법을 찾는다. 이렇듯, 예측 불가능한 상황에서 나타나는 시스템 동작의 규칙성을 찾아내고 이에 대응하는 활동을 넷플릭스에서는 Chaos Engineering이라고 부른다. Chaos Engineering에 대한 자세한 내용은 2016년 6월 IEEE Software에 발표된 [그림 3-13]의 논문을 참고하기 바란다.

FOCUS: DEVOPS

Chaos Engineering

Ali Basiri, Niosha Behnam, Ruud de Rooij, Lorin Hochstein, Luke Kosewski, Justin Reynolds, and Casey Rosenthal, Netflix

// Modern software-based services are implemented as distributed systems with complex behavior and failure modes. Chaos engineering uses experimentation to ensure system availability. Netflix engineers have developed principles of chaos engineering that describe how to design and run experiments. //

MAY/JUNE 2016 | IEEE SOFTWARE 35

그림 3-13 넷플릭스의 Chaos Engineering 소개 논문

DevOps Practices

DevOps(데브옵스)는 사일로 접근 방식Silos Approach으로 불리는 전통적인 소프트웨어 개발 과정에서 발생하는 문제, 즉 개발 팀 간의 불충분한 협업, 의사소통의 미흡 혹은 부재, 개발 일정의 지연, 운영상의 유사 문제를 처리하기 위한 개발 팀의 중복된 노력 등을 해결하기 위하여 제안되었다. DevOps와 관련한 구체적인 사항은 4장에서 설명한다.

DevOps의 정의

DevOps는 개발 시스템의 빌드Build와 실행(운영)의 반복 과정을 거쳐 소프트웨어를 개발하는 접근 방법으로, 개발 활동과 운영 활동, 사용자 피드백을 상호 연결한다. 이러한 방식은 애자일에 근거를 두고 있으며, 개발과 운영의 단절을 없애고 지속적인 소프트웨어 운영이 가능하도록 한다. DevOps의 정의는 다음과 같다.

- Wikipedia의 정의: DevOps는 소프트웨어 개발자와 운영자 간의 소통과 협업, 통합을 강조하는 소프트웨어 개발 방법으로, 개발과 운영의 상호 의존성을 명확히 함으로써, 제품 혹은 서비스의 신속한 개발을 목표로 함
- IBM의 정의: 소프트웨어 개발 팀과 운영 팀 간의 조정Coordination을 위하여 제시된 프로세스
- O'reilly의 정의: 시스템의 운영 인프라가 'Platform as a Service' 형태로 정의되어 응용 프로그램의 일부가 되고 있으며, 운영은 사라지는 것이 아니라 개발 활동의 일부로 고려해야 함. 즉, 운영 인프라는 사라지지 않고 운영자가 개발 팀에 합류해야 하는 소프트웨어 개발 방법의 변화임
- IEEE 표준의 정의: 소프트웨어 개발과 관련된 스테이크홀더들이 소프트웨어 시스템 또는 서비

스를 명세·개발·운영하고 시스템 전체 수명주기에 걸쳐 지속적인 개선을 도모하기 위하여 의사소통과 협업을 증진하기 위한 원리와 실천 사항들의 모임

DevOps의 핵심 원리

개발과 운영의 반복을 통해 운영 환경에서 나타난 요구사항을 지속적으로 반영하고, 이러한 반영 과정에서 시스템의 중단 없는 가용성을 제공하기 위하여 다음과 같은 DevOps의 핵심 원리를 제시한다.

■ **자동화**Automation

DevOps는 개발 환경에서 나타나는 소프트웨어 동작이 배포 및 운영 환경에서도 동일하게 보장될 수 있도록, 개발 과정에서도 운영 환경을 고려하도록 하며 운영 환경의 오류를 신속하고 일관성 있게 해결하기 위하여 자동화된 환경을 전체 수명주기에 구축한다.

■ **반복**Iteration

개발과 운영을 순환 구조로 연결함으로써, 유지보수라는 기존 개념보다는 운영 과정에서 모니터링된 요구사항을 시스템에 반영해 개발하는 반복 개발 형식으로 진행한다.

■ **자기 서비스**Self-service

DevOps 조직은 협업 및 자동화 환경 구축을 통해 개발자와 운영자가 서로 방해하지 않고 독립적으로 일할 수 있도록 지원한다. 예를 들어, 개발자는 소프트웨어 시스템에 대한 운영 환경을 자체적으로 구축하여 신속한 개발 및 테스트를 수행할 수 있다. 따라서 운영자에게 개발 시스템 테스트를 위해 실환경을 요청하지 않아도 된다.

■ **지속적 개선**Continuous Improvement

DevOps에서 지속적인 개선은 사용자의 피드백을 소프트웨어 및 운영 환경을 개선하기 위해 활용하는 것이다. 이러한 피드백은 소프트웨어의 기능 향상, 기능 추가 및 삭제 등의 근거가 될 뿐만 아니라 소프트웨어의 성능이나 서비스 수준을 만족시키기 위한 개선의 근거가 된다.

■ **협업**Collaboration

성공적인 DevOps는 신속하고 신뢰성 있는 소프트웨어의 개발과 배포를 보장해야 한다.

이를 위해 필요한 사안에 대하여 개발 팀과 운영 팀 간의 성공적이고 지속적인 협업 능력이 요구된다.

■ **지속적 테스트**Continuous test

개발자는 개발 혹은 수정된 코드에 대해 단위 테스트를 수행하고, 이 코드를 서버에 전달하여 통합 테스트를 수행한다. 또한 품질 보증 팀은 운영 환경과 동일한 환경에서 시스템 테스트를 수행하고, 운영 팀은 인수 테스트, 안정성 테스트 등을 수행한다. 이러한 테스트들은 지속적인 통합과 배포 과정에서 반복적으로 발생한다.

■ **지속적 통합과 지속적 배포**Continuous integration and Continuous delivery

다수 팀이 큰 규모의 소프트웨어를 개발할 때, 각 팀은 개발한 결과물은 서버로 전달하고, 서버에서는 팀에서 전달한 소프트웨어 컴포넌트를 주기적으로, 가능하면 매일 통합한다. 올바르게 통합된 컴포넌트는 품질 보증의 단계(테스트 단계 포함)를 거쳐, 생산Production 단계로 이동되며, 이후 사용자에게 배포된다. 통합이 주기적으로 이루어지듯 배포도 문제가 없는 한 지속적으로 이루어진다.

DevOps 프로세스

DevOps 프로세스는 지금까지 설명한 것과 같이 개발과 운영을 연결하는 프로세스다. [그림 3-14]는 DevOps 프로세스의 개발 절차를 나타낸다. 그림에 나타난 절차와 같이 Dev에서는 소프트웨어 요구사항을 작은 단위의 개발 태스크로 분할하고, 이들에 대한 개발 및 배포 계획을 수립Plan한 후, 이 계획에 따라 단위 소프트웨어 컴포넌트를 개발Code한다. 개발된 코드들은 상호 통합되어 배포 가능한 기능으로 구성Build되며, 이는 테스트Test 과정을 거쳐 Ops로 릴리즈Release 된다. Ops에서는 배포된 소프트웨어를 실운영 플랫폼에 설치Deployment하여 운영Operate하면서 소프트웨어의 기능 수행 및 장애 등을 지속적으로 모니터링Monitor하고, 그 결과를 피드백한다. 이 피드백은 다시 Dev에서 수립한 계획에 반영되어 반복적인 개발 활동이 이루어진다. 이러한 활동들은 앞서 설명한 DevOps 핵심 원리들의 적용을 통해 이루어진다.

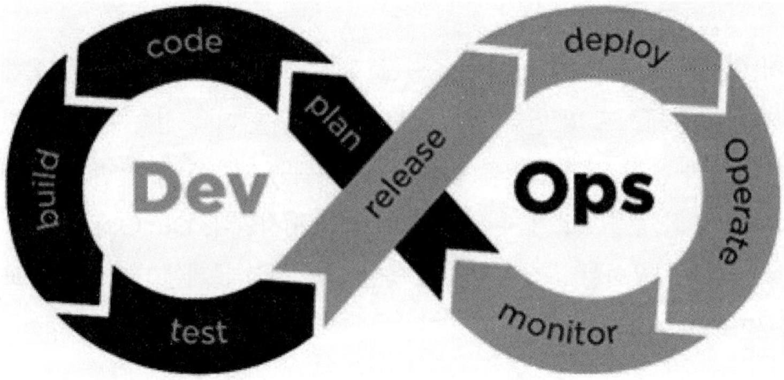

그림 3-14 DevOps(데브옵스) 프로세스

DevOps의 이점

DevOps 개발 접근 방법을 조직에서 도입하려는 이유 혹은 DevOps 개념이 생성된 이유는 무엇일까? DevOps의 이점을 살펴봄으로써, 이에 대한 답을 찾아보자.

■ **제품 출시 기간 단축**

소프트웨어 시장을 선점하려면 고객의 요구를 충족시킬 수 있는 제품을 시장에 빠르게 내보내야 한다. DevOps는 운영 팀의 피드백을 전달받기 위해 많은 시간을 요구하는 처리 과정을 거치지 않고, 즉시 새로운 요구사항으로 합병할 수 있도록 협업한다. 실제로 2016년 DevOps 현황 보고서2016 State of DevOps Report에 따르면 DevOps를 구성한 조직들은 (평균) 200배 이상 배포 회수가 늘었고, 지연 시간, 즉 코드 배포 의도 시점과 코드 생성 시점 간의 시간차는 1/2555로 짧아졌다.

■ **낮은 위험과 유연한 배포**

오늘날의 소프트웨어는 복잡한 요구사항과 다양성으로 인해 개발 과정에서 발생하는 잠재적인 오류를 모두 제거하기가 어렵다. 따라서 개발 환경을 고려한 자동화된 플랫폼상에서 지속적으로 문제의 원인을 분석하고 대처해간다. 이를 통해 위험성을 낮추면서도 신속하게 배포할 수 있다.

■ **신속한 복구**

코드 생성 과정에서 이상이 발생하거나 작업이 중단될 경우, 자동화된 진단 기능을 통해 문제를 복구한다. 자동화된 테스트 및 릴리즈 환경은 문제 복구를 더욱 신속하게 수행할 수 있도록 하며, 개발 팀과 운영 팀의 협업을 통해 오류, 롤백Rollback을 통한 변경, 형상Configuration 매개변수의 변화 등을 빠르게 추적하고 해결책을 제시한다. DevOps 현황 보고서에 의하면 DevOps를 사용하는 조직은 예상치 못한 코드 생성 문제에 대하여 평균보다 24배 빠르게 복구가 이루어졌다고 제시하고 있다.

■ **고객 만족도 및 시장 적합도 향상**

소프트웨어 기능을 신속 정확하게 배포하고 피드백 받은 버그를 수정함으로써 시스템에 대한 가용성을 높이고, 고객에 대한 만족도를 향상할 수 있다. 지속적인 운영 모니터링과 결과 피드백, 신속하고 지속적인 배포는 개발자와 운영자 간의 지속적이고 긴밀한 협업에 의해 이루어지며, 결국 시장 점유율을 높이는 결과를 불러온다.

04 소프트웨어 프로세스 개선

소프트웨어 프로세스 개선SPI, Software Process Improvement 활동의 목적은 소프트웨어 개발과 관련된 모든 활동을 더욱 체계적으로 수행함으로써, 개발 소프트웨어의 결함을 줄이고 더 품질 좋은 제품을 만들기 위함이다. 이 목적을 달성하려면 소프트웨어 개발 과정의 어떤 활동을 어떻게 개선해야 할지 고민해야 한다. 그리고 현재의 개발 능력과 상황을 정확히 진단하고, 이 결과를 기반으로 개선 활동을 진행해야 한다. 현재 소프트웨어 프로세스를 개선하기 위한 다양한 가이드라인 및 표준이 제시되었다.

1 CMM과 CMMI

CMMCapability Maturity Model은 1986년 미 국방부가 방산 업체의 소프트웨어 개발 활동에 대한 데이터를 수집하고 이를 체계화하여 개발한 시스템 개발 프로세스의 성숙 모델이다. 성숙도Maturity라는 용어는 임의로 수행해온 개발 활동을 공식적인 개발 단계, 단계별 활동에 대한 측정 및 평가, 프로세스 최적화 등의 관점에서 얼마나 잘하고 있는지 나타내는 척도다. 따라서 모델 CMM은 기존 소프트웨어 개발 프로세스를 개선하는 것을 목적으로 한다.

그러나 CMM에서는 소프트웨어 개발 활동과 시스템 획득 업무 간 연계성 부족, CMM을 구성하는 다양한 모델(Software CMM, System Engineering CMM, Software Acquisition CMM 등)의 형식·용어·측정 방법의 차이점 존재, 통합 적용의 어려움과 같은 몇 가지 문제점이 도출되었다. 그에 따라 2006년 카네기 멜론 대학Carnegie Mellon University의 소프트웨어 공학 연구소에서 미 국방부의 지원을 받아 CMM의 단점을 해결한 CMMICapability Maturity Model Integration를 개발하였다.

CMMI 성숙도 수준

CMMI는 '무엇을 하는가'라는 프로세스 기반 활동 영역Process dimension과 '얼마나 잘하는가'를 나타내는 능력도 범위Capability dimension로 표현된다. 프로세스 영역은 프로젝트 계획, 리스크 관리, 형상 관리, 품질 보증 같은 활동 영역Process Area을 의미하며 능력도 범위는 수준 I, 수준 II 등의 형태로 나타난다.

[표 3-2]는 CMMI의 단계, 즉 성숙도 수준별 프로세스 영역을 나타낸다. 수준level은 레벨 1~5로 구분되는데, 레벨 1에서는 소프트웨어 개발 조직의 임의적 관리 활동, 레벨 2에서는 프로젝트 단위의 관리 활동, 레벨 3에서는 조직 차원의 관리 활동, 레벨 4에서는 정량적 데이터를 기반으로 하는 관리 활동, 레벨 5에서는 원인 분석에 따른 프로세스의 능동적 대응 활동을 수행한다.

표 3-2 개발 CMMI의 수준별 프로세스 영역

수준	관심사	프로세스 영역
5. 최적화 수준 (Optimizing)	지속적인 프로세스 개선	CAR - Causal Analysis and Resolution OPM - Organizational Performance Management
4. 정량적 관리 수준 (Quantitatively managed)	정량적 자료 관리	OPP - Organizational Process Performance QPM - Quantitative Project Management
3. 정의 수준 (Defined)	표준화된 프로세스	DAR - Decision Analysis and Resolution IPM - Integrated Project Management OPD - Organizational Process Definition OPF - Organizational Process Focus OT - Organizational Training PI - Product Integration RD - Requirements Development RSKM - Risk Management TS - Technical Solution VAL - Validation VER - Verification
2. 관리 수준 (Managed)	기본적인 프로젝트 관리	CM - Configuration Management MA - Measurement and Analysis PMC - Project Monitoring and Control PP - Project Planning PPQA - Process and Product Quality Assurance REQM - Requirements Management SAM - Supplier Agreement Management
1. 수행 수준 (Performed)	초기 소프트웨어 개발	해당 없음

CMMI는 지속적으로 개선되고 있으며, 처음에 적용 활동 영역에 따라 개발 CMMI[CMMI for Development], 획득 CMMI[CMMI for Acquisition], 서비스 CMMI[CMMI for Service]로 구분되었던 모델이 지금은 CMMI-DEV[Development], CMMI-SVC[Service], CMMI-SPM[Supplier Management], CMMI-PPL[People]로 구분되어 있다. 프로세스 영역의 구성에서도 어떤 모델을 선택하느냐에 따라 조금씩 바뀌어 왔다. 대체로 모델별 평균 22개 수준의 프로세스 영역이 있으며, 획득 및 서비스 CMMI의 경우 계약, 서비스 지속성 등과 관련된 프로세스 영역이 대체 혹은 추가되어 있다.

CMMI 인증

CMMI 모델의 프로세스 영역이 얼마나 잘 수행되는가에 따라 CMMI 성숙도 수준이 결정되며, 이를 평가하여 CMMI 수준별 인증을 수행한다. 각 프로세스 영역은 [그림 3-15]의 (a)와 같이 해당 영역에 대한 목표[Goal]와 실천 사항[Practices]들로 구성되며, 정의된 실천 사항을 수행하는가에 대한 증거[Evidences]를 기반으로 프로세스 영역의 성숙도를 확인한다. CMMI 2.0으로 진화되면서 (b)와 같이 프로세스 영역은 프랙티스 영역으로 기본 구조가 변경되었다.

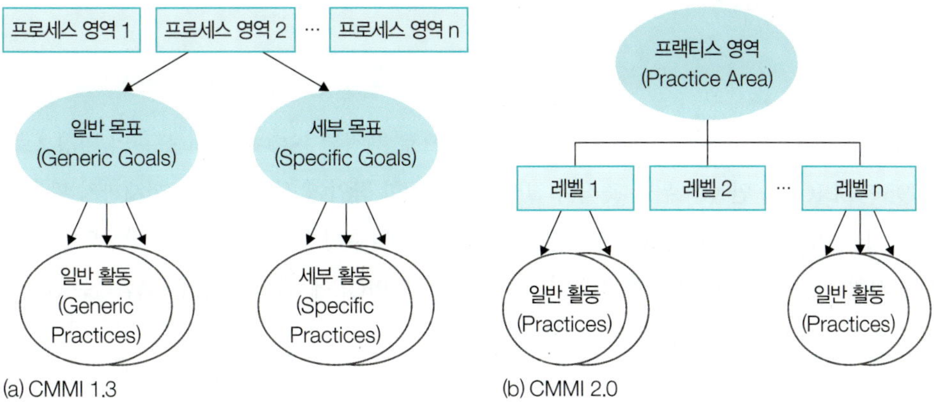

그림 3-15 CMMI 프로세스 영역의 구성 요소

CMMI 버전이 1.3에서 2.0으로 향상되면서, CMMI 모델의 복잡성과 규모는 축소된 반면 적용성과 운용성은 향상되었다. CMMI 버전 1.3에 정의된 1,252개의 Practices가 버전 2.0에서는 404개로 68% 축소되어 소프트웨어 개발 조직 내에서 CMMI를 도입하고 구현하는 데 훨씬 용이해졌다. 과거 'Process Area'로 정의된 영역도 버전 2.0으로 옮겨오면서 'Practice

Area'로 명칭이 바뀌었고, 그 숫자도 22개에서 20개로 축소되었다. 이 같은 구조 변경은 각 영역에 대한 범주의 한계를 명확히 하고, 영역 구현을 더욱 쉽게 가이드하기 위함이다.

CMMI 인증 심사는 Class A, Class B, Class C로 구분되는데, Class B와 Class C는 공식적인 인증 심사라기보다 내부 심사 혹은 공식 심사 전 사전 진단의 성격이 강하다. 성숙도 등급을 받기 위한 심사는 공식 심사원이 진행하는 Class A에 의해 이루어진다. Class A에서는 모든 실천 사항Practice에 해당하는 활동의 증거들을 수집하고, 그 진위 여부를 판단한다. 이를 통해 CMMI 성숙도 수준에 해당하는 모든 실천 사항이 정확히 수행되고 있음이 확인되면, 인증을 획득한다.

2 SPICE & A-SPICE

CMMI와 함께 소프트웨어 프로세스 개선을 위한 표준으로 SPICESoftware Process Improvement and Capability dEtermination가 있다. SPICE도 CMMI와 마찬가지로 단계적인 프로세스 성숙도를 정의한다. 특히 SPICE 모델이 ISO 표준으로 제정되어 활용되면서, 자동차 소프트웨어의 개발 성숙도를 위해 A-SPICE가 제시되기도 하였다.

SPICE

SPICE는 소프트웨어 개발 프로세스 개선을 목적으로 제정된 ISO 15504 표준의 별칭으로, 1993년 SPICE를 만들기 위한 조직이 결성되어 표준화 작업이 진행되었고, 현재까지 활용되고 있다. SPICE는 ISO 12207에서 정의하는 프로세스 수명주기를 기반으로 작성되었으며, CMMI와 비슷한 성숙도 수준을 정의하고 있다. 다만 SPICE에서는 레벨 0을 포함하는 6개의 성숙도 수준을 다음과 같이 정의하고 있다.

- 레벨 5 – 최적화 프로세스Optimizing process
- 레벨 4 – 예측 가능한 프로세스Predictable process
- 레벨 3 – 구축된 프로세스Established process
- 레벨 2 – 관리되는 프로세스Managed process
- 레벨 1 – 적용하는 프로세스Performed process
- 레벨 0 – 불완전한 프로세스Incomplete process

소프트웨어 개발 프로세스의 능력은 프로세스 속성Process Attributes을 사용하여 측정한다. 15504 표준에서 정의하는 프로세스 속성은 (1) 프로세스 성능Process performance, (2) 성과 관리Performance management, (3) 산출물 관리Work product management, (4) 프로세스 정의Process definition, (5) 프로세스 배포Process deployment, (6) 프로세스 측정Process measurement, (7) 프로세스 제어Process control, (8) 프로세스 혁신Process innovation, (9) 프로세스 최적화Process optimization의 9가지다.

각 프로세스 속성은 다수의 일반 활동Generic practices으로 구성되며, 각 활동이 얼마나 잘 수행되는가에 따라 성숙도의 지표가 결정된다. 각 프로세스 속성의 평가 척도는 일반 활동의 수행 정도에 따라 Not achieved(정의된 일반 활동의 15% 미만으로 수행된 경우), Partially achieved(15 ~ 50%), Largely achieved(50 ~ 85%), Fully achieved(85 ~ 100%)로 구분하여 평가된다.

A-SPICE: Automotive SPICE

2000년대 이후, 자동차 강국이 모인 유럽의 자동차 OEM을 중심으로 전기 및 전자 부품에 대한 오류가 증가하여 사람의 안전을 위협한다는 문제가 제기되었다. 이 문제를 해소하기 위해 전기 및 전자 부품을 사용하는 시스템의 안전성 표준인 IEC 61508 적용을 고려하였다. 그러나 2005년에 기존 SPICE 표준을 자동차에 맞게 수정하여 A-SPICE를 제정하게 되었다.

2007년부터 독일 자동차의 OEM 모임(Audi, BMW, VW, Porsche, Daimler, Chrysler)을 중심으로 부품 공급자들에게 A-SPICE를 적용하게 하였다. A-SPICE는 2017년 버전 3.1로 개정되어 발전하였다. 이와 병행하여 자동차의 기능 안전성을 제공하기 위한 표준으로 ISO 26262가 2011년에 제정되어 적용되고 있다.

A-SPICE는 3개의 수명주기 모델 영역(Primary Life Cycle Process, Organizational Life Cycle process, and Supporting Life Cycle process)에 대하여 총 8개의 프로세스 그룹을 정의하고, 각 프로세스 그룹에서 수행해야 할 활동들을 제시한다. [그림 3-16]은 A-SPICE에서 제시하는 프로세스의 구성을 나타낸 것이다.

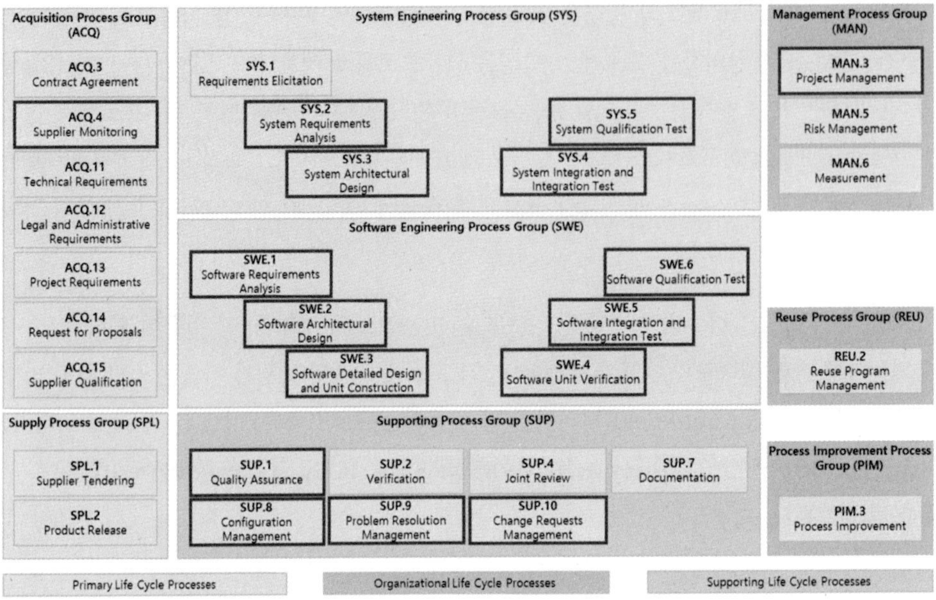

그림 3-16 A-SPICE의 프로세스 구성

핵심Primary 수명주기 프로세스 영역은 시스템 개발에 필수적인 획득Acquisition, 공급Supply, 공학적Engineering 활동 등을 포함하는 프로세스 그룹이며, 조직Organizational 수명주기 프로세스 영역은 관리Management, 재사용Reuse, 개선Improvement 등 다수 조직을 관통하여 수행이 필요한 프로세스 그룹이다. 그리고 지원Supporting 수명주기 프로세스 영역은 위 그룹이 원활하게 수행되도록 지원하는 프로세스 그룹에 해당된다.

A-SPICE가 제공하는 역량 수준Capability Level은 SPICE 모델과 유사하게 1등급부터 5등급으로 구분된다. 등급별 의미는 다음과 같다.

- 레벨 5 – Innovating: 장기 전략과 조직의 변화에 따라 조직 차원의 정량적 피드백을 통해 프로세스를 개선하고(개선 시 이득을 정량적으로 분석), 이에 맞게 표준을 개선하며, 프로젝트에서는 개선된 표준이 바로 적용 가능한 수준
- 레벨 4 – Predictable: 비즈니스 목표 정의 및 이에 따른 프로세스 성과를 정량적으로 측정 기록하고, 통계적으로 히스토리historical data를 분석하여 객관적인 결정을 내리며, 그 결정이 특정 범위 안에 유지되는 수준
- 레벨 3 – Established: 조직 수준의 표준 프로세스와 테일러링 가이드가 있으며, 조직 차원 피

드백을 통해 표준 자산(프로젝트 산출물)을 개선하는 수준

- 레벨 2 – Managed: 프로세스 수행이 통제(계획, 관리, 조정)되며 역할이 정의되어 있고, 결과물은 품질 보증, 형상 관리 절차에 따라 관리되는 수준
- 레벨 1 – Performed: 프로세스가 체계적이지는 않지만, 어떻게든 목표가 달성되고 결과물이 존재하는 수준
- 레벨 0 – Incomplete: 프로세스 수행 결과가 존재하지 않음. 불완전하거나 부적절한 프로세스로 인하여 목적 달성이 불가능한 수준

CMMI, SPICE, A-SPICE와 같은 프로세스 개선 가이드라인 혹은 표준이 중요한 이유는 이들이 시스템(소프트웨어 포함) 개발 활동을 개선할 수 있도록 가이드하고, 이를 통해 개발 대상 시스템의 품질을 향상하는 역할을 수행하기 때문이다. 이뿐 아니라 최근 소프트웨어를 포함하는 제품들의 해외 시장 진출 혹은 관련 기업들의 해외 프로젝트 수주를 위해서는 해당 부분에 대한 인증 자격이 요구되기 때문이기도 하다.

실습 3-2 **A-SPICE 생각해보기(자동차 소프트웨어의 개발이 중요한가?)**

자동차가 오동작한다면 어떠한 일이 발생할까? 고속도로 주행 중에 핸들 조작이 안 된다면 이는 상상만으로도 끔찍하다. 최근 자동차에 탑재되는 소프트웨어를 개발하는 국내 기업은 물론 국제적인 자동차 회사에서도 자동차 개발 과정을 체계화함으로써, 고장 없는 소프트웨어 개발에 많은 관심과 투자가 진행되고 있다. 이에 따라 자동차와 관련된 소프트웨어 개발 기업들에서는 A-SPICE 인증을 추진하고 있다. 이와 관련하여 다음 물음을 생각해보고 답을 적어봅시다.

(1) A-SPICE 인증을 받으려면 적지 않은 자금을 투자해야 한다. 그럼에도 불구하고 A-SPICE 인증을 받으려는 이유는 무엇인가?
(2) A-SPICE 레벨이 향상된다는 것은 무엇을 의미하는가? 구체적인 예를 들어 설명하라.

3 식스 시그마

식스 시그마Six Sigma, 6σ는 프로세스 개선을 위한 공학적 기술 및 지원 도구를 제공하는 프로세스 관점의 접근 방법론으로, 1986년 모토로라의 엔지니어인 빌 스미스Bill Smith가 제시하였다. 식스 시그마 전략은 결함의 원인을 식별 및 제거하고, 기존의 제조 및 비즈니스 프로세스에 대한 변경을 최소화하면서, 공학적 활동의 품질을 개선하는 것을 목표로 한다. 주

로 경험적·통계적 측면의 품질 관리 방법을 사용하는데, 제품 개발 활동에서 모든 경우에 99.99966% 수준에서 결함이 없을 것으로 예상할 수 있도록 개선을 시도한다. 식스 시그마라는 용어는 개발 혹은 제조 프로세스의 통계적 모델링과 관련된 용어에서 비롯되었는데, 공정의 성숙도는 결함이 없는 제품 비율을 나타내는 시그마 등급을 이용하여 설명할 수 있다. 특히, 정규 분포의 표준 편차 내에서 결함 없는 결과의 비율에 해당하는 것으로 시그마라는 단어를 사용하고 있다.

소프트웨어 개발 조직 내에서 수행되는 각 식스 시그마 프로젝트는 정의된 일련의 단계를 따르며, 특정 목표를 통해 가치 향상을 추구한다. (1) 공정 주기 단축, (2) 결함 및 문제 감소, (3) 비용 감소, (4) 고객 만족도 향상, (5) 이익 증가 등이 이러한 목표들의 대표적인 예가 된다.

식스 시그마 프로젝트는 미국 통계학자 에드워드 데밍W.E. Deming의 Plan-Do-Study-Act Cycle에서 영감을 받은 두 가지 프로젝트 방법론인 DMAIC와 DMADV를 기반으로 한다. 각각 5단계로 구성되어 있다.

DMAIC와 DMADV 구성 단계

DMAIC 방법론의 구성 단계는 다음과 같다.

- 시스템 정의Define the system: 고객의 목소리, 고객 요구사항, 프로젝트의 목표를 설정한다.
- 핵심 요소 측정Measure key aspects: 현재 프로세스의 주요한 측면을 측정하고, 관련 데이터를 수집한다. 특히 현재 상태AS-IS의 프로세스 능력을 측정한다.
- 데이터 분석Analyze the data: 데이터를 분석하여 인과관계를 조사하고 확인한다. 인과관계의 유형이 무엇인지 확인하고, 모든 요소가 고려되었는지 점검한다. 특히 관심 대상 결함의 근본 원인이 무엇인지 찾는다.
- 프로세스 개선 및 최적화Improve or optimize the current process: 데이터 분석을 위해 실험 설계, 포카 요케Poka Yoke, 실수 교정, 작업 표준화 등과 같은 기술을 사용하여 현재 프로세스를 개선하거나 최적화하여 새로운 미래 프로세스를 만든다. 파일럿 실행을 통해 이 과정을 조정해간다.
- 미래 프로세스 조정 관리Control the future state process: 현재 대상 시스템에서 생기는 편차가 추후 결함으로 연결되지 않도록 수정하는 과정을 반복적으로 진행한다. 통계적 방법에 의한 프로세스 제어, 진행 상태의 공지, 지속적인 모니터링 등이 가능하도록 환경을 구축하고, 원하는 품질 수준을 얻을 때까지 반복한다.

> **NOTE 포카 요케**Poka Yoke
>
> 품질 관리 측면에서 실수를 방지하도록 행동을 제한하거나 정확한 동작을 수행하도록 강제하는 제약 조건을 만들어 실패를 방지하는 방법을 의미하는 일본 용어. 예를 들어, 자동차에서 기어를 주차 상태 위치인 'P'로 놓지 않으면 시동이 걸리지 않도록 하여 운전자의 오작동을 방지한다.

DMADV 방법론은 앞서 설명한 DMAIC 방법론과 기본적인 접근 방법이 동일하며 구성 단계는 다음과 같다.

- 설계 목표 정의Define design goals: 고객의 요구 및 기업 전략과 일관성 있는 목표를 정의한다.
- CTQ 식별 및 측정Measure and identify CTQs(Critical To Qualities): 제품 성능, 프로세스 능력, 리스크 등을 식별하고 측정한다.
- 대안 분석Analyze alternatives: 품질 향상을 위해 가능한 대안들을 분석한다.
- 선정 대안 설계Design an improved alternative: 가장 좋은 대안을 선택하고 이를 적용하기 위해 설계한다.
- 설계 검증Verify the design: 설계를 검증하고, 파일럿 프로젝트를 통해 개발 프로세스를 구현하고 실행한다.

식스 시그마 인증

식스 시그마에 대한 인증accreditation은 제너럴 일렉트릭General Electric 사와 모토로라Motorola 사가 개발하여 진행하는 프로그램으로, 조직 내 엔지니어에게 부여하는 프로세스 품질의 기술 수준 및 역량을 인정하는 데 목적이 있다. 국내 대규모 전자 회사에서도 식스 시그마 인증을 도입한 사례가 있다.

- 그린 벨트Green Belt: 시스 시그마의 필수 기법을 이해하고 이를 실천할 수 있는 인재에게 부여하는 인증 자격이다. 프로젝트의 멤버 혹은 단위 프로세스의 수행 리더에게 부여된다.
- 블랙 벨트Black Belt: 식스 시그마의 기법을 충분히 이해하고 활용할 수 있는 핵심 인재에게 부여하는 인증 자격이다. 단위 사업부 내의 핵심 프로젝트 리더에게 부여된다.
- 마스터 블랙 벨트Master Black Belt: 블랙 벨트 자격 취득 후, 엄격한 심사를 거쳐 선발되는 소수의 핵심 인재에게 부여되는 인증 자격이다. 식스 시스마에 대한 교육 및 프로젝트 컨설팅을 수행하며, 기업의 비전 및 전략과 연결된 전략 과제의 리더에게 부여된다.

4 기타 프로세스 표준

ISO 12207: Systems and software engineering–Software life cycle processes

ISO/IEC/IEEE 12207: 2017 표준은 조직 또는 프로젝트 내에서 소프트웨어 수명주기 프로세스를 정의·제어·개선하는 데 사용할 수 있는 절차를 제공하고 있다. ISO 12207을 구성하는 프로세스 그룹은 다음과 같으며, 각 프로세스에 대하여 정의된 세부 활동Task들의 주체, 입력 정보, 출력 정보, 작업 내용 들을 포함하는 세부 절차를 정의하고 있다. 이 표준은 방대한 양의 세부 프로세스를 포함하기 때문에, 조직 특히 프로젝트 수행에서 적용할 대상을 선택, 재구성하여 적용할 수 있다.

- 합의Agreement 프로세스: 구매자와 공급자 간의 계약 수립과 관련된 프로세스를 포함하며, 세부 프로세스로 Acquisition 프로세스와 Supply 프로세스가 있다.
- 조직 프로젝트 지원Organizational Project–Enabling 프로세스: 조직에서 시스템 개발 및 관련 프로젝트를 시작하고, 통제 및 관리하고, 지원하기 위해 사용될 수 있는 프로세스 영역이다. 수명주기 모델 관리 프로세스, 인프라구조 관리 프로세스, 포트폴리오 관리 프로세스, 품질 관리 프로세스 등으로 구성된다.
- 기술 관리Technical management 프로세스: 프로젝트 계획, 프로젝트 평가, 의사결정, 리스크 관리, 형상 관리, 품질 보증과 같은 활동을 정의하는 프로세스들로 구성된다.
- 기술Technical 프로세스: 소프트웨어 개발과 직접적으로 관련된 프로세스들이다. 요구사항 정의, 아키텍처 정의, 시스템 분석, 구현, 통합, 검증, 운영 유지 등의 프로세스를 포함한다.

ISO 29110: Systems and Software Life Cycle Profiles and Guidelines for Very Small Entities (VSEs)

ISO/IEC 29110 표준은 최대 25명이 넘지 않는 작은 조직Very Small Entities에서 진행하는 프로젝트를 대상으로 하는 수명주기 프로세스를 정의한다. ISO/IEC 29110에 정의된 라이프사이클 프로세스는 소프트웨어 및 시스템을 획득하고 사용할 뿐만 아니라 개발 및 공급할 때에도 사용할 수 있다.

ISO 29110에서 제공하는 핵심적인 프로세스 영역은 크게 두 가지로 구성된다. 첫 번째는 프로젝트 관리 프로세스로, Planning, Execution, Evaluation, Closure의 활동으로 구성된다. 두 번째는 구현 프로세스로, Initiation, Analysis, Design, Construction, Integration and test, Delivery 활동으로 구성된다. 이들 프로세스에서는 여러 개의 세부 태스크Task를 정의하는데, Entry 태스트, Basic 태스크, Intermediate 태스크, Advanced 태스크로 구분하여 선택적으로 태스크를 수행할 수 있도록 하였다. 프로젝트 관리 프로세스에서는 117개의 태스크를, 구현 프로세스에서는 164개의 태스크를 정의하고 있다. 외부에서 제품을 구매하는 작은 기업을 위하여 획득 관리 프로세스와 이관 프로세스를 보조적으로 제시한다.

ISO 15288: Systems and software engineering-System life cycle processes

ISO/IEC/IEEE 15288: 2015는 사람이 만든 시스템의 수명주기를 설명하기 위한 프로세스 정의에 관한 공통 프레임워크다. 15288 표준은 조직 또는 프로젝트 내에서 사용되는 시스템 수명주기 프로세스를 정의하고, 프로세스 제어 및 개선을 지원하는 프로세스를 정의한다. 또한 시스템을 획득하고 공급할 때 요구되는 프로세스를 포함한다.

이 표준은 ISO 12207과 달리 시스템 관점의 프로세스를 다루고 있지만, 내용상의 중복을 피하고 일관성을 유지하기 위해 이들 표준에 대한 조정이 진행되고 개선되었다. ISO 15288은 주로 항공우주 시스템, 통신 시스템, 군수 시스템 등과 같이 하드웨어와 소프트웨어가 통합되는 시스템 관점의 프로세스 표준이며, 다음과 같은 4개의 프로세스 영역으로 구성되어 있다.

- 합의Agreement 프로세스: ISO 12207과 동일하게 획득 프로세스Acquisition process와 공급 프로세스Supply process로 구성되어 있다.
- 조직Enterprise 프로세스: 조직 환경 관리 프로세스, 투자 관리 프로세스, 시스템 수명주기 프로세스 관리 프로세스, 자원관리 프로세스, 품질 관리 프로세스 등으로 구성되어 있다.
- 프로젝트Project 프로세스: 프로젝트 계획, 평가, 관리, 의사결정, 위험 관리, 형상 관리 등과 같은 프로세스로 구성되어 있다.
- 기술Technical 프로세스: 요구사항 정의, 요구사항 분석, 아키텍처 설계, 구현, 통합, 검사 및 검증, 운영, 유지보수 등의 프로세스로 구성되어 있다.

프로젝트 III **프로세스 모델 선정하기**

1장에서 정의한 프로젝트 정의서와 2장에서 식별한 핵심 품질 요소를 중심으로 대상 소프트웨어를 개발하기 위한 프로세스 모델을 선택 혹은 정의합니다. 이 결정 사항은 추후 프로젝트 관리 계획서 작성에 반영됩니다.

(1) 개발 대상 시스템에 대한 특성 정리하기
- 대상 시스템과 유사한 시스템이 기존에 존재하는가?
- 대상 시스템의 핵심 기능에 신규성과 복잡성이 높은가?
- 대상 시스템의 규모는 대략 어느 정도인가?
- 개발 과정에서 새로운 기술이 적용되어야 하는가?

(2) 적용 가능한 프로세스 모델 선정하기

연습문제

01 소프트웨어 개발이 실현 가능한가를 분석하기 위한 대상으로 가장 적합하지 않은 것은?

① 팀 구성 측면　② 경제적 측면
③ 기술적 측면　④ 법적·윤리적 측면

02 소프트웨어 개발을 점진적이고 반복적으로 수행하며, 소프트웨어 개발의 위험 분석을 중요시하는 소프트웨어 프로세스 모델은?

① 폭포수 모델　② 프로토타입 모델
③ 나선형 모델　④ V 모델

03 소프트웨어 개발에서 요구사항 변경은 불가피한 문제 중 하나다. 다음 중 요구사항 변경을 수용하기가 가장 어려운 프로세스 모델은?

① 폭포수 모델　② 프로토타입 모델
③ 나선형 모델　④ 점진적 모델

04 애자일 방법론에서 일반적으로 적용되는 XP 프로세스의 실천 사항Practice로 적절하지 못한 것은?

① 증분 계획Incremental Planning
② 작은 배포Small Release
③ 삼중 프로그래밍Tripple Programming
④ 지속적 통합Continuous Integration

05 다음 소프트웨어 개발 접근 방법 중 성격이 다른 하나는?

① Crtstal Clear
② Extream Programming
③ Scrum
④ Transformation

06 다음 중 자동차용 소프트웨어 개발을 지원하는 프로세스 개선 모델은?

① CMMI　② A-SPICE
③ Six Sigma　④ TRIZ

07 DevOps의 이점으로 올바르지 않은 것은?

① 제품의 출시 기간을 단축할 수 있다.

② 문제에 대하여 신속한 처리가 가능하다.

③ 고객 만족도 및 시장 적합도가 향상된다.

④ 개발자와 운영자 간의 구별이 없다.

08 다음 중 성격이 다른 하나는?

① ISO 12207　　② ISO 15504

③ ISO 15288　　④ ISO 29110

09 다음 용어를 설명하고, 해당 용어가 적용되는 프로세스 모델은 무엇이며, 왜 그것이 필요한지 설명하시오.

(1) 스프린트Sprint

(2) 빌드Build

10 소프트웨어 프로세스 개선을 위해 제시된 CMMI, SPICE, 식스 시그마의 차이점을 설명하시오.

Chapter

04

DevOps

학습목표

- DevOps의 탄생 배경과 개념을 이해한다.
- DevOps 환경의 소프트웨어 개발 절차와 Toolchain을 이해한다.
- 보안, 빅데이터 등의 영역에 적용되는 DevOps의 변형들을 살펴본다.
- DevOps와 기술 부채(Technical Debt)의 관계를 이해한다.

PREVIEW

사용자 서비스의 니즈가 증가하고 서비스에 대한 변화가 신속하게 이루어짐에 따라 소프트웨어에 대한 개발 접근 방법에도 변화가 필요했다. 비즈니스 기반의 소프트웨어 개발에서는 급변하는 사용자 니즈를 반영할 수 있는 신속한 소프트웨어 개발이 중요한 이슈로 부각되었다. 애자일 Agile 소프트웨어 개발에서 출발한 DevOps 기반 개발 방법은 사용자의 피드백을 신속하게 반영하여 끊김 없는 사용자 서비스를 지속적으로 제공하는 데 목적이 있다. DevOps가 어떻게 사용자의 피드백을 신속하게 반영하고, 반영된 소프트웨어를 어떻게 신속하게 배포하는지 살펴보자.

01 DevOps 개요

2008년 토론토에서 개최된 애자일 컨퍼런스에서 마니토바Manitoba 대학의 패트릭 듀보이스Patric Dubois와 레드 햇Red Hat 사의 부사장인 앤드류 샤퍼Andrew Shafer는 개발 팀Dev Team과 운영 팀Ops Team 간에 발생하는 다양한 이슈를 다뤘다. 이때 애자일이 지원하지 못하는 문제를 토론하면서 DevOps라는 개념이 처음 형성되었다.

2009년에 존 알스포John Allspaw가 〈10+ deploys per day: Dev & Ops Cooperations at Flicker〉라는 논문을 발표하였고 이를 계기로 The DevopsDays Conference가 2010년부터 시작되었다. 2013년에는 진 킴Gene Kim 등이 The Phoenix Project Releases를 발표하면서 DevOps에 대한 개념이 널리 알려지기 시작하였다. 그 후 매년 State of DevOps Report가 발간되기 시작했으며, 2016년부터 가트너Gartner가 DevOps 기술을 하이퍼사이클Hypercycle 그래프에 담기 시작하였다.

1 DevOps 소개

처음에 DevOps에 관심을 둔 회사는 아마존, 넷플릭스, 타깃Target 등과 같은 대규모 고객 서비스 지원 기업이었다. 2014년에는 소프트웨어 서비스를 지원하는 전 세계 기업 중 16%, 2018년에는 27%가 DevOps를 도입했거나 도입 중인 것으로 보고되었다.

사일로 기반 개발 방식

전통적인 소프트웨어 개발 방식은 사일로 개발 방식Silos Approach이다. 사일로는 높은 탑 모양의 곡물 창고를 의미한다. 사일로 개발 방식이란 이런 곡물 창고가 줄지어 서 있고, 하나의 창고에 곡물이 가득 쌓이면 다음 창고로 옮겨 쌓는 형태를 소프트웨어 개발에 대입한 것이다. 즉, 소프트웨어 개발의 각 단계가 종료되어야 다음 단계로 진행할 수 있으며, 각 단계 간에는 특별한 상호작용이 존재하지 않는다. 또한 제품 개발과 관련된 다양한 부서가 존재할 수 있는

데, 이들 부서에서도 자신에게 부여된 태스크를 충실히 수행하는 데만 관심이 있고, 다른 부서와 정보 공유 및 협업을 하는 데는 적극적이지 못함을 의미하기도 한다. [그림 4-1]은 사일로 방식의 개념을 보여준다.

그림 4-1 사일로 개발 접근 방법의 개념도(출처: syfte blog, 2016)

사일로 기반의 소프트웨어 개발에서는 다음과 같은 문제점이 발생할 수 있다.

- 팀 중복 작업: 팀 간에 동일한 활동이 중복적으로 발생한다. 프로젝트 계획과 요구사항에 대한 이해 활동이 있는데 이는 팀별로 진행되는 대표적인 활동이다.
- 고객 니즈 반영의 어려움: 시스템을 개발하여 시장에 출시하는 시점에 종종 시장에서 요구하는 새로운 니즈가 출현하고 있음을 알게 된다.
- 정보 활용 적시성 미흡: 제품을 개발하는 데 필요한 장비나 업무 관련 정보를 찾기 위해 많은 노력과 시간이 들어갔는데, 해당 장비와 정보를 이미 다른 팀이 사용한 경우가 많다.
- 팀 간 경쟁과 협업 미흡: 팀의 실적 향상과 성과 달성에 도움이 된 아이디어가 공유되지 않아 결국 다른 팀에서 같은 작업을 반복하는 경우가 발생한다.
- 위험한 합의: 제품 개발 과정에서 의견 불일치가 생겼을 때 팀원 재작업이 필요하다고 생각함에도 불구하고 결정된 사안을 뒤엎으려 하지 않는 경우가 많다.
- 생산성 저하: 중복 작업, 재작업, 어려운 정보 수집, 산출물에 대한 서로 다른 품질 수준 등으로 인해 생산성이 심각하게 저하된다.
- 제품 품질의 저하: 팀 간 의사소통과 협업이 미흡하기 때문에 아이디어 공유가 안 돼서 좋은 솔루션을 놓치는 경우가 발생한다.

체계적으로 운영되는 조직적 사일로가 모든 면에서 항상 나쁘다고 할 수는 없다. 팀마다 고유한 전문 분야와 주어진 역할이 있기 때문에 팀에 관한 모든 것을 투명하게 공개하거나 공유할 필요는 없다. 그러나 사일로 방식에서 다른 팀에 대한 배려 없이 주어진 임무에만 몰두하는 경우, 전체적인 제품 개발 상황이 어려워질 수 있다. 팀 간 협업과 의사소통은 제품 개발이 성공하는 중요한 요인이 된다.

DevOps의 정의

DevOps는 애자일에 뿌리를 두고 있다. 애자일의 기본 철학은 단어 자체의 의미처럼 신속하게 소프트웨어 모듈을 개발하고 사용자에게 배포하는 것이다. 이러한 측면은 DevOps에서 추구하는 점과 동일하다. 그러나 DevOps에는 또 하나의 중요한 축이 있다. 배포된 소프트웨어에 대한 사용자 모니터링이다. 사용자 모니터링을 통해 배포된 소프트웨어의 문제점 혹은 개선점을 신속하게 파악하고, 이를 소프트웨어에 즉시 반영하여 다시 배포한다.

DevOps에 대한 정의는 3장에서 기술하였다. DevOps 정의와 같은 맥락에서 DevOps 기반 소프트웨어 개발을 다음과 같이 정의할 수 있다.

> DevOps는 개발, 운영, 품질 보증 부서 및 서비스 제공자가 상호 협력하여 소프트웨어 시스템을 개발·배포하고, 시장 기회의 포착과 고객 피드백을 신속하게 처리함으로써, 서비스를 적시에 제공할 수 있도록 하는 린Lean 및 애자일Agile 원칙에 기반한 소프트웨어 개발 접근 방식이다.

2 린 사고방식과 원리

DevOps에서는 린Lean 사고방식과 원리를 반영한다. 여기서는 린 사고방식과 원리에 대해 간단히 정리해본다. 린 사고방식은 낭비 요소를 제거하면서 사회에 더 많은 혜택을 제공하고, 개인이 일을 통한 가치를 얻을 수 있도록 인간 활동을 체계화하는 방법을 제공하는 데 목표를 둔 혁신적 접근 방법이다. '린 사고'라는 용어는 제임스 우먹James P. Womack과 다니엘 존스Daniel T. Jones가 도요타Toyota 생산 시스템에 대한 심층 연구를 통해 그 본질을 찾는 과정에서 정의되었다.

린 사고의 목표는 고객 만족과 직원 만족도를 일치시켜 성장을 지속하고 고객, 공급 업체 및 환경에 불필요한 초과 비용을 최소화하면서 수익성 있는 혁신적인 제품 또는 서비스를 제공하는 것이다. 린 사고는 모든 사람이 자신의 업무에서 낭비되는 시간과 노력을 식별하고 이러한 낭비를 제거하여 프로세스(개발 및 생산 활동)를 개선하기 위해 더 잘 협력한다면 적은 비용으로도 더 큰 가치를 만들 수 있다는 생각에서 출발한다.

린 소프트웨어 개발은 린 제조 원칙과 관행을 소프트웨어 개발 영역에 적용하는 것이다. 린 개발은 “크게 생각하고, 작게 행동하고, 빨리 실패하고, 빠르게 배워라Think big, act small, fail fast, learn rapidly”라는 린 슬로건slogan에 기반한다. 린 소프트웨어 개발은 메리 팝폰다이크Mary Poppendieck과 톰 팝폰다이크Tom Poppendieck가 제시하는 [그림 4-2]와 같은 7가지 원칙으로 요약될 수 있다.

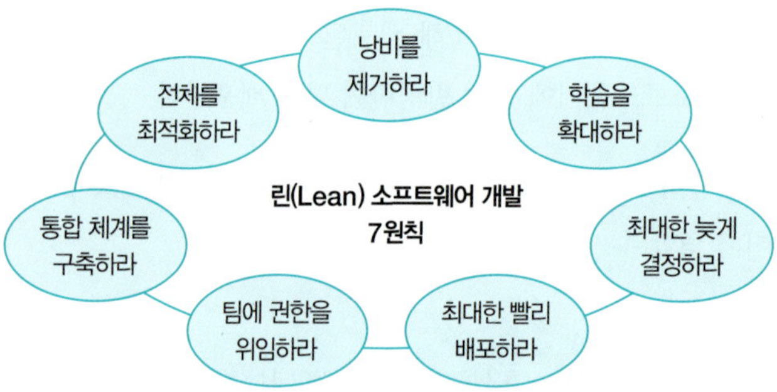

그림 4-2 린(Lean) 소프트웨어 개발의 7가지 원칙

❶ 낭비를 제거하라

제품 개발 시 발생하는 낭비 요소를 식별하고 삭제한다. 추후 사용하지 않는 문서 작업, 고객이 사용하지 않을 기능 개발, 팀원 간의 작업 전환, 다른 작업을 기다리는 시간 등은 모두 낭비 요소에 해당된다. 철저한 스케줄 계획과 작업 할당, 프로세스에 대한 재구성 등이 필요할 수 있다.

❷ 학습을 확대하라

소프트웨어 개발은 반복적인 작업이다. 분석 및 설계 활동, 코딩 활동 등을 반복적으로 수행하면서 효율적으로 수행할 수 있는 방법을 찾는다. 또한 고객과의 피드백 및 소통을 통해 사용자 영역 및 도메인에 대한 학습을 수행한다. 이러한 학습은 짧은 주기에 신속하게 이루어지도록 해야 한다.

❸ 최대한 늦게 결정하라

기술이나 시장의 급변하는 니즈를 반영하기 위해 최대한 결정을 미루는 것이 매우 효과적일 수 있다. 소프트웨어 개발은 다소 불확실성을 안고 진행하기 때문에 가정이나 예측에 의해 의사결정을 내리기보다 사실에 기반하여 의사결정을 할 수 있도록 최대한 미루는 것이 유리하다.

❹ 최대한 빨리 배포하라

품질 좋은 소프트웨어를 개발하기 위한 요구가 매우 중요하듯, 최근에는 신속하게 개발해서 사용자에게 전달하는 것도 매우 중요한 요구사항이 되었다. 설계, 구현, 피드백, 개선이라는 사이클을 신속하게 진행하여 어제의 요구사항이 아닌 현재의 요구사항을 반영해야 한다. 매일 주기적으로 미팅하는 것도 신속성을 향상할 방법이 될 수 있다.

❺ 팀에 권한을 위임하라

개발 작업은 전문적인 활동이며 지식, 경험, 숙련된 노하우가 필요하다. 대부분의 조직에서 의사결정을 위한 시스템을 구축하고 있지만, 전문적인 작업을 수행할 때는 어느 누구보다도 담당자가 해당 사항을 잘 알고 있다. 따라서 개발과 관련된 사항은 팀 혹은 개발자에게 위임한다. 팀장은 어려운 상황에서 지원과 도움을 제공한다.

❻ 통합 지원 체계를 구축하라

시스템 개발에서 통합은 빈번히 발생한다. 팀 간의 산출물 통합은 물론이고, 추후 제품의 개선 및 진화 과정에도 통합은 필요하다. 따라서 구성품에 대한 표준화, 재사용 가능한 적절한 크기의 모듈 구성, 쉽게 진행할 수 있는 통합 등이 가능한 환경을 구축해야 한다. 이는 시스템에 대한 유연한 아키텍처 및 재사용과 확장성이 좋은 소프트웨어를 개발함으로써 가능해진다.

❼ 전체를 최적화하라

전문적 역할을 수행하는 팀, 예를 들면 데이터베이스 팀이나 사용자 인터페이스 설계 팀에서 대형 시스템을 개발하는 경우, 각 팀의 전문성으로 인하여 전체 시스템보다는 팀 결과물의 최적화에 초점을 맞추게 된다. 즉, 자신의 팀 결과물이 우수하다는 것을 입증하려고 노력한다. 그러나 이 때문에 전체 시스템의 최적화를 달성하지 못하는 경우가 많다.

실습 4-1	린 원리 적용하기

린Lean 기반의 소프트웨어 개발에 대한 7가지 원칙이 있다. 그중에서도 첫 번째 원리인 '낭비를 제거하라'는 어떤 종류의 일을 수행하든 꼭 필요한 원리에 해당된다고 볼 수 있다. 다음 질문에 답함으로써, 자신의 낭비 요소를 찾아봅시다.

(1) 자신의 하루 일과를 돌아볼 때, 낭비 요소에는 무엇이 있는가?
(2) 과거 소프트웨어 개발 과정에서 경험한 낭비 요소는 무엇이었나?
(3) 낭비 요소를 제거하기 위한 효과적인 방법으로 무엇이 있는지 고민해보자.

3 DevOps 적용 동향

DevOps는 고객 서비스를 365일 24시간 내내 제공해야 하는 IT 조직에서 도입하고 있는 소프트웨어 시스템의 개발 및 운영 전략이다. 많은 조직에서 DevOps의 효과를 인식하고 이를 적용하기 위해 많은 노력을 기울이고 있다. 대표적으로 아마존, 구글, 넷플릭스 등이 DevOps를 도입하여 많은 비즈니스 가치를 생산하고 있다.

[표 4-1]은 주요 IT 서비스 조직의 소프트웨어 배포 현황을 보여준다. 표를 보면, 아마존의 경우 전사적으로 하루에 2만3천 개의 소프트웨어가 짧은 시간 내에 배포되고 있다. 아마존은 웹 서버, 마케팅, 클라우드 컴퓨팅 등 매우 다양한 서비스를 전 세계적으로 제공하고 있는데, 매우 빠르게 실시간으로 서비스를 진행하고 있음을 알 수 있다.

표 4-1 주요 IT 서비스 기업의 소프트웨어 배포 현황

회사	배포 주기	배포 소요 시간	신뢰성	사용자 응답
아마존	23,000/day	minutes	high	high
구글	5,500/day	minutes	high	high
넷플릭스	500/day	minutes	high	high
페이스북	1/day	hours	high	high
트위터	3/week	hours	high	high
일반 회사	1/9 months	months/quarters	low/medium	low/medium

(출처: The Phoenix Project, 2013)

[표 4-1]과 같이 하루에 100번 이상 발생하는 소프트웨어 배포가 오류 없이 이루어져야 하는 경우라면 DevOps 도입이 필수다. 지속적인 개발, 지속적인 통합, 지속적인 배포가 모두 자동화된 지원 환경에서 이루어질 수 있도록 해야 한다.

호주에 본사를 둔, 아틀라시안Atlassian 사에서 DevOps를 도입·운영하는 전 세계 IT 전문가 500명에게 DevOps와 관련된 설문을 진행하고 그 결과를 발표하였다. 발표 사항을 정리하면 다음과 같다.

장애 요소

DevOps를 조직 내에 구현할 때 발생하는 장애 요소는 (1) 엔지니어의 기술 부족, (2) 기존 개발 인프라의 유지, (3) 협업의 조율 등이며, 응답자의 85%가 이러한 장애를 경험했다고 답했다. [그림 4-3]은 DevOps 구현의 장애 요소에 대한 설문 결과를 보여준다.

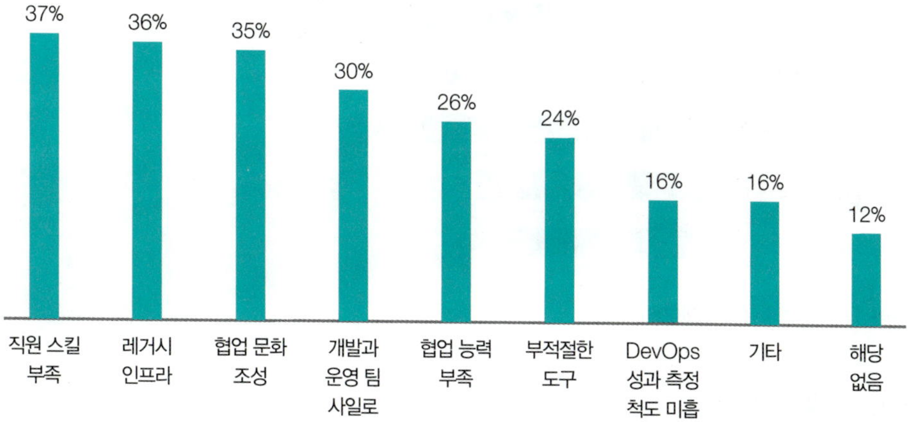

그림 4-3 DevOps 구현의 장애 요인

도구 활용 추세

신속한 개발 및 배포에 요구되는 자동화 도구를 어떤 영역에서 활용하는가를 조사했다. DevOps를 도입한 조직에서는 소프트웨어 서비스 지원을 위하여 평균적으로 10.3개의 도구를 사용하고 있었다. [그림 4-4]는 사용한 도구를 보여준다. 소스 코드 개발 및 관리를 위한 도구가 가장 많이 사용되고 있으며, 산출물 저장소를 지원하는 도구가 가장 적게 사용되고 있다.

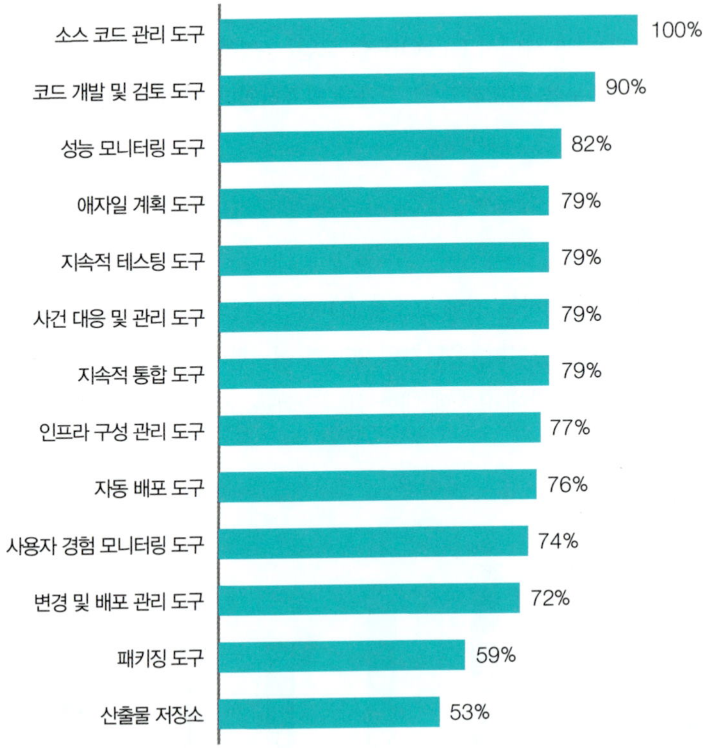

그림 4-4 DevOps 조직의 Toolchain 활용

DevOps의 도입 효과

DevOps를 도입해서 얻은 긍정적인 효과는 다양하다. 가장 두드러진 효과는 산출물에 대한 품질 향상과 배포 시간 단축이다. 팀 간 협업의 유연성, 결함의 축소, 신속한 복구 시간 등도 긍정적인 효과로 나타났다. [그림 4-5]는 DevOps로 인한 효과를 정리한 그래프다.

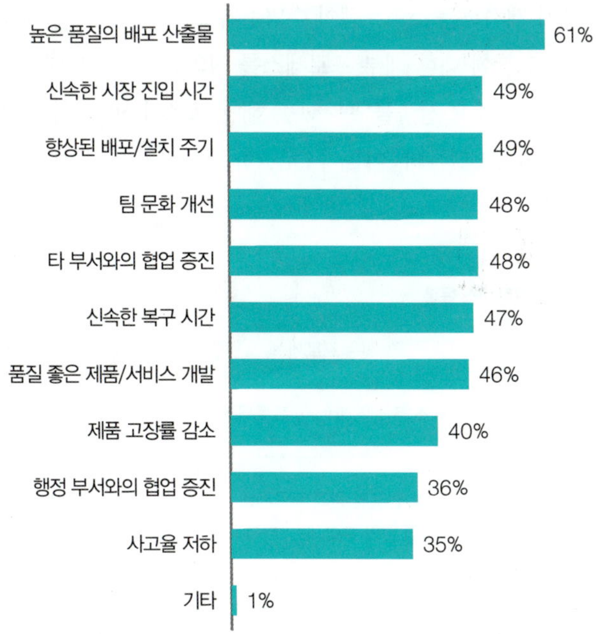

그림 4-5 조직에서 DevOps로 인한 효과

4 DevOps 표준: IEEE Std 2675

"DevOps: Building Reliable and Secure Systems Including Application Build, Package, and Deployment"라는 제목의 IEEE 표준 2675는 2021년 2월에 IEEE Computer Society의 Software & System Engineering Standards Committee에서 개발되었다. 이 표준은 소프트웨어 수명주기 프로세스를 정의하고, 제어하고, 개선하기 위한 목적으로 DevOps 구현에 대한 요구사항과 가이드라인을 제공한다. 이 표준은 전체 89쪽 분량으로 다음과 같은 내용으로 구성되어 있다.

- 1장 개요: 표준의 범위와 목적
- 2장 참고 문헌
- 3장 용어 및 약어 정의
- 4장 적합성: 프로세스, 산출물, 태스크 등에 대한 표준 정합성의 설명
- 5장 DevOps 개념: 가치, 원리, 조직, 문화, 수명주기 프로세스
- 6장 DevOps와 소프트웨어 수명주기 프로세스의 관계를 목적, 태스크, 산출물 관점에서 설명

IEEE Std 2675: 2021 표준의 6장에서 제시하는 소프트웨어 수명주기 프로세스와의 관계에서는 [표 4-2]와 같이 4개의 프로세스 그룹에 대한 세부 프로세스를 정의한다. 이에 대하여 각 프로세스의 목적, 기존의 프로세스 표준, 주요 산출물Outcomes, 해당 프로세스에서 수행하는 활동(또는 태스크)을 순서에 따라 정의하고 있는데, 이들이 DevOps의 원리 및 실천 사항과 어떠한 관련성이 있는지 설명하고 있다.

표 4-2 IEEE Std 2675 표준의 6장에서 언급하는 프로세스 목록

프로세스 그룹	하위 프로세스
계약 프로세스 (Agreement Processes)	획득(Acquisition) 프로세스, 지원(Supply) 프로세스
프로젝트 지원 프로세스 (Organizational Project-Enabling Processes)	수명주기 모델 관리 프로세스, 인프라 관리 프로세스, 포트폴리오 관리 프로세스, 인전 자원 관리 프로세스, 품질 관리 프로세스, 지식(Knowledge) 관리 프로세스
기술 관리 프로세스 (Technical Management Processes)	프로젝트 계획 프로세스, 프로젝트 평가 프로세스, 의사결정 관리 프로세스, 리스크 관리 프로세스, 형상 관리 프로세스, 정보 관리 프로세스, 측정 프로세스, 품질 보증 프로세스
기술 프로세스 (Technical Processes)	비즈니스 및 임무 분석 프로세스, 사용자 요구사항 정의 프로세스, 시스템/소프트웨어 요구사항 정의 프로세스, 아키텍처 정의 프로세스, 설계 프로세스, 시스템 분석 프로세스, 구현 프로세스, 통합 프로세스, 검증 프로세스, 전환 프로세스, 검사 프로세스, 운영 프로세스, 유지보수 프로세스, 폐기 프로세스

02 DevOps 프로세스와 프랙티스

DevOps는 많은 IT 조직에서 적용되는 추세다. DevOps 기반의 개발 프로세스와 자동화 도구, DevOps 개발의 적용 성과를 측정하기 위한 척도는 무엇인지 살펴보자.

1 DevOps 성공 전략

전 세계 대부분의 소프트웨어 개발 조직에서 DevOps 채택이 늘고 있다. DevOps 방식을 조직에서 실현하기 위해서는 조직 내 모든 기능 간의 협력 및 협업 문화가 조성되어야 한다. 그리고 이를 통해 더 빠르고 더 좋은 품질의 안정적인 소프트웨어를 제공할 수 있도록 소프트웨어 개발의 근본적인 변화가 요구된다.

기존 소프트웨어 개발은 분석, 설계, 구현과 같은 독립된 역할 중심의 활동에 주안점을 두었고, 이들 간의 정보 공유가 단순히 입력과 출력이라는 단일 경로로만 이루어졌다. 이 같은 사일로 개발 방식Silos Approach을 타파하고 부서 간 효과적인 커뮤니케이션 및 협업, 원활한 운영, 버그 없는 코드의 개발을 위해 DevOps의 도입과 성공적인 실현이 필요하다. 시그니티 기술Cigniti Technologies 사에서 제시하는 성공적인 DevOps 구현을 위한 10가지 주요 권장 사항은 다음과 같다.

■ **DevOps 필요성 평가**

왜 DevOps를 IT 조직에 도입하려고 하는가? 어떠한 목표를 달성하고자 하는가? DevOps를 조직 내에서 구현하기 위해서는 조직 문화의 변화와 함께 프로젝트 프로세스에 대한 다양한 변경이 수반된다. 따라서 단순히 유행에 편승하기 위해서 도입을 고려하는 것은 올바르지 않다. 비즈니스 차원에서 수립된 목표를 달성하기 위하여 DevOps 도입이 정렬되어야 한다.

■ **기존 사일로Silo 방식의 타파**

DevOps의 철학은 본질적으로 개발, 운영 및 기타 기능이 서로 협력하여 긴밀하게 작업을 수행하는 것이다. 기존 시스템 개발에서 기능 및 역할 중심으로 진행하는 사일로를 무너뜨림으로써, 팀 간 의사소통을 향상하고 과거에 수행한 작업, 관련된 사람, 작업 결과에 신속하게 접근할 수 있어야 한다. 이는 더 좋은 결과와 더 좋은 아이디어를 얻는 방법이다.

■ **고객 중심의 만족도 향상**

조직은 끊임없이 변화하는 고객 요구에 계속 적응해야 하며 시간, 기능 및 성능에 대한 고객의 기대치를 넘어서는 서비스 및 솔루션을 제공해야 한다. 이를 위해서는 모든 비즈니스 이해관계자의 참여와 함께 팀의 노력, 투명한 의사소통, 고객의 기대치에 대한 지속적인 모니터링이 필요하다.

■ **작은 시작과 점진적 확장**

DevOps를 조직에 도입하려면 작은 부분부터 변화를 유도해야 한다. 조직 문화를 바꿔야 하므로 이를 수용하기 위한 노력이 필요하다. 또한 DevOps 기반의 시스템 개발에서도 작은 릴리즈 주기 설정을 통해 신속한 개발과 통합 과정이 이루어질 수 있도록 시도한다. 이를 기반으로 DevOps의 점진적인 확대를 꾀한다.

■ **가능한 모든 곳의 자동화**

애자일에 기반한 DevOps는 신속한 개발과 배포를 추구한다. 신속한 소프트웨어 수명주기 단계를 지원하기 위해서는 단절 없는Seamless 자동화가 필요하다. 자동화는 코드 개발, 통합을 위한 미들웨어, 자동 형상 구성 및 배포, 회귀 테스트 및 부하 테스트 등의 영역에서 필수적으로 이루어져야 한다. 이를 통해 개발자, 테스터, 운영자의 시간과 노력을 절약하고 총비용을 절약할 수 있어야 한다.

■ **호환성이 보장되는 도구**

DevOps에서 사용할 자동화 도구는 다른 도구와의 호환성 및 상호 운용성(연동성)이 제공되어야 한다. 기존 IT 환경과 호환되는 도구 체인을 선택함으로써, 도구 간의 밀접한 통합이 이루어지도록 하고 개발과 운영 간에 발생할 수 있는 충돌 현상을 제거해야 한다.

■ 개인과 함께 팀 성과 검토

DevOps 환경에서는 상호 협력과 협업을 통한 시스템 개발 및 운영이 이루어진다. 따라서 팀의 구성원에 대한 개인 성과뿐 아니라 팀의 성과도 평가되어야 한다. 개발자와 운영자에 대한 성과 검토는 대부분 개발 및 배포에 대한 목표를 달성할 수 있는 팀의 능력을 기반으로 평가해야 한다.

■ 프로젝트 정보의 실시간 가시성 확보

다양한 프로젝트 혹은 다수의 팀에서 진행하는 프로젝트 상태 정보에 대한 실시간 접근은 프로젝트 관리를 위한 중요한 요소다. 모든 프로젝트의 이해관계자는 현재 진행되는 단계가 전체 과정에서 어느 위치에 있으며, 누가 어떠한 자원을 사용하고 있는지 확인할 수 있어야 한다. 진보된 프로젝트 관리 도구는 이러한 프로젝트에 대한 포트폴리오 정보를 제공한다.

■ 지속적 통합 및 배포

지속적 통합 및 지속적 배포가 구현되지 않았다면 DevOps를 구현했다고 볼 수 없다. 개발자가 결함을 즉시 감지하고 기민하게 소프트웨어를 개발하여 통합 과정으로 전달해야 하며(지속적 통합), 모든 변경 사항이 엄격하게 자동화된 테스트 과정을 거쳐 사용자 시스템에 배치되어야 한다(지속적 배포). 이러한 지속적 통합과 배포 프로세스와 이의 자동화는 DevOps의 성공을 위한 핵심 요소가 된다.

■ 모니터링 및 피드백을 통한 개선

소프트웨어 시스템 혹은 서비스가 최적의 수준에서 정확히 동작하고 있는지 지속적으로 모니터링해야 하며, 모니터링 결과 발견된 문제점이나 병목 현상에 신속하게 대응해야 한다. 또한 최종 사용자의 피드백을 활용하여 지속적으로 시스템을 개선해야 한다. 운영 과정에서 이러한 모니터링과 피드백을 즉각적으로 개발 팀으로 전달하는 프로세스 개선이 이루어져야 한다.

2 DevOps 프로세스

3장에서는 DevOps 프로세스를 간략히 살펴보았는데, 여기서는 각 단계에서 어떠한 활동을 수행해야 하는지 구체적으로 살펴보겠다. DevOps 프로세스 절차는 [그림 3-14]에서 참고할 수 있는데, 크게 (1) 계획 (2) 코딩, (3) 빌드, (4) 테스트, (5) 릴리즈, (6) 설치, (7) 운영, (8) 모니터로 정의한다.

계획 단계

계획Plan 단계에서는 개발 대상, 즉 애플리케이션에 대한 비즈니스 가치와 사용자 요구사항을 명확히 정의한다. 계획 활동에서는 IT 부서의 담당자들이 연합하여 작업을 수행하는데, 애플리케이션의 소유자, 소프트웨어 개발자, 소프트웨어 설계자, 배포 담당자, 보안 담당자 및 인프라 관리자 등이 활동에 참여한다. 계획 단계의 주요 활동은 다음과 같다.

- 개발 척도 및 대상을 정하고, 피드백이 존재하는 경우 이를 검토한다.
- 요구사항을 체계적으로 명세한다.
- 비즈니스 지표를 정렬한다.
- 배포Release 척도를 조정한다.
- 배포 계획, 시기, 비즈니스 사례를 정의한다.
- 보안 정책 및 보안 요구사항을 정의한다.

초기 요구사항 혹은 사용자 피드백을 기반으로 하는 애플리케이션 서비스 개발이 이루어지면 [그림 4-6]과 같은 코딩, 단위 테스트, 커밋 과정을 거쳐 코드 통합 및 테스트 등의 과정으로 진행된다.

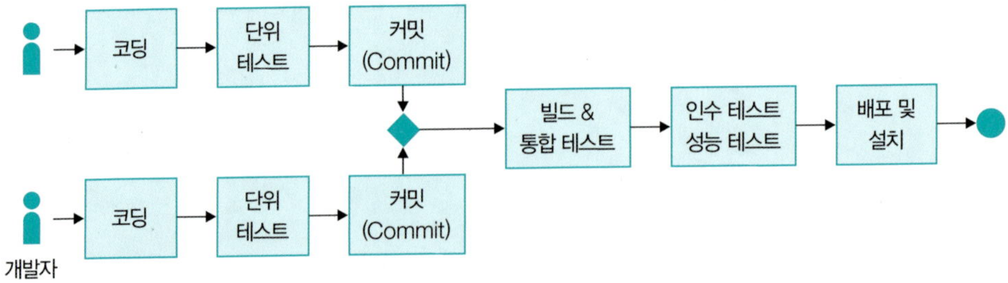

그림 4-6 DevOps의 In-House 서비스 개발 단계

코딩 단계

코딩Code 단계에서는 정의된 요구사항을 기반으로 소스 코드를 개발하는 것이 주요 활동이다. 다음과 같은 세부 활동이 이루어진다.

- 소프트웨어를 설계(알고리즘 개발)한다.
- 소프트웨어 제품 형상을 설계·정의한다.
- 코드 품질과 개발 생산성을 고려하여 소스 코드를 작성한다.
- 개발자 입장에서 수행하는 단위 테스트를 수행한다.

빌드 단계

빌드Build 단계는 소스 코드를 통합하고 소프트웨어 제품 형상을 개발하는 과정이다. 초기 단계에서는 통합이 진행되지 않을 수 있으나, 이후 과정에서는 기존 소프트웨어와 완전하게 통합해야 한다. 세부 활동은 다음과 같다.

- 작성된 코드를 통합하고, 통합 테스트를 수행한다.
- 제품에 대한 형상을 구성한다.
- 배포를 위해 개발 애플리케이션을 준비한다.
- 애플리케이션 버전을 관리한다.

테스트 단계

테스트Test 혹은 검증Verify 단계는 소프트웨어 배포의 품질과 직접적으로 관련이 있다. 따라서 이 단계에서는 코드의 품질을 유지하고 최상의 품질을 배포할 수 있도록 테스트, 검증해야 한다. 이러한 테스트 활동은 자동화 도구 사용, 정적 분석 등의 방법으로 수행된다.

- 요구사항의 만족도를 테스트한다Acceptance test.
- 변경, 개선 등이 포함되는 활동에서는 회귀 테스트를 수행한다.
- 애플리케이션에 대한 보안 및 취약성 분석을 수행한다.
- 성능을 테스트한다.
- 소프트웨어 형상을 테스트한다.

릴리즈 단계

릴리즈Release 단계는 크게 패키징packaging과 배포Release로 구분되어 수행된다. 세부적인 수행 활동은 다음과 같다.

- 배포를 위한 승인을 수행한다.
- 명세된 형상에 따라 패키징한다.
- 배포를 위한 조정 과정을 수행한다.
- 수립된 배포 계획에 따라 애플리케이션을 배포한다.
- 버전 관리 정보를 기반으로 배포한다.

설치 단계

설치Deploy 단계는 종종 배포 단계와 통합되어 수행되는 경우가 많다. 설치는 사용자의 환경에 맞도록 애플리케이션을 서비스 플랫폼에 설치Install하는 과정을 의미한다. 세부 활동은 다음과 같다.

- 배포된 애플리케이션을 사용자 환경에 설치한다.
- 필요시 스토리지, 데이터베이스, 네트워크 등의 인프라를 구축한다.
- 설치 과정에서 발생한 문제를 복구한다.
- 설치된 애플리케이션을 사용자에게 오픈한다.

운영 및 모니터링 단계

운영Operate 단계는 설치된 애플리케이션을 기반으로 사용자 서비스를 제공하는 단계로, 운영 과정에서 문제가 발생하는지 지속적으로 모니터링Monitor을 수행해야 한다. 다음과 같은 활동을 수행한다.

- 인프라 구성 요소의 성능을 지속적으로 모니터링한다.
- 사용자의 반응 및 경험을 추적, 모니터링한다.
- 개발 척도의 달성 여부를 확인한다.
- 모니터링 결과를 지속적으로 개발 팀에 제공한다.

3 DevOps Toolchain

DevOps 프로세스를 실현하려면 자동화는 필수다. 따라서 앞서 언급했듯이 자동화를 위한 적절한 도구를 선정해야 한다. DevOps 환경을 가능하게 하는 도구들의 모임은 [표 4-3]과 같이 제시할 수 있다. 표에 정리된 도구들은 각각 다양한 기능을 지원하기 위해 개발되었으며, 제시한 도구 이외에도 다른 도구가 존재할 수 있다. 또한 각 도구가 제공하는 핵심 기능이 존재하지만, 부가적인 기능들도 포함하고 있어서 서로 다른 단계를 부분적으로 지원할 수 있다.

표 4-3 DevOps 도구

단계	단계별 활용 가능한 자동화 도구
계획	Jira, Trello, Asana, Confluence, Azure etc.
코딩	Git, Github, Bitbucket, eclipse IDE, Artfactory etc.
빌드	Maven, Gradle, Jenkins, TravisCI, Apache ANT etc.
테스트	Junit, nunit, Jmeter, Selenium etc.
릴리즈	Red Hat, Puppet, openstack, Chef, Release, Spinnaker, Bamboo, apigee, MS Azure, AWS, JFrog etc.
설치	docker, Virtualbox, Automtic, uDeploy, Jenkins, TFS, Kubertenes, Elasticboc, bmchelix, LXD etc.
운영	Puppet, Chef, Fortify, Veracode, Flyway, MongoDB, PowerShell, Ravello etc.
모니터링 & 피드백	dynatrace, APPDYNAMICS, elastic, splunk, New Relic, sensu etc.

DevOps의 주요 목표 중 하나는 애플리케이션 배포 및 운영 환경과 개발 및 테스트 환경 간의 격차를 줄임으로써, 애플리케이션 배포 시점에서 발생할 수 있는 환경 불일치 문제를 완화하는 것이다. 이를 위해서는 여러 가지 도구를 사용하여 개발을 진행해야 하는데, 이러한 도구 모임을 'DevOps Toolchain'이라고 한다. Toolchain은 프로젝트를 중심으로 구축된 개발 지원을 위한 발판, 즉 플랫폼이 된다.

Toolchain을 구성하기 위해 정해진 규칙은 없지만, DevOps의 원칙에 따라 도구들이 잘 연동되고 통합될 수 있는지를 확인해야 한다. 성공적인 DevOps 프로젝트의 Toolchain 구성을 벤치마킹하는 것도 좋은 방법이다. 작은 규모의 프로젝트라면 도구를 3~4개만 활용해도 되겠지만, 큰 규모의 프로젝트에서는 10개 이상의 도구가 필요할 수 있다. 일반적으로 최소 DevOps Toolchain에는 최소한의 버전 제어 도구(예: Git), 자동화 도구(예: Jenkins), 패키지 관리자(예: JFrog), 테스트 도구(예: JUnit)가 포함될 수 있다. 클라우드 서비스를 활용하면, DevOps의 인프라 및 도구 체인을 쉽게 구축할 수 있다. 이식성 문제나 상호 운용성 문제도 클라우드 서비스를 통해 쉽게 해결할 수 있다. Docker, LXD 또는 이와 유사한 컨테이너화 기술을 사용하고, 필요시 컨테이너 오케스트레이션을 위한 도구(예: Kubernetes)와 결합하여 배포 설치를 용이하게 할 수 있다.

실습 4-2	DevOps 도구 설치해보기

DevOps Toolchain 중 하나로 Jira가 있다. Jira를 설치하고 해당 도구가 제공하는 기능에는 무엇이 있는지 살펴봅시다. (참고: https://www.atlassian.com/software/jira/free, Sep. 9, 2021)

(1) 해당 사이트를 방문하여 Jira를 설치해본다.
(2) 도구가 제공하는 세부 기능에는 무엇이 있는지 최소 5가지 이상 확인한다.

4 DevOps와 클라우드

클라우드 컴퓨팅Cloud computing은 컴퓨터 시스템의 다양한 자원, 특히 메모리, 저장 장치, 프로세서 등을 사용자의 특별한 관리 없이 필요에 따라 사용할 수 있도록 지원하는 플랫폼의 일종으로, 가상화Virtualization를 통한 사용자 서비스를 제공한다. 컴퓨터 자원을 구매하지 않고도 편리하게 언제 어디서나 접속하여 필요한 작업을 수행할 수 있기 때문에 IT 조직 관점에서는 유연성, 편의성, 민첩성을 증진하면서 비용을 절감할 수 있다는 장점이 있어 많이 선호한다.

DevOps는 개발에서 테스트, 생산 및 배포에 이르기까지 전 과정에서 유연하게 이루어져야 한다. 따라서 클라우드 플랫폼에 DevOps를 구현한다면 매우 편리하고 간소하게 서비스 개발 및 배포가 가능해져 매우 유리할 수 있다.

DevOps를 위한 클라우드 활용

DevOps 프로세스상에서 발생하는 문제 중 하나는 개발된 애플리케이션 서비스가 설치·운영될 플랫폼 환경과 개발 환경 간의 미묘한 차이로 인하여 설치 오류가 많이 발생할 수 있다는 점이다. 따라서 이러한 문제를 줄이기 위한 전략으로 클라우드 플랫폼상에 운영 환경과 동일한 플랫폼을 구축하고 서비스를 개발해야 한다.

- 클라우드 플랫폼상에서 운영 환경을 신속하게 구축할 수 있기 때문에 On-Demand 시점의 가용성 및 접근성을 제공받을 수 있다.
- DevOps에서 수행하는 다양한 테스트가 클라우드 플랫폼에서 쉽게 이루어질 수 있다. 서로 다른 테스트 환경 구축이나 테스트 변경에 민첩하게 대응할 수 있으며, 환경 구축 또는 해체가 용이하여 비용이 절감된다.
- 개발자 혹은 테스터가 요구하는 환경을 패턴으로 정의하고, 이러한 패턴을 이용하여 실무자가 요구하는 환경을 One-Click에 제공받을 수 있다.
- 클라우드 서비스 제공자에 의존적일 수 있으나, DevOps를 위한 Toolchain을 모두 구매하지 않고 On-Demand 방식으로 편리하게 활용할 수 있다.

풀 스택Full Stack 배포

풀 스택 개발자란 애플리케이션을 구성하는 다양한 계층, 즉 인터페이스 계층, 데이터 계층, 통신 계층 등을 모두 다룰 수 있는 능력 있는 개발자를 의미한다. 상대어로 프런트 엔드Front-End 개발자, 백 엔드Back-End 개발자가 있다. DevOps에서 풀 스택 배포란 클라우드 환경에서 애플리케이션 서비스 배포와 서비스 실행 환경 구성에 대한 배포를 함께 진행하는 것을 의미한다. 클라우드 환경에서 애플리케이션 서비스 배포는 크게 두 가지 방식으로 진행된다.

- 분리 배포: 이 방식은 클라우드 환경 프로비저닝Provisioning을 애플리케이션 서비스 배포와 분리하여 배포한다. 애플리케이션 서비스 자체의 실행 환경이 클라우드 환경과 상이하거나 서비스 환경의 다양성 및 빈번한 변경 등으로 클라우드 환경에 대한 설정, 관리, 조정 등의 자동화, 즉 오케스트레이션Orchestration이 가능하지 않다면 분리 배포해야 한다.
- 풀 스택 배포: 배포 자동화 도구를 활용하여 애플리케이션 서비스와 클라우드 환경을 함께 배포하는 방식이다. 이 경우, 서비스와 환경에 대한 오케스트레이션이 자동화 도구에 의해 이루어지고 배포된다.

이와 같은 풀 스택 배포는 DevOps 기반의 서비스를 클라우드 환경에서 개발·배포할 때 매우 유용하며, 이를 통해 신속하면서도 일관된 서비스 배포를 진행할 수 있다. 특히 단위 서비스 개선이나 콘텐츠 추가 등에는 풀 스택 기반의 클라우드 배포를 쉽고 빠르게 할 수 있다.

DevOps를 위한 클라우드 서비스 모델

DevOps 기반 개발 접근 방식을 클라우드 플랫폼에서 진행하고자 할 경우, 클라우드 서비스의 어떠한 유형을 선택하고, 어느 범위까지 클라우드에서 작업을 수행할지 결정해야 한다. 일반적으로 클라우드 서비스의 유형에는 [그림 4-7]과 같이 Infrastructure-as-a-Service[IaaS], Platforms-as-a-Service[PaaS], Software-as-a-Service[SaaS]의 세 가지 형태가 있다. IaaS 및 PaaS 서비스와 DevOps의 관계에 대하여 살펴보자.

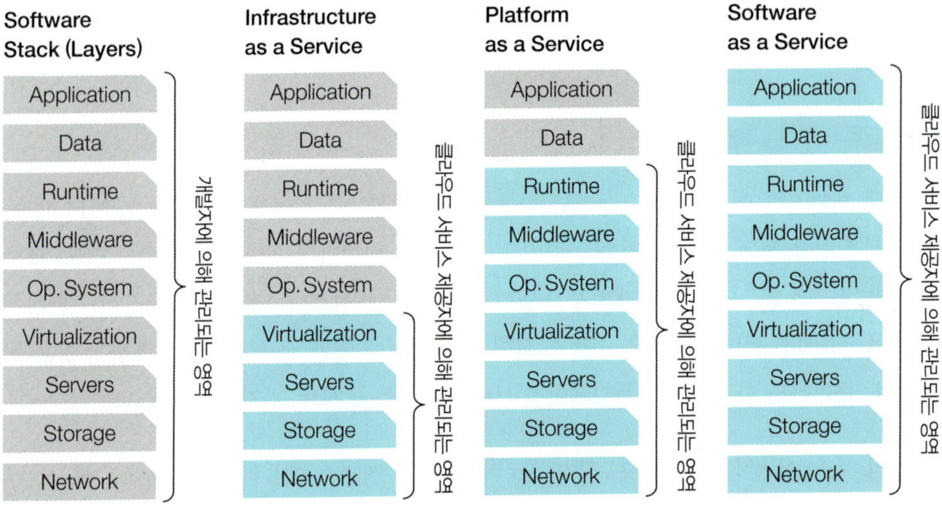

그림 4-7 클라우드 플랫폼의 Iaas, Paas, SaaS 지원 범위

■ IaaS 모델의 DevOps

IaaS에서는 [그림 4-7]에서 보는 바와 같이 클라우드 서비스 제공자가 네트워크, 저장소, 서버 등을 포함하는 가상화된 인프라만 제공한다. 따라서 운영체제[OS], 미들웨어, 애플리케이션 설치, 패치 등의 관리 및 책임은 사용자에게 있다. 즉, 애플리케이션 개발과 인프라 관리자 간 사일로가 존재하며, DevOps가 제공하는 큰 이점을 얻기 어렵다.

■ PaaS 모델의 DevOps

DevOps에서 PaaS 클라우드 모델을 채택한다면, 사용자는 애플리케이션과 데이터의 생성 및 관리에 대해서만 고민하면 된다. 다른 모든 계층은 클라우드 플랫폼에서 서비스로 제공된다. 특히 PaaS 모델에서는 개발 지원 도구, 테스트 도구, 배포를 위한 지원도 제공하기 때문에, IaaS 서비스 모델보다 개발자는 애플리케이션 개발이라는 핵심 임무에 더 집중할 수 있다.

5 DevOps 측정 척도

DevOps는 가능한 한 신속하고 지속적으로 서비스(코드)를 배포하는 것을 목적으로 한다. 이러한 프로세스상에서 오류나 잘못된 점들이 발생하지 않아야 한다. DevOps가 조직 내에서 얼마나 잘 동작하는지를 점검하기 위하여 매트 왓슨Matt Watson이 제시하는 다음과 같은 척도들을 활용해 DevOps의 성과를 분석·추적할 수 있다.

■ **설치 주기**Deployment frequency

사용자 환경 설치 주기를 추적하는 것은 좋은 DevOps의 지표가 된다. 궁극적 목표는 가능한 한 자주 더 작은 규모의 배포를 수행하는 것이다. 배포 크기를 줄이면 테스트 및 릴리즈가 더 쉬워진다. 작은 규모로 배포하면 결함을 찾기 쉽고 결함 관련 척도를 낮추기도 좋다.

■ **설치 규모**Deployment Size

사용자 요구사항Stroy의 양, 요청된 기능의 규모, 수정된 버그의 양 등을 추적하는 것은 DevOps의 좋은 지표가 될 수 있으며, 개별 작업 항목의 크기에 따라 설치 규모가 크게 달라질 수 있다. 스토리 양이 얼마나 많은지, 며칠 분량의 개발 작업이 배포되고 있는지 추적할 수 있다.

■ **설치 시간**Deployment time

실제 배포 및 설치를 수행하는 데 걸리는 시간을 추적하는 것도 좋은 지표가 될 수 있다. 애플리케이션 서비스를 배포·설치하는 데 1시간이 걸린다면 이것은 1시간 동안 서비스가 중단된다는 것을 의미할 수도 있다. 따라서 설치 시간을 추적하는 것은 이 과정의 잠재적인 문제를 식별하는 데 도움이 될 수 있다. 실제로 수행하는 작업이 빠르다면, 더 자주 배포·설치하는 것이 유리하다.

■ **소요 시간**Lead time

DevOps 목표가 코드를 빠르게 전달하는 것이라면 소요 시간은 정말 중요한 DevOps 지표가 된다. 소요 시간은 작업을 시작하여 배포될 때까지 소요되는 시간으로 정의하는데, 이를 통해 오늘 새 작업 항목을 시작했다면 개발 완료에 이르기까지 평균적으로 얼마나 걸릴지 알 수 있다.

■ 고객 티켓Customer tickets

고객 티켓은 애플리케이션 서비스에 대해 고객이 제시하는 문제를 관리하기 위한 식별 수단이다. 이는 애플리케이션의 품질 및 성능과 관련된 좋은 지표를 제공한다. 즉, 고객 티켓의 수가 많다면 품질이 낮다는 의미이므로 개발 과정이 개선되어야 한다.

■ 자동 테스트 성공률Automated test-pass ratio

DevOps 환경에서 개발 속도를 높이려면 팀에서 단위 및 기능 테스트를 광범위하게 수행하여 결함을 사전에 제거하는 것이 좋다. DevOps에서는 테스트 활동이 자동화 도구에 의해 지원되는데, 테스트의 성공률을 추적하면 테스트에 대한 소요 시간이나 시간 지연을 예측할 수 있다.

■ 결함 제거율Defect escape rate

발생한 문제를 해결하려면 결함의 원인을 찾아서 이를 제거해야 한다. 개발된 코드를 신속하게 전달하려면, 식별된 문제가 있을 때 제품 배포 전에 그 원인을 찾아 제거해야 한다. 결함 제거율은 문제 유발 결함이 완제품에 남게 되는 빈도를 추적하는 중요한 지표로 사용된다.

■ 가용성Availability

개발된 애플리케이션을 사용자 환경에 설치하면 개발 팀의 일차적인 임무를 완수하는 것이다. 그런데 개발이 완료된 뒤 배포, 설치 과정에서 배포 방법에 따른 제약이나 설치 과정의 문제로 인하여 시스템에 일시적인 중단이 일어날 수 있다. 끊김 없는 서비스를 제공하기 위하여 시스템 가용성을 추적해야 한다.

■ 서비스 수준 협약Service level agreements

SLAService Level Agreement란 서비스 제공자가 서비스 가입자에게 사전에 정의된 수준의 서비스를 제공하기로 상호 체결한 협약이다. 대부분의 회사에는 자사가 제공하는 모든 서비스에 대한 SLA가 존재한다. 이를 준수하고 있는지 추적하는 것도 중요하다.

■ **서비스 활용 및 트래픽**Application usage and traffic

배포, 설치 후 시스템에 접근하는 트랜잭션 또는 사용자 수가 정상인지 아닌지를 확인해야 한다. 갑자기 트래픽이 없거나 트래픽이 급증한다면 문제가 있다고 볼 수 있다.

■ **서비스 성능**Application performance

배포를 수행하기 전에 자동화 도구를 이용하여 애플리케이션의 성능 문제, 숨겨진 오류 및 기타 문제를 찾아야 한다. 배포 중이거나 설치 중에도 전체 서비스의 성능 변경 요인을 확인해야 한다. 또한 배포 및 설치 후에도 특정 SQL 쿼리, 웹 서비스 호출 등으로 인하여 서비스 성능에 변화가 발생하는지 자동화 모니터링 도구를 사용하여 확인해야 한다.

■ **결함 발견 간 평균 시간**Mean time to detection(MTTD)

문제가 발생하면 신속하게 식별하는 것이 중요하다. 최악의 경우에는 부분적인 시스템 중단 혹은 전체 시스템 중단을 인지하지 못하는 상황이 발생할 수 있다. 따라서 서비스 모니터링 도구를 사용하여 결함으로 인한 시스템의 오동작을 신속히 발견하고, 신속하게 수정·대처해야 한다. 이를 통해 MTTD 값을 높게 유지할 수 있도록 한다.

■ **결함 복구 간 평균 시간**Mean time to recovery(MTTR)

장애를 복구하는 데 걸리는 시간을 추적하는 일은 서비스의 가용성을 높이고 사용자 불만을 줄이는 데 중요하다. 장애의 원인을 신속하게 파악하고 복구함으로써, MTTR의 값을 줄여야 한다.

실습 4-3 **용어의 의미 이해하기: 마이크로서비스**

DevOps 기반 실천 사항에서 지속적인 통합Continuous Integration과 지속적인 배포Continuous Delivery를 위해 마이크로서비스Microservice 단위로 서비스 배포를 진행한다.

(1) 마이크로서비스를 정의한다.
(2) 마이크로서비스를 이용한 서비스 개발 및 배포의 장점은 무엇인가?

03 DevOps 변형들

아마존, 넷플릭스, 월마트, 구글 등에서 DevOps가 성공적으로 활용되자, 많은 기업에서 DevOps 도입에 관심을 가지게 되었다. 특히, DevOps가 게임 분야에 등장한 이후로 개발 프로세스의 속도를 높이는 것부터 고품질 제품과 함께 더 많은 가치를 제공하는 것까지 여러 면에서 효과적이라는 게 입증되었다. 더 나아가 빅데이터 처리 및 관리, 보안 등의 영역에서도 DevOps가 좋은 효과를 발휘할 수 있을지 관심이 모아졌다. 그 결과 DevSecOps, DevDataOps 등이 DevOps의 변형Variants으로 제시되어 새로운 트렌드로 자리를 잡아가는 상황이다.

1 DevSecOps

DevSecOps는 DevOps 접근 방식에 보안 사례를 통합할 수 있도록 DevOps를 확장한 것이다. DevSecOps는 소프트웨어 개발 수명주기의 모든 단계에서 자동으로 보안을 적용하여 Agile 및 DevOps의 속도로 보안 소프트웨어를 개발할 수 있도록 한다.

과거에는 보안이 별도의 보안 팀에 의해, 소프트웨어 개발 주기의 마지막 단계에서 소프트웨어에 반영되었고, 별도의 QA(품질 보증) 팀이 테스트하였다. 이는 소프트웨어 업데이트가 1년에 한두 번만 진행되었을 때 보안 이슈를 관리하는 수준이었다. 그러나 소프트웨어 개발자가 소프트웨어 개발 주기를 몇 주 또는 며칠로 줄이는 것을 목표로 Agile 및 DevOps 방식을 채택함에 따라, 보안에 대한 기존의 접근 방식으로는 이를 수용할 수 없어 병목 현상이 발생하였다.

DevSecOps는 애플리케이션 및 인프라에 대한 보안을 DevOps 프로세스 및 도구와 통합함으로써 원활한 보안을 지원한다. 보안 문제가 발생하면 쉽고 빠르게, 최대한 적은 비용으로 개발 완료 이전에 해결한다. 또한 DevSecOps는 애플리케이션 및 인프라 보안을 보안 사일로의 단독 책임이 아닌 개발 팀, 보안 팀, IT 운영 팀의 공동 책임으로 정의함으로써, 소프트웨어 개발 주기를 지연시키지 않으면서 자동화 환경에서 보안 소프트웨어 제공을 더 안전하고 신속하게 수행한다. 이렇게 함으로써, 더욱 적극적인 보안 체계를 구축할 수 있고, 보안 취약점의 패치patch를 신속하게 수행할 수 있다. DevSecOps를 실현하는 핵심적인 모범적 실천 사항Best Practices은 다음과 같다.

Shift Left

'왼쪽으로 이동Shift Left'은 DevSecOps의 핵심이다. 소프트웨어 엔지니어가 DevOps 프로세스의 오른쪽(끝)에서 왼쪽(시작)으로 이동하면서 보안 관련 이슈를 처리하도록 권장한다. DevSecOps 환경에서 보안은 처음부터 개발 프로세스의 필수적인 부분이다. DevSecOps를 사용하는 조직의 개발 팀 구성원 중에는 사이버 보안 설계자와 엔지니어가 있다. 그들의 임무는 모든 구성 요소와 스택의 구성 항목이 보안 위협으로부터 안전하게 패치Patch되고, 그 결과가 문서화되도록 하는 것이다. [그림 4-8]과 같이 개발 팀은 왼쪽에서 오른쪽으로 이동(산출물의 전달)하면서 제품을 효율적으로 구축하고 보안 기능도 구현한다. 이때 DevSecOps 팀은 왼쪽으로 이동하면서 보안 위험과 노출을 조기에 식별하고 즉시 해결한다.

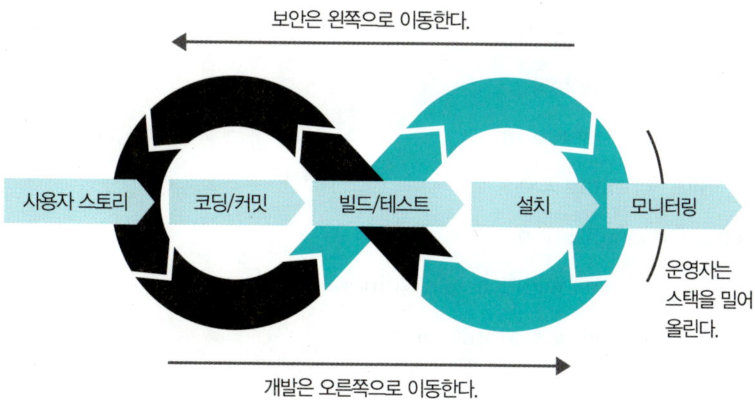

그림 4-8 보안과 DevOps (CI/CD) 파이프라인의 통합

보안 교육

보안은 물리적 보안이든 사이버 보안이든 항상 준수해야 하는 규정이다. 따라서 조직 내 모든 사람들은 조직의 보안 상태를 이해하고 동일한 보안 표준을 준수해야 한다. 특히 개발자, 운영자 등 관련자들은 보완 준수 서약서를 작성하는데, 소프트웨어 개발 프로젝트에 참여하는 사람들의 경우 프로젝트에서 다루는 정보 및 데이터에 대한 보안 준수에 서약한다.

DevSecOps 프로세스와 관련된 모든 사람은 애플리케이션 보안의 기본 원칙, OWASP[Open Web Application Security Project]의 상위 10개 보안 리스크, 애플리케이션 보안 테스트 및 기타 보안 엔지니어링 관행에 익숙해야 한다. 개발자는 보안 규정 준수 검사 방법을 이해하고, 보안 위협 노출 여부를 측정하여 보안 제어 구현 방법을 제시해야 한다. 따라서 보안에 대한 전반적인 실무 지식을 학습하는 것은 중요하다. 다음은 OWASP(https://owasp.org/www-project-top-ten/)에서 제시하는 웹 애플리케이션에 대한 상위 10가지 보안 리스크 목록이다.

- A1:2017 – Injection
- A2:2017 – Broken Authentication
- A3:2017 – Sensitive Data Exposure
- A4:2017 – XML External Entities (XXE)
- A5:2017 – Broken Access Control
- A6:2017 – Security Misconfiguration
- A7:2017 – Cross-Site Scripting XSS
- A8:2017 – Insecure Deserialization
- A9:2017 – Using Components with Known Vulnerabilities
- A10:2017 – Insufficient Logging & Monitoring

상호 소통 문화

DevSecOps에서는 개발 프로세스와 제품 소유권에 대한 보안 이슈의 책임을 정확하게 알려주는 것이 매우 중요하다. 그래야만 개발자와 보안 엔지니어가 개발 프로세스의 소유자가 되어 작업에 대한 책임을 질 수 있다.

DevSecOps 운영 팀도 현재 프로젝트에 적합한 기술과 프로토콜을 사용하여 자신들에게 적합한 보안 체계를 구축해야 한다. 팀에서 필요한 워크플로우 환경을 만들 수 있도록 허용함으로써, 프로젝트 결과에 대하여 관심을 갖게 된다.

추적 가능성, 감사 가능성, 가시성

DevSecOps 프로세스에서 추적 가능성, 감사 가능성, 가시성을 구현하면 더 깊은 통찰력과 더 안전한 개발 환경을 얻을 수 있다.

추적 가능성Teaceability을 통해 개발 주기 전반에 걸쳐 요구사항이 구현되는 형상 항목을 추적할 수 있다. 이는 관리 규정 준수, 버그 감소, 안전한 코드 버전 관리, 코드 유지 관리에 도움이 되므로 조직의 관리 프레임워크에서 중요한 역할을 수행한다.

감사 가능성Auditability은 보안 제어 준수를 보장하는 데 중요하다. 기술, 절차 및 관리에 대한 보안 통제는 감사가 가능하도록 문서화되어 있어야 하며 모든 팀 구성원이 이를 준수해야 한다.

가시성Visibility은 DevSecOps 환경에서 매우 중요한 요소다. 가시성을 구현함으로써 조직에서 수행되는 작업 상태를 확인·측정하고, 필요시 알람을 발생시킨다. 즉, 전체 프로젝트 수명주기 동안 작업 역할과 책임을 제공하는 모니터링 시스템 역할을 수행한다.

2 DevDataOps

DevOps 프로세스에서 고려해야 할 또 다른 측면은 데이터다. DevOps 실현을 위한 수단인 자동화 및 Toolchain은 다양한 개발 산출물과 함께 메시지, 로그, 데이터 등을 지속적으로 생성한다. 소프트웨어 프로젝트에서 생성되는 데이터양, 다양성, 데이터 발생 속도, 데이터의 가변성, 가치 등을 고려한다면 DevOps의 데이터 관리는 빅데이터BigData 범주로 볼 수 있다. 따라서 DevOps의 목표를 달성하려면, 데이터를 적절하게 관리·수집·처리·저장하여 운영에서 개발 단계에 이르는 통찰력을 발휘할 수 있어야 한다. DevOps 프로세스를 기반으로 각 단계와 관련된 데이터들은 [표 4-4]와 같다.

표 4-4 DevOps 프로세스상의 데이터 유형

단계	주요 데이터 유형
계획	요구사항 문서, 사용자 스토리, 소프트웨어 설계서, 작업 기술서, 활동 내역서, 백로그 및 통계를 포함한 프로젝트 환경 정보
코딩	소스 코드, 버전, 프로토타입, 버전 차이 관련 매개변수 등의 관련 정보
빌드	빌드에 대한 정보를 포함하고 컴파일 오류, 경고, 성공, 실패 등을 나타낼 수 있는 실행 파일, 패키지, 로그 및 메트릭
테스트	자동 테스트용 코드, 단위 테스트의 실패 또는 통과를 나타내는 자동 테스트 도구의 로그, 시스템 테스트 결과, 개발 중인 소프트웨어 검증에 대한 QA 문서
릴리즈	릴리즈에 대한 문서(예: 새로운 기능 도입), 실행 파일 또는 패키지의 새로운 최종 버전, 릴리즈 조정 도구의 로그 및 메트릭
설치	오류 또는 경고를 포함하는 배포/설치 도구에서 발생하는 구성 파일, 스크립트 및 로그
운영	소프트웨어에서 생성된 데이터, 운영 과정의 로그 및 (물리적 또는 가상) 서버의 시스템 로그
모니터링	모니터링 도구의 로그, 메트릭 및 기타 정보

DevDataOps는 데이터 분석 수명주기의 품질과 정보 제공의 적시성을 향상하는 것을 목표로 하는 새로운 접근 방식이다. 이 방식은 DevOps의 기본 원리를 바탕으로, Agile 규칙 및 린Lean 개념을 채택하여 데이터 분석에 DevOps의 이점을 제공한다. 데이터 볼륨이 점점 더 커질 때, DevDataOps의 목적은 팀(데이터 과학자, 데이터 분석가 등) 간의 의사소통, 협력, 자동화, 통합 등 DevOps 원칙을 활용하여 데이터 분석의 수명주기를 개선하는 것이다.

DevOps 프로세스에서 생성된 데이터는 매우 복잡하고 이질적이어서 데이터 유지 관리가 매우 어렵다. 따라서 [그림 4-9]와 같이 정의된 데이터 흐름의 파이프라인에서, 각 단계Step의 활동을 이해하고 이를 DevDataOps의 데이터 분석 활동에 통합하여야 한다.

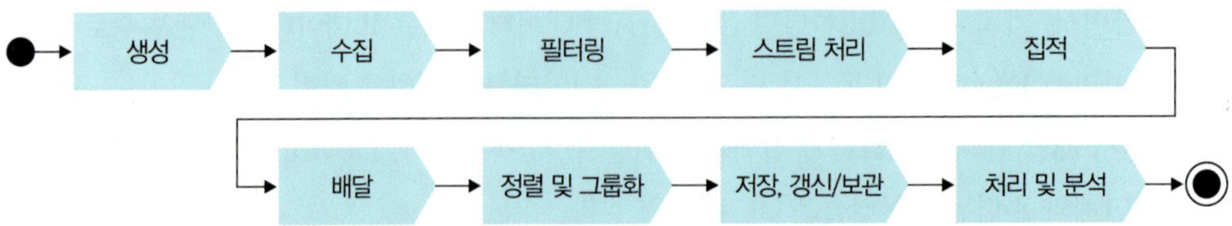

그림 4-9 DevOps의 데이터 흐름 파이프라인

- 생성Generation: DevOps 프로세스의 각 활동은 특정 모니터링 과정과 도구를 통해 작업 상황 및 결과에 대한 로그 스트림을 생성한다.
- 수집Collection: 생성된 로그가 수집되고, 타임스태프Time stamp에 따라 정렬되고 그룹화되어, 각 시간 간격에 대한 전체 DevOps 프로세스의 스냅샷을 제공한다.
- 필터링Filtering: 오류, 분석에 바람직하지 않은 이상 값, 중복 데이터 등을 제거하기 위해 로그를 필터링한다.
- 스트림 처리Stream processing: 단일 로그 스트림은 특정 DevOps 프로세스 단계에서 잠재적인 결함 또는 오류를 식별하기 위해 실시간으로 로컬에서 처리된다. 이때, 도구에 의해 경고, 오류 메시지, 요구되는 기타 활동이 촉발된다.
- 집적Aggregation: 통계 분석을 위해 로그를 취합하여 요약 형식으로 표현한다. 집적의 주요 목표는 데이터 볼륨을 압축하는 것이다.
- 배달Delivery: 로그는 최종 사용자와 응용 프로그램에서 사용할 수 있다. 이 데이터는 네트워크를 통해 물리적 서버 및 가상 서버로 전송된다.
- 정렬 및 그룹화Ordering and Grouping: 로그는 타임스탬프에 따라 재정렬되고 그룹화되어 시간 간격으로 스냅샷 정보를 제공한다. 또한 중복을 제거하여 저장하기 전에 사전에 정의된 방법에 따라 다른 소스와 스키마 통합이 이루어져야 한다.
- 저장, 갱신/보관Storage update/Archive: 이 단계는 효율적인 저장 및 구성과 사용 가능한 로그의 지속적인 업데이트를 목표로 한다.
- 처리 및 분석Processing & Analysis: 저장과 보관된 로그에 대하여 단계 간의 상관관계를 식별하고, 데이터의 의미 있는 패턴에 대한 발견·해석·제공을 지원한다. 무엇이 발생했으며, 어떠한 데이터가 발생 가능성이 있는지, 어떤 조치를 취해야 하는지 분석한다.

위와 같은 데이터 흐름은 DevDataOps 접근 방식에 따라 구현되어야 한다. 구현을 위해 다음과 같은 사항을 고려할 수 있다.

- DevOps 프로세스상에서 발생하는 데이터를 처리하기 위하여 데이터와 관련된 도구를 식별하고 워크플로우와 연결한다.
- 도구는 빅데이터를 지원하는 솔루션(Hadoop, Spark, Storm, Flink, Samza, NiFi, Kafka, NodRed, Crosser.io 등)을 채택하여 효과를 얻을 수 있도록 한다.

- 데이터 활용 및 관리를 위한 병렬화와 최적화를 고려하여 진행한다.
- 클라우드, Azure, Amazon EC2와 같은 환경에 배포할 수 있어야 한다.
- 운영 단계의 모니터링 대상에 대한 척도가 정의되고, 모니터링을 통한 데이터 수집 도구가 지원되어야 한다.
- 운영 단계의 데이터가 충분히 피드백될 수 있는 경로를 제공해야 한다.
- 데이터 엔지니어가 피드백되는 데이터를 분석할 수 있는 도구가 필요하다.

3 BizDevOps

DevOps 2.0이라고도 하는 BizDevOps는 개발자, 운영 직원, 비즈니스 팀의 협업이 중요하다. BizDevOps는 팀 간 협업을 통해 조직이 소프트웨어를 더 빠르게 개발하고 사용자 요구에 더 잘 대응할 수 있게 하며 궁극적으로 수익을 극대화할 수 있도록 유도하는 소프트웨어 개발 접근 방식이다.

과거에는 개발 팀, 운영 팀, 비즈니스 관리 팀이 각각 사일로에서 운영되었다. 개발 팀은 코드를 생성했고, 운영 팀은 코드가 출시된 이후의 업무를 담당했으며, 관리 팀은 비즈니스의 핵심 성과 지표KPI 데이터를 검토하고 향후 개발 프로젝트에 대한 요구사항을 설정하였다. BizDevOps 접근 방식은 사일로 벽을 허물고 소프트웨어 개발 방식을 근본적으로 변경한다. 이 접근 방식에서 비즈니스 팀은 요구사항을 설정할 뿐만 아니라 개발자와 직접 협력하여 민첩한 소프트웨어 개발 스프린트 및 백로그의 우선순위를 설정한다. 이들은 필드 비즈니스 측과 파트너가 되고 관리자와 협력하여 문제를 해결하면서 비즈니스 목표를 달성한다.

BizDevOps 움직임을 주도하는 기술 중 하나는 실시간 분석이다. 이제 기업은 애플리케이션 성능 모니터링 도구와 분석 도구를 사용하여 애플리케이션 성능 및 최종 사용자 반응에 대한 데이터를 즉시 얻고, 이 데이터가 비즈니스의 KPI를 얼마나 잘 달성하고 있는지 정량화할 수 있다. 따라서 BizDevOps에서는 비즈니스 목표가 애플리케이션 개발 및 배포의 작은 세부 작업에서도 고려되고 이들 작업의 수행 방향을 가이드한다. [그림 4-10]은 BizDevOps 프로세스를 보여준다. [그림 4-10]에 나타난 프로세스의 핵심은 코드 개발 및 운영 활동에서 비즈니스 목표와 핵심 성과 지표를 공유한다는 것이다.

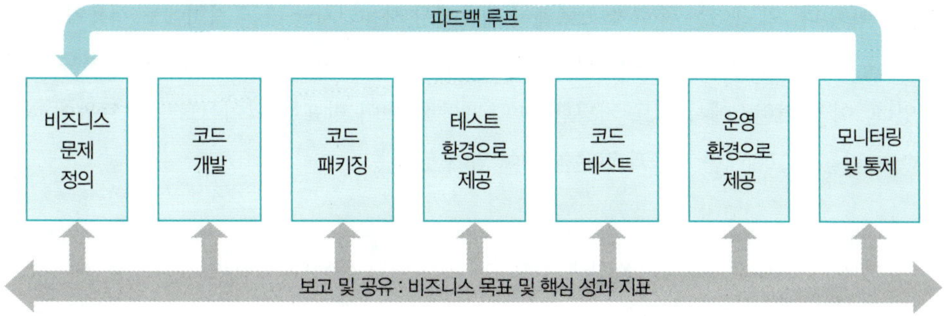

그림 4-10 BizDevOps 프로세스

BizDevOps에서는 데이터를 실시간 제공하여 애플리케이션을 더 빠르게 변경하고 릴리즈를 더 자주 수행할 수 있다. 일반적으로 DevOps 기반 소프트웨어 개발 및 운영 과정에서는 자동화 도구가 필수적으로 지원되기 때문에 개발 과정이 신속하게 진행될 수 있으며, 이로 인하여 비즈니스 목표를 지원하기 위한 시간적 여유를 가질 수 있다. 따라서 BizDevOps 팀이 프로세스상에서 유발하는 오류 및 실수를 사전에 식별하고 즉시 수정 및 대응할 수 있는 능력을 확보할 수 있다.

전사 차원의 확장된 BizDevOps를 운영하기 위해서 BizDevOps 팀에 보안 팀(혹은 규정 관리 팀) 구성원과 테스트 및 품질 보증 팀의 필수 요원도 참여할 수 있다. 이 경우 기존 BizDevOps를 BizDevSecQaOps로 표현해야 하는지 모르겠지만, 아무튼 조직의 비즈니스 팀이 다양한 IT 관련 부서의 구성원과 소통하고 작업하는 개념을 의미한다고 볼 수 있다. 이는 전사 차원에서 비즈니스 운영과 비즈니스 기회를 견고하게 하고자 함이다.

4 DevOps와 기술 부채

기술 부채Technical Debt는 시간이 더 오래 걸리는 더 나은 접근 방식을 사용하는 대신 지금 쉬운(제한된) 솔루션을 선택함으로써 발생하는 추가 재작업의 내재된 비용을 의미하는 것으로 소프트웨어 개발 개념 중 하나다. 금전적 부채처럼 기술 부채도 상환하지 않으면 '이자'가 누적되어 변경 사항을 구현하기가 더 어려워진다. 코드 기반의 변경이 시작되면 코드 또는 문서의 다른 부분에서 조정된 변경을 반영해야 하는 경우가 많다. 이때 완료되지 않은 변경 사항은 부채로 간주되며, 부채를 털어버릴 때까지 이자에 이자가 붙어 프로젝트를 구축하는 데 번

거로움이 있다. 이 용어는 주로 소프트웨어 개발에서 사용되지만 다른 직업에도 적용될 수 있다. 소프트웨어 개발에서 부채Debt라는 단어는 1992년 OOPSLA 컨퍼런스에서 처음 언급되었다. 이 컨퍼런스에서 워드 커닝햄Ward Cunningham이 발표한 와이어트 소프트웨어Wyatt Software라는 보고서에는 다음과 같은 내용이 담겨 있다.

> "Although immature code may work fine and be completely acceptable to the customer, excess quantities [of immature code lead to] an inflexible product. Shipping first time code is like going into debt. A little debt speeds development, so long as it is paid back promptly with a rewrite… The danger occurs when the debt is not repaid. Every minute spent on not-quite-right code counts as interest on that debt. Entire engineering organizations can be brought to a stand-still under the debt load of an unconsolidated implementation."
> ("미성숙한 코드가 잘 작동하거나 고객이 이런 코드들을 수용할 수도 있지만, [다량의 미성숙한 코드는] 유연성이 없는 제품으로 이어진다. 처음 코드를 배포하는 것은 빚을 지는 것과 같다. 부채가 적을 때는 다시 작성하여 즉시 보완하는 한 개발 속도를 높일 수 있다. 그러나 부채가 상환되지 않으면 위험이 발생한다. 올바르지 않은 코드를 그대로 두면 1분마다 해당 부채에 대한 이자로 계산된다. 전체 엔지니어링 조직은 통합되지 않은 구현의 부채 부담으로 인해 정체될 수 있다.")

기술 부채의 원인

- 지속적인 개발: 프로젝트 수행 과정에서 시간이 지남에 따라 지속적인 변경과 최적의 솔루션을 만들어내기 위한 과정이 반복된다.
- 불충분한 정의: 요구사항이 아직 충분히 정의되지 않은 상황에서 시간을 절약하기 위해 설계가 진행되는 경우가 있다. 이렇게 진행되면 종종 나중에 다시 작업해야 한다.
- 비즈니스 압력: 필요한 변경이 완료되기 전에 비즈니스 목적상 릴리즈를 빨리 진행하는 경우 완료되지 않은 변경과 이와 관련된 기술적 부채가 쌓인다.
- 프로세스 이해 부족: 개발 조직에서 기술 부채의 개념을 이해하지 못하고, 의사결정을 내리는 경우가 종종 있다.
- 결합력이 높은 구성 요소: 기능이 모듈화되지 않은 경우 소프트웨어는 요구사항의 변화를 반영할 만큼 충분히 유연하지 못하다.
- 테스트 부족: 결함 혹은 버그를 수정하기 위하여 빠르지만 위험한 반창고식 수정을 진행한다.

- 소프트웨어 문서 부족: 지원 문서 없이 코드가 생성되는 경우 문서를 만드는 작업은 부채가 된다.
- 협업 부족: 조직 전체에서 지식이 공유되지 않아 프로젝트 수행의 효율성이 떨어진다. 또는 주니어 개발자가 제대로 멘토링을 받지 못한 경우 문제가 발생한다.
- 병행 개발: 다수의 팀에서 병렬 개발을 수행하면, 변경이 발생한 경우 소스 통합 과정에서 더 많은 노력이 요구된다. 개별적인 변경이 많을수록 부채는 지수적으로 증가한다.
- 지연된 리팩토링: 요구사항이나 설계가 변경됨에 따라 코드의 일부도 변경해야 하는 리팩토링 과정이 요구된다. 리팩토링이 지연되고 코드에 추가되는 부채가 커진다.
- 표준에 대한 조정 부족: 개발 과정에서 요구되는 (전자 정부) 프레임워크 및 산업 표준이 무시되면, 결국 통합 과정에서 표준 적용을 위한 노력이 증가한다.
- 지식 부족: 개발자가 융통성 있는 아키텍처 설계 혹은 우아한 코드 작성법을 모르면 유지보수 비용이 증가한다.
- 소유권 부족: 아웃 소싱된 소프트웨어 혹은 오픈 소스 소프트웨어들에 대하여 코드를 리팩토링하려고 할 때, 때때로 다시 작성해야 하는 경우가 생긴다.
- 막판 사양 변경: 프로젝트 종료 시점에 변경이 발생하는 경우, 이를 반영하기 위한 노력과 시간을 충분히 들이기 어렵고 테스트 또한 충분히 이루어지지 않는다.

DevOps에서 발생하는 기술 부채

신속한 개발, 신속한 배포 등을 추구하는 DevOps에서 기술 부채는 개발 팀이 소프트웨어 개발 과정에서 내린 차선책 결정으로 인하여 발생하는 경우가 많다. 수많은 기업이 DevOps를 도입하기 시작하면서 전반적인 기술 부채를 개선해야 할 필요성이 커졌다. DevOps 팀에서 다양한 요인으로 인해 기술 부채가 발생할 수 있다. 예를 들어, 개발자에게 동시에 두 가지 이상의 작업이 주어지는 경우, 한 가지 활동은 종종 연기된다. 연기된 활동이 코드 최적화나 설계 문서 업데이트와 같은 간단한 것일 수 있으나, 일단 연기되면 관심과 노력이 줄어들고, 일을 빨리 처리하는 경향이 있다. 이 경우 기술 부채가 발생하곤 한다.

DevOps에서는 개발 프로세스를 자동화하여 발생 가능한 기술 부채에 대응하고자 한다. 이러한 대응 방법은 수작업을 함으로써 발생하는 문제들을 제거할 수 있다는 이점이 있다. 그런데 DevOps 파이프라인과 상호작용하지 않거나, 배포·운영에 영향을 미치지 않는 기술 부채가 있다면 어떨까? 개발자가 생성한 불량 코드가 캡슐화되면, 전체 DevOps 파이프라인에는 영향을 미치지 않을 수 있지만, 개발자가 해결해야 할 문제는 남게 된다. 또한 DevOps에서 신속한 개발을 위하여 종종 오픈 소스 유틸리티를 사용하는 경우가 많은데, 대체로 오픈 소스 유틸리티의 관리와 버전 유지는 느슨한 경우가 많다. 이런 경우에도 기술 부채를 갖게 된다. 그밖에도 DevOps 도입을 시작하는 경우, 기존의 개발 관행을 완전히 제거하지 못하면 이 또한 기술 부채로 귀결된다.

어떤 접근 방법이든 기술 부채를 완전히 제거하는 방법론은 존재하지 않는다. 따라서 어느 정도 수용하고 감내하면서 최적의 해결 방안을 모색해야 한다. 소프트웨어 조직에서 운영에 직접적으로 영향을 미치지 않는 삼류 코드를 생성했을 때, 시장 상황에서 보다 유리하다면 이를 배포할 것이다. 추후 해당 코드를 리팩토링해야 하므로 기술 부채는 그대로 남는다. 이처럼 기술 부채가 항상 부담으로만 작용하는 것은 아니다. 모든 기업에서 부채를 안고 기업 활동을 하는 것과 매우 유사하다고 볼 수 있다.

기술 부채 절감을 위한 DevOps 전략

DevOps는 신속한 개발, 지속적 통합, 지속적 배포 등을 통해 고객 만족과 비즈니스 목표를 달성하기 위한 소프트웨어 개발 및 운영상의 접근 방법이다. 그러나 DevOps에도 기술 부채는 존재하기 때문에 '어떻게 기술 부채를 통제하고 줄일 것인가'는 중요한 문제다. 기술 부채를 줄이기 위한 DevOps 전략은 다음과 같다.

■ 동기 부여

기술 부채를 해결하기 위한 이상적인 솔루션 중 하나는 '개발에서 배포까지' 소프트웨어 개발의 전체 수명주기를 관리하는 DevOps 팀에 동기를 부여하는 것이다. 기술 부채의 대상이 되는 요소를 식별하고, 해당 요소의 수준을 평가하는 것이다. 이를 통해 해결해야 할 기술 부채를 개발을 위한 또 하나의 스프린트로 배정한다. 또한 관리자는 식별된 기술 부채를 공유함으로써, 재발생을 줄이거나 새로운 기술 부채가 발생하지 않도록 관리한다.

■ DevOps 자동화 활용

자동화는 DevOps 접근 방식의 핵심이다. DevOps 자동화를 활용하여 미래의 부채를 피하면서 현재의 기술적 부채를 상쇄해야 한다. 일상적이고, 오류가 발생하기 쉽고, 시간이 많이 소요되는 프로세스를 자동화하면 개발 팀은 기술 부채를 완화하기 위한 활동에 시간을 쓸 수 있다.

■ 마이크로서비스Microservice 모델 채택

애플리케이션을 현대화하는 가장 쉬운 방법은 상태 비저장Stateless 마이크로서비스를 사용하는 것이다. 상태 비저장은 마이크로서비스와 기본 프로세스 간의 종속성을 유발하지 않기 때문에 서비스 간에 공유 데이터 저장소 및 리소스의 공유가 필요하지 않음을 의미한다. 즉, 마이크로서비스 모델로 이동함으로써 단일 서비스 또는 애플리케이션 기능이 변경되더라도 DevOps의 다른 서비스 또는 기능에 영향을 미치지 않는다. 따라서 신속한 변경과 높은 릴리즈 빈도가 허용되므로 개발자는 변경으로 인한 기술 부채에서 자유로워진다.

■ 컨테이너화된 배포

코드 개발 과정을 자동화하고, 배포를 컨테이너화하고, 소프트웨어 개발 수명주기와 배포 프로세스의 초기에 보안 및 품질 인증 과정을 구축하면 많은 시간이 단축된다. 특히 컨테이너화를 통해 지속적인 배포를 패키징한다면 수동 개입 없이도 변경된 증분 코드를 제어가 연결된 컨테이너로 자동 배포할 수 있다. 또한 컨테이너 아키텍처에 대한 암호화, 로깅 및 모니터링 같은 패키징 서비스가 개발자의 할 일을 덜어준다.

■ API 중심 모델 구축

DevOps 팀에서 개발 코드의 인터페이스를 잘 정의하고 버전 관리를 수행함으로써, 기술 부채를 피할 수 있다. 버전별로 정의된 API를 개발하고 활용한다면, 애플리케이션 간 느슨한 결합이 가능해지고, 기존 구조에 영향을 주지 않으면서 신속하게 변경할 수 있다. 이를 통해 위험과 기술 부채를 줄이면서 새로운 제품과 기능을 더 빠르게 개발할 수 있다.

■ **클라우드 활용**

클라우드 기반의 배포가 이루어진다면 값비싼 개발 플랫폼이나 라이선스의 조달 없이 구성 관리, 용량 관리, 자원 관리 등에 드는 노력이 줄어든다. 또한 클라우드 플랫폼에서 다양한 환경에 맞는 신속한 구성이 가능하고, 타사와의 통합 요구사항에도 신속히 대처할 수 있기 때문에 개발자의 시간과 비용이 절약된다. 결국 개발자는 생산 환경 및 운영 환경 구성과 같은 작업을 할 필요가 없어 이와 관련된 테스트 실패 등의 문제에서 자유로워진다.

기술 부채는 많은 대기업에서 이슈가 되고 있지만 올바른 접근 방식을 사용하면 제거할 수 있다. 비즈니스 팀, 개발 팀, 운영 팀이 모든 IT 활동에 대한 책임감을 가지고, DevOps 환경으로 충분히 전환하면서 과감하게 기존 관습을 버린다면 기술 부채는 줄어들 수 있다.

연습문제

01 사일로Silo 기반의 소프트웨어 개발에서 발생하는 문제로 적합하지 않은 것은?

① 팀 간의 중복 작업 발생 ② 협업으로 인한 의견 충돌

③ 정보 활용 적시성 미흡 ④ 생산성 저하

02 다음 중 DevOps와 관련된 표준은?

① IEEE Standard 2675 ② ISO Standard 12207

③ ISO Standard 15504 ④ IEE Standard 9126

03 DevOps 프로세스를 크게 8단계로 분류할 때, 해당되지 않는 것은?

① 계획Plan ② 코딩Code

③ 빌드Build ④ 리팩토링Refactoring

04 DevOps 단계 중 배포Release 단계의 활동으로 적합하지 않은 것은?

① 배포를 위한 승인을 획득한다.

② 명세된 형상에 따라 패키징한다.

③ 배포 관련 척도를 정의한다.

④ 베포에 대한 버전을 관리한다.

05 DevOps 자동화를 위한 프로세스 단계별 적용 도구로 적합하지 않은 것은?

① 코딩 단계–Github ② 빌드 단계–Maven

③ 설치 단계– Jira ④ 모니터링 단계–Dynatrace

06 DevOps를 클라우드 플랫폼에 구현할 때, 클라우드 사용자가 애플리케이션과 데이터 관리만 집중하면 되는 클라우드 서비스 모델은?

① IaaS ② Paas

③ SaaS ④ NaaS

07 매트 왓슨Matt Watson이 제시한 DevOps의 성과 척도 중 고객이 제시하는 문제를 식별·관리하기 위해 사용하는 척도는?

① 설치 주기Deployment frequency

② 고객 티켓Customer tickets

③ 서비스 수준 협약Service level agreements

④ 서비스 트래픽Service traffic

08 소프트웨어 개발 과정에서 생성되는 다양한 산출물과 프로젝트 상태 데이터 등을 공유·활용함으로써, 신속한 개발 및 지속적인 통합을 도모하는 DevOps 모델은?

① DevSecOps ② BizDevOps

③ DevQaOps ④ DevDataOps

09 DevOps에서는 린Lean 사고방식과 원리를 적용하고 있다. 린 소프트웨어 개발의 7가지 원칙을 설명하시오.

10 전통적인 소프트웨어 개발 방식을 취하는 많은 소프트웨어 개발 조직에서 기술 부채 문제를 겪고 있다. 다음 물음에 답하시오.

(1) 기술 부채의 개념을 설명하시오.

(2) DevOps의 지속적 통합과 지속적 배포로 인해 기술 부채가 발생할 수 있다. 이러한 기술 부채를 해결할 방안을 세 가지만 제시하시오.

Chapter

05

프로젝트 관리

학습목표

- 소프트웨어 개발 프로젝트에서 관리의 의미와 필요성을 이해한다.
- 프로젝트 요소에 대한 관리 방법을 학습한다.
- 프로젝트 관리 계획서의 구성 항목이 무엇인지 알아본다.
- 프로젝트 관리에 필요한 지원 도구의 기능을 살펴본다.

PREVIEW

소프트웨어의 규모가 복잡해지고 대형화되면서 개인에 의한 소프트웨어 개발보다는 팀 단위의 개발이 이루어지고 있다. 다수 개발자가 하나의 소프트웨어를 개발하는 경우, 각 개발자의 담당 업무, 개발자 간 통합 방안, 품질 확보 등과 관련된 다양한 계획을 수립해야 하고, 이 계획을 잘 실현해야 한다. 이처럼 소프트웨어 개발의 전체 과정에서 개발 활동에 대한 관리, 조정 및 동일한 개발 환경 구축 등을 추진해야 하기 때문에 프로젝트 관리가 중요하다. 프로젝트 관리 시 핵심적으로 관리해야 할 사항은 무엇이며, 어떠한 공학적 기법을 사용하는지 살펴보자.

01 프로젝트 관리 필요성

왜 소프트웨어 프로젝트가 실패하는가? 수많은 소프트웨어 개발 프로젝트가 진행되지만, 그 중 많은 소프트웨어가 사용자에게 전달되지 못하거나, 전달되어도 유용하게 활용되지 못하고 있다. 이처럼 소프트웨어 개발 프로젝트가 실패하는 이유는 다음과 같이 크게 세 가지로 압축할 수 있다.

- 소프트웨어 마인드가 부족하다: 소프트웨어는 하드웨어와 달리 물리적으로 존재하지 않기 때문에 언제든 변경 가능하다고 생각한다.
- 적절한 소프트웨어 공학 기술을 활용하지 못하고 있다: 소프트웨어 개발의 체계성과 효율성을 지원하는 다양한 기법이 존재하지만, 업무 증가와 일정 지연 등의 이유로 공학 기법 적용을 미룬다.
- 적절한 프로젝트 관리 기술이 부족하다: 소프트웨어 개발 기술이 고도화되고 응용 도메인이 다양해지면서 프로젝트를 수행하면서 고려해야 할 요소가 기하급수적으로 증가하였다.

위와 같은 이유로 프로젝트가 실패하는 상황을 줄이려면 체계적이고 적절한 프로젝트 관리가 무엇보다 중요하다. 이를 위해서 일정 계획 및 예산, 품질 및 변경, 리스크 등 다양한 관점의 관리 기법이 적용되어야 한다. 프로젝트가 실패했다는 의미는 단순히 정확하지 못한 기능의 소프트웨어를 개발했다는 것만 의미하지 않는다. 비록 좋은 소프트웨어를 개발했더라도 개발 기간 초과, 예산 초과 등의 문제가 발생했다면 프로젝트는 실패했다고 할 수 있다.

1 프로젝트 관리의 정의

소프트웨어는 만질 수 없다. 또한 소프트웨어 개발은 하드웨어 제작이나 건축물 시공과 매우 다르다. 소프트웨어 개발은 제작 및 제조라는 개념보다 사람의 지식과 경험을 근간으로 하여 진행되는 활동이다. 따라서 수많은 인적·물적 요소를 복합적으로 고려해야 한다.

일반적으로 '관리Management'는 사람을 통제하고 지휘하며 감독한다는 의미다. 이러한 의미를 지닌 관리 개념을 소프트웨어 개발에 적용한다면 결코 프로젝트를 성공시킬 수 없다. 인적 자원이 중요한 소프트웨어 개발 프로젝트에서 관리는 다음과 같이 정의된다.

> Creation and maintenance of an internal environment in an enterprise where individuals, working together in groups, can perform efficiently and effectively toward the attainment of group goals.
> (개발자 또는 개발 팀이 프로젝트 목표를 효율적이고 효과적으로 달성하는 데 필요한 내적 환경 요소들을 준비하고 유지하는 활동)

위의 정의에서 알 수 있듯이, 소프트웨어 개발에서 관리란 개발 목표를 달성하기 위해 요구되는 제반 장비와 환경을 마련하고, 이를 일정하게 유지해주는 것이다. 프로젝트 관리 활동은 이를 위해 철저한 계획 수립, 필요한 자원 확보, 팀 구성, 프로젝트 수행 등과 같은 기능을 수행해야 한다.

2 프로젝트 관리 단계

성공적인 소프트웨어 개발을 위해 프로젝트 관리가 무엇보다도 중요하다는 점을 설명하였다. 특히 '관리'라는 관점에서 보면, 수립된 계획이 편차 없이 잘 진행되도록 이끌어주어야 한다. [그림 5-1]은 소프트웨어 프로젝트 관리의 4단계를 보여준다.

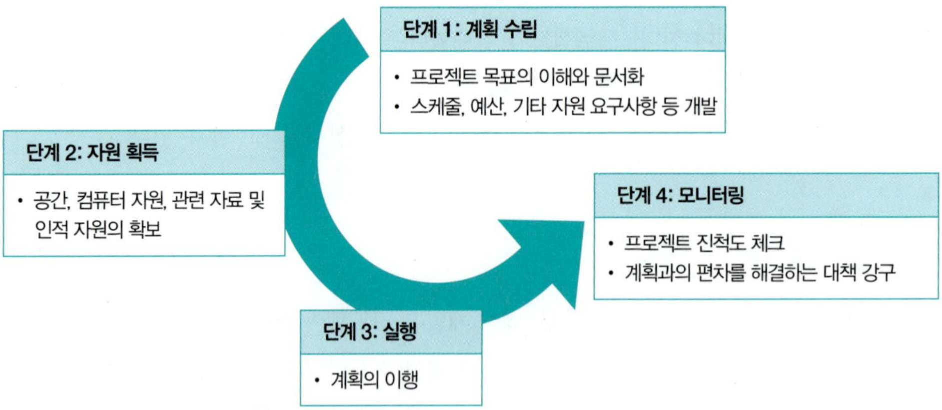

그림 5-1 소프트웨어 프로젝트 관리 단계

■ **단계 1: 계획 수립**

프로젝트 계획 수립 단계에서는 소프트웨어 개발의 목적, 필요한 자원, 정보의 흐름, 소요 인력, 산출물 등을 정의한다. 소프트웨어 개발에 어느 정도의 기간이 필요한가? 몇 명의 개발자가 필요한가? 어느 시점에 어떤 결과물(산출물)을 작성할 것인가? 필요한 장비와 시설은 무엇인가? 개발자를 위한 새로운 교육이 필요한가? 이처럼 다양한 측면에서 계획이 수립되어야 한다.

■ **단계 2: 자원 획득**

자원 획득 단계에서는 계획 단계에서 예측한 다양한 장비 및 시설 확보, 팀 구성 등과 같은 일을 수행하여 실제로 프로젝트가 수행될 여건을 마련한다. 팀 구성 시 팀원들에 대한 R & R Role and Responsibility이 지정되어야 한다.

■ **단계 3: 실행**

실행 단계에서는 프로젝트 수행 계획서에서 정의한 일정에 따라 소프트웨어 개발 활동을 수행한다. 개발 일정 계획에 따라 진도를 관리하며, 이 과정에서 발생하는 변경 관리 및 품질 관리 활동을 수행한다. 프로젝트 관리자라면 개발 과정에서 발생할 수 있는 다양한 리스크도 관리해야 한다.

■ **단계 4: 모니터링**

이 단계에서는 프로젝트 관리 계획서에서 정의한 베이스라인Baseline에 근거하여 개발 활동에 대한 진척도를 관리하고 품질 모니터링을 실시한다. 프로젝트 수행의 임의의 단계에 설정된 베이스라인마다 단계 산출물을 검토하여 소프트웨어가 올바르게 개발되고 있는지, 사용자 요구사항을 만족시키고 있는지 등을 점검한다. 만약 계획한 일정과 실제 개발 일정 간에 편차가 발생하는 경우, 편차 발생의 원인을 분석하고 적절하게 대응한다.

프로젝트 관리의 4단계를 간략하게 살펴보았다. 여기서는 각 단계에서 무엇을 수행하는지는 설명했지만, 이러한 활동을 어떻게 수행하는지는 아직 설명하지 않았다. 어떠한 공학적 기법을 이용하여 프로젝트 관리를 수행할지는 다음 절에서 살펴보기로 한다.

다만, 한 가지 더 언급하고 넘어갈 것이 있다. 소프트웨어 개발 프로젝트를 성공적으로 수행하기 위한 핵심 요소는 무엇인가? 다음은 소프트웨어를 성공적으로 개발하는 데 가장 중요한 요소를 설명한 학자들의 주장이다.

"… it's not the tools that we use, but it's the people"
"… having smart people … very little else matters in my opinion."
"The only rule I have in management is to ensure I have good people"

("… 그것은 우리가 사용하는 도구가 아니라 사람이다."
"… 스마트한 사람을 확보하는 것 … 내 생각에 다른 것은 별로 중요하지 않다."
"내가 관리하는 유일한 규칙은 좋은 사람을 확보하는 것이다.")

위의 인용 내용에서 알 수 있듯이, 소프트웨어를 성공적으로 개발하는 데 가장 중요한 요소는 능력 있는 개발 팀을 구성하는 것이다. 개발자는 소프트웨어 개발 기술이 우수해야 하고, 개발 경험이 풍부하면 더욱 좋다. 프로젝트 관리자도 다양한 프로젝트 수행 경험을 통해 위기 상황 대처 능력이나 리더 역할을 충분히 수행할 수 있는 사람이 맡아야 한다.

3 프로젝트 관리의 실패 원인

이 장의 서두에서 프로젝트 실패 원인으로 소프트웨어에 대한 마인드 부족, 공학적 기법의 활용 부족, 부적절한 프로젝트 관리를 언급하였다. 여기서는 소프트웨어 프로젝트를 체계화하고 다양한 공학적 기법을 도입했음에도 불구하고, 프로젝트가 실패하는 원인을 좀 더 구체적으로 살펴본다. [그림 5-2]에서 보는 바와 같이 실패 원인은 매우 다양하게 나타난다. 이와 같은 실패 원인들을 잘 인지하고, 사전에 이 사항을 어떻게 다룰지 고민해야 한다.

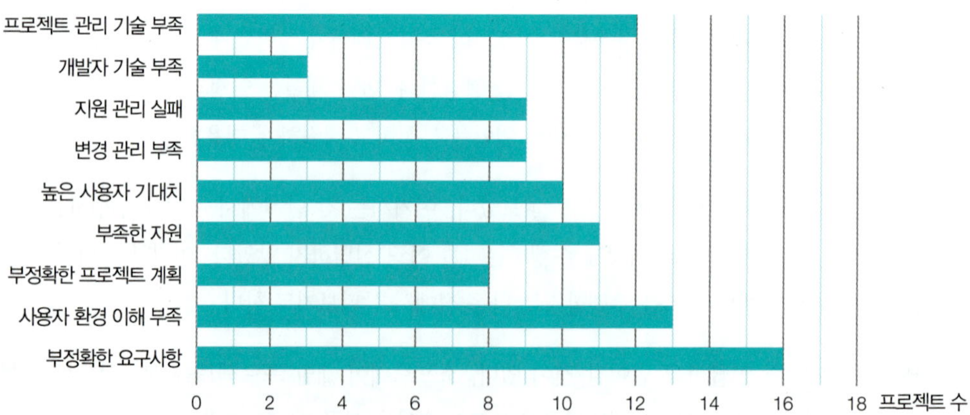

그림 5-2 소프트웨어 프로젝트 실패 원인(출처: Standish Group의 2015년 IT 개발 기업 조사 결과)

- 부정확한 요구사항: 소프트웨어 개발이란 사용자의 요구사항을 가감 없이 소프트웨어 프로그램으로 변환하는 과정이다. 따라서 사용자 요구사항이 부정확하다면, 부정확한 소프트웨어를 개발하게 될 것이다.
- 사용자 환경 이해 부족: 사용자의 비즈니스 전략이나 정책 변화를 이해해야 한다. 또한 소프트웨어 개발의 궁극적인 필요성을 이해해야 올바른 소프트웨어 개발이 가능하다.
- 부정확한 프로젝트 계획: 프로젝트 계획 수립은 아직 일어나지 않은 일들을 예측하는 것이다. 정확한 일정 계획, 발생 가능한 리스크 예측 등을 통해 프로젝트 계획 대비 편차를 줄여야 한다.
- 부족한 자원: 프로젝트 수행을 위해 요구되는 자원, 즉 인력, 시간, 예산 등이 정확히 산정되어야 한다. 특히 RFPRequest for Proposal에서 제시하는 요구사항 대비 사업 예산이 부족하지 않도록 산정해야 한다.
- 높은 사용자 기대치: 사용자는 자신의 업무 수행에는 꼭 필요하지 않지만, 유사한 다른 시스템보다 우수하고 보기 좋은 시스템이 개발되기를 원한다. 그러나 불필요한 기능의 개발은 리스크 증가 및 개발 기간 연장을 초래한다.
- 변경 관리 부족: 프로젝트 수행 중에 변경은 피할 수 없다. 요구사항 변경, 설계 변경 등 다양한 변경이 발생한다. 이러한 변경이 전체 프로젝트에서 일관성 있게 관리되고 반영되어야 하는데, 일부만 변경되는 경우가 발생한다.
- 자원 관리 실패: 초기 프로젝트 계획 수립 과정에서 산정된 자원을 적절하게 배분하고 활용해야 한다. 프로젝트 계획 대비 편차가 발생하는 경우, 자원 관리의 실패 가능성이 높다.
- 개발자 기술 부족: 개발자가 소프트웨어 개발을 위한 최신 기술을 확보하지 못했다면, 개발 기간 연장, 개발 기능의 완성도 부족 등의 문제가 발생한다.
- 프로젝트 관리 기술 부족: 프로젝트 계획과 편차가 생겼을 때, 예상하지 못한 프로젝트 리스크가 발생했을 때, 어떻게 처방해야 하는가? 프로젝트 관리자의 경험과 지식을 바탕으로 그 처방전이 나온다.

02 프로젝트 관리 기법

소프트웨어는 눈에 보이지 않고 만질 수도 없다. 또한 소프트웨어 개발은 제작Manufacturing이나 조립Fabrication과 달리 사람에 의해 개발Development되는 것이다. 이러한 특성에 맞게 소프트웨어 개발 과정을 어떻게 관리할 것인가가 중요하다.

소프트웨어 공학에서는 프로젝트 관리를 위한 다양한 방법을 제시하고 있다. 아직 수행하지 않은 일들을 예상하고 계획하기는 쉽지 않다. 개발자 한 사람이 하루에 몇 줄의 프로그램을 작성할 수 있을까? 이 값을 정확히 알 수 있다면 전체 소프트웨어를 개발하는 데 몇 명이 필요한지를 정확히 산정할 수 있을 것이다. 그러나 개발자의 수행 역량을 정확히 알 수 없으므로 정확한 산정은 불가능하다. 단지 예측된 값을 기반으로 필요한 인력의 규모를 산정해야 한다.

1 일정 관리 기법

소프트웨어 프로젝트 관리에서 일정 관리는 가장 기본적인 사항이다. 개발 일정은 요구사항의 복잡도, 개발자 규모 및 기술 수준, 팀 구성 형태, 개발 중에 발생 가능한 리스크 정도 등을 고려하여 계획해야 한다.

일정 계획에서 가장 기본이 되는 입력 사항은 '어떤 프로세스 모델을 선정하였는가'와 '어떤 베이스라인을 정의할 것인가'다. 프로세스 모델은 폭포수 모델, 프로토타입 모델, 반복적 모델 등에서 선정하는데, 어떤 모델을 선정하느냐에 따라 개발 단계의 구성에 다소 차이가 생긴다. 프로세스 모델을 선정하면 베이스라인을 정의해야 한다. 베이스라인은 어떤 변경이 발생했을 때 모든 관련자의 합의를 거쳐 변경 사항을 결정한 다음 후속 작업을 수행하기 위한 출발점으로 정의할 수 있다.

베이스라인 관리

소프트웨어 개발의 전체 과정에서 베이스라인을 많이 정의하면, 빈번한 회의와 의사결정 과정을 거쳐야 하기 때문에 시간과 노력이 많이 소요된다는 단점이 있다. 그러나 너무 적은 수의 베이스라인을 정의하면, 수정 반영 내용에 대한 의사결정이 이루어지지 못한 경우, 재작업하는 상황이 발생할 수 있다. 따라서 베이스라인을 적절하게 선정해야 한다. 소프트웨어 개발 프로젝트에서 가장 기본적인 베이스라인은 다음과 같은 세 가지 형태를 고려한다.

- 요구사항 베이스라인Requirement Baseline: 요구사항을 수집하고 프로젝트 계획을 수립한 후에 정의하는 베이스라인으로, 확정된 요구사항 정의서가 다음 작업의 기준 정보로 사용될 수 있다.
- 기능 베이스라인Functional Baseline: 요구사항 분석 단계 후에 설정하는 베이스라인으로, 사용자 요구사항을 소프트웨어 시스템의 기능으로 할당한 후에 작성하는 요구사항 명세서SRS, Software Requirements Specification와 추적성 매트릭스(정의된 각 요구사항과 분석 세부 내용 간 추적 관계를 정의하는 테이블 구조)를 기반으로 향후 작업의 기준점을 설정한다.
- 제품 베이스라인Product Baseline: 소프트웨어 개발을 완료한 후에 정의하는 베이스라인으로, 개발 과정의 모든 산출물(코드 포함)이 해당 베이스라인의 기준선에 포함된다.

[그림 5-3]은 폭포수 모델을 근간으로 하는 일반적인 소프트웨어 개발 과정에서 각 단계와 베이스라인의 매핑 관계를 보여준다.

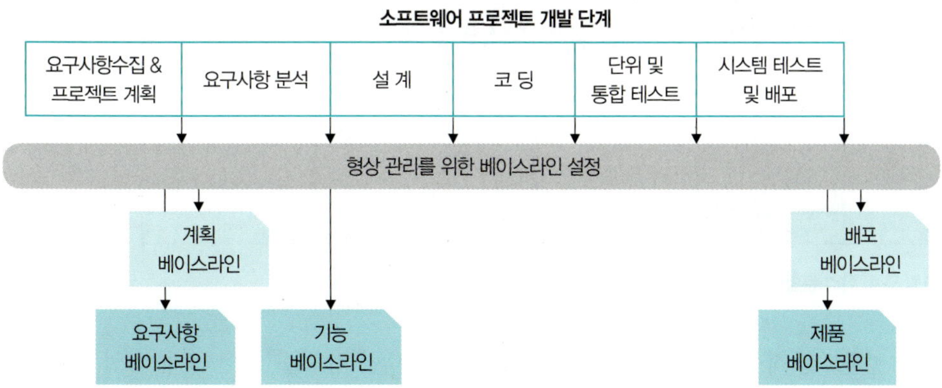

그림 5-3 소프트웨어 개발 단계와 프로젝트 베이스라인

소프트웨어 프로젝트의 일정 관리를 위한 기법에서 스케줄 계획과 관리 역시 중요하다. 세부 일정 계획을 수립하기 위해 소프트웨어 개발을 위한 세부 작업이 무엇인지 정의하고, 정의된 작업을 기준으로 전반적인 스케줄을 표현하는 일정 차트가 작성된다. 다음은 세부 작업 목록을 나타내는 작업 분할도와 일정 차트에 대한 설명이다.

작업 분할도WBS, Work Breakdown Structure

작업 분할도는 [그림 5-4]와 같이 프로젝트의 전체 목표를 중간의 세부 목표들로 쪼개어 나타낸 작업 목록이다. WBS를 작성하는 이유는 프로젝트에서 수행해야 하는 모든 종류의 작업을 식별하기 위함이다. 작업 분할도는 트리Tree 형태로 표현되는데, 트리의 루트가 프로젝트의 전체 목표가 된다. 식별된 작업, 즉 태스크Task는 추정 가능한 양의 작업이며, 독립적으로 이루어질 수 있다고 판단될 때까지 분할한다.

작업 분할도는 일반적으로 엑셀, MS Project와 같은 도구를 사용하여 작성하며, 각 태스크 단위의 식별자를 기준으로 태스크 수행 시간, 태스크의 선행/후행 태스크, 태스크 담당자 정보 등을 담고 있다. 작업 분할도는 프로젝트 계획 수립에 대한 전반적인 일정 요약표에 해당한다고 볼 수 있으며, 구체적인 스케줄링을 위한 입력으로 사용된다.

ID	❶	작업 완	작업 이름	기간	시작 날짜	완료 날짜	선행 작업	자원 이름
1		**0%**	**OO 은행 SPI Project**	**424 일**	**04-01-05 (월)**	**05-08-29 (월)**		
2		**0%**	**현황진단단계**	**17 일**	**04-01-05 (월)**	**04-01-30 (금)**		
3		0%	SPI TFT 구성	1 일	04-01-05 (월)	04-01-05 (월)		
4		0%	SPI 운영위원회 구성	3 일	04-01-06 (화)	04-01-08 (목)	3	
5		0%	SPI 세미나	2 일	04-01-06 (화)	04-01-07 (수)	3	
6		0%	현황진단	9 일	04-01-08 (목)	04-01-20 (화)	3,7	
7		0%	프로세스 교육	2 일	04-01-06 (화)	04-01-07 (수)	3	
8		0%	PIT 구성	4 일	04-01-09 (금)	04-01-14 (수)	4	
9		0%	우선순위 결정	1 일	04-01-26 (월)	04-01-26 (월)	6	
10		0%	SPI 계획 수립 및 승인	5 일	04-01-26 (월)	04-01-30 (금)	6	
11		0%	SPI TFT 멘터링	15 일	04-01-06 (화)	04-01-29 (목)	3	
12		0%	단계 종료 보고	1 일	04-01-30 (금)	04-01-30 (금)	11	
13		**0%**	**구축 및 초기적용 단계**	**126 일**	**04-02-02 (월)**	**04-07-30 (금)**	**2**	
14		**0%**	**표준 프로세스 개발**	**70 일**	**04-02-02 (월)**	**04-05-12 (수)**		
15		0%	프로세스 개발	40 일	04-02-02 (월)	04-03-29 (월)		
16		0%	템플릿 개발	12 일	04-03-30 (화)	04-04-15 (목)	15	
17		0%	가이드라인 개발	12 일	04-04-16 (금)	04-05-03 (월)	16	
18		0%	체크리스트 개발	6 일	04-05-04 (화)	04-05-12 (수)	17	
19		**0%**	**방법론 개발**	**50 일**	**04-02-02 (월)**	**04-04-13 (화)**	**2**	
20		0%	객체지향 방법론	25 일	04-02-02 (월)	04-03-08 (월)		
21		0%	정보공학 방법론	25 일	04-03-09 (화)	04-04-13 (화)	20	
22		0%	SPI 교육	12 일	04-05-13 (목)	04-05-31 (월)	14,19	
23		0%	방법론 교육	4 일	04-05-13 (목)	04-05-18 (화)	14,19	
24		0%	프로세스 파일럿 적용	43 일	04-06-01 (화)	04-07-29 (목)	22,23	
25		0%	프로젝트 멘터링 및 코칭	43 일	04-06-01 (화)	04-07-29 (목)	22,23	
26		0%	단계 종료 보고	1 일	04-07-30 (금)	04-07-30 (금)	24,25	

그림 5-4 작업 분할도(Work Breakdown Structure)의 예

작업 분할도를 작성하면 프로젝트 전체 소요 시간에 대한 정보를 알 수 있다. 작업 분할도를 작성할 때 유의할 점이 있는데, 반드시 수행해야 할 작업을 작업 분할도의 태스크로 식별하지 않으면 프로젝트 일정 지연이 발생할 수 있다는 점이다. 따라서 문서화 작업, 프로젝트 리뷰와 같은 작업들도 반드시 태스크로 식별해야 한다. 애자일의 스크럼 프로세스에서는 백로그Backlog를 통해 태스크를 정의하는데, 하나의 스프린트를 종료하려면 반드시 리뷰Review 과정을 포함해야 한다. 마찬가지로 각 태스크 처리 시간을 산정할 때 리뷰 활동을 반드시 고려해야 한다.

실습 5-1	작업 분할도 작성해보기

인터넷 중고 책 거래 시스템을 개발하고자 한다. 사용자 관리, 책 등록 및 삭제, 거래 처리, 재고 관리, 검색 기능 등을 핵심 기능으로 제공하려고 한다면 어떤 작업을 수행해야 하는지 WBS로 작성해보시오.

(1) 프로젝트 개발 기간에 특별한 제한을 두지 않는다.
(2) 소프트웨어 기능 개발뿐 아니라 관리 활동도 포함해야 한다.

칸트 차트Gantt Chart

칸트 차트는 프로젝트의 스케줄링, 예산 산정, 자원 계획을 수립하기 위해 사용하는 일정 표현 기법이다. 일반적으로 바Bar 차트 형태로 표시하며 바의 길이에 비례하여 소요 시간을 나타낸다. [그림 5-5]는 컴파일러 개발 프로젝트에 대한 칸트 차트의 예다.

컴파일러 프로젝트에 대한 칸트 차트의 예에서 슬랙 타임Slack Time이 계산될 수 있다. 슬랙 타임은 특정 작업이 언제까지 지연될 수 있는지를 나타내는 것으로, 그림에서 'Write manual' 태스크는 2월 10일부터 3월 31일까지 수행 가능한 양이지만, 실제로는 프로젝트가 끝나는 5월 30일에 종료되어도 무관하기 때문에 슬랙 타임은 5월 30일이 된다.

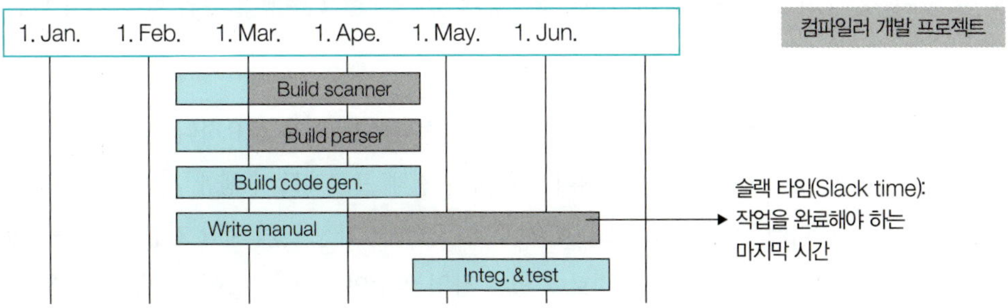

그림 5-5 프로젝트 일정을 나타내는 칸트 차트(Gantt Chart)의 예

퍼트 차트PERT Chart

PERT는 Program Evaluation and Review Techniques의 약자로, 프로젝트에서 수행되어야 하는 태스크 간의 의존성 관계를 표현하는 차트다. PERT 차트는 원(혹은 박스)과 화살표를 이용하여 나타내는데, 원은 태스크를, 화살표는 태스크 간의 의존성을 표현한다. 특히 PERT 차트를 이용하면 프로젝트 전체 수행 일정에서 핵심적인 수행 경로를 식별하고 이를

관리할 수 있는데, 이러한 핵심 경로를 임계 경로Critical Path라고 한다. 따라서 PERT 차트 기법은 일반적으로 PERT/CPM 차트로도 불린다. [그림 5-6]은 PERT/CPM 차트의 예를 나타낸다.

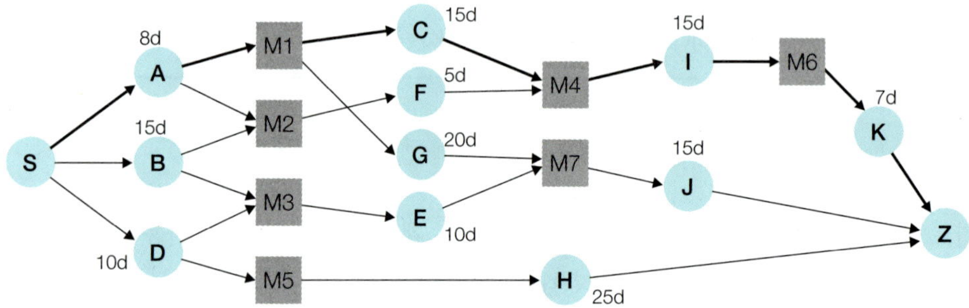

그림 5-6 프로젝트 일정을 나타내는 PERT/CPM 차트의 예

[그림 5-6]에서 알파벳이 들어 있는 원은 태스크를 나타낸다. 각 태스크에서 태스크를 완료하는 데 드는 일Day수가 표시되어 있다. 태스크 A, B와 D는 병행으로 수행 가능함을 의미하며, 태스크 C는 반드시 A가 종료되어야 수행될 수 있다. 프로젝트 전체는 S에서 시작하여 Z에서 종료되는데, S에서 Z로 가는 경로는 매우 다양하다. S-A-C-I-K-Z, S-A-F-I-K-Z, S-B-E-J-Z 등의 경로가 존재하며, 각 경로상에 있는 태스크 수행 일수의 합이 가장 많은 경로가 임계 경로가 된다.

임계 경로로 선정된 작업 경로는 프로젝트의 전체 일정 관리에 매우 중요하다. 임계 경로상에 존재하는 임의의 태스크에서 일정 지연이 발생하면 전체 프로젝트 수행에 지연이 발생하기 때문이다. 이러한 임계 경로를 기준으로 임의의 태스크에서 가장 늦게 시작 가능한 일수를 산정할 수 있다. [그림 5-6]에서 임계 경로에 있는 작업 일수의 합은 45일이다. 태스크 F를 가장 늦게 시작할 수 있는 일은 다음과 같이 계산할 수 있다.

$$\text{Latest Start Date(F)} = 45 - (5 + 15 + 7) = 45 - 27 = 18$$

계산에 의해, 프로젝트를 시작한 뒤 18일 후에 태스크 F를 시작해도 전체 프로젝트 일정에는 지연이 발생하지 않는다. 참고로, 태스크 F는 프로젝트 시작 후 15일이 경과되면 시작될 수 있다.

2 비용 관리 기법

프로젝트 관리에서 또 하나의 중요한 포인트는 비용이다. 소프트웨어 개발에 소요되는 비용은 어떻게 예측할 수 있을까? 예를 들어 누군가가 '주식 거래 시스템'을 개발하려고 하는데 개발자에게 비용을 얼마나 지불해야 하느냐고 묻는다면 얼마라고 답할 수 있을까? 인건비와 함께 개발 도구 구입비 등을 포함한 많은 부대 비용이 들어갈 것이다.

소프트웨어 개발은 개발자의 지식과 경험에 의존한다고 말했다. 이 때문에 정확한 개발 기간과 개발 비용을 산출하기가 매우 어렵다. 그렇지만 최대한 근사치를 예측해야 한다. 소프트웨어 개발 비용을 산출하는 기법은 다양하다. 주된 기법들을 하나씩 살펴보도록 하자.

COCOMO/COCOMO II

COCOMO는 Constructive Cost Model의 약자로, 1981년에 베리 보헴Berry Boehm이 개발한 비용 산정 모델이다. 이 방법은 KDSIKilo Delivered Source Instructions를 기반으로 비용을 산정한다. 이 방법에서는 개발 대상 소프트웨어에 대한 KDSI를 유사 소프트웨어를 비교 분석하여 산출한 후에, 개발 소프트웨어 복잡도에 근거하여 [표 5-1]의 세 가지 모델 중 하나를 선택해서 개발 기간과 필요한 인원수를 산정한다.

표 5-1 COCOMO 모델의 비용 산정 모드

개발 모드	소요 노력(인력)	소요 일수(월)
Organic	$PM = 2.4(KDSI)^{1.05}$	$TDEV = 2.5(PMDEV)^{0.38}$
Semidetached	$PM = 3.0(KDSI)^{1.12}$	$TDEV = 2.5(PMDEV)^{0.35}$
Embedded	$PM = 3.6(KDSI)^{1.20}$	$TDEV = 2.5(PMDEV)^{0.32}$

[표 5-1]에서 PM은 Person-Month를, PMDEV = PM × Effort Multiplier를, TDEV는 프로젝트를 종료하는 데 소요되는 개월Month 수를 의미한다.

보헴은 노력 승수Effort Multiplier를 산출하기 위하여, 제품 속성Product Attributes, 컴퓨터 속성Computer Attributes, 개발자 속성Personnel Attributes, 프로젝트 속성Project Attributes으로 그룹핑된 총 15가지 비용 유발인자Cost Driver를 정의하고, 각 인자별로 0.7에서 1.6까지 가중치를 갖는 스케일을 정의하였다. [표 5-2]는 15가지 비용 인자 중에서 제품 속성에 대한 예를 나타낸다. 15가지 인자에 대한 값을 선정하고 이들 값을 모두 곱하면 최종 노력 승수 값을 얻을 수 있다. 최종 산정된 값은 각 인자의 스케일과 비슷하게 0.X에서 1.X 값의 범위를 얻게 되는데, 이 값이 클수록 소프트웨어의 운영 환경이나 개발 과정이 복잡하기 때문에 프로젝트 전체 소요 일정 및 노력이 증가하도록 설계되었다.

표 5-2 COCOMO 모델의 Effort Multiplier 추정 테이블(일부)

비용 유발인자	등급					
	Very Low	Low	Nominal	High	Very High	Extra High
요구되는 신뢰도	.75	.88	1.00	1.15	1.40	–
데이터베이스 사이즈	–	.94	1.00	1.08	1.16	–
제품 복잡도	.70	.85	1.00	1.15	1.30	1.65
⋮			⋮			

COCOMO II 방법은 COCOMO 모델을 확장한 것으로, 단순히 소스 코드 라인 수만 이용하는 것이 아니라 소프트웨어 기능의 양과 복잡도를 기준으로 규모를 산정하는 기능 점수Function Point 분석 기법을 혼합하여 비용을 산정하도록 하고 있다. 기능 점수 산정에 관한 내용은 6장에서 설명한다.

전문가 판단Wide Band Delphi

전문가의 판단에 따라 소프트웨어 개발 비용 혹은 소프트웨어 규모가 산정될 수 있다. 즉, 다수의 전문가가 모여 소프트웨어의 요구사항을 기준으로 소프트웨어 크기를 예상하는데 이 방법을 WBDWide Band Delphi 방법이라고도 한다.

이 방법은 랜드Rand 사에서 창안되고 1981년 보헴Boehm에 의해 정제되었으며 1990년에 와트 험프리Watt Humphrey에 의해 다시 한 번 정제된 규모 추정 기법으로, 반복적 전문가 평가를 통해 소프트웨어 규모를 추정한다. 이 방법에 의한 규모 산정 절차는 다음과 같이 요약할 수 있다.

- Workshop: 전문가 그룹을 선정하고, 이들에게 WBD 진행 방식을 설명한다.
- Experts Initialization: 전문가 그룹에 의사결정이 필요한 정보를 제공한다.

- Kickoff Meeting: 전문가들이 의사결정이 필요한 내용에 대해 논의한다.
- Individual Estimation: 전문가들이 자신의 의견을 정량화해서 규모를 산정한다.
- Tabulating: 각 전문가가 작성한 결과를 취합하여, 익명의 결과로 전환한 통합 버전을 작성한 후에, 모든 전문가에게 피드백한다.
- Reviewing & Consensus: 다른 전문가들의 의견과 자신의 의견에 나타난 차이를 확인한 후, 다시 전문가들이 재논의를 수행한다. 규모 산정에 추가로 고려해야 할 이슈가 있다면, 개별 산정 단계에서부터 반복적으로 평가를 실시한다. 의견 일치가 이루어지면, 최종적으로 소프트웨어 규모를 확정하고 종료한다.

파킨슨의 법칙Parkinson's Law

영국의 역사학자 파킨슨C. N. Parkinson은 소프트웨어 개발 비용이나 필요한 인력 수는 소프트웨어의 복잡도 및 기능 수와 관련 있지만, 최종적으로는 개발 조직에서 가용한 예산과 인력에 의존하여 결정된다고 주장하였다. 즉, 어떤 방법으로 소프트웨어 개발 비용을 산정하더라도 조직에서 확보한 인력이 해당 소프트웨어를 개발하기에 충분한지 여부와 무관하게, 조직의 인력에 개발 일정이 맞춰져 진행된다는 의미다.

파킨슨의 법칙은 과거 소프트웨어를 자체 개발In-house Developmet 방식으로 진행하는 경우나 적은 규모의 소프트웨어 개발 조직에는 적합할 수 있다. 그러나 최근에는 부족한 인력을 외부에서 고용하거나 하청을 통해 개발하는 경우가 일반화되고 있다.

기능 점수 산정법

기능 점수Function Points를 사용해 소프트웨어 비용을 산정하는 방법이 최근에 표준 비용 산정 방법으로 활용되고 있다. 기능 점수 산정 방법은 소프트웨어 시스템이 제공하는 기능의 필요 정도와 이의 복잡도를 기준으로 평가하는 방법이다.

이상의 방법 이외에도 동일한 도메인의 유사 프로젝트를 분석하여 소프트웨어의 규모를 산정하는 방법, 가장 작은 단위의 태스크에 대한 개발 비용을 산정한 후 이들을 Bottom-Up으로 누적하여 산정하는 방법 등도 존재한다.

3 위험 관리

소프트웨어 개발 과정에는 많은 위험성, 즉 리스크가 존재할 수 있다. 소프트웨어 개발 과정에서 리스크가 발생하면 프로젝트는 상당히 지연되거나 실패로 이어질 수 있다. 따라서 프로젝트 수행 기간에 발생할 수 있는 리스크에는 어떤 것들이 있는지 사전 예측을 하고, 이를 예방 또는 완화하기 위한 계획을 수립해야 한다.

소프트웨어 개발 과정에서 나타날 수 있는 전형적인 리스크 유형은 요구사항의 빈번한 변경과 프로젝트 팀원의 부적절성이다. 요구사항의 변경은 재작업, 의사소통의 증가와 같은 문제를 유발하며, 개발자의 능력 부족은 프로젝트 성과Performance를 저하시키는 요인이 된다. 따라서 이러한 리스크를 사전에 식별하고 관리하는 것이 중요하다. 리스크를 감소하기 위한 전략으로 소프트웨어 시스템에 대한 프로토타입을 개발하여 요구사항을 점검하는 방법, 점진적인 개발을 통해 사용자의 의견을 중간중간 반영하는 방법 등이 있다. 또한 변경 사항을 쉽게 수용할 수 있도록 전체적으로 소프트웨어를 모듈화하여 설계하는 전략도 필요하다.

[표 5-3]은 소프트웨어 개발 프로젝트의 계획 단계에서 식별되는 리스크들을 정리하고, 이에 대한 대책을 마련하기 위해 사용될 수 있는 양식의 예다. 표에서 첫 번째 리스크는 프로젝트 팀원의 이탈Turnover에 대한 것이다. 이 리스크가 발생하는 경우 프로젝트에 대한 치명 정도Criticality는 매우 높으며, 이 리스크의 발생 가능성Occurrence은 중간 정도다. 이 리스크의 완화 방법은 개발자의 작업 부하를 줄여주는 것이며, 리스크 발생에 대한 대안은 개발자에게 다중 역할을 부여하여 이탈자가 발생해도 소프트웨어 개발이 계속될 수 있도록 하는 것이다. 이처럼 발생 가능한 리스크에 대하여 사전에 식별하고 대처 방안을 수립해야 하며, 리스크를 처리하는 담당자Responsibility도 명확히 배정해야 한다.

표 5-3 프로젝트 리스크의 처리를 위한 양식(예)

No	리스크	치명도	발생 빈도	완화 계획	대안	담당자
1	팀원 이탈(이직)	High	Mid	작업 부하 경감	다중 역할 부여	잡스
2	빈번한 요구사항 변경	Mid	High	프로토타이핑	베이스라인 통제	머스크
3	낮은 기술 수준	Mid	Mid	직무 매칭	교육 훈련	세르게이

03 프로젝트 조직

성공적인 소프트웨어 프로젝트를 수행하는 데 가장 중요한 요소는 프로젝트에 적합한 우수한 인력을 확보하는 것이다. 프로젝트에 참여자가 결정되면, 전체적인 팀 구성을 어떻게 할 것인가를 고민해야 한다. 프로젝트 팀 구조는 프로젝트의 수행 기간, 프로젝트의 규모와 복잡도, 기술의 신규성 등을 고려해서 결정한다.

프로젝트 팀을 이루는 구성원의 역할은 다양하다. 프로젝트 팀 구성원 중에는 전담하여 참여하는 구성원도 있지만 특정 이벤트가 있는 경우에만 참여하는 구성원도 있다. 다음은 프로젝트에 필요한 구성원의 역할을 정리한 것이다.

- 프로젝트 관리자PM, Project manager: 프로젝트 전반에 걸친 관리 활동과 중요 이슈를 해결한다.
- 프로젝트 리더PL, Project Leader: 설계·구현 등에 대한 전반적인 무결성 검증 및 팀 간의 기술적 조율, 일정 조정 및 모니터링, 프로젝트 문서 작성 및 통합 등의 역할을 수행한다.
- 프로젝트 팀장TL, Technical Lead: 프로젝트 팀을 다수의 팀으로 구성했을 때, 팀을 주도적으로 이끌면서 팀의 기술적 문제를 해결한다. 특히 개발 대상 시스템에 대한 아키텍처 개발에 집중한다. 일반적으로 TL은 PL과 능력이 동일한 경우가 많아서 두 역할 중 하나만 정의하는 경우도 많다.
- 프로그램 엔지니어PE, Program Engineer: 소프트웨어 개발과 관련된 역할을 넓은 의미에서는 엔지니어, 좁은 의미에서는 개발자라고 한다. 개발자 유형은 다양하며, 분석 설계자, 프로그래머, 데이터베이스 개발자, UI 개발자 등을 모두 포함한다.
- 형상 관리자CM, Configuration Manager: 개발 과정에서 베이스라인 산출물 관리와 변경 요청 처리를 담당한다.
- 품질 관리자QE, Quality Engineer: 개발 산출물에 대한 오류 확인과 결함 검출을 위한 리뷰, 테스트 활동 등을 계획하고 추진한다. 품질 관리자는 프로젝트 단위별 구성원이라기보다 전사 차원에서 지원하는 조직이라고 할 수 있다.

- 리어종 그룹Liaison Group: 비즈니스 도메인과 소프트웨어 개발 기술이라는 두 측면을 이해하는 사람으로, 비즈니스 그룹과의 의사소통을 담당한다. 대형 프로젝트나 전문성이 높은 프로젝트의 경우 리어종 그룹을 운영하기도 한다.

1 프로젝트 팀 구조

소프트웨어 프로젝트의 팀 구조 유형은 규모, 역할 등 다양한 측면에서 분류할 수 있지만, 여기서는 팀의 의사소통 경로를 중심으로 살펴본다. 의사소통 경로에 따른 팀 구조의 유형은 [그림 5-7]과 같이 중앙집중형 팀, 분산형 팀, 중앙집중형과 분산형이 혼합된 하이브리드 팀으로 분류할 수 있다.

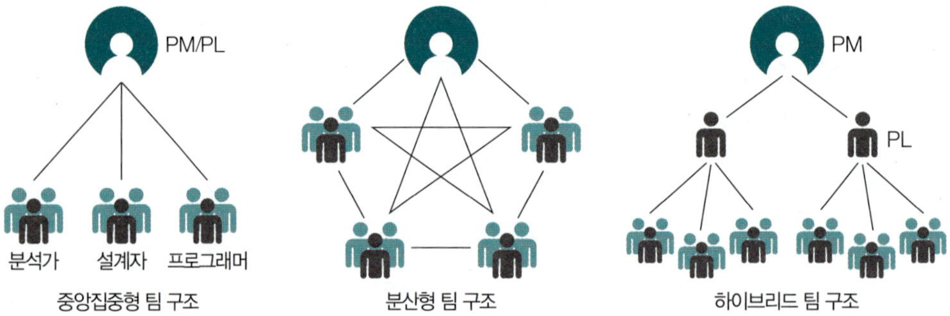

그림 5-7 프로젝트 팀 구조의 유형

중앙집중형 팀 구조

중앙집중형 팀 구조는 프로젝트에서 수행해야 할 작업 목록이 단순하거나 충분히 이해된 경우에 적합한 팀 구성 방식이다. 특히 프로젝트 관리자나 프로젝트 리더가 프로젝트와 관련된 제반 기술 내용과 시스템 설계에 대한 상세 정보를 잘 알고 있어야 프로젝트에서 발생할 수 있는 문제들을 해결할 수 있다. 따라서 유능한 프로젝트 리더가 필요한데, 프로젝트 리더에게 업무 수행에 대한 오버로드가 걸릴 수 있다는 어려움이 있다.

중앙집중형 팀 구조는 문제 해결이 신속하게 이루어질 수 있고, 의사소통의 패턴도 매우 단순하다는 특징이 있다. 따라서 짧은 기간에 정확한 업무를 신속하게 처리하는 데 적합한 구조다.

분산형 팀 구조

분산형 팀 구조는 프로젝트의 주요 의사결정이 팀 구성원의 합의에 의해 이루어지는 민주주의적 팀 구성이다. 모든 팀 구성원이 다른 사람의 작업 수행 결과를 공유하면서 프로젝트에서 발생 가능한 문제를 해결해간다.

분산형 팀 구조는 구성원의 의견을 수렴하는 의사소통 패턴을 이루고 있기 때문에 팀 구성원에 대한 사기를 높이고 이로 인하여 팀원의 교체를 줄일 수 있다는 장점이 있다. 이 구조는 프로젝트에서 수행해야 할 작업 내용을 충분히 이해하지 못한 경우, 문제가 복잡하여 해결 방안을 모색해야 하는 경우에 적합하다. 다만 의사소통 패턴이 복잡하므로 대규모 구성원을 포함하는 프로젝트에는 적합하지 않을 수 있으며, 장기간에 걸쳐 수행하는 프로젝트에 적용된다.

하이브리드 팀 구조

하이브리드 팀 구조는 중앙집중형 팀 구조와 분산형 팀 구조를 통합한 계층형 팀 구조를 이룬다. 두 가지 팀 구조의 장점을 도입하기 위해 구성되며, 일반적으로 많은 프로젝트에서 적용하는 팀 구성 방식이다.

프로젝트 관리자는 각 팀의 리더와 중요한 의사결정을 하기 위한 중앙집중형 구조를 취하지만, 팀 내부의 운영은 분산형 구조를 채택하여 의사소통한다. 팀원을 소규모로 구성하기 때문에 팀별 문제 해결이 용이한 편이다. 팀 간의 문제는 프로젝트 관리자가 조정한다.

팀 구조 선정 전략

프로젝트의 기간, 문제의 복잡성, 참여 인력 등의 요소를 고려하여 어떤 구조의 프로젝트 팀을 구성할 것인지 결정한다. 그런데 너무 크지도 않고 너무 작지도 않은 프로젝트 팀을 구성해야 한다는 말이 있듯이 모든 프로젝트에 적합한 팀 구성 방법은 존재하지 않는다고 할 수 있다.

그렇다 해도 분산형 팀 구조는 엔지니어들 간의 의사소통이 필요한 경우에 적합하며, 중앙집중형 팀 구조는 신속한 개발이 이루어져야 하는 경우에 적합하다. 다만 프로젝트 운영 과정에서 불필요한 의사소통을 최소화하는 것이 중요하다. 특히 프로젝트 수행은 사람에 의해 이루어지기 때문에 올바르지 못한 팀 구성으로 개발 인력의 이직이나 교체와 같은 문제가 발생하지 않도록 해야 한다. 다음은 프로젝트 팀 구조를 선택할 때 고려할 수 있는 또 다른 요소들이다.

- 프로젝트 수행 시 비용 절감 측면에서 효과적인가
- 팀 구성원의 이직이나 교체가 발생할 가능성이 있는가
- 신입 엔지니어에게 프로젝트에 대한 이해나 경험을 높일 수 있는 기회를 제공하는가
- 최신 기술 또는 특정 지식에 대하여 공유하고 전파할 수 있는가

실습 5-2 **팀 구성 방법 생각해보기**

인터넷 중고 책 거래 시스템을 개발하고자 할 때, 어떤 유형의 팀을 구성하는 것이 효율적일까? 구성 인원에 제한이 없다는 가정하에 시스템 개발을 위한 가장 효율적인 팀 구성 방법을 생각해봅시다.

(1) 프로젝트를 진행하는 데 필요한 역할자를 구분하여 제시한다.
(2) 역할자별로 몇 명의 인원이 필요한지 추측하여 제시한다.
(3) 프로젝트에 필요한 인원이 정의되면 팀 구조를 선정한다.

2 전사적 운영 조직

앞서 설명한 프로젝트의 팀 구성 방법 이외에 전사 차원에서 프로젝트 수행과 관련된 몇 가지 유형의 조직을 더 살펴볼 수 있다. 소프트웨어 개발 프로젝트가 다수 병행적으로 진행되거나 개발 인력이 역할별로 충분히 확보된 조직에서는 프로젝트 생성과 함께 팀 구성을 매트릭스 구조로 운영할 수 있다. 즉, 모든 엔지니어는 필요시 해당 프로젝트에 참여하여 자신의 업무를 수행한 후 다른 팀에 참여하기 위해 해당 프로젝트 팀에서 빠져나온다. 이와 같은 매트릭스 기반의 프로젝트 팀 구성은 단일 프로젝트가 아닌 전사 차원의 프로젝트에서 적용된다.

품질 관리 팀

프로젝트 수행을 위해 전사 차원에서 운영되는 팀은 다양한다. 대표적으로 품질 관리 팀이 있는데, 품질 관리 팀은 프로젝트 수행 과정에서 산출물에 대한 리뷰, 인스펙션, 테스트 등과 같은 활동을 지원한다. 따라서 품질 관리 팀의 구성원은 프로젝트 수행 경험이 있고 관련 분야

의 전문적인 지식을 확보한 중급 이상의 엔지니어들로 구성되는 경우가 일반적이다.

좀 더 크게 보면, 품질 관리 팀은 전사 차원의 품질 관리 가이드라인을 마련하고, 각종 양식지나 품질 관리를 위한 지원 도구 관리 및 품질 관리 활동이 필요한 프로젝트 팀원들에 대한 교육 등을 담당한다. 필요에 따라 품질 관리 팀이 형상 변경 및 관리 활동을 수행하는 경우도 있다.

PMO

PMO^Project Management Office^는 전사 차원에서 프로젝트 생성, 진행 과정의 모니터링, 프로젝트 단위 리스크 해결 지원 등과 같은 업무를 수행하는 조직이다. 이를 통해 프로젝트 진행의 효율성을 높이고 프로젝트가 성공적으로 진행될 수 있게 한다. 특히 종료된 프로젝트, 진행 중인 프로젝트, 계획된 프로젝트 등에 대한 포트폴리오를 관리하며, 단위 프로젝트 관리자를 지원하고 통제한다.

최근 소프트웨어 개발 조직에서는 PMO의 역할이 매우 중요하게 부각되고 있다. 프로젝트가 대형화·복잡화되면서, 프로젝트를 성공시키기 위해 조직 차원에서 엔지니어의 역량을 어디에 집중 혹은 분배해야 하는지, 비즈니스 영역의 사업 우선순위에 따라 어떤 소프트웨어 프로젝트를 우선하여 진행해야 하는지를 분석·결정한다.

PMO의 구성원은 크게 기술적인 부분을 담당하는 분야와 관리적인 부분을 담당하는 분야로 나뉜다. 기술적인 분야는 프로젝트 관리 경험이 많은 프로젝트 총괄 관리자, 품질 관리자, 형상 관리자, 기술 분야 전문가 등으로 구성된다. 관리 분야는 고객 담당자, 재무 관리자, 마켓 플래너 등으로 구성된다.

04 프로젝트 관리 계획서

소프트웨어 개발 프로젝트를 위한 계획서를 어떤 내용으로 작성해야 할까? 앞서 언급한 다양한 이슈 및 방법을 식별하여 정의해야 한다. [그림 5-8]은 프로젝트 관리 계획서를 작성하는 데 참조할 수 있는 목차의 예다.

[그림 5-8]은 소프트웨어 개발 프로젝트에서 초기 단계에 작성해야 할 개발 계획서 예 중 하나다. 필요하다면 새로운 내용을 포함하는 목차를 추가하여 확장할 수 있다. 계획서의 목차는 앞에서 설명한 여러 가지 프로젝트 관리 기법의 결과물을 포함하여 작성할 수 있다. 계획서를 작성할 때는 다음 사항에 유의한다.

- **문서의 목적**

  문서의 목적은 프로젝트의 목적과 구분된다. 해당 문서가 왜, 어떠한 목적으로 작성되며, 어떠한 내용을 포함하는지 설명한다.

- **관련 문서**

  관련 문서는 참고 문헌과 다르다. 해당 문서와 관련된 공식적인 이전 베이스라인 산출물, 관련 표준 등을 다룬다.

- **3.1 팀 구조**

  팀 구조는 프로젝트 관리자를 중심으로 하는 집중형Centralized 팀 구조, 모든 팀 구성원이 의사소통하는 분산형Decentralized 팀 구조, 이들 방식을 혼합한 계층형Hierarchical 팀 구조 중에서 선정한다.

- **5.3 품질 관리 적용 기법**

  품질 관리 적용 기법에는 리뷰, 인스펙션, 테스트와 같은 품질 관리 활동이 정의되어야 한다. 또한 이를 위해 사용하는 도구Tool와 적용 표준 등이 포함될 수 있다.

일반적으로 작은 규모의 소프트웨어 개발에서는 [그림 5-8]에서 제시한 목차를 기준으로 프로젝트 계획서를 작성할 수 있다. 그러나 프로젝트의 규모가 크고 개발 기간이 길면(예를 들면, 3년 이상) '4.2 형상 관리'나 '5. 품질 관리 계획'을 별도의 구분된 문서로 작성할 수 있다.

1. 개요(Introduction)
   1.1 문서의 목적
   1.2 프로젝트 개요
   1.3 관련 문서, 용어 및 약어
2. 개발 계획(Development Plan)
   2.1 프로세스 모델 및 개발 방법론
   2.2 작업 분할도(Work Breakdown Structure)
   2.3 소요 자원(Staffing, Cost)
   2.4 일정 계획(Gantt Chart)
3. 조직 구성(Organization)
   3.1 팀 구조
   3.2 책임 및 역할
4. 기술 관리 계획(Technical Management)
   4.1 버전 관리
   4.2 형상 관리
   4.3 기술 관리
5. 품질 관리 계획(Quality control)
   5.1 품질 목표
   5.2 검토 방법 및 주기
   5.3 품질 관리 적용 기법
   5.4 리스크 관리
6. 개발 환경(Development Environment)
   6.1 요구되는 소프트웨어 스펙
   6.2 요구되는 하드웨어 스펙
   6.3 개발 공간 및 보안 요구사항
7. 개발 산출물(Deliverables)
   7.1 산출물 목록: 산출물 명, 생성 일자, 배포처
8. 기타 고려 사항
9. 참고 문헌 및 부록

그림 5-8 프로젝트 관리 계획서의 작성 목차(예)

형상 관리Configuration Management는 소프트웨어 개발 과정에서 변경 사항이 빈번히 발생할 것으로 예상되는 경우, 어떻게 변경 관리를 수행할 것인가에 대하여 구체적인 형상 관리 계획SCMP, Software Configuration Management Plan을 수립하는 것이다. 여기에는 베이스라인 설정을 비롯하여 변경을 위한 요청부터 변경 영향 분석, 변경 심사 등의 절차와 필요한 양식을 정의하여 제시한다. 품질 관리 계획의 경우에는 SQAPSoftware Quality Assurance Plan를 별도의 문서로 작성한다. 이때 정적 검토(Review, Inspection 등)와 동적 검토(Unit Testing, Integration Testing) 등에 대한 상세한 방법 및 절차, 품질 보증을 위한 방법 및 적용 표준 등도 함께 정의해야 한다.

05 프로젝트 지원 도구

소프트웨어 개발 프로젝트를 수행할 때 좋은 도구를 사용하면 효율적이고 성공적인 소프트웨어 개발을 견인할 수 있다. 프로젝트 관리 도구로는 대체로 프로젝트를 계획하기 위한 도구, 프로젝트 수행 과정에서 발생하는 데이터를 기반으로 한 실행 및 모니터링 도구, 프로젝트 수행에 필요한 품질 관리 도구 등이 있으며, ITSCOPE 도구가 널리 활용되고 있다. 이러한 관점에서 프로젝트를 지원하는 도구로, 비용 산정 도구, 일정 관리 도구, 회의 진행 도구, 문서 저장 및 관리 도구, 형상 관리 도구, 테스트 도구 등이 존재할 수 있다. 이러한 세부 영역의 도구들은 다른 장에서 설명하고 여기서는 전체적인 프로젝트 관리 및 모니터링 도구 관점에서 설명한다.

1 프로젝트 관리 기능

프로젝트 진행 시 작업 계획 수립, 팀 구성, 진도 관리 등을 포함한 전체 수명주기를 관리하는 도구는 사용 도구부터 오픈 소스 지원 도구까지 매우 다양하다. 그중 몇 가지 대표적인 도구의 공통 기능을 소개한다.

■ 계획 기능

- 프로젝트를 수행할 구성원을 등록하고, 팀을 구성한다.
- WBS Work breakdown Structure를 생성하고, 태스크 팀원에게 할당한다.
- 태스크별 일정 계획을 생성하고 검토 및 조정한다.
- 프로젝트 수행의 주요한 마일스톤을 정의한다.

■ 진도 관리 기능

- 각 팀원은 자신에게 할당된 태스크를 개별적으로 수행하고 수행 완료 및 진도 정보를 입력한다.
- 테스크 수행과 관련된 리스크가 발생하면 이슈 Issue를 제기한다.

■ 협업 기능

- 팀원 혹은 팀 간 협업이 요구되는 태스크에 대하여 협업 목표를 설정한다.
- 협업 태스크를 수행하기 위한 협업 공간을 생성하고, 협업자를 참여시킨다.
- 상호 의사소통과 자료 공유를 위한 기반을 제공한다.

■ 배포 기능

- 태스크 수행이 완료되면, 산출물을 저장소에 저장한다.
- 산출물 저장을 위해 Check-in/Check-out 기능을 제공한다.
- 자료에 대한 신속한 검색 기능을 제공한다.

■ 보고서 생성 기능

- 다양한 보고서 생성이 가능하다.
- 팀원을 위한 태스크 목록, 작업 일정 보고서가 생성된다.
- 관리자를 위한 종합 보고서가 제공된다.
- 일정 보고서, 리스크 및 이슈 보고서, 진도 보고서 등이 생성된다.
- 그래프, 파이 차트 등과 같은 형태의 보고서 생성이 가능하다.

■ 통합 기능

- 프로젝트 차원에서 활용 가능한 기능을 포함한다.
- 프로젝트 수행에 필요한 템플릿을 참조 모델로 제공한다.
- 일정 달력, 드롭 박스 등의 기능이 제공된다.

2 PMO 도구

전사 차원에서 소프트웨어 프로젝트를 모니터링하고 통제·관리하기 위한 PMO 조직은 소프트웨어 비즈니스를 위한 필수 조직이다. PMO의 역할을 기반으로 한 주요 기능을 정리하면 다음과 같다.

■ 프로젝트 통합 관리 기능

- 프로젝트 진행의 적정성을 검토하기 위한 Feasibility 분석이 제공된다.
- 프로젝트 수행에 대한 계획 대비 실적을 모니터링한다.
- 단위 프로젝트의 요청 사항을 수렴하고 대응한다.

- 프로젝트 수행에 대한 실적을 분석하고 보고한다.
- 프로젝트의 목표 달성을 보장하기 위해 일정, 범위 등에 대한 관리 지침을 개발한다.

■ **프로젝트 범위 관리 기능**

- 프로젝트에서 정의된 범위 대비 수행 결과를 비교·분석한다.
- 프로젝트 수행 범위에 대한 중복성 확인을 통해 조정 및 통제한다.
- WBS 생성 결과를 기반으로 프로젝트 범위의 타당성을 검토한다.
- 프로젝트 수행 계획서에 근거한 수행 결과를 확인·검증한다.
- 프로젝트 범위에 대한 변경 및 변경 내역을 관리한다.

■ **일정 및 진도 관리 기능**

- 프로젝트 일정 계획의 조정 및 계획 대비 진도 관리를 수행한다.
- WBS의 태스크 단위 일정에 대한 타당성을 검토하고 조정한다.
- 태스크 단위 수행에 대한 프로젝트 전체 차원의 진도를 관리한다.

■ **산출물 품질 관리 기능**

- 요구사항 및 품질 요건을 만족하기 위한 지속적인 품질 평가를 지원한다.
- 산출물별 적정성 및 산출물 간 일관성을 평가한다.
- 산출물 작성 가이드라인, 방법론, 표준 준수성 등을 평가한다.

■ **인적·물적 자원 관리 기능**

- 단위 프로젝트 투입 인력 현황을 관리한다.
- 투입 인력에 대한 적정성 및 변화 인력 영향도를 검토한다.
- 프로젝트에서 요구하는 자원의 현황, 운영, 관리의 적정성을 검토한다.

■ **이슈 및 위험 관리 기능**

- 전사 차원에서 이슈 및 위험 관리 체계를 정의하고 공지한다.
- 발생한 이슈/위험에 대안 현황 파악, 대응 방안, 해결 방안, 처리 결과 등을 관리한다.
- 이슈 및 위험에 대한 보고 체계를 구성한다.
- 전체적인 이슈 및 위험에 대한 유형 분류, 해결 수준 등을 분석한다.

■ **의사소통 관리 기능**

- 프로젝트 관련 이해관계자 간의 의사소통 경로를 지원한다.

- 의사소통 결과(회의록 등)를 관리하고 보고 체계를 운영한다.
- 결정된 사항에 대한 처리 및 후속 사항에 대하여 추적, 모니터링한다.

■ 성과 관리 기능

- 프로젝트에서 발생하는 성과를 관리·활용하기 위한 계획을 수립한다.
- 프로젝트 성과 식별을 위한 지표를 정의하고 제시한다.
- 프로젝트의 핵심 성과 지표를 측정하고 측정 결과를 보고한다.

■ 조직의 능력 관리 기능

- 프로젝트 관리·운영에 필요한 교육 훈련을 실시한다.
- 신규 비즈니스에 적합한 프로젝트 가이드라인을 변경 혹은 개발한다.
- 프로젝트 결과물에 대한 정보 보안 대책을 수립한다.

3 엔지니어링 도구

엔지니어링 도구는 소프트웨어의 분석·설계·코딩·테스트를 지원하는 데 사용되는 도구이며, UML 기반의 객체지향 분석 및 설계 도구, 코딩 도구, 테스트 도구 등을 포함한다. 매우 다양한 도구가 상용 혹은 프리웨어Freeware로 제공되며, 이러한 도구들과 연동된 문서화 도구도 쉽게 찾아볼 수 있다.

엔지니어링 도구는 소프트웨어 분석 및 설계 과정에서 엔지니어의 실수 즉 오류를 줄이는 좋은 수단이며, 협업 수행을 쉽게 할 수 있도록 지원한다. 최근에는 Git과 같은 플랫폼에 통합된 다양한 엔지니어링 도구를 활용하여 소프트웨어를 개발하는 추세다.

프로젝트 IV　프로젝트 관리 계획서 작성하기

실습 프로젝트에 대한 프로젝트 관리 계획서를 [그림 5-8]의 목차에 따라 작성해봅시다. 이때 앞서 프로젝트 I, II, III에서 작성한 내용을 기반으로, 다음 사항을 고려하여 해당 내용을 작성합니다.

(1) 프로젝트 개발 기간과 비용에 특별한 제한을 두지 않는다.
(2) 프로젝트 팀의 구성원에 대한 인원 제한 없이 필요한 팀을 구성한다.
(3) 유사한 시스템의 프로젝트 관리 계획서를 인터넷에서 조사하고 이를 기반으로 충실히 작성해본다.

연습문제

01 성공적인 프로젝트 수행을 위하여 가장 중요한 요소로 인식되고 있는 것은?

① 충분한 일정　　② 스마트한 인력
③ 개발 환경　　④ 충분한 예산

02 다음 내용이 의미하는 것은?

> 어떤 변경이 발생했을 때, 모든 관련자의 합의를 거쳐 변경 사항을 결정한 다음 후속 작업을 수행하기 위한 출발점

① 베이스라인Baseline　　② 산출물Artifacts
③ 마일스톤Milestone　　④ 리스크Risk

03 다음 퍼트 차트에서 임계 경로에 속하는 작업이 아닌 것은?

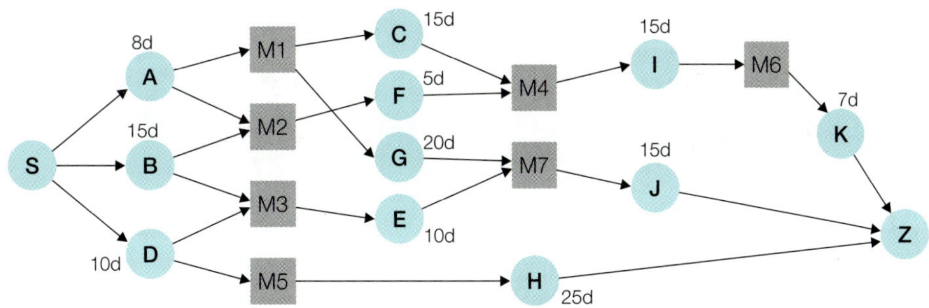

① 작업 A　　② 작업 B
③ 작업 C　　④ 작업 K

04 문제 **03**에 제시된 퍼트 차트를 이용한다면, 작업 F를 가장 늦게 시작할 수 있는 날은 프로젝트 시작 후 며칠째 되는 날부터인가?

① 8일　　② 15일
③ 18일　　④ 20일

05 다음 중 프로젝트 일정 관리를 위해 사용하는 도구와 거리가 먼 것은?

① 작업 분할도WBS ② 칸트 차트Gantt Chart
③ 퍼트 차트Pert Chart ④ 흐름 차트Flow Chart

06 프로젝트 수행 계획서에 포함될 내용으로 적합하지 않은 것은?

① 소요 자원 ② 일정 계획
③ 산출물 목록 ④ 요구사항 목록

07 PMO의 역할로 적절한 것은?

① 사용자 인터뷰 ② 정보 저장소 운영
③ 프로젝트 성과 관리 ④ 테스트 데이터 개발

08 기존의 소프트웨어 시스템과 다른 창의적인 신규 소프트웨어를 개발한다고 할 때, 적합한 팀 구조는?

① 중앙집중형 팀 구조 ② 분산형 구조
③ 하이브리드 팀 구성 ④ 매트릭스형 구조

09 중고 책 거래를 위한 웹 쇼핑몰을 개발한다고 할 때, 다음에 대하여 답하시오.

(1) 어떠한 작업을 수행해야 하는지 WBS를 작성하시오.
(2) WBS에 정의된 단위 작업을 이용하여 PERT-CPM 차트를 적성하시오.
(3) PERT-CPM 차트에서 임계 경로상에 존재하는 작업 일수는 얼마인가?

10 중고 책 거래를 위한 웹 쇼핑몰을 인터페이스 개발 팀, 데이터베이스 개발 팀, 서비스 처리 개발 팀으로 나누어 개발한다고 할 때, 프로젝트 수행 기간 중 발생할 수 있는 리스크를 5가지 이상 식별하여 [표 5-3]을 이용해서 제시하시오.

Chapter

06

소프트웨어 비용 산정

학습목표

- 기능 점수의 탄생 배경을 이해하고, 그 의미를 알아본다.
- 정규법에 의한 기능 점수 산정 절차를 이해한다.
- 간이법에 의한 기능 점수 산정 절차를 이해한다.
- 기능 점수 산정 결과를 이용한 품질 척도 활용 방법을 이해한다.

PREVIEW

소프트웨어 프로젝트를 계획하는 단계에서 고민해야 할 핵심 사항 중 하나는 개발 비용이 얼마나 필요할지 예측하는 것이다. 개발 비용, 즉 프로젝트 비용은 개발자 기술 수준에 따른 능률 차이, 변경 사항 발생 빈도 및 처리의 복잡도 등 예측 불가능한 요인들이 잠재되어 있어 정확하게 산출하기가 어렵다. 그러나 프로젝트를 추진하려면 개발 비용 예측은 필수다. 이 장에서는 체계적이며 합리적인 소프트웨어 규모(비용) 산정 방법인 기능 점수Function Points 분석 방법에 대하여 살펴본다.

01 기능 점수 개요

1 소프트웨어 비용과 기능 점수

과거에는 소프트웨어 프로젝트의 비용을 산정하기 위해서 소프트웨어의 규모가 어느 정도인지를 계산하였다. 이때, 규모 파악은 대개 소프트웨어의 LOC[Lines of Codes]로 산정하였다. 예를 들어 개발 대상 소프트웨어의 규모가 대략 10,000라인이라고 가정하면, 개발자 한 명이 한 달에 1,000라인의 코드를 개발한다고 할 때 개발 기간이 10개월 정도 필요하다는 결론을 얻을 수 있기 때문이다.

여기서 문제는 '어떤 프로그래밍 언어를 사용하여 소프트웨어를 개발하는가'다. 다시 말해, 사용하는 프로그래밍 언어마다 기능 구현을 위한 코드 라인 수가 달라지기 때문에 단순히 LOC만으로 소프트웨어 규모(사이즈)를 언급하는 것은 적합하지 않다는 말이다. 예를 들어 성적 처리 프로그램을 Java 언어로 구현한다면 800라인 정도면 가능하지만, C 언어 수준의 프로그래밍 언어를 사용한다면 1,000라인이 필요할 것이다. 따라서 단순히 몇 줄이냐보다는 몇 개의 기능을 개발하였느냐가 훨씬 중요하다.

이러한 관점에서 소프트웨어에 있는 기능의 양과 복잡한 정도를 기준으로 규모(사이즈)를 산정하는 기능 점수[Function Point] 방법이 제시되었다. 기능 점수 분석 기법이 제안된 과정을 살펴보면 다음과 같다.

- 1979년: IBM의 앨런 알브렛[Allan Albrecht]이 기능의 양을 기반으로 규모 측정을 제안
- 1986년: IFPUG[International Function Point User group] 탄생
- 1987년: 영국 정부에서 기능 점수를 소프트웨어의 표준 생산성 척도로 채택
- 1990년: IFPUG, 기능 점수 산정 실무자 매뉴얼, Rel. 3.0 발행
- 1994년: IFPUG Release 4.0 발행
- 2004년: IFPUG Release 4.2 발행

- 2010년: IFPUG CPM 4.3.2 발행
- 2017년: IFPUG SNAP^SW Non-functional Assessment Process 2.4 발행

기능 점수는 우리나라에서도 현재 모든 소프트웨어 개발 프로젝트의 규모 및 비용 산정의 표준으로 적용되고 있다. 국가에서 추진하는 모든 소프트웨어 개발 사업의 비용을 산정하기 위해서는 식별된 초기 요구사항을 기반으로 기능 점수를 산정해야 한다. 또한 산정된 기능 점수가 적합하게 산출되었는지를 확인하는 소프트웨어 대가 산정위원회를 통해 기능 점수의 적절성을 평가받는다. 이러한 과정을 거쳐 최종적인 소프트웨어 개발 비용을 확정할 수 있으며, 이를 기반으로 제안 요청서를 작성한다.

이와 같은 적절성 평가는 저가로 소프트웨어 개발 프로젝트를 진행하여 품질이 저하되는 문제를 예방하기 위함이다. 또한 적정한 개발 대가를 산정하여 소프트웨어 개발 업체가 받아야 할 적정 대가를 보호하려는 의도도 포함되어 있다. 더 정확한 비용 예측 기법이 제안되지 않는 한, 기능 점수는 앞으로도 오랫동안 소프트웨어 규모 예측 방법으로 사용될 것이다. 그에 따라 기능 점수 산정 방법이 부분적으로 보완되고 다양한 도메인에 지속적으로 적용될 것이다.

2 기능 점수 구성 요소

소프트웨어 규모/비용 산정을 위한 기능 점수는 어떻게 산정될까? 기능 점수에서는 소프트웨어 비용 산정을 위하여 소프트웨어 시스템을 처리와 데이터라는 두 가지 관점에서 접근한다. 두 관점을 각각 처리 기능Transaction Function과 데이터 기능Data Function이라고 하는데, 관점별로 고려해야 할 대상이 존재한다. [그림 6-1]은 기능 점수 산정에 필요한 대상인 소프트웨어 시스템의 구성 요소들을 보여준다.

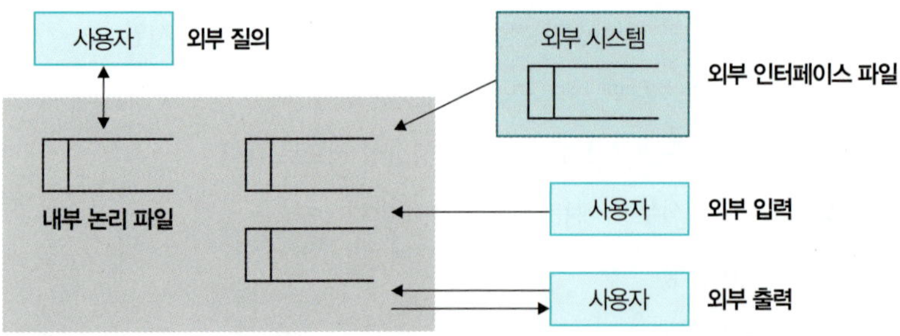

그림 6-1 기능 점수 산정을 위한 소프트웨어 시스템 구성 요소

먼저 데이터 기능Data Function을 살펴보자. 일반적으로 소프트웨어가 처리하는 데이터에는 크게 두 가지 유형이 있다. [그림 6-1]과 같이 소프트웨어는 내부적으로 저장·관리하며 사용하는 내부 데이터 파일Internal Logical File과 외부 시스템에 있다가 필요한 시점에 연동하는 외부 데이터 파일External Interface File을 사용하여 기능을 수행한다. 즉, 데이터 기능의 기능 점수는 내부 데이터와 외부 데이터라는 두 가지 관점에서 계산될 수 있다.

처리 기능Transaction Function은 소프트웨어의 처리 기능 관점에서 기능 점수를 산정하는 것이다. 소프트웨어의 기본 기능인 입력, 출력, 검색의 측면에서 기능의 양과 복잡도를 고려한다.

따라서 기능 점수의 산정 요소를 다음과 같이 정리할 수 있다.

기능 점수 구성 요소 = 데이터 기능 + 처리 기능
- 데이터 기능 = 내부 논리 파일 + 외부 인터페이스 파일
- 처리 기능 = 외부 입력 + 외부 출력 + 외부 질의

위와 같은 5가지 요소에 대하여 각 기능의 양을 카운트Count한 후에 각 기능을 정의한 복잡도의 가능치를 곱하여 기능 점수를 산정한다. 다만, 최종 기능 점수는 소프트웨어 개발 및 운영 환경 특성을 반영하여 결정한다.

02 기능 점수 산정 절차

기능 점수 분석은 소프트웨어 또는 프로젝트의 규모를 예측하기 위한 방법으로, 단위 작업에 대한 효과적인 척도로 사용될 수 있다. [그림 6-2]는 기능 점수 산정 절차를 나타낸다.

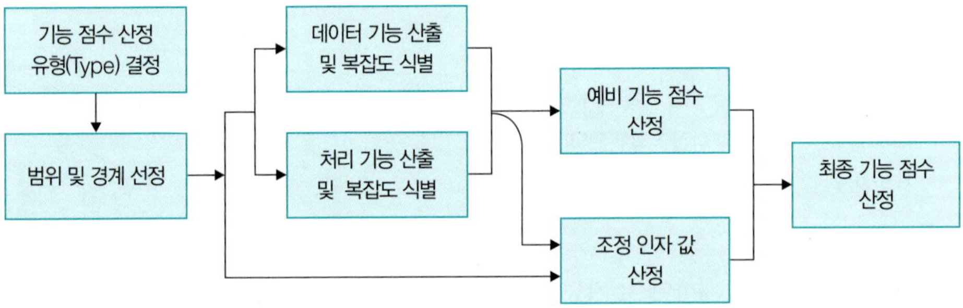

그림 6-2 기능 점수 산정 절차

1 단계 1: 기능 점수 산정 유형Type 결정

기능 점수 산정의 첫 번째 단계는 프로젝트 타입을 결정하는 것이다. 프로젝트 타입에 따라 기능 점수를 합산하는 방법에 차이가 있기 때문이다. 프로젝트 타입을 구분하는 유형은 다음과 같다.

- 개발 프로젝트: 스크래치Scratch부터 시작하여 소프트웨어를 개발하는 경우
- 개선 프로젝트: 새로운 기능을 추가하여 기능을 향상하는 경우
- 유지보수 프로젝트: 기존 기능에서 수정만 수행하는 경우

운영 중인 소프트웨어에 새로운 기능을 추가하는 경우, 새롭게 개발되는 부분과 기존 소프트웨어의 수정 부분 모두 기능 점수 산정에 반영되어야 한다. 여기서는 개발 프로젝트 타입을 기준으로 기능 점수 산정 방법을 제시한다.

2 단계 2: 범위 및 경계Boundary 선정

기능 점수 산정을 위한 범위와 소프트웨어의 경계를 선정한다. 이를 위해 기능 점수 산출 범위, 소프트웨어 획득 방식, 대상 시스템의 세부 내용을 정의한다. 이 세 가지 정보를 선정해야 구체적인 기능 점수를 산정할 수 있다. 특히 대상 시스템의 세부 내용은 기능 점수 산정의 핵심 입력 정보가 되기 때문에 최대한 정확하고 명확하게 정의해야 한다. [표 6-1]은 이 세 가지 사항의 선택 항목을 나타낸다.

표 6-1 기능 점수 산정을 위한 범위 및 경계 선정

대상	선정 가능 항목
산출 범위	☐ 시스템 전체(System) ☐ 응용 소프트웨어 전체(Application) ☐ 응용 소프트웨어의 일부(Subset of Application)
획득 방법	☐ 자체 개발(In-house Development) ☐ 외주 개발(Outsourced Part) ☐ 패키지 구매(Package Purchase)
대상 시스템 범주	☐ 블록 다이어그램(Block Diagram) ☐ E-R 다이어그램(Entity-Relationship Diagram) ☐ 시스템 문맥도(System Context Diagram) ☐ 사용 사례 다이어그램(Use Case Diagram)

[표 6-1]에 제시된 사항이 결정되면, 처리 기능Transaction Function과 데이터 기능Data Function에 대한 기능 점수를 산정할 수 있다. 구체적인 산정 방법은 [그림 6-3]과 같은 예제 시스템을 이용하여 설명한다.

시스템 명칭: 고객 계좌 관리 시스템

주요 요구사항

(1) 고객 정보 관리, 질의 및 보고서 출력 기능
(2) 보고서는 외부 시스템에서 관리되는 고객 신용 정보를 포함해야 함
(3) 은행 상품 정보 유지, 질의 및 보고서 출력 기능
(4) 고객 계좌 정보 유지, 질의 및 보고서 출력 기능
(5) 신용 등급별 고객 목록을 질의 및 출력하는 기능

주요 컴포넌트

- 고객(Customrt): 은행 시스템에 등록된 개인, 법인을 포함하는 모든 고객
- 신용 정보(Credit): 모든 고객에 대한 신용 정보 및 등급
- 계좌(Account): 고객의 가입 상품 계좌 번호
- 상품(Product): 은행이 제공하는 모든 상품 목록
- 상품 설명(Product Description): 상품 상세 정보

시스템/애플리케이션 경계

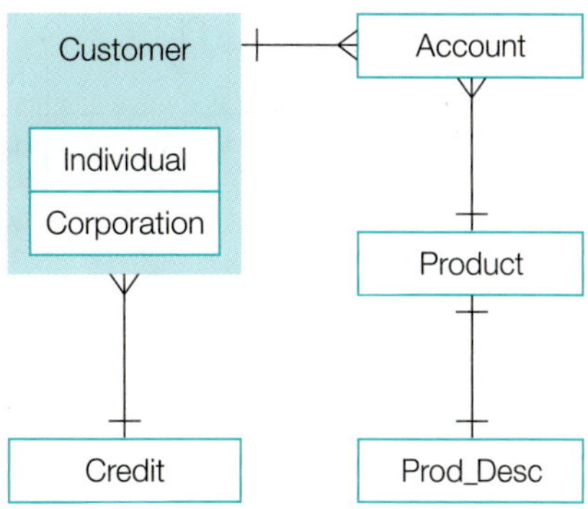

인터페이스 요구사항

- 신용 정보는 외부 시스템에서 유지 관리됨

그림 6-3 기능 점수 산정을 설명하기 위한 예제 시스템

③ 단계 3: 데이터 기능 산출 및 복잡도 식별

데이터 기능을 산정하려면 먼저 내부 논리 파일[ILF]과 외부 인터페이스 파일[EIF]을 식별해야 한다. 내부 논리 파일은 응용 소프트웨어 범위 내에서 유지되어야 하는 파일 또는 레코드 타입(구조체 타입)을 의미한다. 외부 인터페이스 파일은 응용 소프트웨어 밖에 존재하며 단순히 참조하는 데이터 파일을 의미한다.

[그림 6-3]의 고객 계좌 관리 시스템 예제에서 시스템을 구성하는 5개의 핵심 컴포넌트로부터 [표 6-2]와 같은 파일 또는 레코드를 산출할 수 있다. 이는 요구사항으로부터 추출한 것이다.

표 6-2 고객 계좌 관리 시스템의 데이터 기능 산정을 위한 자료 구성

기능 그룹	파일명	파일 타입	필드명	필드 타입	비고
고객 정보	Customer	ILF	C_Name	DET_1	Primary Keys : C_Name, : C_IDN
			C_IDN (SSN / CRN)	DET_2	
			C_Phone	DET_3	
			C_Address	DET_4	
			C_Type_Code	DET_5	
			Credit_Grade (FK)	DET_6	
	Individual	SubFile RET	Job_Name	DET_7	
			Year_Income	DET_8	
			No_Family	DET_9	
	Corporation	SubFile RET	Total_Fund	DET_10	
			Year_Revenue	DET_11	
			Service_Type	DET_12	
			No_Employee	DET_13	
신용 등급	Credit	EIF & RET	Credit_Grade	DET_1	
			Grade_Name	DET_2	
			No_Shift	DET_3	
			Constraints	DET_4	

[표 6-2]를 보면 고객 컴포넌트는 3개의 파일로 구성된다. 즉 일반적인 고객 정보가 담긴 Customer 파일, 고객 유형에 따라 서로 다른 정보가 담긴 개인Individual 고객 파일, 법인Corporation 고객 파일로 구분된다. 이 중 개인 고객 파일과 법인 고객 파일은 Customer 파일 내에 있는 레코드 타입RET으로 존재한다. 3개의 파일은 각각 6개, 3개, 4개 항목으로 구성되어 있어, 전체 고객 정보는 13개의 데이터 항목으로 표현된다.

실습 6-1 데이터 기능 산정하기

[표 6-2]의 고객 계좌 관리 시스템에서 고객 정보Customer information와 신용 등급Credit grade에 대하여 데이터 기능을 선정하기 위한 자료들을 작성하였다. [그림 6-3]의 요구사항을 바탕으로 계좌 정보Account에 대한 데이터 기능을 산정하기 위해 다음 표를 완성하시오.

기능 그룹	파일명	파일 타입	필드명	필드 타입	비고
계좌 정보	Credit		Account_Number	DET_1	

위와 같은 방법으로 산정한 각 정보의 데이터 항목 수는 다음과 같다. 신용 등급Credit Grade 정보는 4개의 데이터 항목을, 계좌Account 정보는 8개의 데이터 항목을 갖는다. 상품Product 정보는 상품 설명Product Description 컴포넌트를 포함하여 7개의 데이터 항목을 갖는다. 이와 같은 데이터 항목 수를 기반으로 하여 ILF와 EIF의 복잡도는 [표 6-3]의 매트릭스로 결정한다.

표 6-3 ILF와 EIF의 복잡도를 결정하기 위한 매트릭스

			데이터 항목 수	
		1 – 19	20 – 50	>= 51
레코드 항목 유형 수	1	Low	Low	Average
	2 – 5	Low	Average	High
	> 5	Average	High	High

[표 6–3]을 이용하면 ILF에 해당되는 고객 컴포넌트의 경우 데이터 항목 수가 13이고 레코드 타입의 파일이 2개(Individual과 Corporation)이므로 Low 수준의 복잡도를 갖는다. 다른 컴포넌트도 이와 동일한 방식으로 복잡도를 결정할 수 있다. 즉 계좌 컴포넌트는 각각 8개, 1개로 Low 복잡도를, 상품 컴포넌트는 각각 7개, 1개로 Low 복잡도를, EIF에 해당되는 신용 등급 컴포넌트는 각각 4개, 1개로 역시 Low 복잡도를 갖는다.

4 단계 4: 처리 기능 산출 및 복잡도 식별

처리 기능은 응용 소프트웨어가 데이터를 처리하여 사용자에게 제공하는 기능이다. 앞서 언급했듯이 입력, 출력, 질의의 세 가지 타입이 존재한다. 데이터 기능에서 식별된 각 ILF와 EIF 파일에 대하여 일반적으로 다음과 같은 5가지 처리 함수를 고려한다.

- Create(): 입력 처리 함수로, 사용자가 입력해야 하는 데이터 항목 수를 산정한다.
- Update(): 입력 함수에 해당하며, 사용자 요청에 의해 변경되는 데이터 항목을 처리한다.
- Delete(): 입력 함수에 해당하며, 삭제는 주키와 보조키의 삭제를 통해 이루어진다.
- Report(): 출력 함수에 해당하며, 사용자에게 전달되는 데이터 항목과 보고서 출력을 위한 부가적인 형식 및 계산 처리 등을 포함한다.
- Inquiry(): 질의 함수에 해당하며, 사용자에게 정보를 제공할 목적으로 접근하는 데이터 항목의 수를 계산한다.

이 5가지 함수에 대하여 각각의 파일에서 몇 개의 데이터 항목이 관련되어 있는가를 카운트하면 [표 6–4]를 얻을 수 있다.

표 6-4 고객 계좌 관리 시스템의 처리 기능 산정을 위한 자료 구성

유형	ILF/EIF 명칭	처리 태스크	데이터 항목 수	참조 파일
입력	Customer	Create_Customer	13 DETs of Customer 3 DETs of Credit	Customer Credit
		Update_Customer	13 DETs of Customer 3 DETs of Credit	Customer Credit
		Delete_Customer	2 DETs of Customer 1 DETs of Account	Customer Account
출력	Customer	Customer_Report	13 DETs of Customer 3 DETs of Credit 6 DETs of Derived	Customer Credit
질의	Customer	Customer_Inquiry	15 DETs of Customer	Customer

[표 6-4]를 보면, 신규 고객을 등록하는 "Create_Customer" 함수는 고객 정보인 13개의 데이터 항목과 고객의 신용 정보 데이터인 3개 항목에 접근하여 처리한다. 출력 기능의 "Customer_Report" 함수는 고객 정보와 신용 정보에 해당하는 16개 데이터 항목을 출력하는데, 이때 고정된 양식의 데이터를 출력하기 위해 통상적으로 데이터 항목의 40%가 추가적으로 합산된다. 따라서 이 함수의 경우 6개의 데이터 항목이 Derived 타입으로 추가되었다. 질의 함수도 처리를 위한 메시지와 명령어들이 각각 하나의 데이터 항목으로 카운트되어 15개의 데이터 항목으로 산출되었다. 이처럼 각 처리 함수에 대한 접근 데이터 항목의 개수가 정해지면, [표 6-5]와 같은 처리 기능에 대한 복잡도 매트릭스를 이용하여 복잡도 수준을 결정한다.

표 6-5 Input, Output, Inquiry의 복잡도를 결정하기 위한 매트릭스

외부 입력		데이터 항목 수		
		1 – 4	5 – 15	>= 16
참조 파일 수	<2	Low	Low	Average
	2	Low	Average	High
	>2	Average	High	High
외부 출력		**데이터 항목 수**		
		1 – 5	6 – 19	>= 20
참조 파일 수	<2	Low	Low	Average
	2 – 3	Low	Average	High
	>3	Average	High	High
외부 질의		**데이터 항목 수**		
		1 – 5	6 – 19	>= 20
참조 파일 수	1	Low	Low	Average
	2 – 3	Low	Average	High
	>3	Average	High	High

처리 기능에 대한 복잡도 매트릭스를 통해 Create_Customer 함수는 High 복잡도 수준을 보인다. 출력에 해당하는 Customer_Report는 High 복잡도 수준을, 질의에 해당하는 Customer_Inquery는 Low의 복잡도 수준을 보인다.

5 단계 5: 예비 기능 점수 산정

단계 3~4를 거쳐 모든 데이터 기능과 처리 기능에 대한 복잡도가 산정되면, 각 복잡도에 대한 가중치 값을 결정하여 곱해준다. 복잡도에 대한 가중치 산정 테이블은 [표 6–6]과 같다.

표 6-6 데이터 기능과 처리 기능의 복잡도에 따른 가중치 매트릭스

컴포넌트	기능 수준		
	Low	Average	High
ILF	X 7	X 10	X 15
EIF	X 5	X 7	X 10
EI	X 3	X 4	X 6
EO	X 4	X 5	X 7
EQ	X 3	X 4	X 6

[표 6-6]의 가중치 매트릭스를 이용하여 산정한 ILE와 EIF의 예비 기능 점수는 다음과 같이 산정된다. 따라서 데이터 기능은 총 26점(=7×3+5)을 얻게 된다.

- ILF – Customer : Low → Weight 7
- ILF – Account : Low → Weight 7
- ILF – Product : Low → Weight 7
- EIF – Credit : Low → Weight 5

이 방법과 유사하게 처리 기능에 대한 예비 기능 점수를 산정하면, 입력은 38점, 출력은 23점, 질의는 12점으로 계산된다. 따라서 데이터 기능과 처리 기능의 기능 점수 합계는 26+38+23+12=99점이 된다.

6 단계 6: 조정 인자 값 산출

산정된 예비 기능 점수는 소프트웨어 기능만 고려한 것이다. 만약 사용자가 미려한 사용자 인터페이스를 요구하거나, 소프트웨어 시스템이 분산 환경에서 동작해야 한다면 또 다른 노력이 필요하다. 이러한 운영적·환경적 특성을 지원하는 분석이 조정 인자 값 산출 과정이다. 고려해야 할 조정 인자를 시스템 특성이라는 관점에서 정리할 수 있는데, 다음과 같은 14개의 인자가 존재한다.

1. 데이터 통신	8. 온라인 갱신
2. 분산 데이터 처리	9. 복잡한 처리
3. 성능	10. 재사용성
4. 비중 있는 구성	11. 설치 용이성
5. 처리율	12. 운영 용이성
6. 온라인 데이터 입력	13. 다수의 사이트
7. 사용자 효율성	14. 변경 지원

각 시스템의 특성은 어떻게 조정 인자 값으로 추정될까? 각 인자에 대해 0부터 5까지의 스케일 값으로 영향도Degree of Influence를 결정한다. 개발 대상 소프트웨어와 관련성이 없는 특성인 경우 영향도의 값이 0이 되고, 전체적으로 영향도가 강한 경우 값이 5로 결정된다. 14개의 인자는 각각 다음과 같은 개략적인 스케일 값을 갖는다.

- 데이터 통신Data Communication: 단순한 배치 처리이거나 단독 PC에서 운영되면 네트워크 기반의 통신이 존재하지 않기 때문에 영향도는 0, 원격 배치 처리이거나 원격 출력이면 1, 원격 배치 처리이고 원격 출력이면 2, 온라인 데이터 수집 또는 원격 전처리를 수행하는 경우에는 3, 다수의 전처리 과정과 통신 프로토콜을 사용하면 4, 다수의 전처리와 서로 다른 다수의 통신 프로토콜이 사용된다면 5의 값을 배정한다.
- 분산 데이터 처리Distributed Data Processing: 시스템 간에 전송이 없음(0), 처리를 위한 데이터 가공(1), 다른 시스템으로 데이터 전송(2), …, 데이터의 동적 이동성Dynamic Mobility 제공(5)
- 성능Performance: 명시적인 성능 요구사항 없음(0), 성능 요구사항이 제시되었으나 별도의 처리 필요 없음(1), …, 전체 운영 시간 동안 중요한 성능 요구사항과 성능을 고려하는 설계 필요함, 설계 및 구현 단계에 성능 분석 도구가 필요함(5)
- 비중 있는 구성Heavily Used Configuration: 제안 없음(0), 운영 제약 사항이 존재하나 특별한 조치 필요 없음(1), …, 특별한 제약이 필요하고 분산 환경에서의 운영 제약이 요구됨(5)
- 처리율Transaction Rate: 기능 수행의 처리 성능에 대한 최고치 요구 없음(0), 월간/분기간/연간 최고치 처리 필요함(1), 주간 단위 최고치 처리 필요함(2), …, 높은 처리율을 위해 설계 개발 과정에서 분석 도구가 필요함(5)
- 온라인 데이터 입력Online Data Entry: 모든 처리는 배치 구조로 이루어짐(0), 전체의 7%가 상호작용 방식에 의한 데이터 입력(1), 전체의 15%가 상호작용 방식에 의한 데이터 입력(2), …, 전체의 30% 이상이 상호작용 방식에 의한 데이터 입력(5)
- 사용자 효율성End User Efficiency: {메뉴 전개 방식, 온라인 도움말, 자동 커서 이동, 스크롤링, 원격 인쇄, 함수 키, 인터페이스 컬러, 마우스, 터치스크린, 팝업 윈도우, 다중 언어 지원 등}과 같은 다양한 사용자 지원 기능에 대하여, 어느 것도 고려하지 않는 경우(0), 3개 정도가 제공되어야 하는 경우(1), …, 6개 이상 지원되어야 하며 효율성 향상을 위해 특별한 도구가 필요한 경우(5)
- 온라인 갱신Online Update: 필요 없음(0), 3개의 온라인 갱신 제어 파일, 적은 양의 갱신 및 쉬운 복구(1), …, 핵심 파일에 대한 온라인 갱신(3), …, 핵심 파일의 온라인 갱신과 많은 데이터양, 높은 복구 비용이 요구됨(5)
- 복잡한 처리Complex Processing: {민감한 처리 및 보안 처리, 과도한 논리 연산, 방대한 수학 함수 호출, 많은 예외 처리, 복수의 입출력을 지원하는 복잡한 처리} 중에서 요구사항이 없는 경우(0), 1개 정도 요구되는 경우(1), …, 5가지 모두가 요구되는 경우(5)
- 재사용성Reusability: 재사용 요구 없음(0), 재사용 코드가 사용되었을 때, 전체의 10% 미만이 재

사용된 경우(1), 전체의 10% 이상 재사용되어야 하는 경우(2), …, 쉬운 재사용을 위한 패키지화 문서화가 필요하고 유지보수 활동을 위해 사용되어야 하는 경우(5)

- 설치 용이성Installation Ease: 특별한 고려 사항 없음(0), 명시적인 요구사항은 없으나 설치 시 특정한 절차가 필요함(1), 변환 및 설치 작업이 필요함(2), 변환과 설치 작업이 필요하고, 프로젝트에서 이 부분이 중요하게 고려되어야 하는 경우(3), …, 앞의 (3)에 추가하여 자동화된 변환 및 설치 도구가 제공되어야 하는 경우(5)
- 운영 용이성Operational Ease: {효율적인 설치, 백업, 복구 및 사용자 간섭 필요, 효율적이나 사용자 간섭 불필요, 보조 저장 장치를 최소한으로 사용, 종이 사용 최소화}에 대하여 특별한 고려 사항이 없는 경우(0), …, 네 가지가 고려되어야 하는 경우(4), 모든 동작에 대하여 사용자 간섭이나 조정이 전혀 필요 없는 경우(5). 수준 5를 지원하기 위해서는 운영자를 지원하는 다양한 기능이 개발·포함되어야 한다.
- 다수의 사이트Multiple Sites: 한 장소에만 설치 운영(0), 다수의 설치 장소나 동일한 하드웨어 소프트웨어 환경(1), …, 다수의 사이트에 설치를 위한 계획이 필요하고, 서로 다른 하드웨어 및 소프트웨어 환경에 설치(5)
- 변경 지원Facilitate Change: 특별한 요구사항 없음(0), 단순한 변경 요청을 지원하기 위한 융통성 있는 질의 및 보고서 기능(1), 중간 정도의 복잡도를 갖는 질의에 대한 융통성 있는 질의 및 보고서 기능(2), 복잡한 요구에 대한 융통성 있는 질의 및 보고서 기능(3), 온라인 상호작용에 관리되어야 하는 제어 데이터 및 하루 정도의 처리 시간 허용(+1), 온라인 상호작용에 관리되어야 하는 제어 데이터 및 즉시 처리(+2)

이상에서 제시한 14개의 시스템 특성에 대하여 영향도가 결정되면 각 영향도의 합TDI, Total Degree of Influence을 구한 후에 다음 공식에 따라 조정 인자 값VAF을 산출한다.

$$VAF^{\text{Value Adjustment Factor}} = (TDI \times 0.01) + 0.65$$

일반적으로 단순한 배치 처리의 경우 TDI 값이 15보다 작은 값이 산출된다. 실시간, 원격 통신, 제어 시스템인 경우에는 30~60 정도의 TDI 값이 산출될 수 있다. 이러한 값에 의하여 배치 처리 응용 소프트웨어의 VAF 값은 1보다 작은 0.8 수준, 실시간 제어 시스템인 경우는 1.25 수준의 값이 결정될 수 있다.

따라서 앞서 예로 사용된 고객 계좌 관리 시스템의 경우 TDI 값이 29로 결정되었다고 가정하면 $VAF = (29 \times 0.01) + 0.65 = 0.94$ 값이 결정된다. 즉, 1보다 작은 값이 산출되었다.

실습 6-2	조정 인자 값 산출을 위한 시스템 특성 평가하기

고객 계좌 관리 시스템에 대하여 운영 환경을 고려하는 조정 인자 값을 산출하기 위해 다음의 14가지 시스템 특성 값을 산정해보시오.

시스템 특성 항목	제공하는 시스템 특성	영향도	비고
1. 데이터 통신			
2. 분산 데이터 처리			
3. 성능			
4. 비중 있는 구성			
5. 처리율			
6. 온라인 데이터 입력			
7. 사용자 효율성			
8. 온라인 갱신			
9. 복잡한 처리			
10. 재사용성			
11. 설치 용이성			
12. 운영 용이성			
13. 다수의 사이트			
14. 변경 지원			
합계			

7 단계 7: 최종 기능 점수 산출

기능 점수 산정의 마지막 단계는 최종 기능 점수를 산정하는 것이다. 이 점수는 앞 단계에서 결정된 VAF 값을 예비 기능 점수에 곱해주는 것이다. 따라서 고객 계좌 관리 시스템의 경우 예비 기능 점수 값이 99점이므로, $99 \times 0.94 = 93.1$이다. 즉, 최종 기능 점수는 93.1포인트가 된다.

03 정규법과 간이법

6.2절에서 설명한 기능 점수 산정 절차는 정규법에 의한 기능 점수 산정 과정이다. 그런데 정규법에 의한 기능 점수 산정 시 초기 점수 산정을 위해 요구되는 데이터들이 충분히 식별되기 어렵다는 문제가 있다. 이러한 문제는 [표 6-3]에서 살펴보았듯이 복잡도를 판단하기 위한 데이터 개수의 범위가 상대적으로 넓어(예를 들면, Average의 경우는 데이터 개수가 20개에서 50개까지임), 1~2개 데이터를 식별하지 못했더라도 복잡도에 큰 영향을 미치지 않을 수 있다는 가정 아래 다소 문제를 완화시키고 있다.

그러나 초기 데이터 식별의 어려움, 적용 절차의 복잡함 등으로 인하여 정규법이 아닌 간이법으로 기능 점수를 산정하는 방법이 제시되었다. 이 방법은 모든 단위 입출력에 대한 복잡도를 각각 산정하지 않고 평균 복잡도를 이용하여 기능 점수를 산정하는 것이다. [표 6-7]은 기능 점수 산정의 정규법과 간이법을 비교한 것이다.

표 6-7 기능 점수 산정의 정규법과 간이법 비교

구분	정규법	간이법
선정 목적	상세하고 정확한 기능 점수 측정	개략적인 예측용 기능 점수 산정
측정 항목	데이터 기능과 처리 기능	데이터 기능과 처리 기능
복잡도 적용	기능별, 단위 파일별 복잡도	평균 복잡도
적용 시기	개발 수명주기 전체에서 가능하나 상세 설계 이후 정확성이 높음	사업 준비 단계, 제안서 작성 단계 등에서 활용 가능함
장점	측정 정확도가 높으며, 다양하게 활용 가능함	신속한 측정이 가능함
단점	사업 초기 단계에서 적용하기 어려움	제한적 데이터 사용으로 정확성이 부족함

1 간이법 산정 절차

정규법이든 간이법이든 기능 점수를 산정할 때 특별히 고려해야 할 점은 기능 점수를 개발 비용 관점에서 산정하는 것이 아니라 사용자가 수행하는 업무를 중심으로 산정해야 한다는 것이다. 또한 사용자 요구사항에 기반하여 측정되는 기능 점수는 비기능적 요구사항은 고려하지 않고 기능적 요구사항만 고려하여 산정된다.

간이법에서도 정규법과 마찬가지로 내부 논리 파일과 외부 인터페이스 파일을 고려하는 데이터 기능과 입력, 출력, 질의를 고려하는 처리 기능으로 구분하여 기능 점수를 산정한다. 간이법에 의한 기능 점수 산정 절차는 [그림 6-4]와 같다.

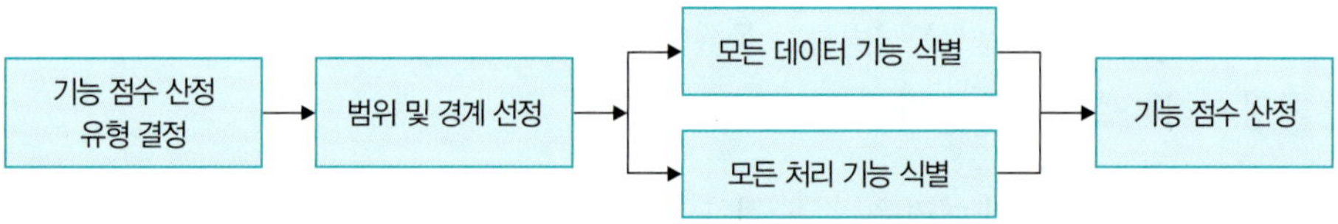

그림 6-4 간이법에 의한 기능 점수 산정 절차

2 간이법 단계별 산정

[그림 6-4]에 나타난 간이법에 의한 기능 점수 산정 절차를 좀 더 세부적으로 살펴보자. 간이법은 정규법과 달리 시스템 조정 인자 고려 과정을 거치지 않으며, 각 데이터 기능과 처리 기능 단위로 제공했던 복잡도 테이블도 주어지지 않는다.

단계 1, 2: 산정 유형Type 및 적용 범위Boundary 선정

기능 점수 산정을 위한 대상 시스템 범위 선정은 정규법이나 간이법이나 동일하게 진행된다. 산정 유형 결정은 스크래치부터 개발하는 프로젝트 유형인지, 단위 애플리케이션을 대상으로 하는 점수 산정인지, 개선과 같은 유지보수 프로젝트인지를 결정하는 것이다. 적용 범위 선정은 기능 점수 산정을 위한 사용자의 기능적 요구사항 집합을 의미한다. [표 6-1]에서 제시하는 양식을 이용하여 정리할 수 있다.

기능 점수 산정 범위를 표현하기 위하여 정규법에서는 블록 다이어그램이나 E-R 다이어그램 등을 사용하는데, 간이법에서는 다양한 프로젝트의 산출물, 예를 들면 요구사항 정의서나 시스템 기능 구조도 등을 이용하여 단위 프로세스를 선정한다. 업무 기능 단위 프로세스를 식별하여 목록화하는 것으로 요구사항 기반의 적용 범위를 식별할 수 있다.

단계 3: 데이터 기능Data Function 식별

데이터 기능은 데이터를 저장하고 참조하는 기능적 사용자 요구사항으로서, 논리적으로 연관되고 사용자가 식별 가능한 모든 데이터나 제어 정보를 의미한다. 간이법의 데이터 기능은 개발 대상 애플리케이션 내부에 존재하는 데이터 그룹과 외부에 존재하는 인터페이스를 대상으로 정의한다.

- 대상 시스템을 구성하는 서브시스템을 식별한다.
- 서브시스템별로 세부 단위 업무를 식별한다. 이때 단위 업무는 소프트웨어 기능에 의해 지원될 독립적인 업무 프로세스에 해당된다.
- 단위 업무 프로세스를 식별하기 어려운 경우, 업무를 지원하게 될 기능 단위 화면을 하나의 단위 업무로 간주할 수 있다.

데이터 기능 식별은 각 단위 업무에 대한 내부 논리 파일의 개수와 인터페이스 대상 외부 파일의 개수를 카운트하는 것이다. 실제로 구축될 전자 파일의 관점이 아닌 업무 처리 과정상에서 사용되는 논리적인 파일 단위로 카운트한다.

단계 4: 처리 기능Transaction Function 식별

처리 기능은 데이터를 처리하는 기능적 사용자 요구사항으로, 사용자에게 의미 있고 비즈니스를 일관된 상태로 유지하는 입력, 출력, 질의에 해당되는 처리 로직을 의미한다. 처리 기능을 카운트하기 위한 가이드라인은 다음과 같다.

- 외부 입력은 외부로부터 데이터가 입력, 수정, 삭제되는 경우를 단위 업무별로 카운트한다.
- 외부 출력은 계산이나 통계, 그래프가 들어가는 보고서가 있는 경우를 단위 업무별로 카운트한다.
- 외부 조회는 저장된 데이터를 보여주는 일반적이고 단순한 보고서 형태가 있는 경우 단위 업무별로 카운트한다.

위에서 설명한 데이터 기능과 처리 기능의 카운터 예를 [표 6-8]에 나타내었다. 표의 숫자는 단순히 정의된 임의의 수치다.

표 6-8 데이터 기능과 처리 기능의 카운트(예)

단위 업무 식별자	데이터 기능		처리 기능				
	ILF	EIF	EI			EO	EQ
			입력	수정	삭제		
P1	1	0	1	1	1	0	1
P2	2	0	2	1	1	1	2
P3	0	1	1	1	0	1	2
P4	1	0	2	1	1	0	2
합계	5	1	6	4	3	2	7

[표 6-8]을 보면 단위 업무 P1은 1개의 데이터 파일을 저장하며, 외부 인터페이스는 존재하지 않는다. 단위 업무 P1을 수행하는 과정에서 데이터 입력 처리는 1회, 수정과 삭제도 각 1회가 발생했다. 단순 질의 보고서(화면 표시)는 1회 생성된다.

단계 5: 기능 점수 산정

단계 4에서 얻은 결과는 개발 대상 시스템의 기능 점수를 최종 산정하기 위한 입력 값으로 사용될 수 있다. 간이법에서는 최종 기능 점수를 산정하기 위해 평균 가중치 값을 사용한다. 평균 가중치 값은 방대한 양의 시스템 개발에 대한 복잡도를 분석하여 경험적·통계적으로 얻은 값이다. [표 6-9]와 같이 데이터 기능과 처리 기능의 각 구성 요소에 대한 값으로 정해놓았다.

표 6-9 간이법의 평균 복잡도 가중치

Components	ILF	EIF	EI	EO	EQ
Weights	7.5	5.4	4.0	5.2	3.9

[표 6-8]의 예에 대한 최종 기능 점수의 산정은 다음과 같다. 주어진 데이터 기능과 처리 기능의 각 컴포넌트에 대한 합계([표 6-8]의 하단에 계산된 합계)에 [표 6-9]에서 제시한 평균 가중치 값을 곱하여 값을 얻는다.

$$\text{최종 기능 점수} = (5\times7.5)+(1\times5.4)+((6+4+3)\times4.0)+(2\times5.2)+(7\times3.9)$$
$$= 132.6$$

실습 6-3 간이법에 의한 데이터 및 처리 기능 카운트하기

고객 계좌 관리 시스템에 대한 기능 점수를 간이법으로 산정한다고 할 때, [표 6-8]과 같은 형식을 이용하여 다음 표를 완성하고자 한다.

<table>
<tr><th rowspan="3">단위업무
식별자</th><th colspan="2">데이터 기능</th><th colspan="5">처리 기능</th></tr>
<tr><th rowspan="2">ILF</th><th rowspan="2">EIF</th><th colspan="3">EI</th><th rowspan="2">EO</th><th rowspan="2">EQ</th></tr>
<tr><th>입력</th><th>수정</th><th>삭제</th></tr>
<tr><td>고객 관리</td><td></td><td></td><td></td><td></td><td></td><td></td><td></td></tr>
<tr><td>계좌 관리</td><td></td><td></td><td></td><td></td><td></td><td></td><td></td></tr>
<tr><td>상품 관리</td><td></td><td></td><td></td><td></td><td></td><td></td><td></td></tr>
<tr><td>신용 정보 조회</td><td></td><td></td><td></td><td></td><td></td><td></td><td></td></tr>
<tr><td>합계</td><td></td><td></td><td></td><td></td><td></td><td></td><td></td></tr>
</table>

완성된 표의 값을 기반으로 [표 6-9]의 평균 복잡도 가중치를 이용하여 고객 계좌 관리 시스템에 대한 최종 기능 점수 값을 산정해보시오.

04 기능 점수 활용

기능 점수로 산정된 값이 93.1이라고 제시된다면, 어느 정도의 소프트웨어 규모라고 판단할 수 있는가? 아직은 기능 점수만으로 소프트웨어의 규모를 짐작하기가 쉽지 않을 것이다.

1 기능 점수와 프로그래밍 언어

국제 기능 점수 사용자 그룹IFPUG, International Function Points User Group에서는 기능 점수와 프로그래밍 언어별 LOC에 대한 매핑 테이블을 제공하고 있다. 이 테이블 값은 통계적인 분석에 의해 제시되는 것이며, 항상 정확한 값으로 사용될 수 없고 참고 사항으로만 활용 가능하다. 이 테이블은 [표 6-10]과 같다.

표 6-10 기능 점수 1포인트당 프로그래밍 언어의 LOC

프로그래밍 언어		LOC	프로그래밍 언어	LOC
Assembly	Basic	320	FORTRAN	107
	Macro	213		
BASIC		107	HTML 3.0	15
Visual Basic		29	LISP	64
C		128	JAVA	53
C++		53	PL/I	80
COBOL		107	SQL	13
DELPHI		29	Power Builder	16

[표 6-10]은 프로그래밍 언어별로 '기능 점수 1포인트당 얼마의 LOC로 고려될 수 있는가'에 대한 정보를 나타낸다. 테이블 정보를 보면 언어의 특성별로 유사한 값이 나타나는데, C++와 JAVA 같은 객체지향 언어는 53LOC로, 절차적 언어인 C는 128LOC로 간주된다.

앞서 제시된 고객 계좌 관리 시스템의 경우 93.1점의 기능 점수가 산출되었기 때문에 C 언어로 개발된다면 대략 $93.1 \times 128 = 11,916$줄 정도의 규모에 해당하며, C++ 또는 JAVA로 구현한다면 $93.1 \times 53 = 4,934$줄 정도에 해당한다고 볼 수 있다.

산정된 기능 점수를 기반으로 개발 비용을 산정하고자 할 때, 기능 점수 1포인트당 개발 단가는 어떻게 정해질까? 2016년 한국소프트웨어산업협회에서 발표한 기능 점수 산정 가이드라인을 보면 기능 점수당 표준 단가는 519,203원이다. 따라서 고객 계좌 관리 시스템의 예제 시스템의 개발비는 $93.1 \times 519203 = 48,337,799$원으로 산정될 수 있다.

2 기능 점수와 품질 척도

산정된 기능 점수를 단순히 소프트웨어의 규모를 나타내는 정보로만 사용할 것인가? 기능 점수는 소프트웨어 개발에서 단위 작업에 대한 효율적인 척도로 사용될 수 있다. 따라서 다양한 품질 척도를 제시하는 데 기능 점수를 유용하게 사용할 수 있다.

예를 들어 생산성Productivity 척도를 나타내기 위해 기능 점수를 사용한다면 다음과 같이 계산할 수 있다.

$$\text{기능 점수당 개발 시간} = \frac{\text{프로젝트에 투여된 총 개발 시간}}{\text{배포된 소프트웨어의 기능 점수}}$$

또한 소프트웨어 품질과 관련하여 결함의 밀도는 다음과 같이 계산할 수 있다.

$$\text{결함 밀도}^{\text{Defect Density}} = \frac{\text{전체 소프트웨어 결함의 수}}{\text{총 기능 점수 값}}$$

하나의 기능 점수에 대해 요구되는 문서화의 양을 척도로 나타내고자 한다면 전체 작성된 문서의 페이지 합을 기능 점수로 나눈 값으로 제시할 수 있다. 기능 점수 1포인트당 개발 비용은 전체 프로젝트 예산을 산출된 기능 점수의 값으로 나누어 산정할 수 있다. 신뢰성도 다음과 같이 기능 점수를 이용하여 표현할 수 있다.

$$\text{신뢰성}^{\text{Reliability}} = \frac{\text{소프트웨어 고장의 횟수}}{\text{총 기능 점수 값}}$$

앞의 신뢰성 척도는 기능 점수 1포인트당 고장이 몇 번 발생하는가를 나타내는 값이다. 일반적으로 0.00x 정도의 값으로 나타날 것이다.

기능 점수 분석 기법을 적용하면 어떤 이점을 얻을 수 있을까? 소프트웨어 계획 단계에서는 기능 점수 분석 과정을 통해 요구사항을 더욱 명확하게 이해할 수 있으며 이 값을 이용하여 일정, 비용 등을 좀 더 적절하게 산출할 수 있다. 또한 프로젝트 관리 관점에서 보면, 프로젝트에 설정된 베이스라인마다 품질 관리를 위한 정량적 수치로 활용할 수 있어, 개발이 진행됨에 따라 품질이 향상되거나 품질 목표를 달성하고 있는지를 쉽게 비교할 수 있다. 개발 조직 관점에서는 기능 점수를 이용한 유지보수성 척도를 기반으로 유지보수 담당 팀을 운영할지 여부를 결정할 수 있을 것이다.

참고로, 산업체에서는 소프트웨어를 개발하는 것도 비즈니스 활동이기 때문에 모든 노력에 대해 비용을 산정하는 일이 중요하다. 단순히 기능 점수를 기반으로 산정되는 비용은 소프트웨어를 개발하기 위한 비용에 해당된다. 그러나 소프트웨어를 개발하기 위하여 정보 전략을 수립하는 ISP^Information Strategic Planning^ 활동 또는 기업의 정보 시스템에 대한 전사적인 아키텍처를 개발하는 EA^Enterprise Architecture^ 활동 등에도 소요 비용을 산정할 수 있다. 소프트웨어 대가 산정에 대한 내용은 한국소프트웨어산업협회에서 발간한 'SW사업 대가산정 가이드'를 참조할 수 있다.

프로젝트 V **프로젝트의 기능 점수 산정해보기**

실습 프로젝트에서 정의한 소프트웨어의 기능 점수를 산정해봅시다. 기능 점수 산정은 정규법과 간이법 중 한 가지를 선택하여 진행합니다. 아직 구체적인 요구사항이 정의되지 않았기 때문에 간이법 사용이 더 용이할 수 있습니다.

(1) 데이터 기능에 대하여 분석하고 표로 정리하기
(2) 처리 기능에 대하여 분석하고 표로 정리하기
(3) 가중치를 곱하여 최종 기능 점수 산정하기

01 다음 중 소프트웨어의 규모를 산정하는 방법과 거리가 먼 것은?

① Function Point ② LOC

③ COCOMO ④ Fan-Out

02 소프트웨어 비용 산정을 위한 기능 점수 방법에서 고려해야 할 구성 요소와 거리가 먼 것은?

① 내부 논리 파일 ② 외부 인터페이스 파일

③ 데이터베이스 크기 ④ 외부 질의

03 다음 그림은 기능 점수를 산정하는 정규법의 절차를 나타낸다. 물음표(?)로 표시된 상자 안에 들어갈 활동은?

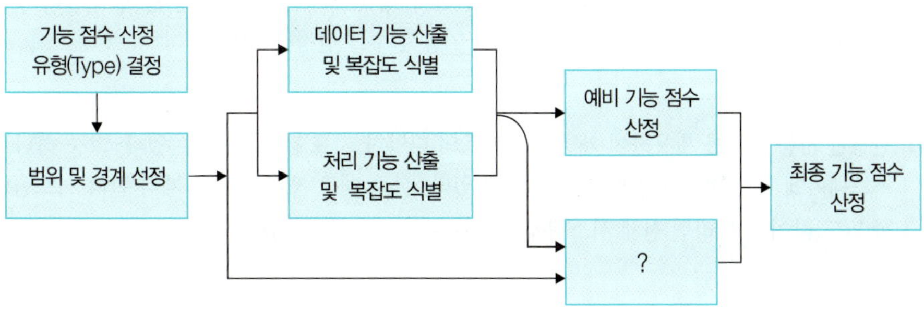

04 다음은 기능 점수 산정 방법에 대한 설명이다. 적합하지 않은 것은?

① 데이터 기능과 처리 기능의 관점에서 산출된다.

② 개발 시스템의 운영 환경 특성을 가중치로 고려해야 한다.

③ 삭제 처리 기능의 복잡도 계산은 키Key 삭제 연산만 고려할 수 있다.

④ 기능 복잡도 계산을 위한 가중치는 외부 질의 가중치가 가장 높다.

05 정규법에 의해 기능 점수를 산정할 때, 가정 정확한 값을 산정할 수 있는 시점은?

① 사업 준비를 위한 계획 시점

② 요구사항 정의를 마친 시점

③ 분석 과정이 종료된 시점

④ 상세 설계가 종료된 시점

06 기능 점수로 산정된 1FP에 대하여 기존 프로그래밍 언어의 LOC로 변환한다고 할 때, C 언어의 1FP에 해당하는 LOC는?

① 320　　② 128　　③ 53　　④ 29

07 기능 점수 산정을 위한 정규법과 간이법에 대한 설명으로 적절하지 못한 것은?

① 간이법과 정규법의 최종 기능 점수 값은 항상 일치해야 한다.
② 정규법에서는 기능별, 단위 파일별로 복잡도를 각각 산정한다.
③ 간이법에서는 기능 점수 산정을 신속하게 할 수 있다.
④ 정규법은 프로젝트 초기 단계에 적용하기에는 다소 어려움이 있다.

08 중고 책을 판매하는 웹 사이트를 구축하기 위하여, 중고 책 매입, 검색, 판매, 재고 관리의 네 가지 기능을 구현한다고 할 때, 간이법에 의한 기능 점수를 산정하시오.

09 산정된 기능 점수를 활용하여 개발 프로젝트의 다양한 지표 값을 얻을 수 있다. 그중 하나로 소프트웨어에 대한 결함의 밀도를 산정할 수 있다. 본문 예로 제시한 고객 계좌 관리 시스템의 결함 밀도 값이 1.72라면 전체 시스템에서 결함은 얼마나 발생하였는가?

10 데이터 기능과 처리 기능을 통해 얻은 초기 기능 점수 값은 시스템 조정 인자 값에 영향을 받는다. 최종 기능 점수가 초기(예비) 산정 점수보다 낮아졌다면, 시스템은 어떤 특성을 갖는지 설명하시오.

Chapter

07

요구사항 도출

학습목표

- 요구사항의 개념을 살펴보고, 기능적 요구사항과 비기능적 요구사항의 차이를 이해한다.
- 요구사항을 수집하기 위한 기법을 이해하고 비교한다.
- 수집된 요구사항을 문서화하는 요구사항 정의서의 작성 방법을 이해한다.

PREVIEW

소프트웨어 개발을 시작하려면 가장 먼저 어떤 기능을 갖춘 소프트웨어를 개발할 것인지 정의해야 한다. 즉, 사용자가 원하는 기능이 무엇인지를 정의해야 하는데, 이를 요구사항이라고 한다. 소프트웨어 요구사항은 일반적으로 자연어로 표현된다. 따라서 자연어의 모호성, 중의성 등을 배제하고 명확한 요구사항을 도출하여 정리해야 한다. 그리고 소프트웨어 사용자가 다수이므로 다수의 사용자에게서 요구사항을 수집하고 정리하는 작업도 중요하다. 이번 장에서는 요구사항이 무엇이고, 어떻게 요구사항을 수집하는가에 대하여 살펴보고자 한다.

01 요구사항 개요

단순히 소프트웨어 시스템에 대하여 사용자가 원하는 것을 요구사항이라고 생각할 수 있다. 요구사항을 좀 더 정확하게 정의하면 '소프트웨어 시스템이 수행해야 할 것과 소프트웨어 시스템에 있어야 할 특성을 기술한 문장'이라고 할 수 있다. 요구사항과 관련한 특성을 살펴보면 다음과 같다.

- 요구사항은 전체 소프트웨어 개발 수명주기SDLC, Software Development Life Cycle에서 가장 중요한 요소이며 소프트웨어 개발의 기준이 된다.
- 요구사항은 다양한 스테이크홀더Stakeholder로부터 도출될 수 있다.
- 요구사항은 소프트웨어가 무엇을 해야 하는가를 표현하는 것이며, 어떻게 해야 하는가는 포함하지 않는다.
- 초기 시스템 요청보다 상세한 요구사항 목록으로 구체화된다.
- 요구사항에는 기능적인 요구사항뿐 아니라 비기능적 요구사항도 있다.
- 소프트웨어에 대한 품질 요소가 요구사항에 포함될 수 있다.
- 요구사항은 고객과 개발자 간 의사소통의 수단으로 사용된다.
- 요구사항은 분석 과정과 설계 과정을 거치면서 지속적으로 변화하는 경향이 있다.
- 소프트웨어 개발 중 요구사항의 문제점을 늦은 단계에서 발견하면 이를 수정하기 위한 비용이 많이 발생할 수 있다.
- 프로젝트 실패의 가장 중요한 이유 중 하나는 명확하지 못한 요구사항 정의로부터 비롯된다.

1 요구사항의 분류

성적 처리 소프트웨어를 개발한다고 가정한다면 어떤 요구사항이 존재할 수 있을까? 어떤 사용자는 아주 단순하게 석차를 부여하는 기능과 교과목별 평점 등급을 계산하는 기능을 요구할 수 있다. 그러나 어떤 사용자는 성적 검색을 위한 인터페이스의 효율성을 요구하거나 1초

이내에 과거 성적을 검색하는 기능을 원할 수도 있다. 이처럼 간단한 소프트웨어에 대해서도 사용자 요구사항은 매우 다양하다.

소프트웨어 개발을 위해 스테이크홀더들이 제시하는 다양한 요구사항을 분류하면 (1) 기능에 대한 요구사항, (2) 비기능에 대한 요구사항, (3) 인터페이스에 대한 요구사항으로 구분할 수 있다. 여러 세부 요구사항들은 이 세 가지 분류 중 어느 하나에 속하게 된다. 그렇다면 기능적 요구사항과 비기능적 요구사항은 어떻게 다를까?

기능적 요구사항

기능적 요구사항은 사용자의 업무 처리와 직접 관련되어 소프트웨어 시스템이 수행해야 하는 요구 내용을 의미한다. 앞의 성적 처리 소프트웨어 설명에서 석차를 구하거나 등급을 부여하는 기능이 이에 해당한다. 만약 소프트웨어가 이러한 기능을 제공하지 않는다면 사용자는 수작업으로 해당 업무를 처리해야 한다. 따라서 기능적 요구사항은 소프트웨어 개발에서 반드시 구현되어야 하는 항목이다. 기능적 요구사항과 관련하여 다음 사항을 고려할 수 있다.

- 기능성Functionality: 시스템이 해야 하는 것은 무엇인가?
- 데이터Data: 시스템의 입력과 출력 데이터는 무엇이고, 그 형식formats은 어떻게 정의되는가?
- 사용자Users: 시스템을 사용하고 관리하는 사람은 누구인가?

비기능적 요구사항

비기능적 요구사항은 소프트웨어 시스템이 제공해야 하는 행위적 속성이라고 할 수 있다. 즉, 고장이 나면 안 되며 적절한 성능을 제공해야 한다. 성적 처리 소프트웨어가 다소 늦은 응답 시간을 제공한다고 해서 성적을 처리할 수 없는 건 아니다. 따라서 사용자가 업무를 수행하는 과정에는 문제가 없다. 다만, 효율성이 저하될 수 있다. 비기능적 요구사항은 다음과 같은 6가지 관점에서 제시될 수 있다.

- 운영 요구사항Operational Requirements: 시스템은 윈도우, 리눅스, Mac OS에서 동작 가능해야 한다. 문서 형식에 제한받지 않고 사용 가능해야 한다. 그리고 JPEG, GIF, BMP의 그래픽 파일을 처리할 수 있어야 한다.

- 자원 요구사항Resource Requirements: 소프트웨어 실행을 위해 최소한의 메모리를 제공해야 한다. 터치스크린 등 다양한 방식의 입력 장치를 제공해야 하며, 음성 출력 장치를 제공해야 한다.
- 성능 요구사항Performance Requirements: 질의에 대한 응답 시간은 1초를 넘지 말아야 한다. 데이터베이스는 실시간 업데이트가 가능해야 한다.
- 보안 요구사항Security Requirements: 사용자 유형별 접근 권한을 제한해야 한다. 저장되는 데이터는 암호화해야 한다.
- 문화적/정책적 요구사항Culture and Political Requirements: 한글과 영어를 지원해야 한다. 모든 날짜의 표기는 MM/DD/YYYY의 형식이어야 한다. 도덕적·법적 문제를 일으키지 않아야 한다.
- 품질 요구사항Quality Requirements: 예상하지 못한 상황에서도 합리적으로 동작해야 한다. 모듈화 구조를 통해 유지보수가 용이해야 한다. 문서화가 이루어져야 한다. 다만, 사용자 편의성과 관련된 인터페이스 요구사항은 별도로 기술할 수 있다.

비기능적 요구사항은 초기 단계에서는 고려되지 않을 수 있지만 설계 과정에서 구현되어야 한다. 특히 인터페이스 설계, 데이터 형식 설계, 모듈화 설계 등의 관점에서 비기능적 요구사항이 반영되어야 한다.

인터페이스 요구사항

인터페이스 요구사항은 시스템을 사용하는 과정에서 지원해야 하는 GUIGraphical User Interface뿐 아니라 시스템이 수행하는 과정에서 발생할 수 있는 기존 시스템과의 연동도 포함한다. GUI의 경우, 기존에 활용하고 있는 소프트웨어 시스템과 동일한 인터페이스 구조를 유지하기 위해 제시하는 요구사항이라고 할 수 있다. 일반적으로 조직에서는 표준 인터페이스 구조Standard Interface Layout을 정의하고 모든 소프트웨어 개발 과정에서 이러한 표준을 따르게 한다.

때로 사용자 인터페이스에 대한 요구사항과 비기능적 요구사항에 해당하는 자원 요구사항이 중복된다고 판단할 수 있다. 그러나 자원 요구사항이 소프트웨어를 동작시키기 위해 요구되는 장치 및 구성품 등에 초점을 맞춘다면, 사용자 인터페이스 요구사항은 화면 구성 및 구조에 대한 사항에 초점을 둔다.

2 요구사항 정의 품질

요구사항은 소프트웨어 개발을 위한 기준점이 될 수 있으므로 정확하고 명확해야 한다. 그리고 가능하면 요구사항의 전체 집합을 수집·정의할 수 있어야 한다. 요구사항을 정의할 때는 다음과 같은 부정적 현상이 발생하지 않도록 주의해야 한다.

- 노이즈Noise 발생: 관련 없는 정보가 포함되거나 모호한 표현이 존재하는 경우
- 침묵Silence 발생: 언급되어야 할 사항이 누락되는 경우
- 과도한 스펙 명세: 아직 결정되지 않는 구현 관련 사항이 포함되는 경우
- 모순Contradiction 발생: 전후 내용에 일관성이 없는 경우
- 모호성Ambiguity: 하나의 표현이 여러 가지 의미로 해석되는 경우
- 전방 참조Forward Reference: 아직 정의하지 않은 사항을 앞서 참조하는 경우
- 사실이 아닌 기대 사항Wishful Thinking: 사실에 근거하지 않고 막연한 추측과 기대에 근거하는 경우

위와 같은 사항은 요구사항을 정의하는 과정에서 결코 나타나면 안 되는 치명적인 과실Deadly Sin에 해당한다. 따라서 요구사항 정의 과정에서는 면밀한 검토가 반복적으로 이루어져야 한다. 다음은 요구사항을 정의하는 문서에 대한 품질 요소를 정리한 것이다(사실 모든 문서에 해당되는 사항이다).

정확성Correctness을 갖춘 문서

스테이크홀더가 원하는 모든 요구가 정의되었고, 이 요구들이 구축하는 시스템의 기능으로 모두 반영되어 표현되었다면 정확하다고 할 수 있다.

모호성Ambiguity이 없는 문서

정의된 모든 요구사항이 한 가지 의미로만 해석된다면 모호성이 없다고 할 수 있다.

완전성Completeness을 갖춘 문서

작성된 문서가 완전성을 갖추려면 다음 네 가지 요소를 충족해야 한다.

(1) 시스템이 제공하고자 하는 모든 것이 요구사항 정의서에 포함되어야 한다.

(2) 시스템으로 보내지는 모든 가능한 입력에 대하여 구현 가능한 정당한 결과가 제시되어야 한다.

(3) 페이지 번호, 그림과 표 제목 및 번호, 사용하는 척도의 단위, 참고 문헌 등이 모두 정확히 표현되어야 한다.

(4) 문서 내용상에 'To Be Determined^TBD'가 나타나지 않아야 한다.

실습 7-1 문서 편집기의 요구사항 정의 품질 분석하기

다음은 워드 프로세서^Words Processor에 담긴 편집 기능에 대한 요구사항을 기술한 것이다. 이 요구사항을 살펴보고 질문에 답하시오.

> "The whole text should be kept in lines of equal length, with the length specified by the user. Unless the user is given an explicit hyper-nation command, a carriage return should occur only at the end of a word."
>
> ("전체 텍스트는 사용자가 지정한 길이와 동일한 길이의 행으로 맞추어 유지되어야 한다(양쪽 정렬). 만약 사용자가 명시적으로 하이픈(-)을 사용하지 않는다면, 줄바꿈은 단어의 끝에서만 가능하다.")

질문: 위 요구사항 문장에서 완전하지 못한^incomplete한 부분은?

일관성^Consistency을 갖춘 문서

문서의 일관성을 보장하려면 다음 요소를 충족해야 한다. (1) 현재 문서의 내용이 이전 문서의 내용과 충돌하지 않아야 한다. (2) 문서의 세부 절^Section 간에 내용상 충돌이 없어야 한다. (3) 사용되는 모든 용어는 문서 또는 프로젝트에서 정의하는 표준 용어사전^Glossary을 기반으로 해야 하며, 동일한 단어가 다른 의미로 사용되지 않아야 한다.

추적성^Traceability을 갖춘 문서

추적성은 사물의 자취를 더듬어가는 활동이라고 할 수 있다. 다시 말해 하나의 요구사항이 분석과 설계, 구현 과정을 거쳐면서 어떻게 변하고 있는지, 정보의 양은 정확하게 유지되고 있는지를 확인하기 위해 지원되는 특성이다.

일반적으로 소프트웨어 개발 문서 간의 추적성은 추적성 매트릭스^Traceability Matrix를 통해 제공되는데, 대부분의 문서는 바로 이전 문서의 내용과 현재 문서의 내용 간에 연결 정보를 제공하는 테이블 형식의 표를 문서 뒷부분에 포함하고 있다. [표 7-1]은 추적성 매트릭스의 예다.

표 7-1 요구사항 정의서(RDD)와 요구사항 분석서(SRS) 간의 추적성 매트릭스(예)

SRS / RDD	UC01	UC02	UC03	UC04	UC05	UC06	UC07	N/A
FR-01	×							
FR-02		×	×					
FR-03				×				
FR-04					×			
:								
NF-01						×	×	
NF-02			×			×		
:								
NR-01								×

[표 7-1]에서 보는 바와 같이 추적성 매트릭스의 왼쪽 열Column은 이전 문서의 관리 대상 항목을 나열한다. 즉 요구사항 정의서RDD, Requirements Description Document에 나타난 기능적 요구사항FR, 비기능적 요구사항NF, 인터페이스 요구사항IR의 고유 식별 번호를 나열한다. 상단의 행Row은 요구사항 분석서SRS, Software Requirements Specification의 Use Case 식별 번호다. 식별 번호 간 교차점에 마킹(X)이 되어 있으면 해당 요구사항이 해당 Use Case에 반영되었음을 의미한다.

추적성 매트릭스는 소프트웨어 개발의 구현 단계에서 발생하는 요구사항 변경을 어떻게 처리할지 결정할 때 중요한 역할을 한다. 변경 사항을 소프트웨어 개발에 반영하기로 확정하면, 해당 식별 번호를 통해 대응하는 분석, 설계 내용을 추적할 수 있어 변경에 따른 영향 부분을 식별할 수 있다.

02 요구사항 수집 기법

소프트웨어 시스템 개발을 요청받으면, 이를 근거로 구체적인 요구사항을 수집해야 한다. 요구사항은 다양한 스테이크홀더로부터 도출되기도 하지만 사용하고 있는 다양한 문서를 검토함으로써 도출되기도 한다. 즉, 요구사항은 다양한 방법 또는 다양한 소스를 통해 수집될 수 있다.

요구사항 수집은 새로 개발하는 소프트웨어 시스템을 더욱 명확히 이해하고 구체적인 세부 요구사항을 개발자가 아닌 사용자에게서 확보하려는 목적으로 수행한다. 따라서 요구사항 수집 시 누구를 대상으로 요구사항을 수집할 것인지, 어떠한 정보를 수집할 것인지, 수집한 정보를 어떻게 정리할 것인지 고민해야 한다. 예를 들어, 대상 소프트웨어 시스템의 보고서 출력 데이터을 어떻게 정의할 것인가에 대한 사항을 CEO에게 질문하는 것은 적합하지 않다.

요구사항을 수집하는 기법에는 사용자를 직접 만나 수집하는 방법과 만나지 않고 간접적으로 수집하는 방법이 있다. 인터뷰, 미팅, 설문지 등 매우 다양한 방법이 요구사항 수집 방법으로 활용될 수 있다.

1 대면 수집 방법

사용자 또는 관련자를 직접 만나 요구사항을 수집하는 방법은 자세한 설명과 다양한 질문, 의견 충돌에 대한 조정 등이 가능하다는 점에서 매우 유용한 접근 방법이다.

인터뷰Interview

인터뷰는 가장 일반적으로 사용하는 요구사항 수집 방법이다. 인터뷰는 소프트웨어 기능 개발에 대한 요구사항을 수집하는 것이 목적이기 때문에 단순히 실무자 또는 운영 요원들만 인터뷰해서는 안 된다. 시스템을 왜 개발하는지, 어떤 비즈니스 효과를 얻고자 하는지 등을 명확히 이해해야 좋은 소프트웨어 시스템을 개발할 수 있다. 따라서 최고 경영자를 비롯한 관리자, 운영자 등을 인터뷰 대상에 넣어야 한다. 인터뷰를 수행하는 절차는 [그림 7-1]과 같다.

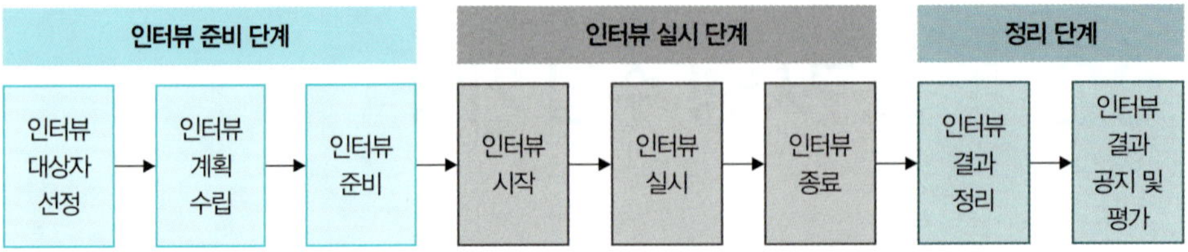

그림 7-1 요구사항 수집을 위한 인터뷰 수행 절차

인터뷰 준비 단계에서는 크게 인터뷰 대상자 선정, 인터뷰 계획 수립, 인터뷰 준비(사전 학습)의 세 가지 활동을 수행한다.

- 인터뷰 대상자 선정: 대상자를 선정하고, 대상자들의 근무 상황을 파악하여 인터뷰 스케줄을 작성한다.
- 인터뷰 계획 수립: 대상자별 질문 주제를 정하고, 세부 질문을 작성하여 정리한다. 질문 형태는 수집하려는 정보 형태에 따라 단답형, 설명형, 확인형 등으로 구분하여 작성한다. 또한 대상자들에게 어떤 질문을 할 것인지에 대해 사전에 공지한다.
- 인터뷰 준비: 인터뷰 대상자의 업무에 대한 기초 지식을 사전에 학습한다. 즉 인터뷰 대상자의 임무 및 역할, 조직 구성 등을 미리 파악하고 대상자 및 소속 부서의 담당자 이름을 기억해둔다.

인터뷰 실시 단계에서는 시작, 실시, 종료의 세 가지 활동을 수행한다. 요구사항을 수집하는 본격적인 단계이므로 공식적이고 틀을 갖춘 인터뷰가 진행될 수 있도록 한다.

- 인터뷰 시작: 인터뷰를 수행하는 사람들을 소개하고, 왜 인터뷰를 수행하는지 설명한다.
- 인터뷰 실시: 준비한 질문을 이용하여 권위적인 느낌이 들지 않게 대화식으로 진행한다. 인터뷰 시간은 가능하면 30분 정도로 하고 최대 1시간을 넘지 않도록 한다. 인터뷰를 실시하는 동안 집중해서 진행하며, 중간중간 핵심 사항을 다시 한 번 요약하여 확인한다.
- 인터뷰 종료: 인터뷰 내용을 정리함으로써 인터뷰 수행 내용을 확인한다. 또한 인터뷰 시간을 내준 것에 대해 대상자에게 감사를 표시한다.

인터뷰 정리 단계는 결과 정리 및 공지, 인터뷰 수행 과정에 대한 평가로 이루어진다.

- 인터뷰 결과 정리: 인터뷰 과정에서 수집한 정보를 체계화하여 구조적으로 정리하고, 미해결된 사항 등이 존재하는지 점검한다. 결과 정리는 인터뷰가 종료된 직후에 바로 수행한다.
- 결과 공지: 인터뷰를 통해 얻은 결과를 인터뷰 참여자에게 전자 메일로 공지한다.

- 인터뷰 과정 평가: 인터뷰 준비 단계부터 결과 정리까지의 전체 과정에서 어떤 사건이 발생했는지, 어떤 어려운 점이 있었는지, 개선할 부분은 무엇인지를 식별하는 것이다.

실습 7-2 **요구사항 수집을 위한 인터뷰 질문 작성하기**

대학의 전산정보원에서 노트북 대여를 관리하기 위한 소프트웨어를 개발하고자 전산정보원의 담당자 인터뷰를 하려고 한다. 인터뷰 질문을 작성해보시오.

질문 1: ______________________________

질문 2: ______________________________

질문 3: ______________________________

질문 4: ______________________________

질문 5: ______________________________

JAD[Joint Application Development] 세션

JAD는 프로젝트 관리자, 사용자, 개발자가 모여 요구사항 도출을 위해 상호 토론하는 방법이다. JAD를 통해 소프트웨어 개발 과정의 요구사항 증가 및 변경이 50% 이상 줄어들 수 있다는 보고가 있다. 따라서 요구사항 도출에 매우 효과적인 방법이라 할 수 있다. JAD 세션에서는 시스템 요청에 의거하여 정리된 요구사항 초안을 바탕으로 추가적인 요구사항, 수정 요구사항, 보완 요구사항 들을 정리해서 최종 요구사항을 확정한다. 이 과정에서 너무 상세('무엇'이 아닌 '어떻게'에 해당하는 정보를 포함하는 것)하거나 너무 모호한 요구사항 도출은 피해야 한다. JAD 세션 수행 단계는 [그림 7-2]와 같다.

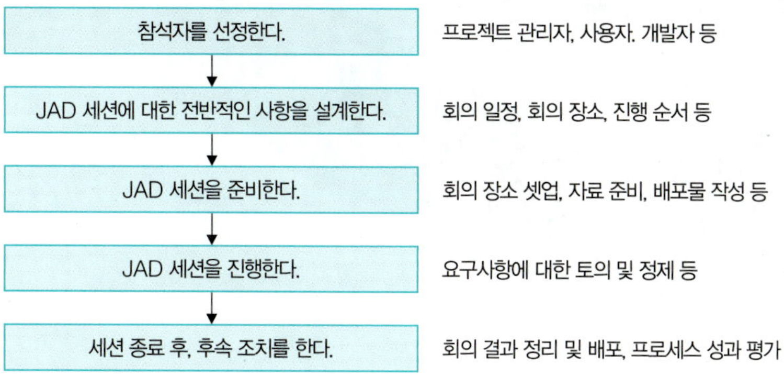

그림 7-2 요구사항 수집을 위한 JAD 세션 수행 절차

JAD 세션은 일반적으로 3주에 걸쳐서 총 5일 정도 수행한다. 인터뷰와 유사한 질문이나 발표 자료를 준비해서 설계된 회의 순서에 따라 진행한다. 서로 이해가 다른 사람들이 모여 토론하기 때문에 의견 충돌 등이 발생한다. 따라서 순조로운 회의 진행이 매우 중요하다.

JAD 세션 장소는 회의 진행의 목적상 [그림 7-3]과 같이 U자형 배치가 가능한 곳이 좋다. 그래야 의견 교환이 쉽고 회의에 집중할 수 있다. JAD 세션을 수행할 때는 한 사람의 의견에 편중되는 것을 방지하고, 모든 사람이 의견을 제시할 수 있도록 유도해야 한다.

회의 진행 순서가 무너지지 않도록 시간을 조절해야 하며, 무조건적 동의를 강요하지 않아야 한다. 또한 의견 충돌이 해결되지 않는 문제점은 추후 별도의 문제 해결 회의를 다시 추진할 수 있도록 정리한다.

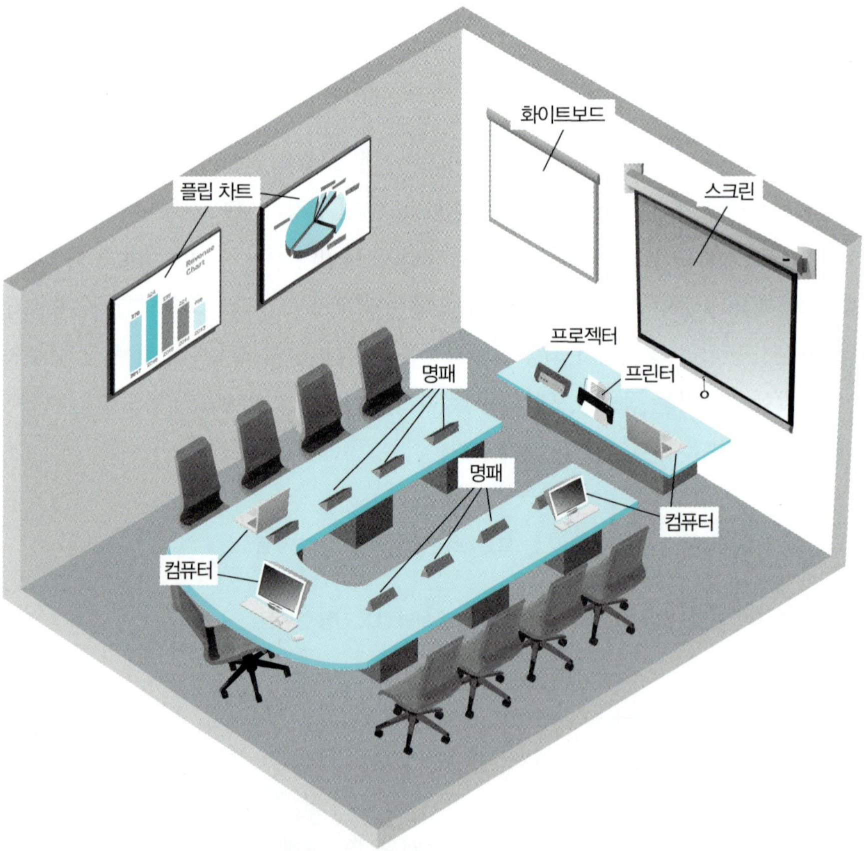

그림 7-3 JAD 세션 수행 장소의 구성도

2 비대면 수집 방법

대면 요구사항 수집은 요구사항 수집의 정확도와 완전성을 높일 수 있다는 장점이 있지만, 많은 시간을 할애해야 하고 자칫 심각한 충돌 현상이 발생할 수 있다는 문제점을 안고 있다. 이에 반하여 비대면 요구사항 수집은 관련자를 만나지 않고, 설문지나 문서 분석을 통해 요구사항을 수집하는 전략이다. 깊이 있는 요구사항을 수집하기는 쉽지 않지만, 다양한 정보를 수집하기가 용이하며 시간을 절약할 수 있다는 장점이 있다.

문서 분석Document Analysis

문서 분석은 개발 대상 소프트웨어를 사용할 업무에서 현재 사용하고 있는 다양한 종류의 문서를 분석함으로써, 구체적인 요구사항을 확보하는 방법이다. 따라서 새로운 요구사항을 확보한다기보다 현재AS-IS 상태의 현황 정보를 수집하는 것이 목적이다.

문서 분석에 필요한 다양한 유형의 문서를 준비하고 점검한다. 소프트웨어 기반의 사업 계획서, 사업 추진 정책 및 절차, 사용하는 양식이나 보고서, 기존에 활용하고 있는 전산 도구 및 보조 프로그램 등에 대해서도 살펴본다. 특히 양식지 활용과 관련하여, 항상 기록되지 않고 빈칸으로 남는 항목이 있는지, 수정하거나 추가로 정의하여 사용하는 항목이 있는지를 점검하고 식별한다.

문서 분석은 1주일 정도의 시간을 두고 집중적으로 분석하는 것이 좋으며, 해당 문서 내용에 대한 모호한 사항이나 의문점 등은 즉시 담당자를 통해 해결해야 한다. 전체적으로 문서를 분석한 내용을 체계화하여 정리하고, 필요한 경우 문서의 복사본을 요구사항으로 수집할 수 있다.

설문지Questionnaire 활용

설문지는 개인에게서 필요한 정보를 수집하기 위하여 작성한 질문지로, 다수 사용자에게 배포하고 수집하여 요구사항을 확보한다. 설문을 활용한 요구사항 수집 시 중요한 몇 가지 사항은 다음과 같다.

- 설문 대상 선정: 설문지 배포 대상을 적절히 선정해야 한다. 대상자의 연령, 직업군, 역할 등을 고려하여 대상자 그룹을 선정한다.

- 설문 문항 작성: 설문지를 배포하면 더 이상 설문 문항을 수정할 기회가 없다. 따라서 초기에 설문 문항을 잘 구조화해야 한다. 설문 문항에서 요구하는 정보 이외의 정보를 확보하기 어렵기 때문에 문항 설계에 집중해야 한다.
- 설문지 회수 방법: 설문지를 아무리 많이 배포하더라도 응답 결과를 회수하지 못하면 의미가 없다. 따라서 설문 결과를 회수하기 위한 전략이 필요하다.

다음은 설문지를 작성할 때 고려해야 할 사항을 정리한 것이다. 좋은 설문지를 설계하면 설문 응답자의 편의성([그림 7-4] 참조)이 향상되고, 결과적으로 좋은 회수율을 보장받을 수 있다.

OOO 시스템 개발을 위한 사용자 설문

안녕하세요. 본 설문지는 이번에 전사적인 정보시스템 구축 일환으로 추진되는 OOO 시스템에 대한 실무 요구사항을 수집하기 위한 질문지입니다. 응답하신 설문 결과는 시스템 개발을 위한 목적으로만 사용되며, 익명이 보장되오니 진실하게 답변해 주시기 바랍니다. 설문과 관련하여 궁금하신 사항은 아래 담당자에게 문의하여 주시기 바랍니다.

담당자 : OOO 개발팀 홍길동 대리 (mail@server.com 02-123-3456)

OOO 현행 업무에 대한 설문입니다. 해당 부분에 O표 해주세요.

문항	매우 그렇지 않다	약간 그렇지 않다	보통 이다	약간 그렇다	매우 그렇다
1. 데이터 입력을 위해 많은 시간이 요구된다.					
2. △ 기능은 주 3회 이상 사용된다.					
3. □ 기능의 응답 시간이 오래 걸린다.					
4. 도움말 기능이 매우 부족하다.					
5. 출력 보고서에 불필요한 데이터가 많다.					
6. ...					

그림 7-4 설문지 응답 방식 작성 예시

- 관심 있고 쉬운 질문으로 시작해야 한다.
- 서로 관련성 있는 질문 내용을 그룹으로 묶어 구성해야 한다.
- 설문지의 끝부분에 중요한 설문 내용을 두지 않는다.

- 한 페이지에 너무 많은 설문을 담지 않는다.
- 어렵거나 전문적인 약어Abbreviation 사용을 피한다.
- 편향된 질문이나 답을 유도하는 형식의 질문을 피한다.
- 질문에 대한 답의 기재 방식을 타당하고 판단하기 쉽게 선정한다.
- 모든 질문에는 고유한 번호를 부여한다.
- 모호한 질문이 작성되지 않도록 사전 테스트를 실시해본다.
- 응답자에 대한 정보는 익명으로 처리한다.

관찰Observation

누군가 오늘 여러분의 하루 일정을 얘기할 달라고 요청한다면 어떻게 대답할 것인가? 학교에 와서 수업을 듣고, 도서관에 가서 공부하고, 친구와 탁구를 친 이야기 등을 할 수 있을 것이다. 그러나 아침에 일어나서 세수하고 아침밥을 먹은 이야기는 잘 하지 않는다. 다시 말해, 중요하지만 매일 습관처럼 수행하는 일들은 마치 하루 일과에 속하지 않는 것처럼 간주되곤 한다.

관찰은 소프트웨어의 미래 사용자가 수행하는 활동을 살펴보는 활동이다. 매일 수행하는 일이라서 중요하다고 생각하지 않는 업무 처리 과정을 찾아내는 것이 관찰의 목적이다. 또한 관찰을 통해, 다른 방법으로 수집된 요구사항이 정확한지를 확인하기도 한다. 일반적으로 정보 수집을 위하여 업무 수행 과정을 관찰한다고 통보하면, 사용자는 더욱 체계적이고 정확한 절차를 거쳐 업무를 수행하려고 노력한다. 관찰에 들어가기 전에 유의할 점은 업무 수행 주기(예: 월간, 분기)를 파악해서 해당 시기를 놓치지 말아야 한다는 점이다.

소셜 네트워크Social Networking Services

시간과 공간의 제약 없이 다수 사용자에게서 요구사항을 수집하고자 할 때, 소셜 네트워크 서비스는 효과적인 요구사항 수집 방법이 될 수 있다. 예를 들어 소프트웨어 비즈니스를 수행하는 조직에서 현재의 상용 소프트웨어 제품에 대한 마켓의 반응을 확보하고자 하는 경우, 제품에 대한 개선 사항을 수집하고자 하는 경우 소셜 네트워크의 커뮤니티를 통해 관심 있는 사용자들의 의견을 수집할 수 있다.

소셜 네트워크 서비스를 이용한 정보 수집은 다수 고객에게서 다양한 정보를 얻을 수 있다는 장점이 있다. 특히, 특정 영역에 대한 질문을 포스팅하고 이에 대한 응답을 수집할 수도 있다. 다만, 비정형 데이터 형식으로 정보가 포스팅되고, 응답 내용에 약어나 비속어 등이 포함될 수 있으므로 수집 정보를 웹 크롤링Web crawling하여 자연어 처리 기법 등을 이용해 정보를 추출하는 과정이 필요하다.

지금까지 요구사항을 수집하는 방법에 대해 설명하였다. 그렇다면 어떤 방법을 선택하여 요구사항을 수집하는 것이 가장 좋을까? [표 7-2]는 앞에서 설명한 요구사항 수집 방법들을 몇 가지 기준에 따라 비교한 것이다.

표 7-2 요구사항 수집 방법의 비교

기준	인터뷰	JAD 세션	설문지	문서 분석	관찰	SNS
수집 정보 유형	AS-IS, TO-BE	AS-IS, TO-BE	AS-IS	AS-IS	AS-IS	AS-IS, TO-BE
상세한 정보 수집	High	High	Medium	Low	Low	Medium
다양한 정보 수집	Low	Medium	High	High	Low	High
통합된 정보 수집	Low	High	Low	Low	Low	Medium
사용자 참여 수집	Medium	High	Low	Low	Low	Medium
비용	High	Medium	Low	Low	Medium	Low

[표 7-2]에서 보는 바와 같이, 대면Face-to-Face 방식으로 요구사항을 수집하면 현행 정보 외에도 소프트웨어 시스템에 대한 새로운 요구 기능을 구체적으로 알 수 있다. 비대면 방식에서는 대체로 현행 정보만 수집하게 된다. 사용자 요구사항에 대한 깊이 있는 상세 정보를 얻고 싶다면 인터뷰나 JAD 세션을 선택하여 요구사항을 수집하는 것이 좋다. 다양한 정보를 수집하고 싶다면 설문지나 문서 분석, SNS 방법을 선택할 수 있다. 특히 다양한 사람들이 한 장소에 모여 요구사항을 도출하는 JAD 세션의 경우, 모순된 정보를 해결하고 통합된 정보를 얻을 수 있다는 장점이 있다.

요구사항 수집 시 사용자의 참여도 중요하다. 사용자가 적극적으로 참여하여 요구사항이 도출되면 추후 변경 발생 확률이 낮아지기 때문이다. 따라서 인터뷰나 JAD 세션을 통한 요구사항 수집이 추후 변경 발생을 줄이는 방법이 될 수 있다. 비용 관점에서 보면 설문지나 문서 분석, SNS 등이 비교적 저렴한 비용으로 요구사항을 수집할 수 있는 방법이다.

그러나 요구사항을 수집할 때, 이러한 방법들 중 어느 한 가지만 사용해서 수집하지는 않는다. 인터뷰 수행과 문서 분석, 관찰 등 여러 가지 방법을 선정하고 이를 모두 수행함으로써, 더욱 정제되고 완전한 요구사항을 수집할 수 있기 때문이다.

사용자가 원하는 요구사항을 정확하게 정의하는 것은 소프트웨어 개발 프로젝트의 성공에 중요한 영향을 미친다. 따라서 다소 시간이 걸릴 수 있지만, 사용자가 원하는 것을 정확하게 이해하고 정리하는 작업이 필요하다. 사용자 요구사항이 정리되면, 요구사항을 확인·점검하는 검토회를 개최하여 초기 요구사항을 확정한다.

03 요구사항 정의서 작성

요구사항을 수집했으면, 이를 체계적으로 정리하여 요구사항 정의서를 작성한다. 요구사항 정의서의 작성 목차는 [그림 7-5]와 같다.

1. 개요(Introduction)
   - 1.1 문서의 목적
   - 1.2 프로젝트 개요
   - 1.3 관련 문서, 용어 및 약어
2. 요구사항
   - 2.1 기능적 요구사항
   - 2.2 비기능적 요구사항
   - 2.3 인터페이스 요구사항
3. 품질 요구사항
   - 3.1 품질 요소 1
   - 3.2 품질 요소 2
   - ⋮
   - 3.2 품질 요소 n
4. 개발 요구사항
5. 기타 고려 사항
6. 참고 문헌 및 부록

그림 7-5 요구사항 정의서의 목차(예)

요구사항 정의서는 사용자의 요구사항과 개발 관련 요구사항을 정의한 문서다. 중대형 소프트웨어 개발 프로젝트에서는 요구사항 정의서가 'Requirement Baseline'을 형성하는 중요한 역할을 한다. 따라서 일관성과 정확성을 가지고 작성해야 한다. 다음은 요구사항 정의서 특히, 기능/비기능 요구사항을 작성하는 과정에서 준수해야 할 사항이다.

- 모든 요구사항에는 유일한 식별자를 부여해야 한다. 이는 요구사항의 양과 추적성을 제공하기 위한 키Key로 사용된다.
- 각 요구사항은 문장의 5형식에 따라 그 의미를 정확히 표현해야 한다. 즉 주어, 서술어, (보어), 직접 목적어, 간접 목적어가 명확히 제시되어야 한다. 문장 형식을 준수해야 자연어로 작성된 요구사항을 명확히 이해할 수 있다. 예를 들어, "ID와 PASSWD를 입력한다."라고 서술된 요구사항 문장에는 행위 주체가 나타나 있지 않다. 반드시 주체를 명확하게 표현해야 한다.
- 각 요구사항을 정의하는 문장은 복문이 아닌 단문으로 작성해야 한다. 하나의 식별자에 세 가지 이상의 기능이 포함된 복문으로 작성한 경우, 해당 요구사항의 만족 여부를 결정하기가 모호해진다. 예를 들어, "FR-05: 사용자는 이름, 전화번호, 주소를 입력해야 하며, 필요시 이를 수정할 수 있어야 한다."와 같이 요구사항이 표현된 경우, 입력 기능과 수정 기능이라는 두 가지 기능이 하나의 식별자에 포함되어 있다. 이 경우, 추후 테스트에서 입력 기능은 만족되고 수정 기능은 만족되지 못한다면 FR-05 요구사항은 만족되지 못한 것으로 결정된다.

- 요구사항에 대하여 우선순위를 부여한다. 요구사항 그룹별로 기능의 중요도에 따른 우선순위를 부여한다. 정의하는 우선순위는 추후 프로젝트의 지연이 발생하거나 개발 기간이 부족한 경우 제거할 요구사항을 선정하는 데 중요한 기준으로 사용될 수 있다.
- 요구사항을 그룹핑하여 체계화한다. 식별된 요구사항들이 하나의 기능 그룹에 속하는 경우 식별자를 계층화하여 부여하고 하나의 그룹으로 요구사항을 모아서 정리한다. 이렇게 함으로써, 요구사항 및 전체적인 시스템의 형상을 쉽게 이해할 수 있다. 또한 기능 간의 응집력을 높임으로써 모듈화 개념을 적용하기가 쉬워진다.

실습 7-3 요구사항 정리해보기

대학의 전산정보원에서 개발하고자 하는 '노트북 대여 관리 시스템'에 대한 관련자 인터뷰를 종료하고, 인터뷰 결과를 기반으로 기능적 요구사항과 비기능적 요구사항을 정리하고자 한다. 대표적인 요구사항을 다음 표에 정리해보시오. 단, 요구사항을 기술하기 위한 기본적인 작성법을 준수하여 작성한다.

	기능적 요구사항	비기능적 요구사항
1		
2		
3		
4		
5		

요구사항 도출의 중요성은 몇 번을 강조해도 지나치지 않다. 그만큼 요구사항이 잘 정리되어야 한다는 말이며, 첫 단추가 잘 채워져야 한다는 의미이기도 하다. [그림 7-6]은 요구사항의 중요성을 강조하는 우화(Tree Swing Cartoon)[1]를 보여준다. 그림에서 보여주는 것과 같이 고객은 자신이 사용하는 용어나 단어를 이용하여 요구사항을 설명하고, 이 요구사항은 프로젝트 관리자에 의해 소프트웨어 시스템 분석가에게 전달된다.

만약 고객이 명문화된 요구사항 정의서를 제공한다면 의사소통 과정에서 정보 손실이 발생하지 않지만, 구두로 전달한다면 고객의 요구사항이 충분히 전달되지 못할 수 있다. 또한 개발 과정에서 시스템에 대한 설계 정보를 개발자가 이해하지 못하는 경우에도 정보 손실이 발생

1 A Decade of Hard-Won Lessons from Microsoft, Eric Brechner (2011)

할 수 있다. 이처럼 정보 손실이 일어나면 결국 사용자 요구사항을 만족시키지 못하는 소프트웨어 제품을 개발하게 된다. 따라서 프로젝트 수행 과정에서 고객의 요구사항은 반드시 명문화하여 관리해야 하며, 요구사항 변경 등을 추적·관리할 수 있도록 해야 한다.

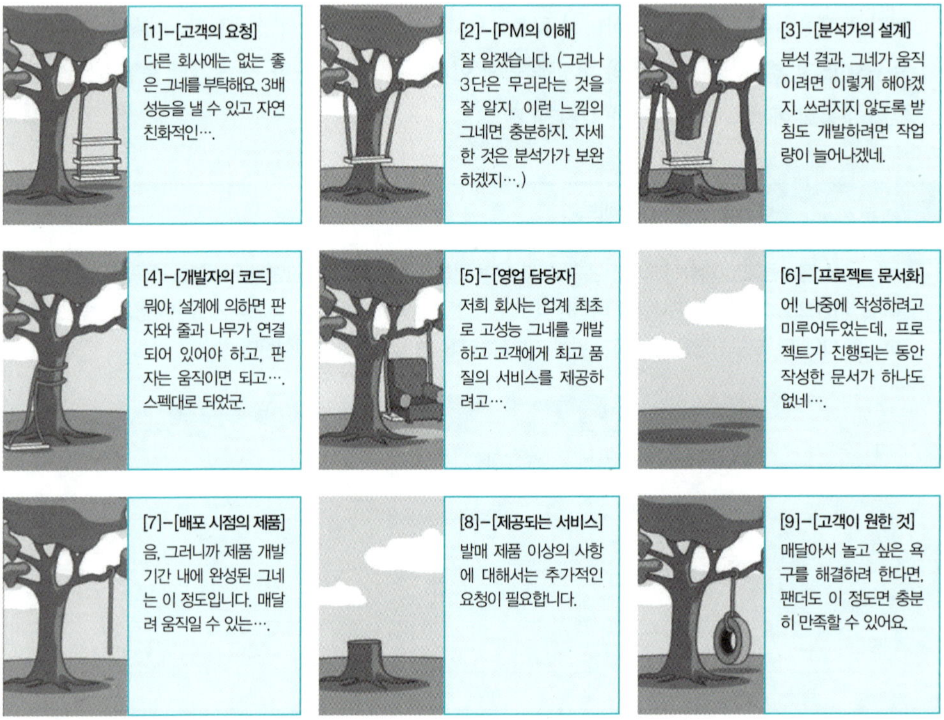

그림 7-6 요구사항 정립의 중요성을 설명하는 스토리

프로젝트 VI 요구사항 정의서 작성하기

실습 프로젝트에서 정의한 소프트웨어 시스템에 대하여 [그림 7–5]의 목차에 따라 요구사항 정의서를 작성합니다.

(1) 요구사항은 목차에 나타난 것처럼 기능적 요구사항, 비기능적 요구사항, 인터페이스 요구사항으로 구분하여 작성한다.
(2) 품질 요구사항은 2장의 프로젝트에서 식별한 품질 요소를 기준으로 정의한다.
(3) 개발 요구사항에는 개발 지원 소프트웨어, 하드웨어 요구사항 등을 포함한다.
(4) 요구사항을 정의할 때는 반드시 요구사항 작성법을 준수한다.

연습문제

01 소프트웨어 요구사항의 특징에 대한 설명으로 적합하지 않은 것은?

① 요구사항은 소프트웨어 개발 과정에서 변경될 수 있다.

② 요구사항은 소프트웨어 사용자에게서 확보해야 한다.

③ 요구사항에는 품질 요소가 포함될 수 있다.

④ 고객과 개발자 간의 의사소통 수단이 된다.

02 요구사항을 구분하는 유형에 속하지 않는 것은?

① 기능적 요구사항

② 비기능적 요구사항

③ 인터페이스 요구사항

④ 판매 요구사항

03 다양한 사용자 유형을 통해 상세하고 깊이 있는 요구사항을 수집하고자 할 때, 가장 적합한 요구사항 수집 방법은?

① 인터뷰 ② 설문지

③ JAD 세션 ④ 문서 분석

04 현재 상황AS-IS에 대한 요구사항을 포함하여 미래 시스템이 가져야 할 요구사항도 수집하고자 할 때, 가장 적합한 요구사항 수집 방법은?

① 설문지 ② 문서 분석

③ 사용자 관찰 ④ 인터뷰

05 요구사항을 서술하는 방법으로 올바르지 못한 것은?

① 요구사항을 정의하는 문장에서 주체를 생략할 수 있다.

② 요구사항 문장은 단문으로 서술되어야 한다.

③ 각 요구사항은 반드시 유일한 식별자를 포함해야 한다.

④ 요구사항에 대하여 중요도 및 우선순위가 배정되어야 한다.

06 다음은 웹 쇼핑몰을 개발하기 위한 요구사항을 기술한 것이다. 밑줄 친 부분에 기능적 요구사항에 해당하면 F, 비기능적 요구사항에 해당하면 N을 표시하시오.

① ____ 품절된 제품도 검색에 출현해야 한다.

② ____ 한국어와 영어가 동시에 지원되어야 한다.

③ ____ 다양한 관리자 보고서가 출력되어야 한다.

④ ____ 제품의 주간 판매 순위가 나타나야 한다.

⑤ ____ 결제는 최대 3초 이내에 처리되어야 한다.

⑥ ____ 회사 로고를 포함하여 제작해야 한다.

07 사용자 인터뷰를 수행한 후의 활동으로 적절하지 못한 것은?

① 인터뷰 내용을 체계적으로 분류하고 정리한다.

② 인터뷰 결과를 인터뷰 참여자에게 공지한다.

③ 인터뷰 수행 후기를 소셜 네트워크에 게시한다.

④ 인터뷰 수행 과정의 효율성을 점검한다.

08 새로운 기종의 스마트 워치Smart Watch에 탑재할 기능에 대한 요구사항을 수집·정리하고자 한다. 불특정 다수를 대상으로 요구사항을 수집한다면 블로그 등의 SNS를 활용할 수 있다. 일반적으로 수집할 수 있는 스마트 워치의 요구사항을 5개만 제시해보시오.

09 요구사항은 소프트웨어 개발이 진행됨에 따라 변경이 생길 수 있다. 요구사항 변경을 체계적으로 관리하고 개발 산출물에 반영하기 위한 방법에는 무엇이 있는지 서술하시오.

10 블로그 등의 SNS를 통해 불특정 다수에게서 요구사항을 수집하였다고 가정하자. 수집한 의견을 요구사항으로 사용하려면 요구사항 작성의 기준에 맞게 수집 정보를 체계화하는 작업이 필요하다. 어떠한 사항을 처리해야 하는지 세 가지만 제시하시오.

Chapter

08

객체지향 분석

학습목표

- 객체지향 모델링의 특성을 이해한다.
- 객체지향 모델링을 위한 UML 다이어그램의 종류를 알아본다.
- 객체지향 기반의 기능 모델링, 구조 모델링, 행위 모델링을 이해한다.
- 객체지향 분석 모델 간의 일관성 점검 대상을 이해한다.

PREVIEW

자연어로 기술된 요구사항을 소프트웨어로 변환하기 위해서는 일반적으로 분석과 설계 과정을 거쳐야 한다. 분석은 사용자의 요구사항을 구체적으로 이해하고, 각 요구사항을 소프트웨어의 기능으로 할당하는 과정이다. 요구사항을 분석할 때는 요구사항 자체가 복잡하고 다양한 측면을 포함하고 있기 때문에 이 복잡도를 핸들링하기 위한 방법으로 요구사항이 갖는 서로 다른 측면을 각각 분석한다. 이렇게 함으로써, 분석 결과물에 대한 이해도 쉬워지고, 결함이 내재할 확률도 줄어든다. 객체지향 분석에서는 객체라는 단위를 소프트웨어 기능 구성의 최소 단위로 정의하고 이를 기반으로 다양한 측면을 분석한다.

01 객체지향과 UML

1 객체지향 모델링

객체지향 개념은 실세계의 사물과 개념을 객체로 정의하여 표현하고자 하는 시도다. 과거 절차 중심의 설계 방법들이 데이터와 처리 과정을 분리하여 상호 미치는 영향을 최소화하고자 했던 것과는 달리, 특정 기능을 수행하기 위한 데이터와 데이터를 사용하는 연산을 하나로 묶어서 객체로 표현하는 접근 방법이다.

객체지향 방법론은 객체 개념을 기반으로 시스템을 분석·설계·구현하는 방법이며, 이 과정에서 [그림 8-1]과 같은 특징을 반영한다.

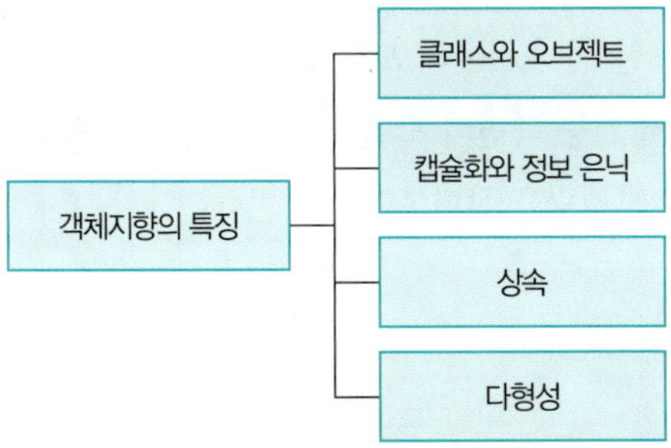

그림 8-1 객체지향의 특징

- 클래스와 오브젝트Object: 클래스는 실세계의 사물을 정의하기 위한 틀을 제공한다. 클래스로부터 생성되는 인스턴스Instance가 객체, 즉 오브젝트다. 객체는 클래스 하나에서 여러 개가 생성될 수 있으며, 실제로 연산에 사용된다.
- 캡슐화Encapsulation와 정보 은닉Information Hiding: 클래스는 속성과 연산으로 정의·포장된다. 이렇게 포장하는 것, 즉 껍질을 씌우는 것을 캡슐화라고 한다. 캡슐화로 인해 클래스의 속성과 연산은 감춰진다. 꼭 필요한 최소한의 정보만 외부에 공개Public, 선언된다.
- 상속Inheritance: 구체Concrete 클래스들의 공동 속성과 공통 연산을 뽑아내어 추상Abstract 클래

스로 선언한다. 추상 클래스에 정의된 속성은 구체 클래스에서 정의하지 않고 추상 클래스로부터 상속받는다.

- 다형성Polymorphism: 클래스에 정의된 요소들은 실제 클래스의 오브젝트가 사용되는 시점에서 행위가 결정된다. 따라서 동일한 속성과 연산이 클래스에 중복적으로 정의될 수 있으며, 어떤 시점에서 어떤 객체에 사용되는가에 따라 서로 다른 행위를 갖는다.

이와 같은 객체지향의 특성을 이용하면 매우 융통성 있는 시스템 모델링과 개발이 가능해진다. 동일한 클래스를 중복적으로 선언하지 않고도 많은 객체를 생성할 수 있어서 소스 코드의 구조도 체계화된다.

객체지향 방법론을 이용한 소프트웨어 분석 및 설계에서는 다양한 기법에 의해 분석과 설계 활동이 이루어질 수 있도록 정의하고 있으나, 이 책에서는 객체지향 분석에서 가장 기본이 되는 핵심적인 모델링 과정만 간략히 설명하기로 한다. 객체지향 방법론에 따른 구체적인 모델링 절차 및 기법은 알렌 데니스Alan Dennis가 저술한 《System Analysis and Design: An Object-Oriented Approach with UML》(Wiley, 2015)을 참조하여 학습할 수 있다. 여기서는 소프트웨어 시스템의 다양한 측면을 분석하기 위해 기능·구조·행위 모델링으로 분리하여 간략히 설명하고자 한다. 다양한 요구사항을 한 번에 하나의 모델에 표현하기는 어렵기 때문에 관심사의 분할이라는 원리를 적용하여 먼저 기능 측면의 모델링을 살펴본 뒤 구조 모델링을 살펴본다. 그리고 이를 기반으로 하는 행위 모델링을 살펴본다.

2 UML 모델링 언어

요구사항을 모델링하기 위해 UMLUnified Modeling Language을 사용하는데, UML을 구성하는 다이어그램의 종류는 [그림 8-2]와 같다. 그림에서는 UML이 제공하는 14가지 다이어그램을 구조 다이어그램과 행위 다이어그램으로 분류하였다. 소프트웨어 개발 수명주기 단계마다 사용되는 다이어그램의 종류가 다른데, 분석 단계에서는 일반적으로 유스 케이스Use Case 다이어그램, 클래스Class 다이어그램, 순차Sequence 다이어그램이 핵심 다이어그램으로 사용된다. 그 외에도 프로파일Profile 다이어그램, 오브젝트Object 다이어그램, 액티비티Activity 다이어그램, 인터액션 오버뷰Interaction Overview 다이어그램 등이 사용될 수 있다. 설계 단계에서는 패키지Package 다이어그램, 타이밍Timing 다이어그램, 순차Sequence 다이어그램, 배치Deployment 다이어그램 등이 사용된다.

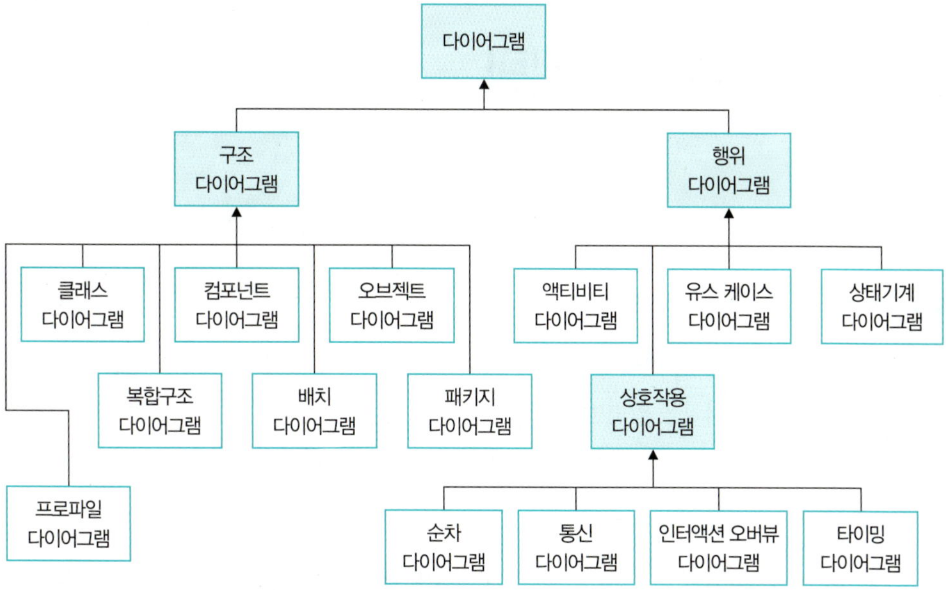

그림 8-2 UML에서 제공하는 다이어그램의 분류

UML에서는 일반적으로 다이어그램을 표현하기 위한 기본 모델 요소(즉, 심볼과 심볼의 의미)를 표준적으로 정의하고 있으며, 이러한 요소들을 사용하여 다이어그램을 작성한다. 이는 UML을 이용한 분석 결과를 모든 사람이 동일하게 이해할 수 있도록 하기 위함이다. UML에서 다이어그램의 유형별 심볼과 그 의미는 OMG[Object Management Group]에서 제시하는 'OMG Unified Modeling Language[OMG UML], Superstructure, Version 2.4.1, 2011'을 참조하기 바란다.

실습 8-1　SysML 알아보기

소프트웨어뿐 아니라 하드웨어 장치를 포함하는 시스템 수준의 모델링을 위해 기존 UML을 보완하여 2001년 SysML[Systems Modeling Language]이 발표되었다.

(1) SysML에서 제공하는 다이어그램의 종류를 조사하고, 각 다이어그램의 사용 목적이 무엇인지 정리하시오.

(2) SysML을 이용하여 소프트웨어 시스템을 모델링하기 위한 도구로 Eclipse PapyrusTM가 있다. 이 도구를 다운로드하여 설치한 뒤 구동시켜 봅시다. (https://www.eclipse.org/papyrus/download.html)

02 기능 모델링

1 기능 모델링 개요

소프트웨어 분석을 위한 첫 번째 활동은 기능 모델링을 수행하는 것이다. 기능 모델링은 사용자로부터 도출한 요구사항을 입력받아 소프트웨어 시스템이 해야 할 기능이 무엇인지를 식별해가는 과정이다. 이러한 기능 모델링은 UML의 유스 케이스 다이어그램을 이용하여 분석 결과를 표현한다.

유스 케이스 다이어그램을 작성하기 전에 요구사항에 대한 충분한 이해가 부족하거나 도메인 지식이 부족한 경우 비즈니스 프로세스 모델링BPM, Business Process modeling을 액티비티 다이어그램을 이용하여 수행할 수 있다. 액티비티 다이어그램에 의한 BPM은 소프트웨어 구현 범위와 무관하게 비즈니스 프로세스에 대한 흐름을 체계적으로 도식화하고, 업무 수행 활동(액티비티 다이어그램의 활동) 간에 전달되는 정보 혹은 객체를 표현한다. 이를 통해 업무 이해도를 높이고, 개발 팀에서는 공통된 인식을 갖게 된다.

2 유스 케이스 다이어그램

유스 케이스 다이어그램은 시스템의 최상위 수준에 해당하는 기능을 사용자 관점(혹은 Bird's-Eye View)으로 나타내는 것이다. 즉, 사용자가 시스템을 통해 제공받는 주요 기능을 나타낸다. 따라서 시스템과 사용자 간에 어떤 상호작용이 이루어지는지를 표현하는 것이 유스 케이스 다이어그램이다. 유스 케이스 다이어그램을 작성하는 절차는 다음과 같다.

(1) 요구사항 정의 내용을 검토한다.
(2) 요구사항을 토대로 시스템의 경계를 결정한다.
(3) 경계가 설정된 시스템에 대한 명칭(시스템 명)을 정의한다.
(4) 시스템 외부에 존재하는 액터Actor를 식별하고, 각 액터의 역할을 정의한다.

(5) 각 액터가 시스템에서 사용Use하는 기능을 식별한다.
(6) 식별된 사용자 기능과 액터 간의 관계를 정의한다.
(7) 식별된 사용자 기능에 대한 설명서Use Case Description를 작성한다.

(4)번 단계에서 식별하는 액터는 단순히 사용자(즉, 사람)만 의미하는 것이 아니다. 외부에 존재하는 상호작용 대상 시스템, 외부 장치, 연동하는 하드웨어, 타이머Timer 등 개발 대상 시스템과 상호작용하는 모든 대상을 식별한다. 특히 액터는 객체Object를 기준으로 식별하는 것이 아니라 역할을 중심으로 식별한다. 예를 들면, James라는 사람이 시스템 사용자User이면서 시스템 관리자Manager 역할을 한다면 액터는 사용자와 관리자의 두 가지로 식별되어야 한다.

(5)번 단계에서 식별된 사용자 기능은 유스 케이스로 정의하는데, 유스 케이스를 식별하기 위해서는 다음과 같은 사항을 고려해야 한다.

- 시스템이 제공하는 기능을 나타내는 것이어야 한다.
- 사용자가 한 장소에서 일정한 시간에 수행하는 상호 구별되는 비즈니스 프로세스여야 한다.
- 서로 다른 시간대에 수행되는 행위는 분리하여 각각 별도의 유스 케이스로 식별한다.
- 유스 케이스는 최초에 액터에 의해 시작되어야 한다.
- 다른 것과 관계가 없는 독립된island 유스 케이스는 존재할 수 없다.
- 유스 케이스의 이름은 동사구Verb phrase 형태로 기술되어야 한다.
- 하나의 유스 케이스는 동작 수행의 종료를 포함하도록 정의해야 한다.
- 초기 유스 케이스 식별의 실마리는 그룹핑된 요구사항을 하나의 유스 케이스로 매핑하는 것으로 시작할 수 있다.

[그림 8-3]은 진료 예약을 수행하기 위한 시스템Medical Appointment System의 유스 케이스 다이어그램을 나타낸 것이다.

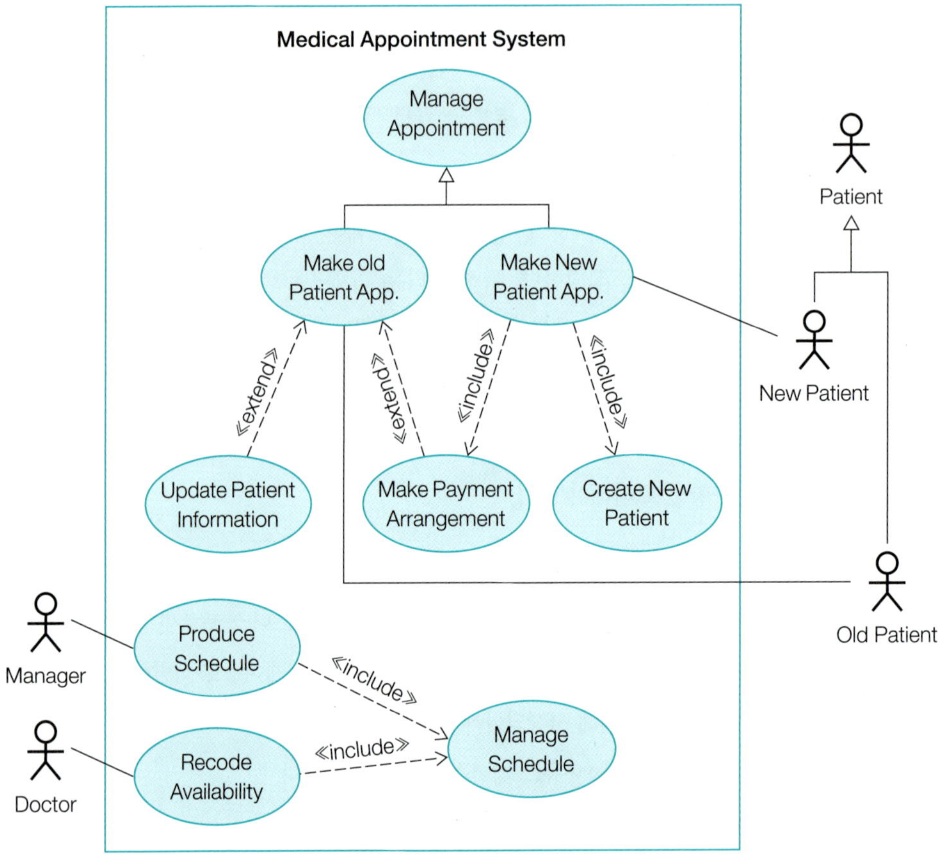

그림 8-3 진료 예약 시스템의 유스 케이스 다이어그램 예

[그림 8-3]에서 액터는 Manager, Doctor, Patient로 총 3개다. 이 중 Patient는 신규 환자New Patient와 기존 환자Old Patient로 재구분하여, Patient에서 파생된 것으로 식별하였다. 유스 케이스는 총 9개가 식별되었다. 유스 케이스의 명칭은 "Appointment Management"가 아니라 "Manage Appointment"처럼 동사형으로 표현되었음을 기억하자. 또한 앞서 설명했듯이 모든 유스 케이스는 독립적으로 존재하지 않고 액터 또는 다른 유스 케이스와 관계를 맺고 있으며, 이 관계는 다양한 선으로 표현되었다.

유스 케이스의 관계에서 액터에 연결된 유스 케이스는 실선으로 표시되는데, 이는 액터가 동작을 시작Initiate하게 한다는 것을 의미한다. 유스 케이스 간 관계는 다음 두 가지 중 하나로 식별되는데, 점선으로 표시되며 이때 화살표의 방향에 주의해야 한다.

- 포함Include 관계: 하나의 유스 케이스에서 반드시 호출되어 실행되어야 하는 동작인 경우 포함 관계로 정의한다. 반드시 실행되어야 하는 함수 호출과 동일한 개념이다.
- 확장Extend 관계: 하나의 유스 케이스에서 선택적으로 호출되는 관계, 다시 말해 조건에 따라 호출될 수도 있고, 그렇지 않을 수도 있는 관계라면 확장 관계로 정의한다.

3 유스 케이스 설명서

유스 케이스 다이어그램을 작성했으면, 각 유스 케이스에 대하여 설명서를 작성해야 한다. 설명서에는 유스 케이스에 대한 간단한 식별 정보와 유스 케이스 내부에서 처리해야 하는 기능의 상세한 흐름을 나타낸다. 유스 케이스 설명서가 이처럼 상세 기능의 흐름을 나타내기 때문에 유스 케이스 다이어그램이 행위 다이어그램으로 분류되었다. [그림 8-3]에 제시된 유스 케이스 "Make Old Patient App."에 대한 설명서는 다음과 같다. 유스 케이스 설명서는 크게 세 가지 영역으로 구분되어 있다.

유스 케이스 식별부

유스 케이스에 대한 ID, 이름, 간단한 설명, 관련 액터, 다른 유스 케이스와의 관계 등에 대한 정보를 식별부에 기술한다. 다음은 환자의 진료 예약을 수행하는 유스 케이스 식별부에 대한 예다.

<table>
<tr><td>Use Case Name</td><td>Make Old Patient App.</td><td>ID</td><td>UC-01</td><td>Importance Level</td><td>High</td></tr>
<tr><td>Primary Actor</td><td>Old Patient</td><td>Use Case Type</td><td colspan="3">Detail, Essential</td></tr>
<tr><td>Stakeholders</td><td colspan="5">Old Patient - wants to make, change, or cancel an appoinment
Doctor - wants to ensure that patient's needs are met in a timely manner</td></tr>
<tr><td>Brief Description</td><td colspan="5">This use case describes how we make an appoinment as well as changing or canceling an appointment for a previously seen patient.</td></tr>
<tr><td>Trigger</td><td colspan="5">Patient calls and asks for new appointment, or asks to cancel or change an existing appointment</td></tr>
<tr><td>Relationships</td><td colspan="2">Association: Old Patient
Include: -</td><td colspan="3">Generalization: Manage ppointments
Extend: Update Patient Information</td></tr>
</table>

정상 시나리오 정의부

정상 시나리오 정의부는 유스 케이스의 내부 기능을 단계별Step by Step로 작성하는 부분이다. 이때 시나리오는 시스템의 관찰자 입장에서 표현해야 하며 사용자, 즉 액터와 시스템 간의 상호작용에 초점을 두고 작성해야 한다. 일반적으로 정상적인 기능 수행을 가정하여 기술하며, 시나리오 각 스텝Step의 문장은 요구사항 정의와 같이 반드시 행위 주체를 포함하여 서술해야 한다. 다음은 정상 시나리오 정의부의 예다. 시나리오에서 환자는 새로운 진료 예약을 할 수도 있고, 기존 예약을 변경 혹은 취소할 수 있다.

Normal Flow of Events (Normal Scenario)

1. The patient contracts the office regarding an appointment.
2. The patient provides the receptionist with his or her name and address.
3. If the patient's information has changed
   Execute the Update_Patient_Information use case.
4. If the patient's payment arrangement has changed
   Execute the Make_Payment_Arrangement use case.
5. The receptionist asks to patient if he or she would like to make a new appointment, cancel or change an existing appointment.
   If the patient wants to make a new appointment, the S-1: new appoinment subflow is performed.
   If the patient wants to cancle an existing appointment, the S-2: cancel appoinment subflow is performed.
   If the patient wants to change an existing appointment, the S-3: change appoinment subflow is performed.
6. The receptionist provides the results of the transaction to the patient.

예외 처리 정의부

정상 시나리오의 각 스텝에서 발생 가능한 예외 처리를 작성하는 부분이다. 정상 시나리오의 작성 부분에서 나타나는 식별자와 연결되어 표현된다. 다음은 예외 처리 시나리오 정의부의 예다. Sub_Flow 절에서는 정상 시나리오 정의부에 나타난 S-1, S-2, S-3에 대한 내용을 기술하고 있으며, Exceptional Flow 절에서는 환자가 요청하는 진료 예약 시간이 적절하지 않은 경우를 기술하고 있다.

Sub_Flow
S-1: New appointment 1. The receptionist asks for the patient for possible appointment time. 2. The receptionist matches the patient's desired appointment time with available date and time, and schedules the new appointment. S-2: Cancel appointment 1. The receptionist asks for the patient for the old appointment time. 2. The receptionist finds the current appointment in the appointment file and cancels it. S-3: Change appointment 1. The receptionist performs the S-2: Cancel appointment subflow. 2. The receptionist performs the S-1: New appoinrment subflow.
Alternative / Exceptional Flow
S-1, 2a1: The receptionist proposes some alternative time based on what is available in the appointment schedule. S-1, 2a2: The patient chooses one of the proposed time or decides not to make an appointment.

다이어그램에 나타난 모든 유스 케이스에 대해 위와 같은 유스 케이스 설명서를 작성해야 한다. 일반적으로 하나의 유스 케이스 다이어그램은 직관적인 이해도를 높이기 위해 7~9개의 유스 케이스를 포함해 작성하는 것을 추천한다. 만약 하나의 다이어그램에 15개 이상의 유스 케이스가 포함된다면, 가능한 이들을 추상화하여 계층적인 유스 케이스 다이어그램을 생성하는 것이 좋다. 즉, 상위 다이어그램과 상위 다이어그램에 존재하는 유스 케이스들을 상세하게 나타낸 하위 다이어그램들로 표현할 수 있다.

03 구조 모델링

구조 모델링은 개발 대상 소프트웨어가 어떤 구조적 요소들로 이루어질 수 있는가를 분석하는 과정이다. 즉, 업무 수행 과정에서 생성되고 사용되어야 할 객체에 어떤 것들이 있는지 식별하고, 그들 간의 관계를 정의하는 것이다. 구조적 모델은 일반적으로 UML의 클래스 다이어그램으로 표현되는데, 분석 과정에서는 비즈니스 도메인을 중심으로 하는 개념 모델로 단순히 객체들의 논리적인 구성만 나타낸다. 구조 모델은 이후 설계 단계에서 사용되는데, 설계 단계에서는 분석 과정의 구조 모델에서 정의된 객체들이 어떻게 생성·저장·처리되는지, 파일과 데이터베이스로 어떻게 반영되어야 하는지를 나타낸다.

구조 모델링은 비즈니스에서 사용되는 용어들을 이용하여 객체들을 정의함으로써, 실세계Real World와 소프트웨어의 의미적 차이를 줄이는 작업이다. 그리고 이러한 작업을 통해 분석가와 사용자 간 의사소통을 위한 용어를 생성하는 과정이기도 하다.

1 객체 식별

구조 모델링의 첫 번째 작업은 객체Object를 식별하는 것이다. 소프트웨어를 구성하게 될 객체들은 결국 객체를 추상화한 클래스Class로 정의하는데, 기능 모델링을 통해서 작성된 유스 케이스 설명서를 이용하여 식별한다. UML에서 정의하는 클래스는 〈클래스 명Name, 클래스 속성Attribute, 클래스 연산Operation〉의 3요소로 구성되며, 클래스 간에 어떤 상관성이 있는가를 클래스의 관계Relationship로 나타낸다. 구조 모델링 과정에서 클래스를 식별하기 위해 다음 네 가지 방법을 고려할 수 있다.

문장 분석Textual Analysis

문장 분석은 유스 케이스 설명서의 정상 시나리오와 예외 처리 시나리오에 나타난 문장들의 구성 요소를 분석하는 것이다. 일반적으로 문장이 명사, 동사, 형용사 등으로 구성되어 있기 때문에 시나리오를 구성하는 각 문장의 품사에 따라 클래스의 구성 요소로 매핑한다.

시나리오의 각 스텝에 기술된 문장 구성에서 일반 명사는 클래스로, 동사는 클래스의 연산으로, 고유 명사는 클래스의 인스턴스Insatnce인 객체로, 형용사는 클래스의 속성으로 매핑된다. 또한 존재 동사, 소유 동사는 클래스 간의 관계로, 타동사는 연산으로, 자동사는 클래스에 있는 예외 처리 연산으로, 부사는 연산 또는 관계의 속성으로 매핑된다.

일반 객체 목록Common Object List

특정 도메인에 존재하는 객체들은 비즈니스 업무에서 사용되는 용어들에 의존적이다. 따라서 도메인별로 나타나는 일반적인 용어들을 식별하여 목록화한 후에, 이를 구조 모델의 클래스로 사용한다면 객체 식별이 용이해진다. 일반적으로 비즈니스 도메인에서 사용되는 객체 그룹은 다음과 같이 분류된다.

- 물리적으로 존재하는 사물: 책, 의자, 사무실, 장비 등과 같은 객체
- 사건: 업무 처리 과정에서 발생하는 이벤트로, 회의, 출장, 성과, 보고 등의 객체
- 역할: 문제 영역에 나타나는 역할자로, 의사, 간호사, 환자 등과 같은 객체
- 상호작용: 업무 수행 과정에서 발생하는 처리에 관한 것으로, 판매 처리, 등록 처리, 갱신 처리 등과 같은 객체
- 기타: 장소, 조직, 정책 등과 관련 있는 객체

브레인스토밍Brain Storming

브레인스토밍은 프로젝트 관련자들의 생각으로부터 객체를 추출하는 방법이다. 사람들은 자신의 업무 고민을 통해 필요한 객체들을 제안하게 된다. 하드웨어, 소프트웨어, 환경 등의 주제를 놓고 제약 없이 브레인스토밍함으로써, 다양한 객체를 나열해본다. 브레인스토밍을 통한 객체 식별은 요구사항이나 유스 케이스 설명서에서 누락될 수 있는 객체들을 식별하는 좋은 기회를 제공한다. 이때 유의할 점은 기능 모델의 산출물, 예를 들면 유스 케이스 설명서 등을 사전에 검토하지 않아야 한다는 것이다. 사전 검토를 하면 브레인스토밍을 할 때 생각에 제한이 생길 수 있기 때문이다.

패턴 적용Pattern Adaption

패턴은 빈번히 발생하는 실세계의 문제를 해결하기 위하여 체계적으로 작성된 클래스와 이들 간의 협업 관계를 정의한 것이다. 따라서 패턴은 소프트웨어 개발에서 재사용 가능한 컴포넌트로 알려져 있다. 예를 들어, 은행에서 돈을 예금하거나 이체한다면 발송 계좌, 송신 계좌, 금액, 날짜 등의 객체가 필요하다. 상품에 대한 주문 처리를 수행한다면 제품 타입, 거래처, 주문 정보 등의 객체가 필요하다. 이러한 객체의 나열과 객체 간의 관계를 미리 정의해놓은 것이 패턴이다. 패턴을 이용하면 패턴에 포함된 객체를 구조 모델의 클래스로 직접 사용할 수 있다. [그림 8-4]는 상품 주문 처리에 대한 패턴의 예다.

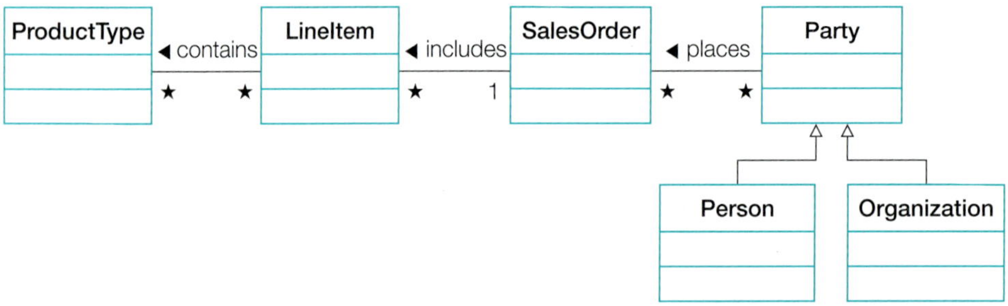

그림 8-4 'Sales Order Contract' 패턴의 예

2 클래스 명세

앞에서 제시한 방법에 의해 클래스가 식별되면 클래스에 대한 명세가 필요하다. 즉, 각 클래스에 대해 설명서를 작성해야 한다. 클래스 명세는 CRC 카드Class-Responsibility-Collaboration Card를 이용하여 작성하는데, 다음과 같이 구성된다.

기본 정보 명세

CRC 카드의 앞면과 뒷면에 클래스 정보를 명세하는데, 앞면에는 대체로 클래스에 대한 기본 정보를 표현한다. 예를 들면, 클래스 이름, 식별자, 클래스 타입, 클래스 설명, 관련된 유스 케이스 식별자, 클래스의 책임, 협업 관계를 표현한다. [그림 8-5]는 CRC 카드의 앞면 예다. 다만, 처음부터 모든 정보가 식별되지 않을 수도 있다는 점은 염두에 두자.

Front:

Class Name: Patient	ID: 3	Type: Concrete, Domain
Description: An Individual that needs to receive or has received medical attention		Associated Use Cases: 2

Responsibilities	Collaborators
Make appointment	Appintment
Calculate last visit	
Change status	
Provide medical history	Medical history

그림 8-5 클래스 명세를 위한 CRC 카드 전면부 예

[그림 8-5]에서 Type 항목은 클래스가 구체[Concrete] 클래스인지 추상[Abstract] 클래스인지를 구분하고, 도메인으로부터 추출된 클래스인지, 사용자 인터페이스 클래스 등을 의미하는 응용 클래스인지를 구분한다. Associated Use Cases 항목은 해당 클래스가 도출된 유스 케이스 식별자[ID]를 정의한다. Responsibilities 항목은 클래스의 책임, 즉 클래스가 담당해야 하는 단위 기능을 나타낸다. Collaborators 항목은 해당 클래스가 상호작용하는 다른 클래스를 식별하여 정의한다.

속성 및 연산 명세

CRC 카드의 뒷면에는 클래스의 속성과 연산을 정의한다. [그림 8-6]은 CRC 카드의 뒷면 구성을 나타낸다. 뒷면에는 크게 Attributes 항목과 Relationship 항목이 있다. Attributes 항목에는 클래스에 정의하는 멤버 변수, 즉 속성 목록을 나타낸다. Relationship 항목에는 클래스에 포함되는 연산, 해당 클래스와 상호작용하는 다른 클래스들과의 관계를 나타낸다.

From:

Attributes:

Amount (double)

Insurnance carrier (text)

Operations

Relationships:

Generalization (a-kind-of): Person

Aggregation (has-parts): Medical History

Other Associations: Appintment

그림 8-6 클래스 명세를 위한 CRC 카드 후면부 예

3 클래스 다이어그램 작성

식별된 모든 클래스를 CRC 카드에 명세한 후에 클래스 다이어그램을 작성한다. 클래스 다이어그램은 소프트웨어의 구조를 나타내는 정적 모델이다. 각 클래스가 갖는 속성과 연산을 다시 한 번 점검하고 정제한 후에 클래스 간의 관계를 부여한다. 클래스 다이어그램에 나타나는 기본적인 관계에는 [그림 8-7]과 같이 세 가지 유형이 있다.

■ 일반화Generalization 관계

일반화 관계는 식별된 클래스들을 추상화하여 보다 보편적인 클래스로 나타낸 것이다. 예를 들어 고객Customer, 엔지니어Engineer, 비서Secretary 클래스가 도출되었을 때, 엔지니어와 비서 클래스는 직원Employee 클래스로 일반화하고, 일반화된 직원 클래스와 고객 클래스는 다시 한 번 일반화하여 사람Person 클래스로 나타낼 수 있다. 이와 같은 일반화 관계에서는 추상 클래스인 사람 클래스에 정의된 속성과 연산을 하위의 구체 클래스인 고객과 직원 클래스에서 상속받을 수 있도록 한다. 물론 엔지니어와 비서 클래스는 직원 클래스의 속성과 연산을 상속받게 되는데, 전체적으로 이들은 사람 클래스와 직원 클래스의 속성과 연산을 모두 상속받게 되는 관계다. 따라서 추상 클래스와 구체 클래스 간에는 "Kind of" 관계가 형성된다.

■ 집합Aggregation 관계

집합 관계는 일종의 구성 또는 조합Composition 관계라고 볼 수 있다. 식별된 다수의 클래스가 모여 하나의 집합체를 이룰 수 있기 때문이다. 따라서 집합체 클래스와 구성 클래스 간에는 "Part of" 관계가 형성된다. 예를 들어 일반 클래스로서 Door, Window, Engine과 같은 클래스들이 식별되었다면, 이들 클래스가 모여 "Car"라는 집합 클래스를 생성할 수 있다.

■ 연관Association 관계

두 클래스 간의 관계가 일반화 관계와 집합 관계에 속하지 않는 경우, 일반적으로 두 클래스는 연관 관계에 있다고 볼 수 있다. 예를 들어 환자 클래스와 진료 예약 클래스가 식별되었다고 가정하자. 환자와 예약은 의미상의 연관성은 없지만, 업무 수행 과정으로 생각하면 환자는 진료를 받기 위하여 예약을 해야 한다는 연관성을 찾을 수 있다. 이러한 관계의 두 클래스는 서로 연관 관계에 있다고 정의할 수 있다.

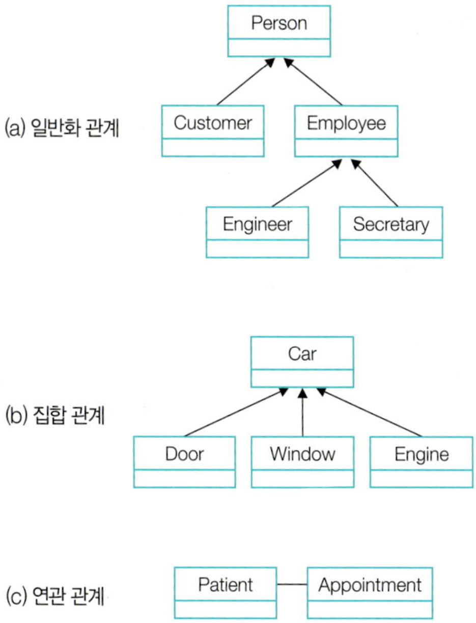

그림 8-7 클래스 간의 관계를 나타내는 예

이처럼 클래스 간의 관계를 이용하여 클래스 다이어그램을 작성한다. 클래스 간의 관계가 형성되었다는 것은 메서드 호출이 발생할 수 있다는 것을 의미한다. 클래스 다이어그램에는 클래스 간 관계와 함께 다음과 같은 정보가 추가로 표현된다.

■ **속성 가시성**Visibility

클래스의 속성으로 정의되는 변수가 갖는 접근 범위를 나타낸다. 일반적으로 속성 가시성은 Public 변수(+), Private 변수(−), Protected 변수(#)로 구분된다.

■ **관계 기수성**Multiplicity

관계 기수성은 서로 연관을 맺은 두 클래스 간에 몇 개의 인스턴스, 즉 객체Object가 발생할 수 있는가를 나타내기 위해 사용된다. 예를 들어, 회사에서 한 직원당 부양가족을 최대 5명까지 지원한다고 가정하면, 직원을 나타내는 클래스(Employee)와 가족을 나타내는 클래스(Family_Member) 간에는 [그림 8−8]과 같은 기수성이 정의될 수 있다.

그림 8-8 관계 기수성 예

[그림 8−9]는 환자 진료 예약 시스템에 대한 클래스 다이어그램의 일부를 나타내는 다이어그램이다. 다이어그램에서 상단의 "Person" 클래스는 일반화 관계에 의해 생성된 추상 클래스이며, 두 클래스 "Patient"와 "Medical History"는 집합 관계를 형성하고 있다. 다시 말해, 환자는 다수의 진료 기록으로 구성된다고 볼 수 있다.

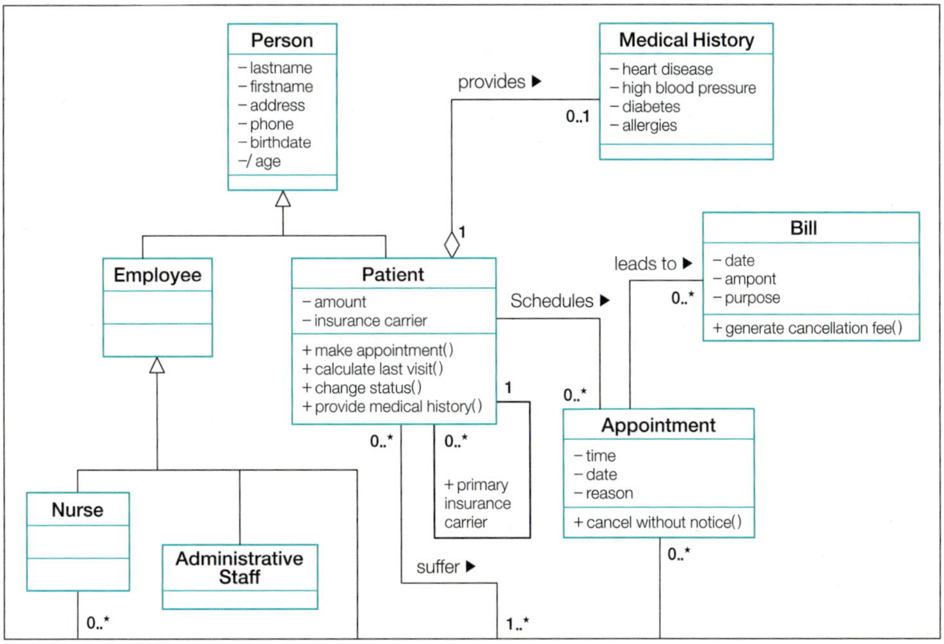

그림 8-9 환자 진료 예약 시스템의 클래스 다이어그램 예

실습 8-2 클래스 다이어그램 작성해보기

UML 모델링을 지원하는 다양한 도구가 존재한다. 특히 무료로 다운로드할 수 있는 UML 모델링 도구로 Edraw Max, StarUML, Umbrello 등이 있다. (https://www.guru99.com/best-uml-tools.html)

(1) 해당 웹 사이트를 방문하여 적절한 모델링 도구를 다운로드해 설치해본다. 만약 Eclipse Papyrus™가 잘 설치되었다면, 이를 사용해도 좋다.
(2) [그림 8-9]에 제시한 환자 진료 예약 시스템의 클래스 다이어그램에 필요한 클래스를 추가하여 다이어그램을 완성하시오.
(3) 설치된 도구를 이용하여 완성된 클래스 다이어그램을 작성해보시오.

04 행위 모델링

분석 과정을 통해 개발 대상 소프트웨어에 대한 기능 모델링과 구조 모델링이 이루어지면, 마지막으로 행위 모델링을 수행한다. 행위 모델은 시스템의 내적인 동작을 표현하는 다이어그램이다. 즉, 객체 간에 어떤 상호작용이 발생하는지를 나타낸다. 객체지향에서 객체 간의 상호작용은 메시지 패싱Message Passing으로 이루어지며, 이는 함수 호출과 동일한 개념으로 클래스가 아닌 객체, 즉 클래스의 인스턴스 수준에서 이루어진다. 따라서 행위 모델링은 클래스가 아닌 객체를 기준으로 작성된다.

행위 모델은 UML의 동적 모델에 해당된다. UML에서는 액티비티 다이어그램, 순차 다이어그램, 통신Communication 다이어그램, 상태기계State Machine 다이어그램 등을 이용하여 시스템의 동적 행위를 모델링한다.

1 순차 다이어그램 구성 요소

순차 다이어그램은 객체 간의 상호작용, 즉 메시지 패싱에 대한 행위를 시간 축을 중심으로 나타낸다. 순차 다이어그램을 구성하는 요소들은 다음과 같다.

■ 참여 객체

상호작용에 참여하는 객체들을 식별하는데, 이는 클래스 다이어그램에 존재하는 클래스의 객체여야 한다. 따라서 순차 다이어그램에는 한 클래스의 객체가 여러 개 존재할 수 있다. 순차 다이어그램에서 참여 객체 간의 상호작용은 일반적으로 왼쪽에서 오른쪽으로 진행하도록 표현한다. 액터도 참여 객체의 한 유형으로 고려될 수 있다.

■ 시간 축

다이어그램의 세로축은 시간의 흐름을 나타낸다. 메시지 전달의 순서를 위에서 아래 방향으로 나타내며, 업무의 처리 흐름과 일치해야 한다. 시간 축은 각 객체가 활성화된 시간을 점선으로 표시하는데, 객체의 라이프라인Lifeline이라고 한다.

■ 실행 사건Execution Occurrence

객체가 활성화되어 있는 동안 메시지를 받으면, 메시지를 처리하기 위한 실행 동작이 발생한다. 메시지를 처리하거나 다른 객체에 메시지를 보낼 때는 이러한 실행 동작 내에서 이루어져야 하며 실행 동작이 발생하는 기간을 길쭉한 사각형의 실행 사건으로 표현한다.

■ 메시지 전달

객체 간의 상호작용을 나타내는 기본 요소로, 객체 간의 함수 호출을 의미한다. 화살표로 표시되며, 화살표에는 호출되는 메서드(연산)의 이름과 매개변수가 나타난다.

■ 제어 로직

제어 로직은 소프트웨어의 행위를 표현하며, 선택, 반복, 병렬 처리 등이 있다. 순차 다이어그램에서 제어 로직을 표현할 수 있는데 이를 결합형 심볼Combined Fragment이라고 한다. 반복적이며 기본적인 요소인 조각Fragment들을 묶어서 추상화된 개념의 제어 로직으로 표현하는 것이다. 이는 다이어그램의 복잡도를 감소시키며, 이해도를 높이는 역할을 한다.

다음은 UML의 순차 다이어그램에서 사용하는 결합형 심볼Combined Fragment의 대표적인 예 세 가지를 설명한다.

■ 결합형 심볼: Alternative

Alternative는 선택을 나타내는 제어 로직이다. 순차 다이어그램 내에서 특정 조건의 만족 여부에 따라 서로 다른 행위가 수행될 수 있도록 모델링한다. [그림 8-10]은 파일을 인쇄하는 프린터 서버를 모델링한 것으로 프린터가 사용 중(이 조건은 [printer busy]로 표현됨)이면, 인쇄할 파일을 큐Queue에 저장하도록 한다. 각 조건이 만족할 때 수행되어야 하는 행위는 점선Segmentation Line으로 구분된다. 프래그먼트에 키워드 "alt"로 표시한다.

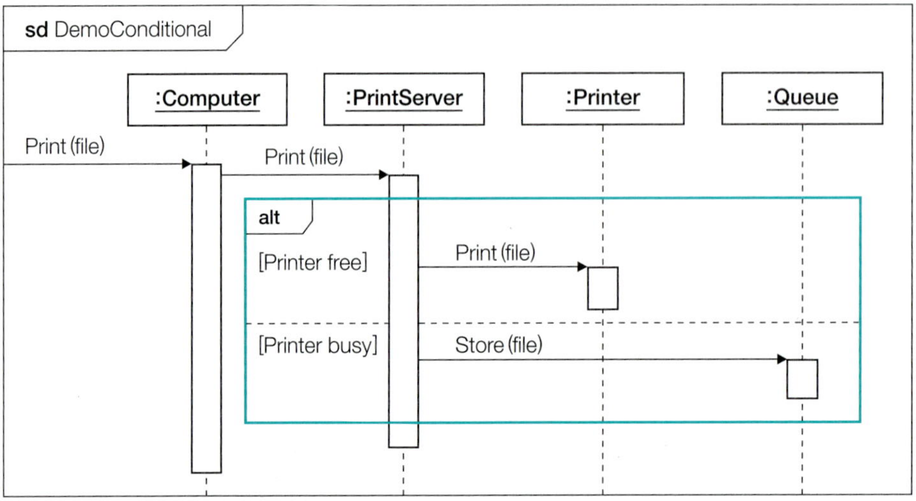

그림 8-10 순차 다이어그램에서 분기를 나타내는 예

■ 결합형 심볼: Loop

반복 처리를 나타내는 제어 로직이다. 프래그먼트 내에 "loop"라는 키워드를 사용하며 최대 반복 횟수를 표현한다. [그림 8-11]은 연산 op2()와 op3()이 최소 1회에서 최대 5번 반복 수행되어야 함을 의미한다. 참고로, 프래그먼트를 표현하는 사각형 프레임은 해당 동작에 참여하는 모든 객체를 포함해야 한다. 그림에서 객체 C1, D1, D2가 프래그먼트 프레임에 포함되도록 표현하였다.

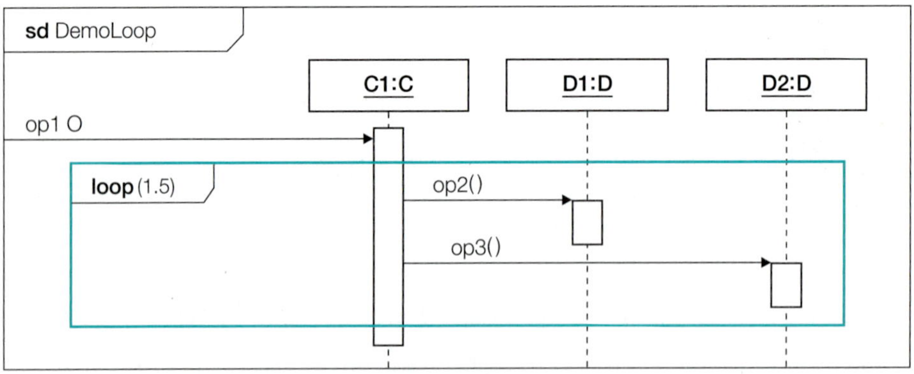

그림 8-11 순차 다이어그램에서 반복을 나타내는 예

■ **결합형 심볼: Parallel**

또 다른 결합형 심볼은 정의된 행위들을 병렬로 처리하고자 하는 경우를 나타낸다. 이는 키워드 "Par"를 이용하여 나타내는데, 병렬Parallel로 수행되어야 하는 각 부분을 점선으로 분리한다. 즉, 점선으로 분리된 영역의 개수만큼 병렬로 처리된다는 의미다. [그림 8-12]는 3개의 영역이 병렬로 수행되는 경우를 표현하였다.

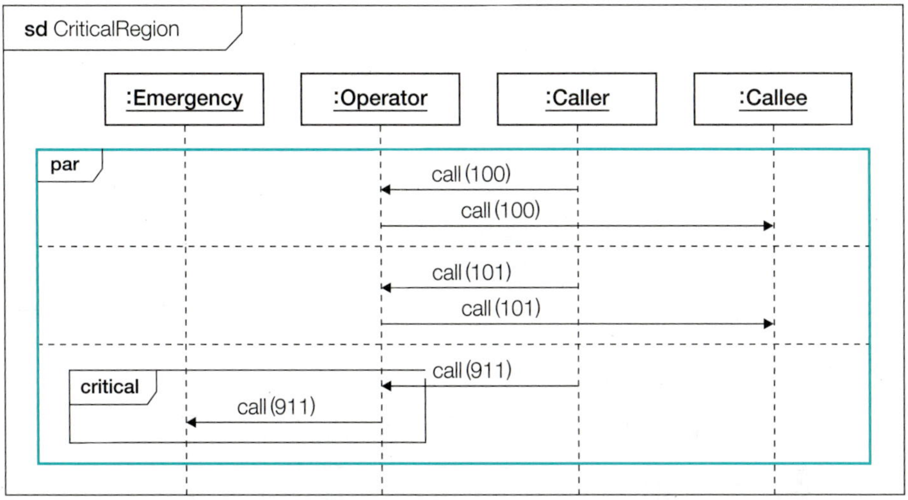

그림 8-12 순차 다이어그램에서 병렬 수행을 나타내는 예

2 순차 다이어그램 작성

소프트웨어 시스템의 동적 특성을 표현하는 순차 다이어그램은 전체 시스템에서 1개만 작성될까? 만약 1개의 다이어그램으로 큰 시스템의 동작 과정을 표현한다면 순차 다이어그램의 크기는 방대해질 것이다. 그래서 앞의 물음에 대한 답은 "No"다.

순차 다이어그램은 기능 모델링의 결과로 식별된 유스 케이스별로 작성한다. 즉, 유스 케이스의 개수와 순차 다이어그램의 개수는 일반적으로 동일하다고 할 수 있다. 물론 예외적으로 1~2개의 차이가 발생할 수 있는데 여기서는 다루지 않는다. 다음은 순차 다이어그램을 작성하는 과정에서 고려할 사항을 정리한 것이다.

- 먼저 순차 다이어그램을 작성할 유스 케이스를 검토한다. 특히 유스 케이스의 정상 시나리오 부분을 철저하게 분석하고 이해해야 한다.

- 참여하는 클래스를 나열하고, 이들의 객체를 생성하여 상단에 나열한다. 이때 객체의 나열은 ABCD 규칙을 적용하는데, 왼쪽부터 Actor 객체 – Boundary 객체 – Control 객체 – Data 객체 순으로 나열한다. 이는 실행의 흐름이 왼쪽에서 오른쪽으로 전개되도록 하기 위함이다.
- 객체 간 상호작용을 나타내는 메시지의 전달은 시간의 흐름을 기준으로 유스 케이스의 시나리오 스텝에 따라 화살표로 표시한다. 이때 화살표는 상호 교차점이 존재하지 않도록 해야 한다.
- 결합형 심볼을 이용하여 제어 로직을 표현하고자 할 때, 제어 로직의 행위에 포함되는 객체는 프래그먼트의 경계선 내에 모두 포함되도록 나타낸다. 따라서 프래그먼트의 프레임을 넘어가는 화살표는 존재하지 않도록 모델링한다.

[그림 8–13]은 환자 진료 예약 시스템에서 유스 케이스 "Make Appointment"에 대한 순차 다이어그램을 작성한 예다. 맨 오른쪽 객체는 상단이 아닌 하단에 배치되었는데, 이는 객체가 실행 과정에서 동적으로 생성되었음을 의미한다.

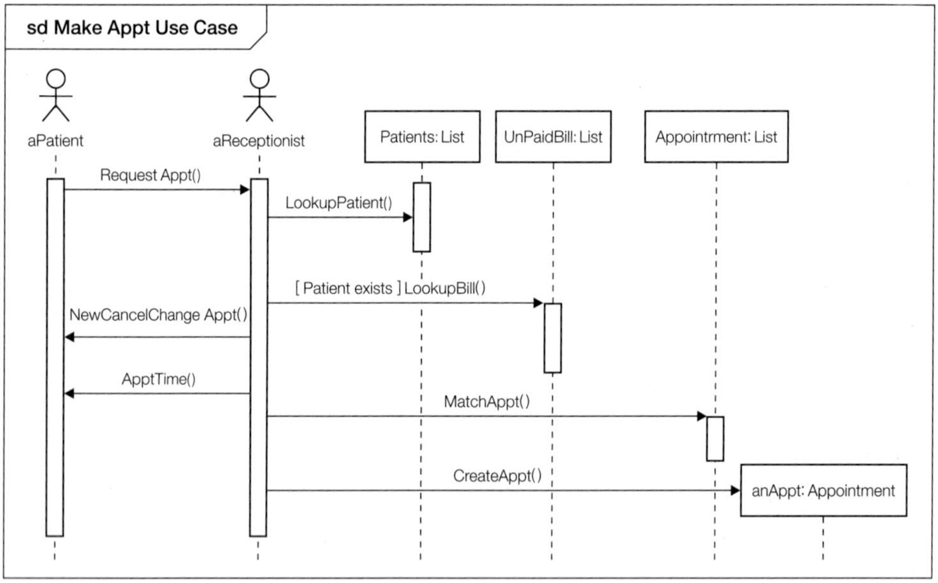

그림 8-13 환자 진료 예약 시스템의 순차 다이어그램 예

이상과 같이 사용자의 요구사항을 바탕으로 대상 소프트웨어 시스템에 대한 기능 모델링, 구조 모델링, 행위 모델링을 수행하면, 이를 기반으로 설계 과정을 진행한다. 요구사항 분석 과정을 기능·구조·행위 모델링으로 구분하여 수행하는 이유는 복잡한 사용자의 요구사항을 한 번에 표현하는 것이 불가능하므로 서로 다른 관점에서 대상을 표현하기 위함이다. 따라서 작성된 유스 케이스 다이어그램, 클래스 다이어그램, 순차 다이어그램은 서로 연결되어 있으며, 표현된 내용에는 반드시 일관성이 존재해야 한다.

3 상태기계 다이어그램 작성

상태기계State Machine 다이어그램은 시스템 상태들의 변화로 모델링하는 수단이다. 즉, 시스템이 어느 한 상태에 존재하다가 이벤트가 발생하면 다른 상태로 전이하는 동작을 표현한다. 따라서 상태는 시스템을 구성하는 변수들의 특정 값들로 정의할 수 있으며, 이벤트는 이러한 변수들의 값을 변경하는 역할을 수행한다.

객체지향에서 상태기계 다이어그램은 객체의 상태 변화를 표현한다. 즉, 객체가 생성되어 소멸될 때까지의 변화를 나타낸다. 따라서 객체를 구성하는 멤버 함수에 대한 입력 매개변수가 전달되면 대응하는 메서드가 수행되고 상태는 변화한다. [그림 8-14]는 진료 예약 시템에서 환자의 상태 변화를 나타낸 상태기계 다이어그램의 예다.

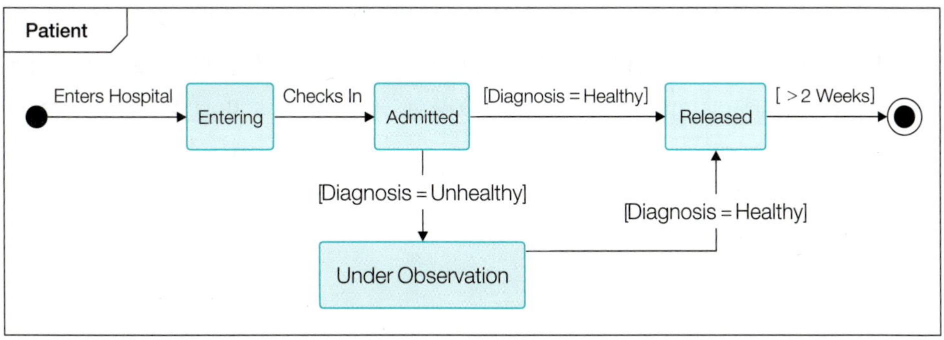

그림 8-14 객체 "Patient"의 상태기계 다이어그램 예

[그림 8-14]에 나타낸 다이어그램에는 4개의 상태, 즉 "Entering", "Admitted", "Released", "Under_Observation"이 존재한다. Entering 상태에서 Checks_in 이벤트가 발생하면 Admitted 상태로 전이된다. Admitted 상태에서는 Released 상태와 Under_Observation 상태로 전이될 수 있는데, 상태를 나타내는 변수 Diagnosis의 값이 Unhealthy면 Under_Observation 상태로, Healthy면 Released 상태로 전이된다.

상태와 상태 사이는 화살표로 연결하며, 화살표에는 상태 전이를 유발하는 이벤트가 레이블 형식으로 부여된다. 상태 전이를 위한 레이블 표현 형식은 일반적으로 [그림 8-15]와 같이 나타낸다.

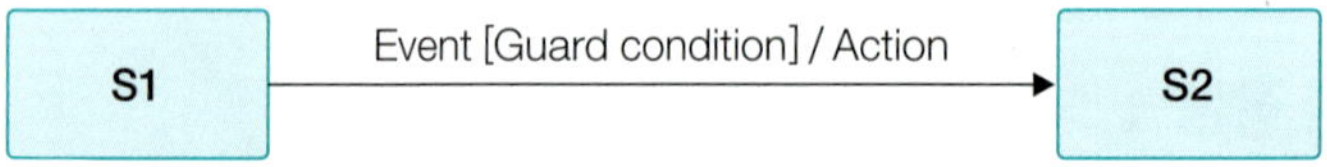

그림 8-15 상태 전이를 유발하는 레이블 표현 형식

즉, 특정 Event가 주어진 Guard condition하에서 발생하면 슬래시(/) 다음의 Action을 수행하고 상태를 전이한다. 레이블에 나타나는 Event, Guard_Condition, Action은 모두 생략할 수 있다. 예를 들어 아무런 표기 없이 단지 슬래시로만 레이블을 구성하는 경우(__/__)는 상태 S1에 도착하면 무조건 상태 S2로 전이되어야 함을 의미한다. 또 다른 예를 들어보자. 스마트폰의 키패드를 누를 때, 전화 모드에 있다면 숫자키 1은 숫자 1을 의미하지만, 문자를 작성한다면 동일한 위치의 숫자키 1은 문자를 의미할 수 있다. 즉 Press(1) [mode = dial] / display(1) 혹은 Press(1) [mode = text] / display(A)와 같은 레이블이 가능하다.

객체지향 방법론에서 모든 객체에 대하여 상태기계 다이어그램을 작성할 필요는 없다. 단지 로직이 복잡하거나 객체에 행위를 제어하는 역할이 포함되어 있는 경우에는 반드시 상태기계 다이어그램을 작성한다. 일반적으로 임베디드 시스템 개발에서는 동작 모드에 따라 서로 다른 동작을 수행하는 경우가 많아서 상태기계 다이어그램을 많이 사용한다.

05 분석 산출물 점검

지금까지 객체지향 설계에서 주어진 요구사항을 기반으로 기능 모델링, 구조 모델링, 행위 모델링에 대하여 살펴보았다. 다양한 관점에서 개발 대상 시스템에 대한 분석이 이루어지면, 그 다음 단계인 설계 과정이 진행될 수 있다. 그런데 설계 과정을 수행하는 데 요구되는 정보는 분석 과정의 결과물이다. 따라서 설계 과정에 들어가기 전에 분석 결과물에 대한 일관성 점검이 이루어질 수 있다. 일관성 점검은 (1) 기능 모델과 구조 모델, (2) 기능 모델과 행위 모델, (3) 구조 모델과 행위 모델 간에 이루어질 수 있다. 다음은 각각에 대한 일관성 점검 요소를 정리한 것이다.

■ **기능 모델과 구조 모델**

- 기능 모델의 유스 케이스 설명서와 CRC 카드 간의 일관성을 점검한다. 모든 클래스의 이름은 반드시 유스 케이스 설명서의 어딘가에 나타나야 한다.
- 유스 케이스 설명서에 나타나는 정보들은 클래스의 속성과 연산으로 표현되어야 한다.

■ **기능 모델과 행위 모델**

- 기능 모델의 유스 케이스는 각각 하나의 순차 다이어그램으로 표현되어야 한다. 따라서 순차 다이어그램의 개수는 유스 케이스의 개수보다 적지 않아야 한다.
- 유스 케이스 다이어그램의 액터는 순차 다이어그램의 액터로 나타나야 한다.

■ **구조 모델과 행위 모델**

- 상태기계 다이어그램은 클래스의 인스턴스와 매핑되어야 한다.
- 순차 다이어그램에서 객체 간에 전달되는 메시지는 반드시 클래스의 연산으로 정의되어야 한다.

실습 8-3 **산출물 간의 일관성 점검해보기**

객체지향 모델링에서 분석 단계의 산출물 간 일관성 점검을 위하여, 8.2.2절에서 제시하는 환자 진료 예약 시스템의 유스 케이스 다이어그램([그림 8-3]과 하단의 유스 케이스 설명서)과 8.4.2절에서 제시하는 순차 다이어그램([그림 8-13]) 간의 일관성 점검을 다음 관점에서 수행하시오.

(1) 모델에 표현된 모든 액터 간에 일관성이 존재하는가? 만약 그렇지 않다면 어떤 문제가 존재하는가?
(2) 유스 케이스 설명서에 존재하는 모든 시나리오 스텝이 순차 다이어그램에 나타나고 있는가? 그렇지 않다면 어떻게 해결해야 하는가?

위와 같은 모델 간의 일관성 분석은 분석가가 수행하기도 하지만, 다양한 기능을 제공하는 모델링 도구에서는 자동으로 일관성 점검을 수행하는 경우도 많다. ObjecTeam과 같은 도구는 객체지향 모델 간의 일관성 점검은 물론 작성된 모델을 정형화된 문서에 반영하여 산출물을 생성하는 기능도 제공한다. 분석 단계의 활동이 종료되면 산출물에 대한 리뷰 혹은 인스펙션을 수행하여 잠재된 오류를 발견·수정해서 산출물의 품질을 높인다.

프로젝트 VII **대상 시스템의 요구사항 분석하기**

실습 프로젝트에서 정의한 소프트웨어 시스템에 대하여 기능 관점, 구조 관점, 행위 관점의 요구사항 분석을 수행하고, 부록에 제시한 요구사항 분석서의 목차에 따라 산출물을 작성합니다.

(1) 기능 관점에서 유스 케이스 다이어그램과 유스 케이스 설명서를 작성한다.
(2) 구조 관점에서는 클래스 다이어그램을 작성한다.
(3) 행위 관점에서는 순차 다이어그램을 작성한다.
(4) 필요시 상태기계 다이어그램을 작성할 수 있다.

연습문제

01 다음 중 객체지향 분석에서 모델링하고자 하는 시스템의 측면으로 적합하지 않은 것은?

① 기능적 관점 ② 구조적 관점

③ 계층적 관점 ④ 행위적 관점

02 다음의 UML 다이어그램 중 소프트웨어 구조를 모델링하기 위해 사용되는 것은?

① 클래스 다이어그램 ② 유스 케이스 다이어그램

③ 순차 다이어그램 ④ 액티비티 다이어그램

03 다음 중 다이어그램이 표현하는 시스템의 특성이 다른 하나는?

① 클래스 다이어그램 ② 상태기계 다이어그램

③ 순차 다이어그램 ④ 액티비티 다이어그램

04 유스 케이스 간에 존재하는 관계 중 선택적 실행을 의미하는 관계는?

① Include 관계 ② Extended 관계

③ Association 관계 ④ Generalization 관계

05 UML 유스 케이스 다이어그램에서 유스 케이스를 식별하기 위한 가이드라인으로 적절하지 못한 것은?

① 시스템이 제공하는 기능을 나타내는 것이어야 한다.

② 어떠한 관계도 없는 유스 케이스는 존재할 수 없다.

③ 동작의 종료를 포함하는 형태로 식별되어야 한다.

④ 서로 다른 시간에 수행하는 업무는 하나의 유스 케이스로 식별한다.

06 클래스 다이어그램을 구성하는 클래스를 식별하는 방법과 거리가 먼 것은?

① 문장 분석 ② 소스 코드

③ 일반 객체 목록 ④ 패턴

07 UML 순차 다이어그램에서 반복 처리를 나타내는 결합형 심볼은 무엇인가?

① Alt fragment ② Par fragment

③ Repeat fragment ④ loop fragment

08 상태기계 다이어그램에서 상태 전이 레이블을 구성하는 요소가 아닌 것은?

① Event ② Guard condition

③ Option ④ Action

09 수강 신청 소프트웨어를 개발하고자 한다. 이를 위해 식별 가능한 클래스를 스스로 생각하여 5개만 제시하시오.

(1)	(2)	(3)	(4)	(5)

10 다음은 핸드폰의 전화 수신을 위한 유스 케이스 시나리오다. 주어진 클래스 목록과 시나리오 명세를 기반으로 Sequence Diagram을 UML 문법에 맞게 정확히 작성하시오.

클래스 목록	시나리오 명세
《class》	1. 신호 수신기(Receiver)는 외부로부터 입력되는 신호(signal)를 입력 받는다.
Receiver	2. 수신기는 입력된 신호를 컨트롤러(Controller)에 보낸다.
Controller	3. 컨트롤러는 전달된 신호를 해석하여 얻은 전화번호를 표시 장치(Displayer)에 보낸다.
Displayer	4. 컨트롤러는 현재의 모드(mode)가 진동 모드이면,
Speaker	4.1 진동 장치(Vibrator)로 떨림을 위한 메시지를 보낸다.
Vibrator	4.2. 그렇지 않으면, 스피커에 벨 소리를 울리도록 메시지를 보낸다.

Chapter

09

모듈화 설계

학습목표

- 소프트웨어 개발에서 모듈화의 의미와 중요성을 이해한다.
- 모듈화 척도인 결합력에 대하여 알아본다.
- 모듈화 척도인 응집력에 대하여 알아본다.
- 소프트웨어 개발 과정에서 모듈화의 새로운 응용 영역을 살펴본다.

PREVIEW

요구사항에 대한 분석을 종료한 후에 소프트웨어 설계 과정을 거치게 된다. 분석 과정이 사용자가 원하는 기능에 주안점을 두고 소프트웨어를 이해하는 단계였다면, 설계 과정은 소프트웨어 관점에서 어떻게 기능을 구조화할 것인지, 기능 간 상호작용을 어떻게 제공할 것인지, 품질 향상을 어떻게 달성할 것인지를 고려하는 단계다. 모듈화 설계는 요구사항의 변경, 새로운 기능의 추가, 유지보수의 용이성과 같은 장점을 제공하는 소프트웨어 공학의 핵심 원리다. 소프트웨어 설계 단계에서 적용되는 모듈화 유형에는 어떤 것이 있는지 살펴보자.

01 모듈화 설계 개요

소프트웨어 공학의 원리 중 가장 근간이 되는 개념은 모듈화Modularity다. 소프트웨어 개발에서 모듈화를 추구한다는 것은 독립적인 기능이 있는 논리적 묶음(혹은 조각)에 해당하는 모듈Module로 소프트웨어 시스템을 구성할 수 있도록 개발한다는 의미다. 왜 모듈화가 소프트웨어 개발에서 가장 근본이 되는 원리일까? 다음과 같은 이유들을 생각할 수 있다.

- 모듈화된 소프트웨어는 이해하기 쉽다. 모듈이 독립적인 기능이 있는 분할된 논리적 단위이기 때문에 해당 기능의 의미만으로 모듈이 어떤 일을 수행할지 이해할 수 있다.
- 팀 단위의 개발 작업이 쉬워진다. 모듈을 기준으로 전체 소프트웨어를 쪼개어 팀에 작업을 할당할 수 있기 때문이다.
- 변경에 의한 수정 사항 반영이 쉽다. 독립적인 기능을 수행하는 모듈화 구조의 소프트웨어에 변경 사항을 반영한다고 할 때, 영향받는 모듈에 국한되어 변경이 반영되기 때문이다.
- 재사용 가능성이 높아진다. 소프트웨어 모듈에는 독립적인 기능이 있기 때문에 추후 다른 소프트웨어 개발에서 쉽게 재사용될 수 있다.
- 추적성이 높아진다. 기능 개선이나 변경을 반영하기 위한 작업을 수행할 때, 모듈화 구조는 요구사항 분석부터 설계 및 구현까지 일관성 있고 체계적인 모듈 간의 연결 구조를 제공해줄 수 있다.

위와 같은 몇 가지 장점 외에도 모듈화 설계는 소프트웨어의 모든 품질 요소를 향상하는 데 매우 중요하다. 모듈화 개념은 소프트웨어 개발의 전체 수명주기에 걸쳐 적용될 수 있다. 요구사항을 모듈화하여 정의함으로써 요구사항에 대한 이해를 높일 수 있는데, 분석 과정에서 다루는 유스 케이스, 클래스 등이 모두 모듈의 개념을 가지고 있다고 할 수 있다. 설계 과정은 소프트웨어 관점으로 보면 모듈 개념이 실질적으로 적용되는 단계이며, 이 모듈 개념은 소프트웨어 품질을 높이는 중요한 적용 원리가 된다.

소프트웨어 설계 단계는 사용자 요구사항의 분석 결과를 소프트웨어의 형상으로 변경하는 단계다. 이 과정에서 사용자가 명시적 혹은 묵시적으로 제시하는 품질 요소를 실현한다. 예를 들어 높은 성능을 요구하는 소프트웨어를 개발하는 경우라면 기능 실행의 응답 시간을 줄이기 위한 소프트웨어 구조를 고려해야 한다. 메모리를 적게 사용해야 한다면, 모듈을 통합하거나 적은 변수 사용을 유도해야 한다. 따라서 일반적으로 소프트웨어에 대한 좋은 설계를 수행했다고 하면 다음과 같은 특성을 나타낼 수 있어야 한다.

- 설계가 계층적인 구조를 나타내야 한다. 즉 시스템은 서브시스템으로 구성되고, 각 서브시스템은 하위의 기능 영역으로 구성되고, 각 기능 영역은 모듈들로 구성될 수 있다. 이렇게 시스템을 계층적으로 분할할 때 모듈화 개념을 적용하여 단계적으로 상세화한다.
- 설계 결과가 모듈로 구성되어야 한다. 소프트웨어의 아키텍처 설계 및 상세 설계에 의해 나타나는 구성 요소는 모듈 개념이 있는 독립적인 컴포넌트들로 구성되어야 한다.
- 데이터와 처리 절차가 구분 가능하고 분리된 표현으로 나타나야 한다. 소프트웨어 설계 시 관심사의 분할 원리에 의해 소프트웨어를 계층화 구조Layered Structure의 형태로 표현할 수 있다. 즉 사용자 인터페이스 계층, 처리 계층, 데이터 계층을 구분하여 표현하도록 유도한다.
- 설계 결과는 추후 독립적인 특성이 있는 기능 단위로 구현할 수 있도록 한다. 또한 모듈 간의 상호작용, 소프트웨어와 외부의 상호작용을 최소화하는 방향으로 개발한다.

소프트웨어 설계 단계에서 위와 같은 좋은 설계의 특징을 나타내기 위해서는 소프트웨어를 구성하는 컴포넌트에 모듈 개념이 있어야 한다. [그림 9-1]은 모듈화 설계에 대한 개념을 보여준다.

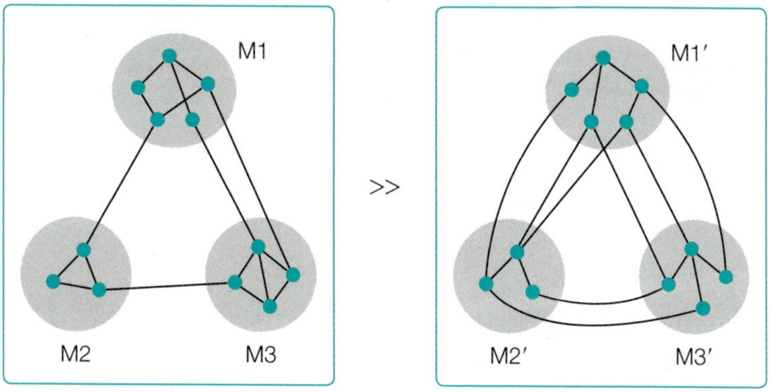

그림 9-1 모듈 및 모듈 간의 관계를 나타내는 소프트웨어 구조

[그림 9-1]의 왼쪽 그림에서 소프트웨어는 M1, M2, M3의 모듈로 구성되어 있으며, 이들 간의 상호작용이 나타나 있다. 이러한 모듈과 상호작용이 오른쪽 그림과 같이 M1′, M2′, M3′로 구성된다면 모듈 간의 상호작용이 왼쪽의 구조보다 훨씬 많아진다. 따라서 왼쪽의 모듈화 구조가 오른쪽의 모듈화 구조보다 좋은 설계 결과라고 할 수 있다.

이처럼 좋은 모듈화 구조를 갖는 소프트웨어를 설계하려면 모듈을 구성하는 내적 요소, 즉 변수, 함수, 연산 등이 상호 관련성이 있는 것들로 묶여야 하고, 모듈 간의 상호작용이 가능하면 간단한 형태로 구성되어야 한다. 우수한 모듈화 구성을 갖춘 소프트웨어를 설계하려면 그렇지 않은 경우보다 더 큰 노력이 들어가겠지만, 추후 소프트웨어를 운영할 때 상대적으로 적은 비용으로 유지보수를 수행할 수 있다.

02 결합력의 이해

모듈 간의 의존성 관계를 결합력Coupling이라고 하는데, 결합력이 작을수록 좋은 설계가 이루어졌다고 볼 수 있다. 따라서 소프트웨어 설계 과정에서는 결합력을 최소화하는 것을 목표로 한다. 이 목표를 달성하려면 가능한 모듈이 독립적인 기능을 갖도록 설계해야 하며, 불필요한 중복을 제거해야 한다. 또한 가능하면 모듈 간 상호작용을 줄여야 한다. 이렇게 모듈 간의 결합력을 최소화하면 다음과 같은 장점이 있다.

- 시스템의 구성 요소 간에 결합이 느슨해진다.
- 변경에 의한 파동 효과Ripple Effect를 막을 수 있다.
- 소프트웨어에 대한 이해도가 높아진다.
- 모듈의 인터페이스가 단순해진다.

[그림 9-2]는 소프트웨어 모듈 간에 발생할 수 있는 결합력의 유형과 어떤 결합력이 좋은 설계를 제공하는지를 나타낸 것이다. 각 결합력 유형에 대한 설명은 다음과 같다.

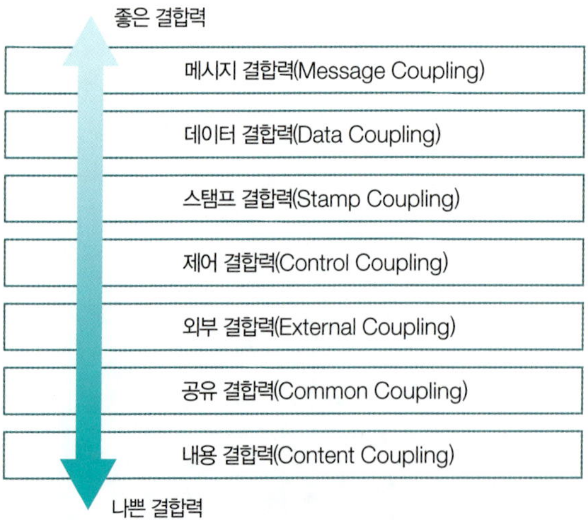

그림 9-2 모듈 간의 결합력 정도를 표현하는 유형 및 스케일

1 메시지 결합력Message Coupling

메시지 결합력은 결합의 정도가 가장 느슨한 유형이다. 클래스 개념을 사용하는 객체지향에서는 클래스 간 상호작용이 객체Object에 의해 발생하고, 객체 내의 변수들은 Public 및 Private을 통해 캡슐화되기 때문에 서로 다른 상태를 갖는 객체가 서로 다른 모듈로 간주될 수 있다. 따라서 객체 간 상호작용은 최소화될 수 있으며, 상호작용은 메시지 전달Message Passing이라는 한 가지 개념에 의해서만 이루어진다.

2 데이터 결합력Data Coupling

2개의 모듈이 정수형, 문자형 등의 단순한 기본 데이터 타입을 갖는 변수들에 의해 상호작용한다면 두 모듈은 데이터 결합력 관계에 있다고 할 수 있다. 일반적으로 Main() 함수를 제외한 모든 함수는 상호작용(함수 호출) 관계에 있다. 따라서 모듈 간에 발생하는 데이터 결합력 관계는 피할 수 없는 관계다. 다음은 고객 정보를 얻기 위한 함수를 정의한 코드다.

```
int ReadCustomerInfo(char* ID, char* name, char* address, char* phone, char* gen, char* SSN) {
}
int StoreCustomerInfo(char* ID, char* name, char* address, char* phone, char* gen, char* SSN) {
}
```

ReadCustomerInfo() 함수의 매개변수Parameter는 6개다. 이처럼 매개변수의 개수가 많으면 어떤 정보를 주고받는지 직관적으로 이해하기 어렵고, 매개변수의 타입이나 순서를 조심스럽게 살펴야 하는 번거로움이 발생한다. 즉, 프로그래머가 실수할 확률이 높아진다. 따라서 데이터 결합력에서는 가능한 폭이 넓은 인터페이스Wide Interface를 정의하지 않는 것이 좋다. 이와 같은 문제를 해결하기 위하여 매개변수를 구조화하여 정의하는 방법을 고려할 수 있다. 다음은 위 코드의 매개변수를 구조화한 것이다. 함수를 다음과 같이 정의하면 상호작용 인터페이스가 간단해 보이며, 코드의 이해도가 높아진다.

```
typedef struct _customerInfo {
        char *name, *address, *phone, *gender, *SSN ;
} CUSTOMER_INFO ;

int ReadCustomerInfo(char* ID, CUSTOMER_INFO* info) {

}

int StoreCustomerInfo(char* ID, CUSTOMER_INFO info) {

}
```

3 스탬프 결합력Stamp Coupling

두 모듈이 구조체와 같은 복합 데이터를 이용하여 상호작용한다면 스탬프 결합력을 갖는다고 정의한다. 스탬프 결합력도 좋은 모듈 설계 방법에 해당한다. 다만, 구조체를 정의할 때 의미상 상호 관련성 있는 데이터들을 묶음으로 정의해야 하며, 전달되는 구조체의 멤버 정보가 상호작용에 활용될 수 있도록 정의해야 한다. 다음은 스탬프 결합력의 예제 코드다.

```
typedef struct _customerInfo {
        char *name, *address, *phone, *gender, *SSN ;
} CUSTOMER_INFO ;

int ValidatePhoneNumber(CUSTOMER_INFO* info) {

    /* use only phone field of CUSTOMER_INFO */
}
```

위 예제에서는 고객 정보를 "CUSTOMER_INFO"의 구조체로 정의하고, 이를 매개변수로 사용했다. 그러나 불행히도 이 구조체를 매개변수로 사용하는 ValidatePhoneNumber() 함수 내부에서는 구조체의 6개 데이터 중 단지 1개 정보, 즉 전화번호phone만 사용하고 있다. 이 경우, 불필요한 데이터까지 모두 전달하기 때문에 실행 시간이나 메모리 사용 측면에서 손실이 발생한다. 또한 수정에 의한 의존성도 불필요하게 발생하고, 함수 관계를 이해하는 과정에서도 모호성이 발생한다. 따라서 이 경우에는 "int ValidatePhoneNumber(char* phone)"과 같은 선언을 통해 필요한 정보만 전달하는 것이 좋다.

스탬프 결합 시 추가로 고려해야 할 문제점이 있는데, 서로 관계없는 데이터가 매개변수로 넘겨진다고 했을 때 이를 인위적으로 구조화하는 경우다. 다음 예제를 살펴보자.

```
int CalcTototalPurchaseCost(int pricePerItem, int categoryItem, int dicountType, int
itemCount, int tax) {

}
```

```
typedef struct _stuff {
    int pricePerItem, categoryItem, dicountType, itemCount, tax;
} STUFF ;

int CalcTototalPurchaseCost(STUFF stuff) {

}
```

위 코드는 pricePerItem, dicountType, itemCount, tax와 같은 업무 처리 과정에서는 서로 연관성이 있지만, 변수가 각각 독립적인 의미를 갖는 여러 개의 매개변수를 사용하는 경우다. 이처럼 함수 선언을 하면 인터페이스의 폭이 넓기 때문에 결합력 개선 가이드라인에 따라 이들을 구조체로 묶어서 전달하고자 할 때 서로 관련성이 적은 데이터가 의미 없이 묶이는 현상이 발생한다. 여기서는 STUFF라는 구조체로 정의되었다. Stuff라는 단어에는 단순히 자료 또는 내용이라는 의미만 있어 구체적으로 어떤 용도의 자료인지 알 수 없다는 문제점이 있다. 여러분은 다음과 같은 함수 원형에서 매개변수로 무슨 값이 전달되는지 직관적으로 이해할 수 있는가?

```
int CalcTototalPurchaseCost(STUFF stuff)
```

따라서 서로 관련성이 적은 의미 없는 데이터를 묶지 않도록 주의해야 한다. 이 경우, 2개 이상의 구조체로 분리하여 선언하는 방법을 대안으로 고려할 수 있다.

4 제어 결합력Control Coupling

한 모듈에서 다른 모듈로 매개변수를 전달할 때, 그 매개변수가 호출되는 함수의 내부 행위를 제어하는 역할을 한다면 이 두 모듈은 제어 결합력 관계에 있다고 정의할 수 있다. 이 경우에는 대체로 변수 "flag"를 사용하여 그 값에 따라 호출하는 함수의 내부 행위를 제어한다. 다음 예제를 살펴보자.

```
int GeneralIORoutine(int flag, void* buffer, int size) {
      :
    if ( flag == 0 )
        /* READ data and store them into buffer */
    else
        /* WRITE data in buffer */
}
```

위 코드에서 GeneralIORoutine() 함수는 flag 변수를 매개변수로 사용하고 있다. 그런데 이 변수를 내부 if 문에 사용함으로써 해당 함수의 내부 실행은 변수 flag에 의존성을 갖게 되었다. 이 경우, 호출하는 함수에서 flag에 대한 변경이 발생하면, 호출받는 함수는 매우 심각한 영향을 받게 된다. 따라서 flag와 같은 제어 변수는 호출하는 함수의 지역 변수로만 사용하고 호출되는 함수로 전달되지 않도록 한다. 다음은 위 코드를 재작성한 것이다.

```
int IORequestRoutine(  ) {
    int flag;

    if ( flag == 0 )
        doRead(void* buffer, int size);
    else
        doWrite(void* buffer, int size);
}

int doRead(void* buffer, int size) {
        /* read data and store them into buffer */
}

int doWrite(void* buffer, int size) {
        /* write data in buffer */
}
```

5 외부 결합력External Coupling

2개의 모듈이 외부에 존재하는 다른 정보를 공유하고 있다면 이 모듈은 외부 결합 관계에 있다고 정의한다. 외부 정보는 일반적으로 파일, 디바이스 인터페이스, 프로토콜 등이며, 한 모듈과 외부에서 제공하는 도구나 장치들 간 상호작용과 관련되어 있다. 이 경우, 다른 모듈의 변수 변경이나 동시 접근으로 인한 데드락Deadlock 등의 문제가 수반될 수 있다.

6 공유 결합력Common Coupling

2개의 모듈이 광역 변수를 공유하고 있다면 이 모듈은 공유 결합력 관계에 있다고 할 수 있다. 공유 결합력 관계에 있다는 것은 외부 결합력과 비슷하게 한 모듈의 공유 변수에 대한 수정이 다른 모듈에 영향을 줄 수 있음을 의미한다. 공유 변수를 사용하면 메모리 사용량을 줄이고 프로그램을 간단하게 작성할 수 있다는 장점이 있지만, 모듈 간의 의존성은 높인다는 문제가 있다.

공유 변수를 선언함으로써 서로 관련 있는 모듈들이 상호작용할 수 있도록 허용한다면 그 모듈의 의존성 관계는 더욱 복잡해진다. 특정 모듈에서는 광역 변수가 어떤 값을 갖고 있는지 추적하거나 이해하기 쉽지 않을 뿐만 아니라, 자신이 변경한 값을 다른 모듈에서 변경하는 현상도 발생한다. 따라서 모듈의 독립성을 보장하기 위해 꼭 필요한 변수만 광역 변수로 선언해야 한다. 다음은 공유 변수를 자신의 지역 변수로만 사용하도록 제안하는 예제다.

```
int gA, gB, gC, gD, gE ;
void f1( ) {
    /* access gA, gB, gC */
}

void f2( ) {
    /* access gA, gB, gC */
}

void f3( ) {
    /* access gD, gE */
}

void f4( ) {
    /* access gD, gE */
}
```

⇒

```
static int gA, gB, gC ;
void f1( ) {
    /* access gA, gB, gC */
}

void f2( ) {
    /* access gA, gB, gC */
}
```

```
static int gD, gE ;
void f3( ) {
    /* access gD, gE */
}

void f4( )  {
    /* access gD, gE */
}
```

위 예제의 왼쪽 코드를 보면, 함수 f1(), f2(), f3(), f4()에 대해 변수 gA, gB, gC, gD, gE를 광역 변수로 선언하였다. 오른쪽 코드에서는 왼쪽 코드를 2개의 파일로 나누어, 필요한 변수만 광역 변수로 정의해서 변수의 영향을 관련된 파일 내로 제한하였다.

7 내용 결합력Content Coupling

한 모듈에서 다른 모듈의 내부를 직접 참조한다면 내용 결합 관계에 있다고 할 수 있다. 내용 결합력은 현재 거의 발생하지 않는다. 기존의 절차적 언어에서 "goto" 명령어가 내용 결합을 유발하는 대표적인 예다.

실습 9-1 코드 개선을 통한 결합력 높이기

다음 성적 처리 프로그램에 주어진 코드에 어떤 문제가 있는지 확인하고, 이 코드를 결합력 척도를 좋게 하는 방향으로 재구성Refactoring하시오.

```
void processScore(){
   getScore((MathScore, EngScore, PhyScore, ArtScore, MusicScore);

   ccalculateSumAverage(s_ID, MathScore, EngScore, PhyScore, ArtScore, MusicScore);
   print(s_ID, total, average);
}

void calculateSumAverage(double s_ID, int MathScore, int EngScore, int PhyScore,
                         int ArtScore, int MusicScore) {

    total = calculateSum(MathScore, EngScore, PhyScore, ArtScore, MusicScore);
    average = total / count(score)
}
```

03 응집력의 이해

응집력Cohesion은 모듈을 구성하는 내적 요소 간의 기능적 관련성의 강도를 측정하는 척도다. 모듈을 구성하는 내적 요소는 명령어, 변수 정의, 함수 호출 등이다. 좋은 소프트웨어 설계 과정에서는 독립적인 기능을 갖춘 모듈을 식별하는 것이 중요한데 이때 모듈의 응집력을 최대화하는 것을 목표로 한다.

[그림 9-3]은 응집력의 유형과 스케일을 나타낸 것이다. 응집력의 유형은 7개로 분류할 수 있는데 상위 3개의 유형은 응집력이 좋아서 소프트웨어 유지보수에 효과적이라고 할 수 있다. 각 응집력의 개념과 특성은 다음과 같다.

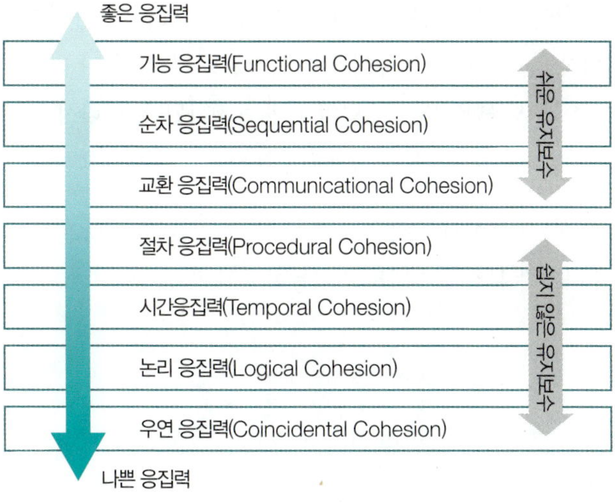

그림 9-3 모듈의 내적 요소 간 응집력 정도를 표현하는 유형 및 스케일

1 기능 응집력Functional Cohesion

모듈을 구성하는 모든 요소가 단지 하나의 기능을 구현하기 위해 구성되었다면 기능 응집력이 있다고 정의할 수 있다. 따라서 다른 추가 연산이나 기능 수행 없이 하나의 기능이 종료될 수 있다. 기능 응집력이 있는 모듈의 예는 다음과 같다.

- 수학의 코사인Cosine 각을 계산한다.
- 문장의 알파벳 오류를 체크한다.
- 트랜잭션 기록을 읽는다.
- 미사일의 타격 지점을 계산한다.
- 승객의 좌석을 배정한다.

2 순차 응집력Sequential Cohesion

순차 응집력은 모듈을 구성하는 문장 관계에서, 한 문장의 실행 결과가 다음 문장의 입력으로 사용되는 경우에 해당된다. 순차 응집력은 매우 좋은 설계에 해당하며, 유지보수가 용이하다는 장점이 있다. 그러나 순차 응집력이 서로 입출력 관계에 있는 문장으로 구성되었다 하더라도 마지막 문장이 기능 응집력을 충족하지 못한다면 응집력의 효과는 저하된다. 따라서 순차 응집력을 구성하는 모든 문장이 가능한 기능 응집력을 만족하도록 정의하는 것이 중요하다.

성적 처리 소프트웨어를 생각해보자. 아래 예에서 왼쪽은 순차 응집력이 있지만 기능은 종료되지 못하는 경우다. 오른쪽과 같이 마지막 문장을 추가하면 기능이 종료될 수 있다.

과목별 성적을 읽는다. 성적들의 합(총점)을 구한다. 총점을 이용하여 평균을 구한다.	⇒	과목별 성적을 읽는다. 성적들의 합(총점)을 구한다. 총점을 이용하여 평균을 구한다. 석차을 부여한다.

기능 응집력은 응용 도메인의 서비스 기능 개념을 포함하는 측면에서 정의되지만, 순차 응집력은 단지 모듈을 구성하는 구성 요소 간의 관계만 고려한다. 따라서 재사용성 측면에서 볼 때 기능 응집력을 높이는 것이 순차 응집력을 높이는 것보다 좋은 설계에 해당한다.

3 교환 응집력Communicational Cohesion

모듈을 구성하는 모든 요소가 동일한 입력 또는 출력을 사용한다면 교환 응집력이 있다고 정의할 수 있다. 다음 예제는 교환 응집력이 있는 모듈을 나타낸다.

```
Module DetermineCustomerDetails {
    Use account_no;
    Find customer name;
    Find customer loan_balance;
    Find contract_date;
    return name, loan_balance, contract_date;
} End Module
```

위 예제는 고객의 계좌 번호를 이용하여 고객의 이름, 잔고, 개설 일자의 정보를 얻는 모듈이다. 이 연산들은 모두 계좌 번호를 입력으로 처리한다. 교환 응집력도 좋은 모듈 설계 방법 중 하나지만 소프트웨어 개발 과정에서 다음과 같은 문제를 야기할 수 있다.

위 예제에서 연산 수행 결과의 반환문(Return)은 고객 이름(name), 잔고(loan_balance), 개설일(contract_date)의 세 가지 정보를 모두 반환한다. 하지만 호출 모듈에서 이름과 잔고만 알고 싶다면, 개설일까지 반환할 필요가 없다. 이는 의미 없는 부가적인 연산이다. 따라서 위의 코드는 다음과 같이 변경하여 작성할 수 있다.

```
Module DetermineCustomerDetails {
    Use account_no;
    name = Call Find_Customer_Name();
    loan balance = Call Find_Customer_Loan_Balance();
    contract date = Call Find_Contract_Date();
    return name, loan_balance;
} End Module
```

```
Module Find_Customer_Name() {
      Use account_no;
      return name;
} End Module
Module Find_Customer_Loan_Balance() {
      Use account_no;
      return loan_balance;
} End Module
Module Find_Contract_Date() {
      Use account_no;
      return contract_date;
} End Module
```

4 절차 응집력Procedural Cohesion

절차 응집력은 모듈을 구성하는 문장들이 의미상 서로 관련이 없지만 제어 흐름의 순서가 있는 경우에 해당된다. 따라서 절차 응집력이 있는 모듈은 한 가지 기능을 수행하기 위한 목적보다는 실행 순서와 관련성이 있도록 구성한 경우라고 할 수 있다. 다음과 같은 성적 처리 소프트웨어의 예를 살펴보자. 왼쪽은 절차 응집력이 있다. 왼쪽의 경우 총점을 구한 후에 지난 학기의 총점과 비교해보는 과정을 포함하였다. 이러한 과정이 순차적으로 진행될 수 있지만, 지난 학기의 총점을 살펴보는 것은 이번 성적 처리와 무관하다. 따라서 오른쪽과 같이 동일한 기능을 수행하는 활동들로 구성하도록 하는 것이 좋은 설계 방법이다.

과목별 성적을 읽는다. 성적들의 합(총점)을 구한다. 지난 학기의 총점과 비교한다. 총점을 이용하여 평균을 구한다. 석차을 부여한다.	⇒	과목별 성적을 읽는다. 성적들의 합(총점)을 구한다. 총점을 이용하여 평균을 구한다. 석차를 부여한다.

5 시간 응집력Temporal Cohesion

시간 응집력은 모듈을 구성하는 각 문장이 소프트웨어 실행의 특정 시간과 관련이 있는 것으로만 구성된 경우에 해당한다. 즉, 모든 요소가 처리되는 시간과 관련성이 있다. 시간 응집력을 발생시키는 예는 다음과 같다.

- 데이터를 사용하기 전에 모든 변수를 처음에 초기화한다.
- 파일을 사용하기 전에 모든 파일을 오픈해둔다.
- 사용자에게 알림 정보를 제공하기 위한 모든 메시지를 처리한다.

특히 모든 파일을 프로그램 실행의 초기에 오픈하고 실행이 종료되는 시점에 닫는 연산을 수행한다면 모든 파일이 열리고 닫히는 시간과 관계가 있다. 이 경우에는 필요 없는 파일을 미리 열어놓거나 쓸데없이 파일 포인터를 여러 개 사용하는 경우가 발생할 수 있다.

6 논리 응집력Logical Cohesion

논리 응집력은 모듈을 구성하는 모든 요소가 논리적으로 같은 유형의 외부 동작들로 구성되는 경우에 해당한다. 즉, 논리 응집력은 다수의 유사한 행위를 포함하고 있으며, 이 행위들은 flag 변수에 의해 실행 여부가 결정되는 경우가 많다. 이는 유사한 행위를 따로 생성하지 않고 하나의 코드로 공유하려는 시도에서 주로 발생한다. 다음 예제를 살펴보자.

```
Module General IO Routine {
   use input_flag;       /* to choose which function */
   update record-A;
   if (input_flag = 1) then
      write record-A to new master file;
      read tran_file1 into record-B;
   elseif (input flag = 2) then
      if record-A = all spaces then
         read tran_file1 into record-B;
      endif
         read tran_file2 into record-C;
   elseif (input flag = 3) then
      …
   return record-B, record-C;
} End Module
```

이 예제에서는 외부의 파일을 읽거나 데이터를 파일에 기록하는 파일 처리 행위를 하나의 모듈에 몰아서 작성하였다. 서로 관련 없는 트랜잭션 처리 동작이 flag 변수 값에 의해 처리되도록 구성한 것이다. 이 경우는 flag 제어 변수를 중심으로 서로 다른 모듈로 분리하여 구성하는 것이 좋은 설계 방법에 해당된다.

7 우연 응집력Coincidental Cohesion

우연 응집력은 가장 나쁜 형태의 응집력으로, 절대 작성되어서는 안 되는 모듈 구성이다. 모듈을 구성하는 모든 요소가 아무런 관련성이 없는 것으로 묶인 경우다. 여러 개의 함수가 너무 작은 동작만 갖도록 정의된 경우, 전체 소스 코드의 길이를 줄이기 위하여 이들을 통합해서 하나의 함수로 작성하려고 시도할 수 있다. 하지만 이렇게 설계하면 소프트웨어를 개발할 때 오류 발생 빈도가 높아지고, 변경 및 수정 반영 시 오류를 인식하지 못한 채 지나치기 십상이다.

지금까지 소프트웨어 설계 과정에서 중요하게 고려해야 할 모듈화 척도를 결합력Coupling 과 응집력Cohesion 관점에서 살펴보았다. 소프트웨어 설계 과정에서 결합력은 두 모듈 간의 관련성 정도를 나타내는 척도이고, 응집력은 모듈을 구성하는 내적 요소 간의 관련성 정보를 나타내는 척도다. 따라서 좋은 설계란 결합력이 낮고 응집력은 높은 모듈 구성으로 이루어진 설계를 말한다. [표 9-1]은 응집력 수준을 상호 비교한 것이다.

표 9-1 응집력에 대한 소프트웨어 설계 특성 비교

응집력 유형	결합력	구현 명확성	수정 용이성	이해성	유지보수성
기능 응집력	Good	Good	Good	Good	Good
순차 응집력	Good	Good	Good	Good	Fairly Good
교환 응집력	Medium	Medium	Medium	Medium	Medium
절차 응집력	Variable	Poor	Variable	Variable	Bad
시간 응집력	Poor	Medium	Medium	Medium	Bad
논리 응집력	Bad	Bad	Bad	Poor	Bad
우연 응집력	Bad	Poor	Bad	Bad	Bad

[표 9-1]을 보면, 기능 응집력과 순차 응집력이 있으면 결합력, 구현 명확성, 수정 용이성, 이해성, 유지보수성 등 모든 측면에서 우수한 설계가 가능해진다. 그러나 시간 응집력, 논리 응집력, 우연 응집력이 있으면 모든 경우에 좋지 않은 모듈 구조를 생성하게 된다.

따라서 소프트웨어 설계 과정에서 모듈화가 어떻게 이루어져야 하는지는 자명하다. 모듈화 척도는 현재 운영 중인 소스 코드를 재구조화하는 완전 유지보수Perfect maintenance를 수행하고자 할 때 반드시 고려해야 할 사항이다.

실습 9-2 코드 개선을 통한 응집력 높이기

다음에 주어진 코드에 어떤 문제가 있는지 확인하고, 응집력 척도를 좋게 하는 방향으로 코드를 재구성Refactoring하시오.

```
void printOwing(double amount) {
    printBanner();

    //print details
    System.out.println ("name:" + _name);
    System.out.println ("amount" + amount);
}
```

04 모듈화 응용 기술

1 모듈화와 소모 전력Software Energy Consumption

소프트웨어는 다양한 영역에서 활용되며 특히 사물 인터넷, 자율 주행차, 지능 로봇 등에서 매우 중요한 역할을 수행한다. 소프트웨어는 주어진 로직에 따라서 하드웨어 장치들을 동작시키기 때문에, 소프트웨어를 효율적으로 작성하면 하드웨어 장치들도 효율적으로 제어할 수 있다. 이러한 측면에서 시스템이 소모하는 에너지를 줄이기 위해 에너지 효율적인 소프트웨어를 개발하려는 노력이 시도되고 있다.

에너지 효율적인 소프트웨어를 개발하는 것도 중요하지만 지금까지 설명했듯이 소프트웨어의 품질을 향상하려면 모듈화 개념을 적용하는 것이 중요하다. 따라서 모듈화 척도를 중심으로 어떤 결합력을 갖는 소프트웨어 구조가 에너지를 적게 소모할 수 있을지를 고려할 수 있다.

소프트웨어 구조에서 데이터 결합력, 스탬프 결합력, 공유 결합력, 제어 결합력 중 어떤 유형을 선택해야 에너지 효율적인 소프트웨어 개발에 유리할까? [그림 9-4]는 방대한 양의 소스 코드를 통해 모듈 간의 결합력과 에너지 소모의 상관관계 실험을 수행한 연구 결과를 보여준다.

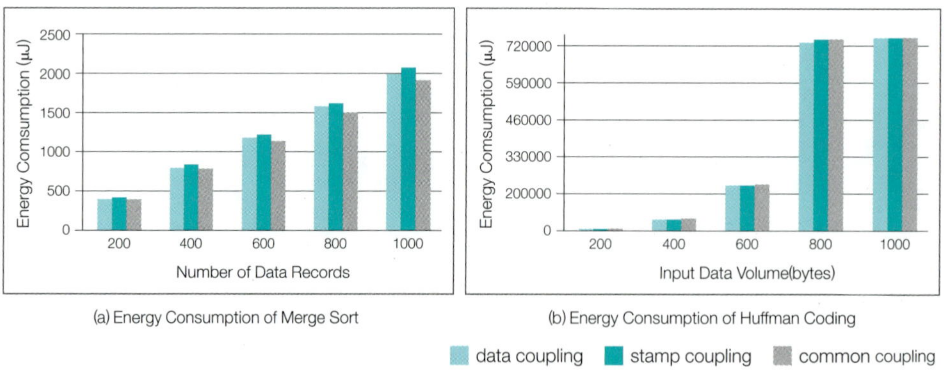

그림 9-4 모듈 간의 결합력과 에너지 소모의 상관관계 실험(D.H. Kim, J.E. Hong, L. Chung, "Investigating relationships between functional coupling and the energy efficiency of embedded software", Software Qual J (2018) 26: 491–519)

[그림 9-4]의 (a)는 Merge Sort를 수행하는 소프트웨어가 정렬을 위해 전달하는 데이터양이 증가할수록 결합력 유형에 따른 소모 전력량이 어떻게 변하는지 비교하고 있다. 이 조건에서는 비교적 공유 결합력이 전력을 적게 소모하는 것으로 나타났다. (b)는 암호화 소프트웨어와 관련된 호프만 코드에 대한 실험 결과인데, 여기서는 데이터양의 변화와 무관하여 거의 비슷한 전력 소모의 패턴을 보여주고 있다. 이는 모듈 간 결합력보다 데이터 처리 및 암호화를 위한 수학적 연산에서 많은 에너지가 소모되기 때문으로 볼 수 있다.

이처럼 소프트웨어를 모듈화하여 개발할 때 어떤 결합력과 응집력 유형을 사용해야 응용 영역에서 유리할지 살펴보는 작업도 흥미로운 이슈 중 하나다.

2 모듈화와 기술 부채Technical debt

기술 부채Technical Debt라는 말은 위키Wiki를 발명한 워드 커닝햄Ward Cunningham이 처음 사용하였는데, 소프트웨어를 재구조화하는 데 왜 예산이 필요한가를 설명하기 위한 은유적 표현이었다. 'Technical Debt'을 직역하면 '기술적인 빚'이다. 즉, 소프트웨어 시스템을 개발하는 과정에서 제대로 작업하지 않으면 추후 이자까지 붙은 빚Debt이 되어 돌아오기 때문에 더 많은 작업을 통해 이전의 올바르지 못한 결과를 바로잡아야 한다는 의미가 들어 있다.

쉬운 예를 들어보자. 소프트웨어 개발 단계에서 문서화를 제대로 해놓지 않은 경우가 종종 발생한다. 개발이 끝난 후에 기능 개선이나 오류 수정을 하려고 할 때, 분석 혹은 설계 문서가 없기 때문에 다시 코드를 분석하고 이해하고 개발해야 하는 상황에 놓일 수 있다. 즉, 문서화를 했을 때보다 더 많은 시간과 노력이 들어간다. 결국 귀찮다거나 시간이 부족하다는 이유로 문서화를 해놓지 않으면 결국 '빚'이 되어 돌아온다.

지금까지 설명한 기술 부채의 개념만으로도 소프트웨어 개발 과정에서 모듈화가 얼마나 중요한 역할을 수행할지 짐작할 수 있을 것이다. 즉, 소프트웨어 개발 과정에서 모듈화를 잘 수행하면 그만큼 부채가 줄어들 수 있다. 그러나 소프트웨어 개발 과정에서 빚을 만들지 않으려고 철저한 작업, 오랜 고민, 다양한 대안 분석 등을 하는 것이 늘 좋은 것은 아니다. 빚을 조금 지더라도 시간과 노력을 가치 있는 다른 일에 투자한다면 더 큰 이득을 얻을 수도 있기 때문이다.

특히 소프트웨어 설계 단계에서 초기에 개발되는 소프트웨어 아키텍처는 기술 부채의 개념이 잘 적용되는 기술 영역이다. 소프트웨어 아키텍처는 개발 대상 시스템의 전체적인 기능 구조를 제시한다. 그러나 이보다 더 중요한 관점은 조직의 비즈니스 변화 혹은 시스템의 기능 개선 등을 고려하여 융통성 있는 아키텍처를 개발하는 것이다.

소프트웨어 아키텍처를 생성하는 과정에서 소프트웨어 품질 요소가 반영되는 개발 활동이 많이 이루어진다. 따라서 아키텍처 개발의 모든 부분에서 모듈화의 원리가 적용되어야 한다. 모듈화의 척도 관점에서는 좋은 아키텍처일수록 결합력보다는 응집력에 더 집중해야 하며, 결합력의 경우 인터페이스 종속성보다는 아키텍처 컴포넌트 간에 존재할 수 있는 기능 의존성 문제를 해결하는 데 집중해야 한다.

01 소프트웨어 모듈화 원리를 적용하여 얻는 이점으로 적합하지 못한 것은?

① 소프트웨어의 기능을 쉽게 이해할 수 있다.

② 요구사항 변경 발생을 예방할 수 있다.

③ 변경으로 인한 수정이 용이해진다.

④ 추후, 유사 기능 개발을 위한 재사용성이 높아진다.

02 다음은 소프트웨어 모듈화에 대한 설명이다. (　　　) 안의 용어 중 적합한 용어를 선택하시오.

> 소프트웨어 모듈화의 척도는 크게 Coupling과 Cohesion으로 구분되는데, 모듈을 구성하는 내부 구성 요소 간의 관계성을 (Coupling, Cohesion)이라 하고, 두 모듈 간의 상관관계를 (Coupling, Cohesion)이라고 한다. 특히 모듈화를 높이려면 Coupling은 (낮, 높) 아야 하고, Cohesion은 (낮, 높)아야 한다.

03 소프트웨어 모듈 간의 상호작용을 정의할 때, 개발 및 유지보수에 가장 유리한 결합력은?

① 데이터 결합력　　② 제어 결합력

③ 공유 결합력　　④ 내용 결합력

04 모듈 간의 상호작용을 정의한 인터페이스에서 매개변수의 개수가 많아져 넓은 인터페이스Wide Interface가 발생한 경우, 어떤 결합력을 이용해야 해결할 수 있는가?

① 데이터 결합력　　② 스템프 결합력

③ 제어 결합력　　④ 공유 결합력

05 모듈 간의 상호작용에서, 서로 관련성이 없는 데이터를 구조화하여 매개변수로 전달하는 것과 가장 밀접하게 관련된 모듈화 척도는?

① 제어 결합력　　② 데이터 결합력

③ 스탬프 결합력　　④ 외부 결합력

06 모듈을 구성하는 모든 요소(즉, 문장)가 동일한 입력 또는 동일한 출력을 사용하도록 작성했을 때, 가장 밀접한 모듈화 척도는?

① 기능 응집력　　② 순차 응집력

③ 절차 응집력　　④ 교환 응집력

07 다음은 소프트웨어 모듈의 기능을 설명한 것이다. 기능 응집력이 없는 모듈은?

① 워드 프로세서: 문장의 알파벳 오류를 점검한다.
② 강의 지원 시스템: 수강생의 출석을 점검한다.
③ 현금 자동 인출기: 계좌 잔액을 조회한다.
④ 헬스 케어 시스템: 보행 거리 대비 비만도의 관계를 분석한다.

08 다음에 정의된 차량 자동 세차 기능에 나타나는 응집력에 해당되지 않는 것은?

1. 초벌 세차를 수행한다.
2. 비누 거품을 투여한다.
3. 재벌 세차를 수행한다.
4. 물기를 몰아낸다.

① 기능 응집력　　② 순차 응집력
③ 논리 응집력　　④ 절차 응집력

09 다음에 주어진 수도 코드Pseudo Code는 고객 계좌 정보를 이용하여 이름, 잔고, 가입일 등의 정보를 제공하는 함수다. 그러나 반환 값 중에서 잔고만 알고 싶을 때, 제시된 모듈은 원하지 않는 정보까지도 제공한다. 이런 문제가 해결되도록 코드를 수정하시오.

```
Module DetermineCustomerDetails( ) {
    Use account_no;
    Find customer name;
    Find customer loan_balance;
    Find contract_date;
    return name, loan_balance, contract_date;
} End Module
```

10 철수는 성적 처리 프로그램을 작성하는 과정에서 3개의 파일을 정의하였다. 첫 번째 파일은 과목별 성적을 저장하는 파일, 두 번째 파일은 총점과 평균을 저장하는 파일, 세 번째 파일은 총점에 의한 석차를 계산하는 파일이다. 프로그램 작성 과정에서 3개의 파일 포인터를 정의하고, 하나의 모듈 내에서 세 파일을 모두 오픈Open하여 사용하도록 하였다. 소프트웨어 모듈화 관점에서 발생하는 문제점과 그 해결책을 제시하시오.

Chapter

10

설계 패턴

학습목표

- 설계 패턴은 무엇이며, 어떠한 설계 패턴이 존재하는지 살펴본다.
- 객체지향 설계에서 재사용 가능한 생성 패턴의 종류와 활용에 대하여 이해한다.
- 객체지향 설계에서 재사용 가능한 구조 패턴의 종류와 활용에 대하여 이해한다.
- 객체지향 설계에서 재사용 가능한 행위 패턴의 종류와 활용에 대하여 이해한다.

PREVIEW

소프트웨어 설계는 개발 시스템의 품질을 결정하는 단계다. 즉, 객체지향 설계 과정에서 모델의 품질이 높아지면 개발 시스템의 품질도 높아진다. 설계 단계에서 품질을 높이는 또 다른 방법은 이미 잘 알려진 패턴을 활용하는 것이다. 패턴은 기능 확장성 및 수정 용이성 등의 장점이 있는 재사용 가능한 클래스 다이어그램의 조각이다. 어떤 유형의 패턴이 있고, 각 패턴이 어떤 경우에 사용되는지 살펴보자.

01 설계 패턴 개요

필자가 국내 컨설팅 회사에 근무할 때, 국제 보험사의 소프트웨어 시스템 개발 프로젝트에 참여하여 분석 설계 작업을 수행한 적이 있다. 그때 보험 관련 분야에서 유명한 경험 많은 미국 전문가와 함께 작업했는데, 같은 업무량에 대하여 그 전문가는 필자보다 월등히 빠른 분석과 모델링을 진행하였다. 자존심이 상하기는 했지만, 나중에 그와 이야기를 나누고 나서 패턴의 우수성을 알게 되었다. 미국 전문가는 자신이 그동안 수행해온 30여 개의 보험 관련 프로젝트로부터 확보한 자신만의 패턴 라이브러리를 구축하여 분석 활동에서 재사용하고 있었다.

패턴은 실설계에 존재하는 사물이나 개념에서 반복적으로 발생하는 형상을 추상화하여 정의한 것을 의미한다. 매우 다양한 부분에서 패턴이라는 용어가 사용되고 있는데 설계 혹은 디자인 패턴, 아키텍처 패턴, 분석 패턴, 구현 패턴, 사용자 인터페이스 패턴, 심지어 작업 패턴도 있다. 패턴을 이용하면 생산성 증가, 전문가 경험의 전달 및 학습 효과, 솔루션에 대한 불필요한 논쟁 제거, 결과물의 품질 향상 등의 장점을 얻을 수 있다.

설계 패턴은 우리 환경에서 반복적으로 발생하는 문제들에 대하여 적합한 디자인 솔루션을 정의한 것이라 할 수 있다. 소프트웨어가 적용되는 모든 영역에는 소프트웨어적으로 해결해야 하는 동일한 문제가 수없이 존재하며, 이 문제에 대한 모델링 결과로 클래스와 이들 간의 관계를 합당하게 표현한다. 이처럼 동일 문제에 대한 솔루션을 일반화하여 제공하는 것이 패턴이며, 이 패턴을 재사용하여 쉽고 빠르고 정확하게 모델링할 수 있다.

객체지향 기반의 소프트웨어 개발에서 핵심이 되는 설계 패턴으로 에릭 곰마Erich Gamma, 리처드 헬Richard Helm, 랄프 존슨Ralph Johnson, 존 블리시데스John Vlissides가 제시한 GoFGang of Four 설계 패턴이 잘 알려져 있다. GoF 설계 패턴에서 패턴을 정의하기 위해 제시하는 항목은 다음과 같다. 이러한 명세는 패턴을 재활용할 때 필요한 기초 정보를 제공한다.

- 패턴 이름과 분류: 패턴이 정의하는 특성과 본질이 정확히 표현되도록 간결한 이름을 쓴다.
- 패턴의 의도intent: 패턴이 하는 일, 해결하려는 문제를 기술한다.

- 별칭Known as: 또 다른 이름이 있다면 이를 기술한다.
- 동기Motivation: 문제 해결 방법을 보여주는 시나리오의 일종으로 표현된다. 즉, 패턴에 포함되는 클래스가 어떻게 문제를 해결하는가를 기술한다.
- 적용 대상Applicability: 패턴이 적용될 수 있는 상황을 의미한다. 필요시 패턴 사용으로 좋지 않은 설계 결과를 얻는 예를 포함할 수 있다.
- 구조Structure: UML의 클래스들과 이들 간의 관계로 나타나는 패턴의 그래픽 다이어그램이다.
- 참여 클래스Participants: 패턴에 참여하는 클래스 혹은 오브젝트들의 목록이다.
- 협업 관계Collaborations: 클래스의 역할을 수행하기 위해 다른 클래스와의 협업 관계를 기술한다.
- 결과Consequence: 패턴이 문제를 어떻게 해결하는지, 패턴 적용의 장점과 단점은 무엇인지 설명한다.
- 구현 고려 사항: 패턴을 구현할 때 알아야 할 함정, 힌트, 관련 기술이 무엇인지, 언어에 대한 문제는 없는지 등을 기술한다.
- 샘플 코드: 해당 패턴이 객체지향 언어(C++ 등)로 어떻게 구현되는지를 보여주는 코드 조각을 포함한다.
- 용도Known Uses: 시스템에서 패턴이 적용된 예제를 보여준다. 특히 서로 다른 도메인에서 발생하는 예제를 2~3개 정도 제시하는 것이 좋다.
- 관련 패턴Related Patterns: 밀접하게 관련된 다른 패턴이 존재하는지, 함께 적용해야 할 다른 패턴이 있는지를 기술한다.

설계 패턴을 정의하려면 위와 같은 정보들을 제시하여 패턴의 의미를 명확히 이해하고 재사용할 수 있도록 지원해야 한다. 그러나 일반적으로는 위의 13개 항목을 모두 정의하기보다 패턴 이름, 해결하려는 문제(의도 및 동기), 적용 대상, 구조, 적용 시 고려 사항 및 제약 사항의 5가지 정도로 표현하는 경우가 많다. 이 책에서는 특히 각 패턴이 어떤 상황에 적용되는가에 초점을 두고 설명하고자 한다. GoF 설계 패턴에 근거한 패턴 분류는 [표 10-1]과 같다.

표 10-1 GoF 디자인 패턴의 패턴 분류

분류	패턴 이름		
생성 패턴	Factory Method Prototype	Abstract Factory Singleton	Builder
구조 패턴	Adapter Decorator Proxy	Bridge Facade	Composite Flyweight
행위 패턴	Interpreter Iterator Observer State	Template Method Mediator Strategy Chain of responsibility	Command Memento Visitor

[표 10-1]의 패턴은 사용 목적에 따라 분류한 것이다. 생성Creational 패턴은 객체의 생성 과정이나 초기화에 관여하는 패턴들이며, 구조Structural 패턴은 클래스나 객체의 합성에 관한 패턴들이다. 행위Behavioral 패턴은 클래스나 객체들이 상호작용하는 방법과 책임을 분산하는 방법에 대해 정의한 패턴들이다.

설계 패턴은 문맥에 따라 생성·구조·행위 패턴으로 분류하지만, 각 분류에 속한 패턴은 다른 분류에 속한 패턴과 서로 관련성이 있다. 예를 들어, 구조 패턴 "Composite"는 연산을 추가하거나 하위 클래스를 나열하는 방식으로 행위 패턴의 "Visitor"나 "Iterator" 패턴으로 확장된다. [그림 10-1]은 패턴 간의 관계를 보여준다.

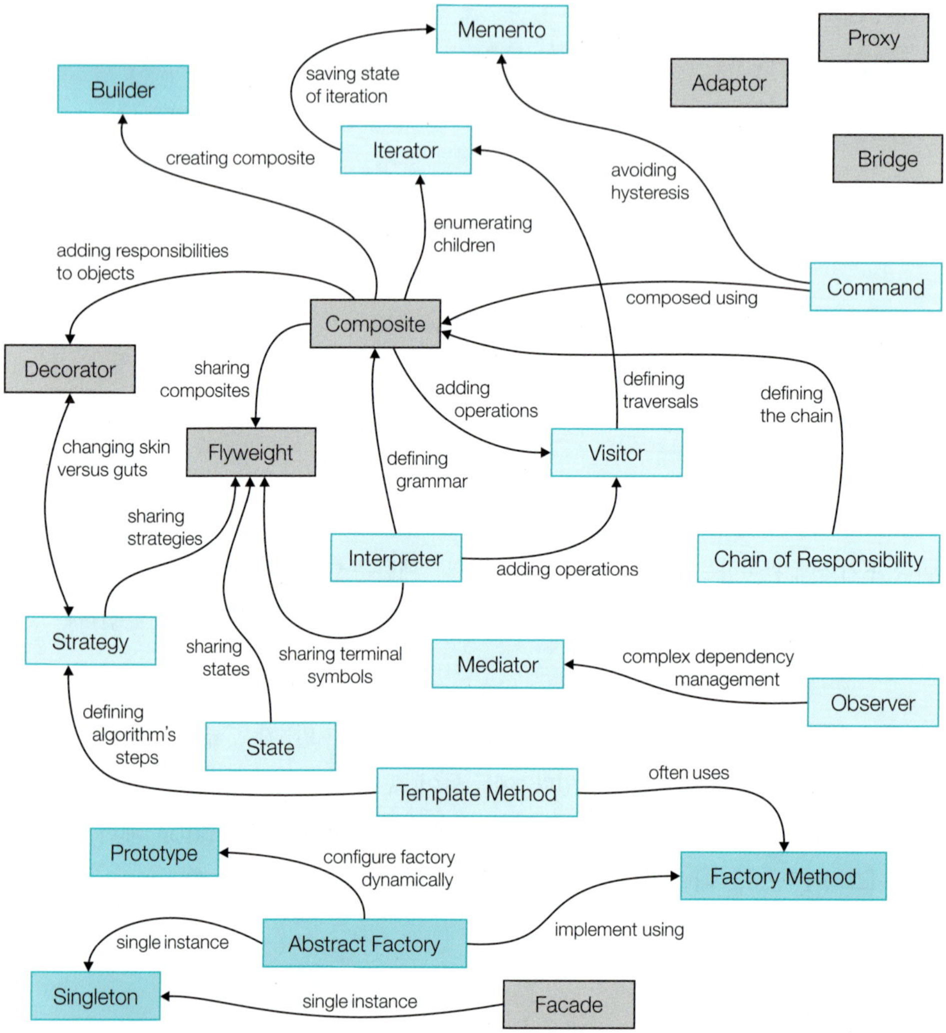

그림 10-1 패턴 간의 관계(출처: GOF Design Patterns, E. Gamma, et. al)

어떤 패턴을 선택할지 결정하려면 현재 모델링하려는 동작이 무엇인지를 명확히 알아야 한다. 객체를 생성하기 위한 것인지, 특정 행위 혹은 서비스를 위한 클래스들을 식별하고자 하는 것인지, 다양한 동작을 모델링하려는 것인지 등에 따라 우선 패턴 분류를 결정한다. 다음으로 설계하려는 기능과 목적에 따라 적합한 패턴을 선정한다. 지금부터 GoF 설계 패턴을 기반으로 패턴에 대해 좀 더 자세히 알아보자.

02 생성 패턴

생성 패턴은 클래스의 인스턴스가 어떻게 생성되는가를 추상화하여 나타낸 것이다. 즉 객체가 생성되고, 합성되고, 표현되는 방식에 관계없이 시스템을 독립적으로 생성할 수 있도록 지원한다. 생성 패턴에서는 상속 개념을 사용하여 클래스의 내용을 변경하는 방법이나 객체의 생성을 다른 객체로 위임하는 방법으로 정의하는 것이 일반적이다. 이는 변경을 쉽게 반영하고 확장성을 높이고자 하는 패턴의 의도하고 할 수 있다.

[표 10-2]는 [표 10-1]에서 제시한 생성 패턴에 대한 추가 설명이다. 각 생성 패턴의 의미와 적용 대상, 클래스 다이어그램 구조에 대하여 살펴보자.

표 10-2 생성 패턴의 적용 측면

생성 패턴	적용 측면
Abstract Factory	제품 군의 유사 객체들을 생성하는 방법 제공
Builder	유사한 다수 객체들을 생성하여 합성하는 방법 제공
Factory Method	객체 생성 시점을 하위 클래스가 결정할 수 있도록 제공
Prototype	생성 객체를 복사 및 변경하여 객체를 생성하는 방법 제공
Singleton	오직 하나의 객체만 생성

1 Abstract Factory

Abstract Factory는 구체 클래스Concrete class를 정의하지 않아도 상호 관련성이 있는 여러 객체 군Family of objects을 생성하기 위한 인터페이스를 제공하는 패턴이다.

■ 문제 및 동기

사용자 인터페이스로 제공되는 위젯widget을 구체적으로 정의하면, 사용자가 원하는 인터페이스 생성에 유리하나, 이식성이 없어짐. 따라서 추상화된 인터페이스 팩토리 클래스를 정의하여 이식성 문제를 해결하고자 함.

■ **적용 대상**

- 생성, 조합, 표현 방식과 무관하게 시스템을 독립적으로 만들고자 하는 경우
- 다수의 제품군 중 하나를 선택하여 시스템을 설정하고, 한 번 구성한 제품을 다른 것으로 대체하고자 하는 경우
- 관련된 객체 군을 함께 사용해서 시스템을 설계하고, 이 제품의 제약 사항을 따라야 하는 경우
- 제품에 대한 클래스 라이브러리를 제공하고, 그것들의 구현이 아닌 인터페이스를 표현하고자 하는 경우

■ **패턴 구조**

- 객체를 생성하는 인터페이스와 실제 객체를 생성하는 클래스를 분리하여 정의하고, 상위 클래스는 인스턴스를 만드는 방법만 결정하고 하위 클래스가 인스턴스를 생성함.
- 만약 새로운 제품군 C가 생성된다 해도 별도의 Factory 클래스를 정의하지 않고 메서드를 추가하여 확장 가능함.

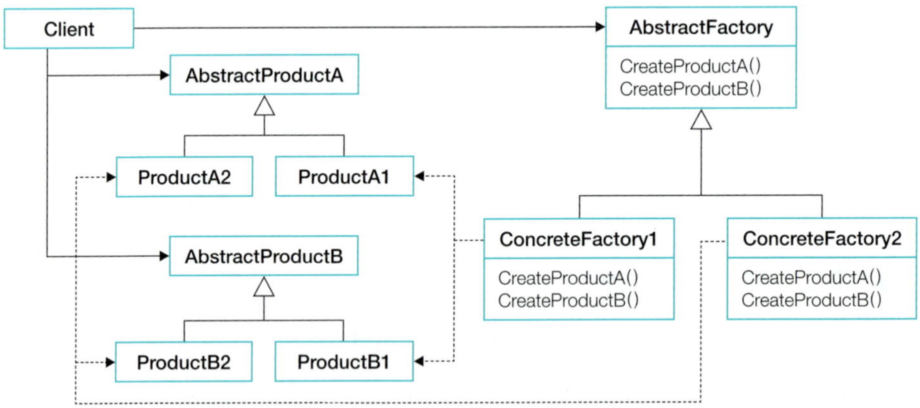

그림 10-2 생성 패턴의 Abstract Factory 구조

2 Builder

Builder는 복합 객체의 생성 과정과 표현 방법을 분리함으로써 동일한 생성 절차를 이용하여 서로 다른 표현을 갖는 객체를 만들 수 있게 제공하는 패턴이다.

■ 문제 및 동기

문서 판독기는 주어진 RTF[Rich Text Format] 형식을 다양한 형식의 다른 문서로 변경할 수 있어야 함. 이때 변경되는 모든 형식에 따라 서로 다른 클래스를 정의하여 사용하는 것은 불합리함.

■ 적용 대상

- 복합 객체를 생성할 때 단위 객체가 무엇이든지 상관없이 조립 방법이 독립적인 경우
- 합성할 객체들의 표현이 서로 다르더라도, 생성 과정이 이를 지원해야 하는 경우

■ 패턴 구조

- 객체를 생성하는 인터페이스와 실제 객체를 생성하는 클래스를 분리하여 정의함.
- 클래스 Director는 추상 클래스 Builder의 조합으로 나타남.
- 클래스 Director는 서로 다른 Part를 생성하기 위해 ConcreteBuilder에게 요청하고, 생성된 Part들이 조합되어 결과를 반환함.

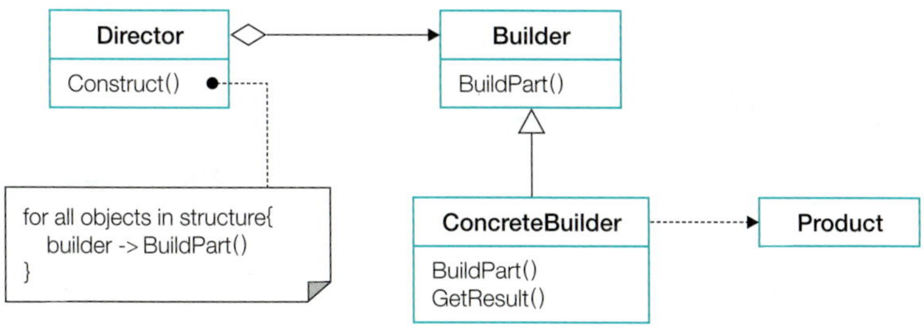

그림 10-3 생성 패턴의 Builder 구조

3 Factory Method

Factory Method는 객체를 만들기 위한 인터페이스를 정의하되, 하위 클래스가 인스턴스를 생성하는 클래스를 결정하도록 한다. 또한 이 패턴은 클래스가 하위 클래스의 인스턴스 생성을 연기할 수 있는 방법을 제공한다.

■ 문제 및 동기

응용 클래스에서는 언제 문서가 생성되어야 하는지는 알고 있지만, 어떤 종류의 문서를 생성해야 하는지 모르는 경우가 있음. 따라서 인스턴스 생성을 하위 클래스에 위임함으로써 문서 생성을 요청하지만, 실제 문서가 생성되는 시점은 하위 클래스에 의해 연기될 수 있음.

■ 적용 대상

- 생성해야 할 객체의 클래스가 어떤 클래스인지를 예상할 수 없는 경우
- 생성해야 할 객체를 명세하는 하위 클래스가 필요한 경우
- 하위 클래스로 객체 생성에 대한 책임을 위임하고, 하위 클래스의 정보를 은닉하고자 하는 경우

■ 패턴 구조

클래스 Creator는 FactoryMethod()를 선언하고, 하위 클래스인 ConcreteCreator는 FactoryMethod()를 재정의하여 원하는 타입의 객체를 생성할 수 있음.

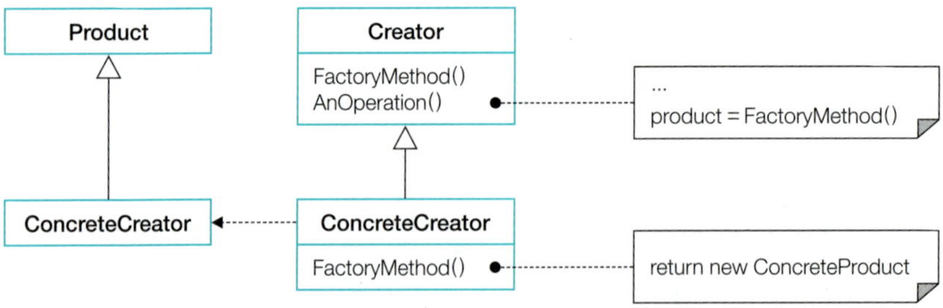

그림 10-4 생성 패턴의 Factory Method 구조

4 Prototype

Prototype은 프로토타입 인스턴스를 사용하여 만들 객체의 종류를 지정하고, 이 프로토타입을 복사하여 새로운 객체를 생성하는 패턴이다.

■ 문제 및 동기

유사하지만 조금씩 다른 객체를 생성하기 위하여 조금씩 다른 모든 클래스를 선언하는 것은 불합리함. 따라서 하나의 객체를 생성하고, 이것을 복사하여 부분적으로 수정한다면 조금씩 다른 객체를 생성할 수 있음.

■ 적용 대상

- 객체를 생성할 클래스가 런타임에 지정되는 경우(예: 동적 로드)
- 제품의 클래스 계층 구조와 유사한 팩토리의 클래스 계층 구조를 만들지 않고자 하는 경우
- 클래스의 인스턴스가 몇 가지 다른 상태 조합 중 하나만 가질 수 있는 경우

■ 패턴 구조

클래스 Client가 객체 생성을 요청하면, 인터페이스 클래스인 Prototype이 Clone() 메서드를 상속받은 하위 클래스에 Client가 원하는 유형에 맞는 객체를 생성하도록 하고 이를 반환함.

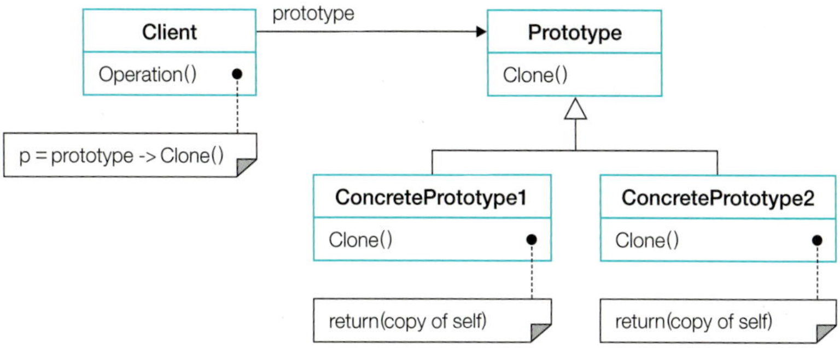

그림 10-5 생성 패턴의 Prototype 구조

5 Singleton

Singleton은 한 클래스의 인스턴스가 단지 하나만 생성될 수 있도록 보장하기 위해 사용한다.

■ 문제 및 동기

하나뿐인 장치를 다수가 공유하고자 할 때, 해당 클래스의 인스턴스를 다수가 요청할 때마다 생성하면 다수의 장치가 존재하는 것으로 잘못 나타나는 문제가 발생함. 따라서 요청할 때마다 생성되는 장치 객체의 동일한 주소 값을 반환함으로써, 하나의 객체만 사용할 수 있게 함.

■ 적용 대상

- 정확히 하나의 인스턴스만 생성되어야 하는 경우
- 정해진 Access point만 이용하여 객체에 접근해야 하는 경우

■ 패턴 구조

전역 변수를 사용하여 다수가 공유하는 경우 디버깅이나 변경 시 문제가 발생할 수 있기 때문에 Static으로 선언하여 객체를 유지하도록 함.

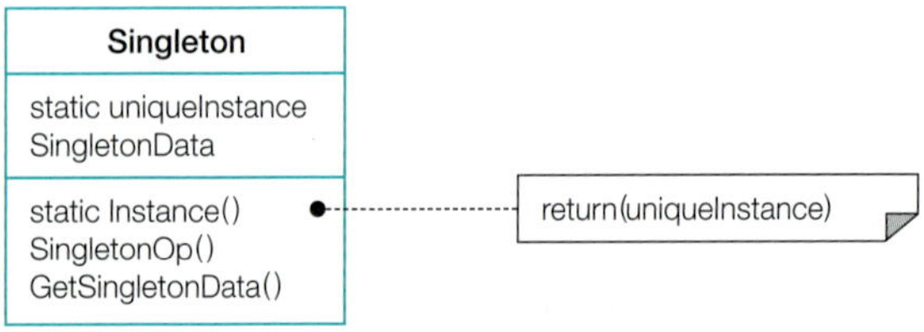

그림 10-6 생성 패턴의 Singleton 구조

03 구조 패턴

구조 패턴은 클래스의 기본 구조를 확장하여 더 큰 구조를 제공할 수 있도록 클래스와 객체를 어떻게 구성하는지를 표현한다. 구조 패턴에서는 일반적으로 인터페이스 또는 구현을 제공하기 위하여 상속이라는 방법을 사용하는데, 이 중 다중 상속은 2개 이상의 상위 클래스로부터 속성을 결합하여 하나의 하위 클래스를 구성하는 것을 말한다.

소프트웨어 개발에 필요한 인터페이스나 구현을 개별적으로 구성하는 대신, 구조 패턴은 새로운 기능을 제공하기 위하여 어떻게 기존의 객체를 합성할 것인가를 설명한다. 객체를 생성하거나 합성하기 위한 융통성은 정적 클래스로부터 생성하기는 어렵고, 대체로 런타임에서 이루어질 때 가능하다.

[표 10-3]은 구조 패턴에 대한 간략한 추가 설명이다. 각 구조 패턴의 의미와 적용 대상, 클래스 다이어그램 구조에 대하여 살펴보자.

표 10-3 구조 패턴의 적용 측면

구조 패턴	적용 측면
Adapter	객체의 인터페이스를 융통성 있게 구성하는 방법 제공
Bridge	객체의 인터페이스와 구현을 분리하는 방법 제공
Composite	객체의 구조와 서로 다른 객체를 합성하는 방법 제공
Decorator	하위 클래스 생성 없이 객체의 기능을 확장하는 방법 제공
Facade	서브시스템에 대한 통합 인터페이스를 구성하는 방법 제공
Flyweight	객체의 저장소 접근 및 활용 방법 제공
Proxy	객체의 접근 방법 및 위치에 대한 구성 방법 제공

1 Adapter

Adapter는 클래스의 인터페이스를 클라이언트가 기대하는 다른 인터페이스로 변환하는 방법을 제공한다. 또한 호환되지 않는 인터페이스로 인해 사용할 수 없었던 클래스에 어댑터를 사용하면 함께 작동할 수 있도록 지원한다.

■ 문제 및 동기

종종 응용 프로그램이 요구하는 인터페이스와 Toolkit에 정의된 인터페이스가 일치하지 않아 Toolkit에서 제공하는 클래스를 재사용하기 어려운 상황이 발생함. 미국(110V 전원)과 한국(220V 전원)의 전원 콘센트 모양과 전원이 다르기 때문에 어댑터가 필요함.

■ 적용 대상

- 기존 클래스를 사용해야 하나 인터페이스가 수정되어야 하는 경우
- 이미 만들어진 클래스를 재사용하고자 하나 이 재사용 가능한 라이브러리를 수정할 수 없는 경우
- 이미 존재하는 여러 개의 하위 클래스를 사용해야 하는데, 이 하위 클래스들의 상속을 통해서 이들의 인터페이스를 다 개조한다는 것이 현실성이 없는 경우

■ 패턴 구조

- 클래스 Target과 클래스 Adaptee를 다중 상속받아 클래스 Adapter를 정의할 수 있음.
- 클래스 Target을 상속받은 Adaptor가 인터페이스를 하고자 하는 Adaptee 클래스의 인터페이스를 제공함.

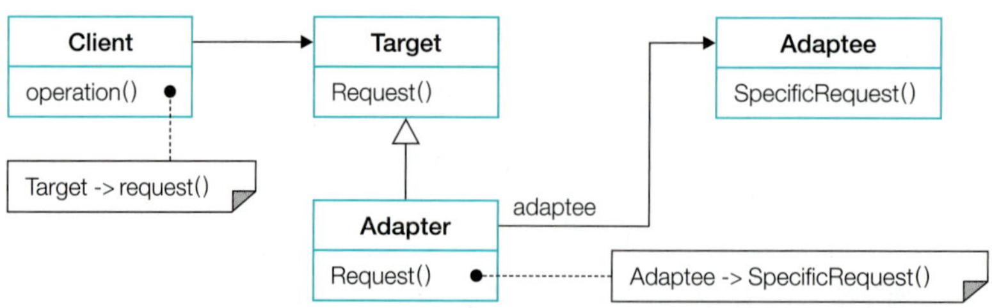

그림 10-7 구조 패턴 Adapter의 구조

2 Bridge

Bridge는 기능과 구현의 개념을 분리하여(즉, 기능 계층과 구현 계층을 분리함) 둘 다 독립적으로 변경할 수 있게 한다.

■ 문제 및 동기

추상화된 개념은 여러 가지 다양한 방법으로 구현할 수 있음. 대체로 상속을 통해서 구현하는데, 상속 구조 자체에 재사용성, 수정, 확장성을 어렵게 만드는 계층 종속성이 존재함. 따라서 인터페이스를 포함하는 추상화된 계층과 구현을 지원하는 계층을 분리하여 구축함.

■ 적용 대상

- 추상화 개념과 이에 대한 구현 간의 종속성을 제거하거나, 런타임 시 구현 방법을 선택하거나, 구현 내용을 변경하고 싶은 경우
- 추상화 개념과 구현 모두 독립적인 상속에 의해 확장할 수 있게 하려는 경우
- 추상화 개념에 해당하는 클래스를 사용하는 코드들은 구현 클래스가 변경되어도 다시 컴파일될 필요가 없는 경우
- 클래스 계층도에서 클래스의 수가 급증하는 것을 방지하고자 하는 경우
- 여러 객체에 걸쳐 구현을 공유하려고 하지만 이런 사실을 다른 코드에 공개하고 싶지 않은 경우

■ 패턴 구조

- 클래스 Abstraction에서 정의하는 인터페이스는 상위 수준에서 요구하는 기능 인터페이스를 나타내는 반면, 클래스 Implementor에서 정의하는 인터페이스는 기본적인 연산으로 구성되는 인터페이스를 정의함.
- 인터페이스에 대한 구현은 하위의 Concretelmplementor가 구현함.

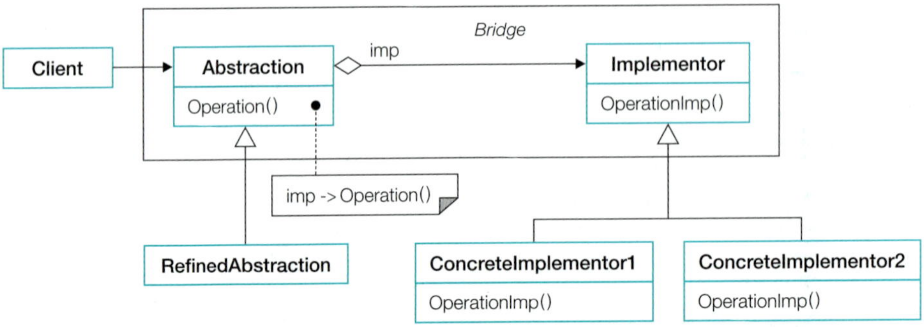

그림 10-8 구조 패턴의 Bridge 구조

3 Composite

Composite는 객체를 트리 구조로 구성하여 부분과 전체를 하나의 계층 구조로 표현할 수 있게 한다. 또한 Composite는 클라이언트가 개별 객체와 합성 객체를 균일하게 처리할 수 있도록 지원한다.

■ 문제 및 동기

시스템의 디렉터리 구조를 표현할 때, 디렉터리 내부에 디렉터리가 있는 구조로 재귀적인 객체의 구성이 나타남. 이를 위해 반복적으로 객체를 정의하여 계층 구조를 무한정 늘릴 수는 없음. 회사의 조직도를 표현할 때도 비슷한 현상이 발생함.

■ 적용 대상

객체의 구성이 부분과 전체를 나타내는 계층 구조로 이루어진 경우

■ 패턴 구조

클래스 Leaf는 파일file, 클래스 Composite는 파일의 모임인 디렉터리를 의미함. 디렉터리 내부는 파일과 디렉터리를 포함하는 구조임.

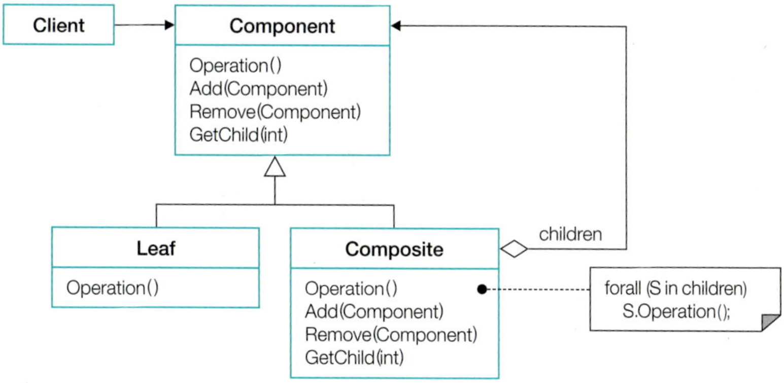

그림 10-9 구조 패턴의 Composite 구조

4 Decorator

Decorator는 한 객체의 구성 요소를 동적으로 추가하는 방법을 제공한다. 기존에 구현된 클래스에 그때그때 필요한 기능을 추가해나가는 패턴이다.

■ 문제 및 동기

기본적인 틀만 있는 텍스트 편집 창이 구현되었는데 여기에 스크롤바를 넣거나 창의 크기를 조절resizing하고자 할 때, 매번 필요한 부가 기능을 담은 클래스를 별도로 선언하는 것은 매우 비효율적임.

■ 적용 대상

- 다른 객체에 영향을 주지 않고, 개별 객체에 기능을 추가하고자 하는 경우
- 기존 객체의 일부 기능을 철회하고자 하는 경우
- 추가되는 가능한 모든 조합에 대하여 하위 클래스를 생성하는 것이 어려운 경우

■ 패턴 구조

클래스 ConcreteComponent를 기준으로 새로운 Decorator들이 추가되어 합성 객체가 생성될 수 있도록 정의함.

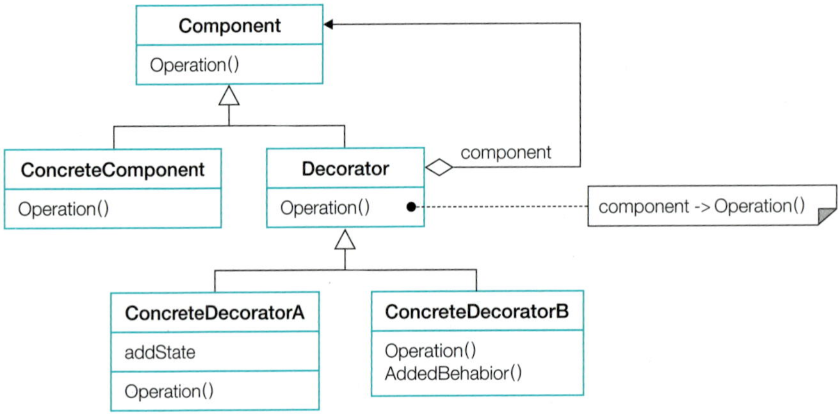

그림 10-10 구조 패턴의 Decorator 구조

5 Facade

Facade는 서브시스템에 존재하는 다수의 인터페이스에 대하여 하나의 단일화된 인터페이스를 제공하기 위해 사용한다.

■ **문제 및 동기**

서브시스템에 다수의 인터페이스가 존재할 경우, 모든 인터페이스와 상호작용해야 하는 방법을 개별적으로 구현해야 하는 복잡함이 발생함. 따라서 단일 객체를 통해 다수의 인터페이스에 효과적으로 접근할 수 있도록 함.

■ **적용 대상**

- 복잡한 시스템에 대하여 단순한 인터페이스를 구현하려는 경우
- 클라이언트와 구현 클래스 간에 존재하는 종속성을 제거하려는 경우
- 단일 객체를 통해 서브시스템에 대한 진입점을 단일화하려는 경우

■ **패턴 구조**

서브시스템을 구성하는 클래스들에 있는 인터페이스에 Facade 클래스를 통해서만 접근하도록 허용함.

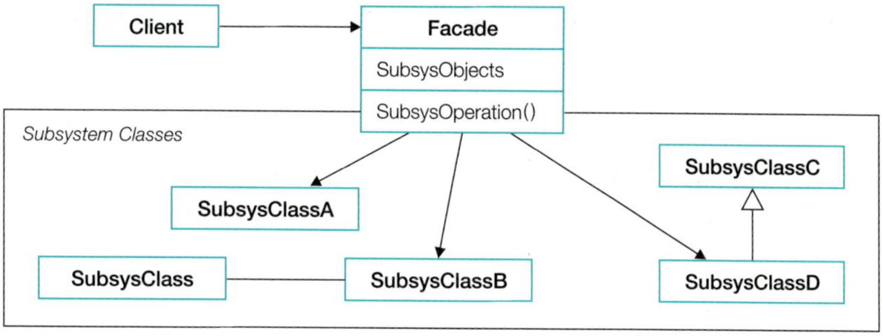

그림 10-11 구조 패턴의 Facade 구조

6 Flyweight

Flyweight는 세분화된 작은 크기의 객체들이 갖는 정보를 효과적으로 공유하는 방법을 지원함으로써, 객체의 정보 중 공유 가능한 정보와 공유하지 못하는 정보를 분리하여 정의한다. 이때 동시에 여러 상황에서 공유될 수 있는 하나의 객체를 Flyweight라고 정의한다.

■ 문제 및 동기

다양하고 세부적인 객체를 직접 구현하는 것이 유용할 수 있으나, 많은 노력과 비용이 요구됨. 따라서 세부 객체에 대한 정보를 공유 가능한 내부 상태 정보와 객체 상태에 따라 달라지는 외부 상태 정보로 구분하여 관리함으로써 구현의 효율성을 지원함.

■ 적용 대상

- 응용 프로그램이 많은 수의 객체를 사용하는 경우, 생성할 객체의 양이 많아 저장 비용이 높아지는 경우
- 객체 상태에 대한 결정이 대부분 외부에 의해 결정되는 경우
- 객체의 상태 정보에서 외부 상태를 추출하여 별도로 정의할 수 있는 경우

■ 패턴 구조

- 클래스 FlyweightFactory는 공유 객체를 생성하고 유지·관리하며, 적합하게 공유될 수 있도록 지원함.
- 하위 클래스 ConcreteFlyweight는 상위 클래스의 인터페이스를 구현하며, 내부 상태를 저장하는 역할을 담당함.

- 하위 클래스 UnsharedConcreteFlyweight는 공유하지 않는 정보를 포함하나 일반적으로 ConcreteFlyweight 객체를 자식 객체로 취하는 경우가 있음.

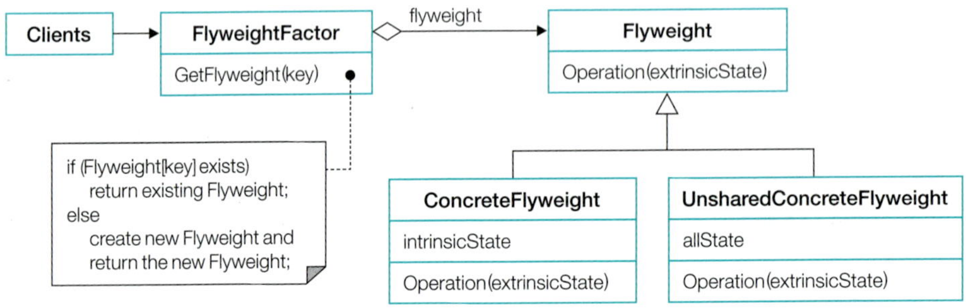

그림 10-12 구조 패턴의 Flyweight 구조

7 Proxy

Proxy는 다른 객체에 대한 접근을 대신 수행하는 별도 객체를 정의할 수 있도록 지원한다.

■ 문제 및 동기

복잡하거나 생성하는 데 시간이 오래 걸리는 객체를 사용하는 경우, 클라이언트가 지속적으로 기다려야 하는 문제가 발생함. 따라서 별도의 프로세스를 정의하여 필요한 시점까지 객체 생성을 보류하도록 지원함.

■ 적용 대상

- 단순히 포인터로 객체를 참조하기보다 다양하고 정교한 참조가 요구되는 경우
- 서로 다른 주소 공간에 존재하는 객체에 대하여 하나의 지역적인 표현 방법을 제공하고자 하는 경우(Remote proxy)
- 필요에 따라서 요청에 의한 객체 생성이 요구되는 경우(Virtual proxy).
- 객체가 서로 다른 접근 권한을 가질 때, 본래 객체에 대한 접근 제어가 필요한 경우(Protection proxy)

- 한 객체에 접근할 때, 추가 동작을 수행하는 포인터를 대체하고자 하는 경우. 즉, 객체에 대한 참조를 카운트하고 더 이상의 참조가 없는 경우 자동으로 릴리즈하고자 하거나, 지속적으로 존재해야 하는 객체의 경우 처음 참조될 때 메모리로 로딩하는 경우 등이 해당됨(Smart reference).

■ **패턴 구조**

클래스 Subject는 하위 클래스에 대한 공통 인터페이스를 정의하며, 클래스 Proxy는 RealSubject를 생성, 삭제 및 접근 제어를 수행함.

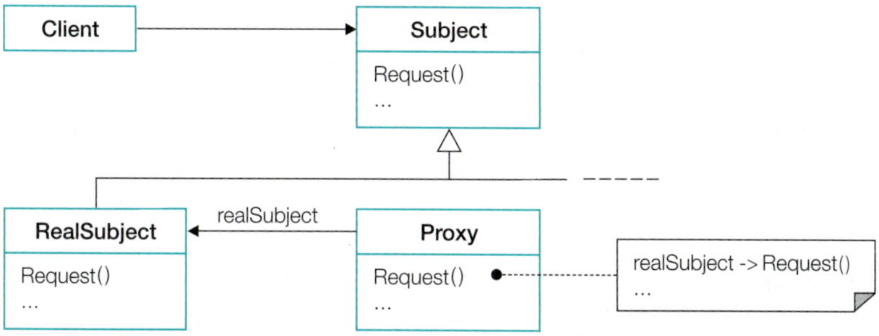

그림 10-13 구조 패턴의 Proxy 구조

실습 10-1 설계 패턴 적용하기

다음에 주어진 운영체제 프로세스 관리 다이어그램에 Facade 패턴을 적용한 결과를 작성해보시오.

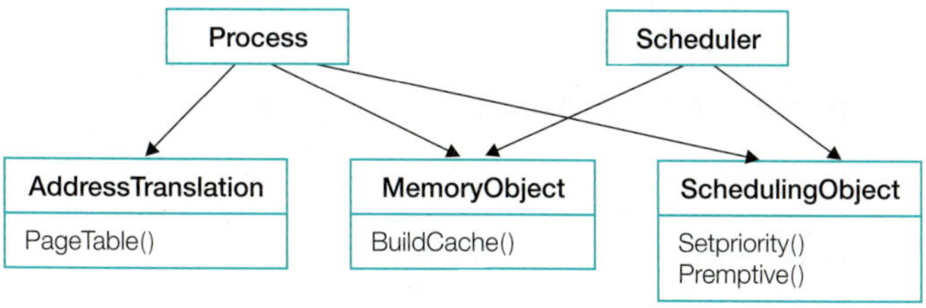

04 행위 패턴

행위 패턴은 객체에 주어지는 기능 및 책임과 관련 있으며, 객체 간의 상호작용을 표현한다. 객체의 행위는 실행 시간의 동작을 표현하는 경우가 많아서 복잡한 제어 흐름을 나타내는 특성이 있는데, 패턴은 제어 흐름에 집중하기보다 상호 연결 방식에 집중할 수 있도록 지원한다. 행위 패턴은 상속을 통해서 클래스에 존재하는 동작을 전달(배포)한다.

[표 10-4]는 행위 패턴에 대한 간략한 추가 설명이다. 각 행위 패턴에 대한 의미와 적용 대상, 클래스 다이어그램 구조에 대하여 살펴보자.

표 10-4 행위 패턴의 적용 측면

구조 패턴	적용 측면
Chain of Responsibility	서비스 요청을 충족하는 객체를 찾는 방법 제공
Command	언제 어떻게 서비스를 제공할 것인가에 대한 방법 제공
Interpreter	언어 문법과 해석에 대한 방법 제공
Iterator	집합 요소들의 접근에 대한 방법 제공
Mediator	객체 간 상호작용을 단순화하는 빙법 제공
Memento	객체 외부에 저장되는 정보를 다루는 방법 제공
Observer	의존 객체의 행동을 관찰하는 수단 제공
State	객체 상태를 표현하고 상태에 따라 동작하는 방법 제공
Strategy	다수의 구현 알고리즘의 선택을 지원하는 방법 제공
Template Method	한 알고리즘의 처리 단계를 재구성하는 방법 제공
Visitor	클래스 변경 없이 연산을 적용하는 방법 제공

1 Chain of Responsibility

Chain of Responsibility는 서비스 요청의 책임을 서비스가 가능한 객체로 전달함으로써 서비스 요청자에 대한 의존성을 줄이기 위한 패턴이다.

■ 문제 및 동기

여러 객체에 요청을 처리할 기회를 제공하여 발신자와 수신자를 분리함. 객체 중 하나가 서비스 요청을 처리할 때까지 서비스 요청이 일련의 객체를 따라 전달됨. 민원 처리를 위하여 해당 담당자로 자동 연결하는 행위를 잘 표현할 수 있음.

■ 적용 대상

- 둘 이상의 객체가 서비스 요청을 처리할 수 있으며 핸들러는 미리 알려져 있지 않는 경우
- 수신자를 명시적으로 지정하지 않고 여러 객체 중 하나에 서비스를 요청하려는 경우
- 서비스 요청을 처리할 수 있는 개체 집합을 동적으로 지정해야 하는 경우

■ 패턴 구조

클래스 Handler는 클라이언트의 요청에 대하여 서비스를 처리할 하위 클래스를 찾기 위한 successor를 자동으로 생성할 수 있도록 정의함.

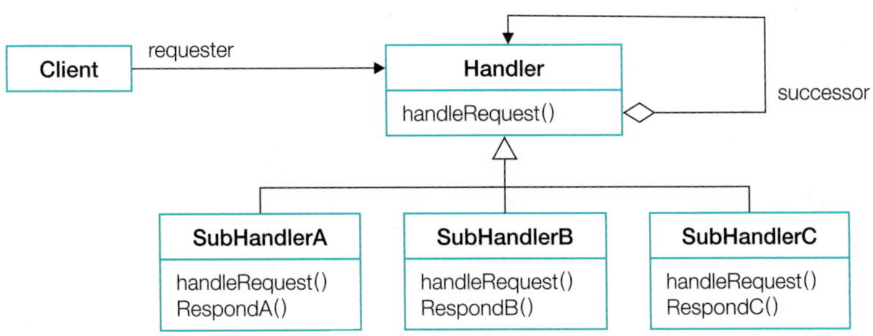

그림 10-14 행위 패턴의 Chain of Responcibility 구조

2 Command

Command는 서비스 요청을 객체로 캡슐화하여 다양한 요청을 클라이언트의 매개변수로 지정함으로써, 실행 취소가 가능한 작업을 지원할 수 있도록 하는 패턴이다.

■ 문제 및 동기

서비스 요청이나 요청된 서비스의 수신자를 알지 못한 상태에서 요청을 수신해야 하는 경우가 발생함. 그러면 사용자의 요청을 추상 클래스로 정의하고 수신된 요청을 객체로 저장하여 하위 클래스로 전달하여 처리하게 됨. 따라서 이 패턴의 경우, 서비스 수신 객체와 실행 객체의 쌍으로 구성되는 것이 일반적임.

■ 적용 대상

- 다수의 서비스 요청이 서로 다른 시점에서 발생하고, 요청들을 다른 객체로 전송하여 처리하고자 하는 경우
- 서비스 요청의 실행 내역을 저장하여 롤백Rollback하거나 실행 취소를 하는 경우
- 실행 과정에 대한 로깅을 통해 시스템 충돌 시 재적용할 수 있게 하려는 경우

■ 패턴 구조

클래스 Command는 서비스 요청을 실행하기 위한 인터페이스를 선언하고, 하위 클래스 ConcreteCommand는 클라이언트의 서비스를 수신하는 클래스 Receiver와 실행 연산을 매핑하며, 실제 대응하는 연산을 호출·실행하도록 구현함.

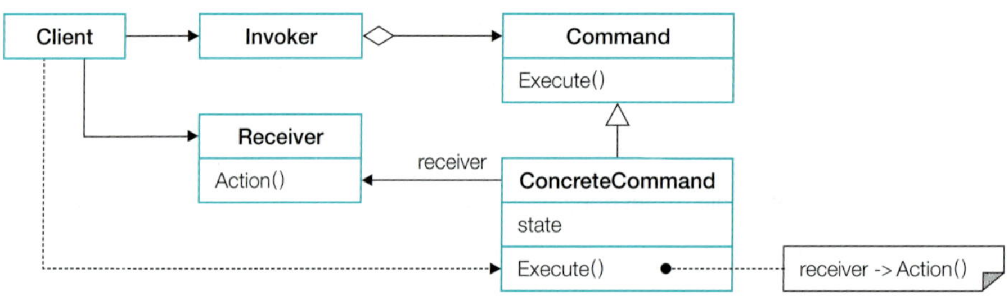

그림 10-15 행위 패턴의 Command 구조

3 Interpreter

Interpreter는 특정 언어가 주어졌을 때, 그 언어를 번역할 수 있도록 표현 방법과 문법을 제공하고, 이를 사용하는 번역기를 구현하는 패턴이다.

■ 문제 및 동기

특정 종류의 문제가 자주 발생하면 문제의 사례를 간단한 언어를 이용하여 문장 혹은 정규식Regular Expression으로 표현할 수 있음. 그런 다음 이 문장을 해석하여 문제를 해결하는 데 사용할 수 있음.

■ 적용 대상

- 번역을 위한 언어가 존재하며, 이를 추상 구문 트리 형태로 표현할 수 있는 경우
- 문법이 비교적 단순하여 객체 수준에서 처리가 가능한 경우
- 파스 트리Parse tree를 생성하기보다 다른 언어로 변환하고자 하는 경우

■ 패턴 구조

- 클래스 AbstracrExpression은 추상 구문 트리에 나타나는 공통의 추상화된 연산을 구현함.
- 클래스 TeminalExpression은 문법 구문 트리의 리프leaf 노드에 해당되는 연산을, 클래스 NonteminalExpression은 문법 구문 트리의 중간 노드에 해당하는 연산을 구현함.

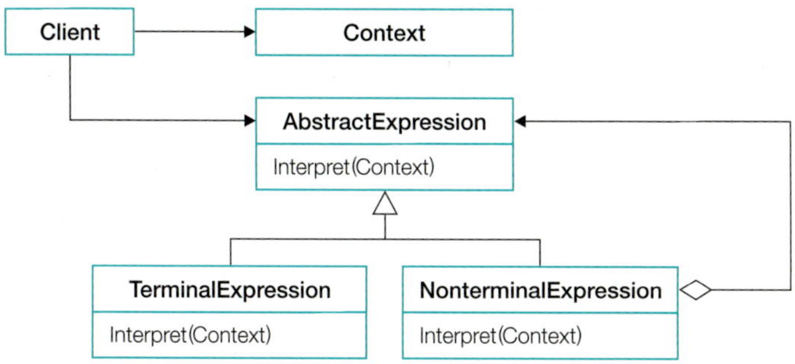

그림 10-16 행위 패턴의 Interpreter 구조

4 Iterator

Iterator는 기반이 되는 자료의 표현(구조)을 드러내지 않고 개체 모임의 구성 요소들에 순차적으로 접근하는 방법을 제공하는 패턴이다.

■ 문제 및 동기

배열, 리스트, 집합[Set]과 같이 구성 요소가 반복되는 자료 구조에서 원소들에 순차적으로 접근하고 처리하기 위한 인터페이스를 동일하게 사용하고자 함.

■ 적용 대상

- 자료 구조의 내부를 드러내지 않고, 구성 요소의 내용에 접근하려는 경우
- 자료 구조에 접근 시, 다중 탐색이 요구되는 경우
- 서로 다른 자료 구조의 원소를 탐색하는 데 동일한 인터페이스를 제공하는 경우

■ 패턴 구조

- 클래스 Iterator는 구성 요소를 탐색하기 위한 인터페이스를 정의하고, 클래스 Aggregate는 Iterator 객체의 인스턴스를 생성하는 인터페이스를 정의함.
- 클래스 ConcreteAggregate는 적합한 ConcreteIterator의 인스턴스를 반환하기 위한 인스턴스 생성 인터페이스를 구현함.

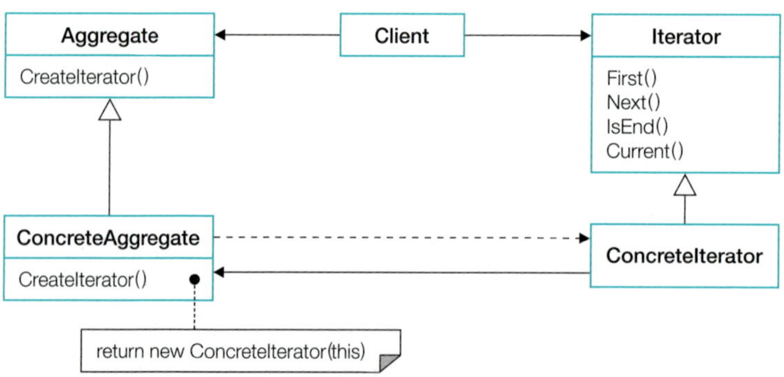

그림 10-17 행위 패턴의 Iterator 구조

5 Mediator

Mediator는 객체 간의 상호작용에 대한 캡슐화를 지원하기 위하여 새로운 객체를 정의함으로써, 상호작용하는 객체 간의 의존성을 줄이고 상호작용의 다양성을 지원하는 패턴이다.

■ 문제 및 동기

상호작용하는 객체의 수가 많아지면, 통신에 대한 오버헤드가 증가함. 중재자를 두어 통신의 빈도수를 줄이고 융통성 있는 상호작용 방법을 제공하고자 함.

■ 적용 대상

- 복잡하지만 잘 정의된 통신 방법을 갖는 다수의 객체가 존재하는 경우
- 객체가 다양한 객체를 참조하고 통신함으로써, 재사용이 어려운 경우
- 다수의 클래스에 흩어진 행위를 다수의 하위 클래스 생성 없이 맞춤화하려는 경우

■ 패턴 구조

- 클래스 Mediator는 Colleague 객체와 통신할 인터페이스를 정의함.
- 클래스 ConcreteMediator는 Colleague 객체들의 동작을 조정함으로써 상호작용에 대한 협업 동작을 구현함.

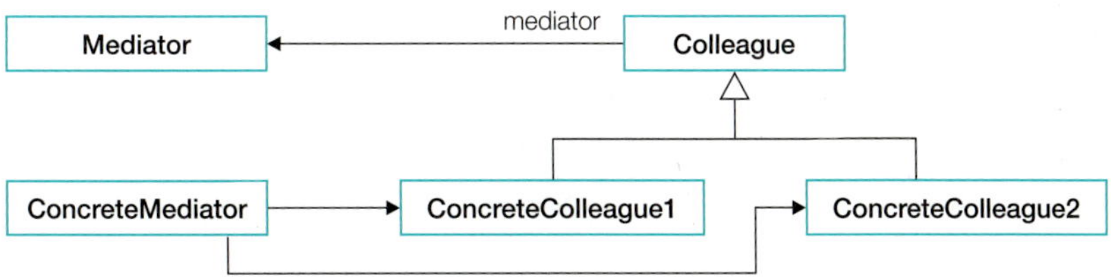

그림 10-18 행위 패턴의 Mediator 구조

6 Memento

Memento는 캡슐화의 개념을 위반하지 않고 객체의 내부 상태를 확보하여 외부에 보여줌으로써, 객체가 추후 해당 상태로 복원할 수 있게 하는 패턴이다.

■ 문제 및 동기

객체의 내부 상태를 저장하여, 추후 필요 시 트랜잭션 처리의 체크 포인트Checkpoint로 사용하거나 Undo 동작을 수행할 필요성이 있을 때 사용함.

■ 적용 대상

- 객체 실행의 스냅 샷Snapshot이 추후 객체 복구를 위해 저장되어야 하는 경우
- 캡슐화를 위반하거나 구현 세부 사항을 드러내는 인터페이스를 사용하지 않아야 하는 경우

■ 패턴 구조

- 클래스 Originator는 내부 상태의 스냅 샷을 저장하는 Memento 객체를 생성하며, 클래스 Memento는 객체의 내부 상태를 저장함.
- 클래스 CareTaker는 Memento의 내용에 대한 연산이나 조회를 수행하지 않고, 단지 Memento를 보호하는 역할을 수행함.

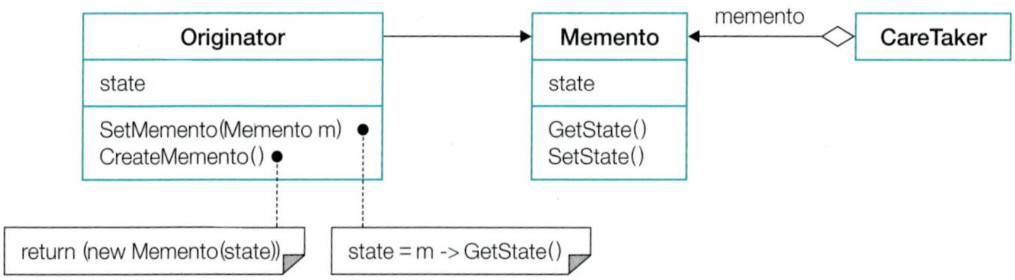

그림 10-19 행위 패턴의 Memento 구조

7 Observer

Observer는 객체 간에 일대다 의존성 관계를 부여하고, 한 객체의 상태가 변경되었을 때 다른 객체들에게 자동으로 알려주어 필요한 변경을 수행하고자 할 때 사용하는 패턴이다.

■ 문제 및 동기

어떤 객체에 변화가 일어났을 때 이를 감지하여 다른 객체에 통보해주는 방법으로, 예를 들어 엑셀 시트의 데이터 값을 변경하는 경우 그래프 객체의 내용이 자동 변경되는 경우에 해당됨.

■ 적용 대상

- 한 객체의 변경이 발생하면 다른 객체가 동시에 변경되어야 하는 경우
- 한 객체가 다른 객체에 영향을 주지만 어떤 가정이나 결합도 부여하지 않는 경우

■ 패턴 구조

- 클래스 Subject는 Observer 객체를 요청하거나 삭제하는 인터페이스를 제공하며, 클래스 Observer는 변경에 영향받는 객체에 대한 갱신 인터페이스를 정의함.
- 클래스 ConcreteSubject는 객체가 변경된 것을 Observer에게 통보하며, ConcreteObserver는 갱신 인터페이스를 구현함.

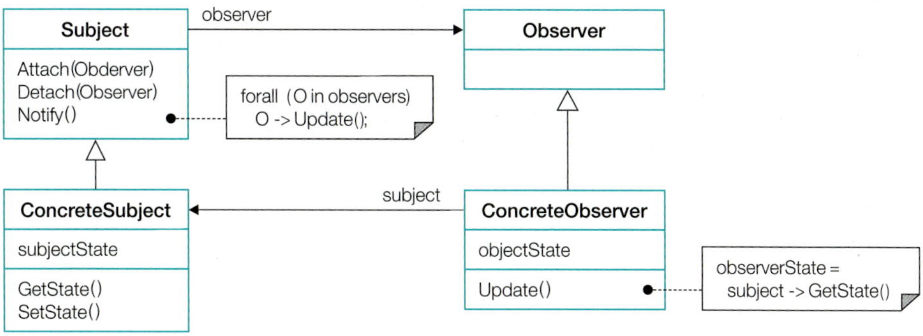

그림 10-20 행위 패턴의 Observer 구조

8 State

State는 한 객체의 내부 상태에 변경이 발생하는 경우, 해당 동작을 대체하는 방법을 제공하는 패턴이다.

■ 문제 및 동기

네트워크를 연결하는 객체가 연결·대기·종료와 같은 상태에 있는 경우, 다른 객체로부터 수신된 요청에 따라 서로 다르게 응답해야 함. 즉, 다른 객체로부터 네트워크 연결 요청이 왔을 때, 해당 객체가 어떤 상태인지에 따라 다른 동작이 이루어져야 함.

■ 적용 대상

- 객체의 행위가 실행 시점의 상태에 따라 다르게 수행되어야 하는 경우
- 객체의 상태를 독립적인 다른 객체로 관리하고자 하는 경우

■ 패턴 구조

- 클래스 Context는 클라이언트의 요청에 대한 인터페이스를 정의함.
- 클래스 State는 특정 상태와 관련된 행위를 캡슐화하는 인터페이스를 정의하며, 하위 클래스 ConcreteState는 관련된 행위를 구현함.

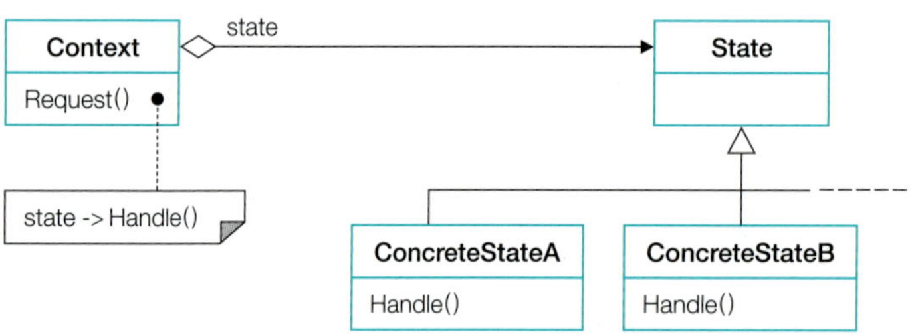

그림 10-21 행위 패턴의 State 구조

9 Strategy

Strategy는 알고리즘 군을 정의하고 알고리즘을 각각 하나의 클래스로 캡슐화한 다음, 필요할 때 서로 교환해서 사용할 수 있게 하는 패턴이다.

■ 문제 및 동기

알고리즘을 사용하는 곳과 알고리즘을 제공하는 곳을 분리시킨 구조로 알고리즘을 동적으로 교체하고자 하는 경우에 사용함. 클라이언트에게 알고리즘이 사용하는 데이터나 그 구조를 숨겨주는 역할을 함.

■ 적용 대상

- 하나의 목적을 달성하는 다양한 알고리즘이 존재하는 경우
- 동일한 자료 구조에 대하여 서로 다른 활용 방법이 요구되는 경우
- 한 클래스의 내부 행위가 다중 조건에 의해 여러 경로로 분기되는 경우

■ 패턴 구조

클래스 Strategy는 모든 지원 알고리즘에 대한 공통 인터페이스를 선언하며, 하위 클래스 ConcreteStrategy는 각 알고리즘을 구현함.

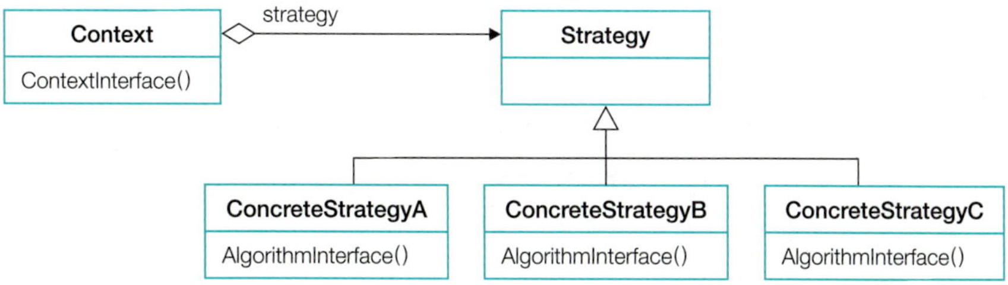

그림 10-22 행위 패턴의 Strategy 구조

10 Template Method

Template Method는 객체 연산에서 알고리즘 골격을 정의하고, 알고리즘의 일부 단계를 하위 클래스로 위임한다. 이를 통해 하위 클래스가 알고리즘의 구조를 변경하지 않고도 알고리즘의 특정 단계를 재정의할 수 있게 하는 패턴이다.

■ 문제 및 동기

상위 클래스에서는 추상적으로 표현하고, 하위 클래스에서는 구체적인 내용을 결정할 수 있도록 지원함. 이를 통해 코드의 양을 줄이고 유지보수를 용이하게 함.

■ 적용 대상

- 상위 클래스는 알고리즘의 불변 부분이고, 하위 클래스는 변경되는 동작을 구현하는 경우
- 하위 클래스의 공통 작업을 팩토링factoring하여 중복성을 배제하려는 경우
- 하위 클래스의 확장을 제어하기 위해 특정 위치에서 Hook 연산을 제공하는 경우

■ 패턴 구조

- 클래스 AbstractClass는 추상화된 기본 연산을 정의하고, 알고리즘의 골격 코드를 정의하는 템플릿 메서드templete methd를 구현함.
- 하위 클래스 ConcreteClass는 알고리즘의 특정 부분을 구현하여 알고리즘 전체가 실행될 수 있도록 함.

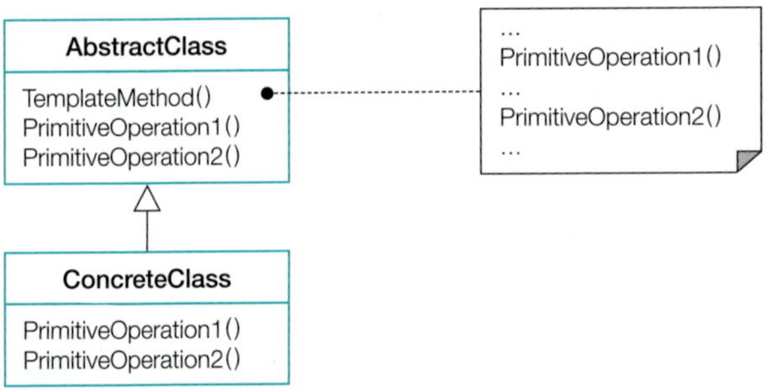

그림 10-23 행위 패턴의 Template Method 구조

11 Visitor

Visitor는 객체의 구성 요소에 대응하여 수행되어야 하는 연산을 정의함으로써, 기존 클래스에 대한 변경 없이 새로운 연산을 쉽게 추가할 수 있도록 지원하는 패턴이다.

■ 문제 및 동기

컴파일러에 의해 생성되는 추상 구문 트리abstract syntax tree는 다양한 용도, 즉 타입 체킹, 코드 최적화, 변수 접근 등에 사용됨. 따라서 이러한 용도들을 컴파일러 내에서 체계적으로 표현할 수 있도록 함.

■ 적용 대상

- 인터페이스가 다른 많은 객체가 하나의 객체와 관련성이 있는 경우
- 기존 객체에 대한 변경 없이 다양한 작업을 수행해야 하는 경우
- 기존 객체에 대한 변경 없이 새로운 행위를 추가하려는 경우

■ 패턴 구조

- 클래스 Visitor는 객체의 구성 요소에 대응하는 각 클래스의 Visit 연산을 선언하며, 하위 클래스 ConcreteVisitor는 Visitor에서 선언한 각 연산을 구현함.
- 클래스 Element는 인자로 Visitor 객체를 갖는 Accept 연산을 정의하며, 하위 클래스 ConcreteElement는 Accept 연산을 구현함.

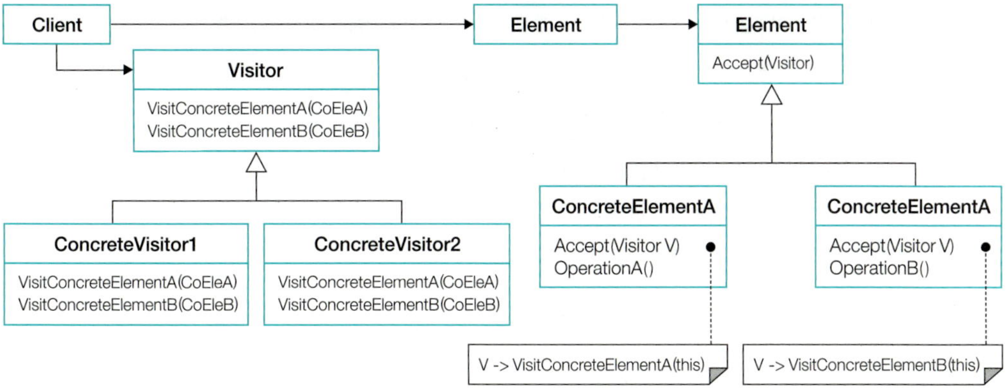

그림 10-24 행위 패턴의 Visitor 구조

지금까지 소프트웨어 시스템의 설계 과정에서 활용할 수 있는 설계 패턴을 간략하게 살펴보았다. 설계 패턴은 특정 문제를 해결하기 위해 재사용 가능한 객체지향 모델의 조각이다. 설계 패턴을 사용하면 설계 결과물의 품질이 올라갈 뿐 아니라, 설계 활동 노력을 절감하는 효과도 있다. 따라서 패턴의 쓰임새를 명확하게 이해하고 적절한 설계 패턴을 선택하여 활용하는 작업이 중요하다. 패턴이 제공하는 장점은 다음과 같다.

- 설계 결과물의 품질을 향상함으로써, 개발된 소프트웨어 시스템의 확장성과 유지보수성이 높아진다.
- 특정 요구사항과 도메인 클래스에 부합되는 패턴을 쉽게 찾을 수 있다면, 설계 활동의 시간과 노력이 감소된다.
- 설계 패턴을 사용하면 개발자 간의 정보 교환 및 의사소통을 위한 공통의 용어를 확보할 수 있다.
- 설계 패턴을 활용하면, 산출물에 대한 문서를 간소하면서도 충실하게 작성할 수 있는 기회가 생긴다.
- 설계 패턴을 충분히 잘 이해하고 있다면, 모델에 대한 리팩토링refactoring 대상을 쉽게 쉽게 찾을 수 있다.

프로젝트 VIII **산출물에 설계 패턴 적용하기**

실습 프로젝트에서 정의한 소프트웨어 시스템의 분석 단계 산출물로 클래스 다이어그램을 작성했습니다. 각 클래스의 의미와 개념을 이해하고, 설계 패턴을 적용할 수 있는 부분을 식별하여 패턴을 적용합니다.

(1) 클래스 다이어그램에 나타난 모든 클래스에 대하여 그 의미와 기능을 정리한다. 만약 구조 모델링 관점에서 CRC 카드를 작성했다면, 이를 다시 한 번 살펴본다.
(2) 각 생성 패턴이 적용 가능한 클래스를 찾고, 존재한다면 해당 패턴을 적용한다.
(3) 각 구조 패턴이 적용 가능한 클래스를 찾고, 존재한다면 해당 패턴을 적용한다.
(4) 각 행위 패턴이 적용 가능한 클래스를 찾고, 존재한다면 해당 패턴을 적용한다.
(5) 패턴 적용이 이루어졌다면, 변경된 클래스 다이어그램에 대하여 Role Play를 수행해본다.

연습문제

01 설계 패턴을 사용함으로써 얻을 수 있는 이점으로 적절하지 못한 것은?

① 신속한 모델링으로 생산성이 증가된다.

② 설계 결과로 나온 품질이 향상된다.

③ 코드에 대한 자동 생성이 가능해진다.

④ 전문가의 패턴 활용을 통한 학습 효과가 있다.

02 다음이 설명하는 사항에 대하여 적용 가능한 설계 패턴이 무엇인지 적으시오.

	설계를 위한 기술적 사항(Technical Constraints)	설계 패턴 이름
(1)	다수의 서브시스템에 대한 접근을 용이하게 하기 위하여 인터페이스를 담당하는 클래스를 하나 추가하여 단순화된 인터페이스를 제공하기 위함이며, 클래스 라이브러리와 같은 많은 코드에 대한 접근을 위한 인터페이스 설계가 필요한 경우	
(2)	클라이언트에게 알고리즘이 사용하는 데이터나 그 구조를 숨겨주는 역할을 제공하기 위한 것으로서, 알고리즘을 사용하는 곳과 알고리즘을 제공하는 곳을 분리시킨 구조로 알고리즘을 동적으로 교체하고자 하는 경우	
(3)	동일한 자원이나 데이터를 공유하여 처리하는 객체를 여러 개 만들 필요 없이 오직 하나의 객체만 존재하도록 보장해야 하는 경우	
(4)	어떤 클래스에 변화가 일어났을 때, 이를 감지하여 다른 클래스에 통보해주는 클래스를 생성하기 위한 것이며, 어떤 일이 생기면 미리 등록한 객체들에 상태 변화를 알려주는 역할이 필요한 경우	
(5)	파일을 저장하는 디렉터리 구조와 같이 단일 객체와 복합 객체를 모두 동일하게 다루도록 하는 것으로, 상속 구조를 띤 트리 형태의 구조를 표현하고자 하는 경우	
(6)	기존 클래스를 재사용하고자 하나 인터페이스의 호환성이 없어 재사용이 어려운 경우, 호환성이 없는 기존 클래스의 인터페이스를 변환시키는 새로운 클래스를 추가하여 재사용이 가능하도록 지원하고자 하는 경우	
(7)	생성되는 객체의 수가 너무 많아지면 객체 간에 발생하는 상호작용의 오버헤드가 많아질 수 있는데, 이러한 통신의 빈도수를 줄이기 위해 새로운 클래스를 추가하여 중간에서 연결하고 통제하려는 경우	
(8)	유사한 다수의 객체를 생성하고자 할 때, 객체를 모두 생성하기보다 하나의 일반적인 객체(즉, 인스턴스)를 생성한 후에 이 인스턴스를 복사하여 필요한 부분만 수정해서 사용하고자 하는 경우	

03 다음 패턴 중 성격이 다른 하나는?

① Adapter 패턴

② Facade 패턴

③ Proxy 패턴

④ Singleton 패턴

04 온라인 쇼핑몰에서 상품을 구매하기 위한 기능을 개발한다고 할 때, 적용할 수 있는 패턴을 설계하고 정의해보시오.

05 패턴 기반의 소프트웨어 개발은 향후 변경이나 유지보수를 용이하게 한다는 장점이 있다. 소프트웨어 개발 과정에서 많이 활용되는 두 가지 패턴, 즉 아키텍처 패턴과 설계 패턴이 어떻게 다른지 문헌 조사를 통해 정리하시오.

Chapter

11

객체지향 설계

학습목표

- 객체지향 설계 과정에 적용하는 원리를 이해한다.
- 객체지향 설계에 사용되는 UML 다이어그램을 살펴본다.
- 객체지향 설계 절차 및 적용 기법을 학습한다.

PREVIEW

소프트웨어 개발 과정에서 설계 활동은 도메인 중심의 분석 결과를 소프트웨어 관점으로 전환하는 과정으로, 이때 모듈화, 설계 패턴 등을 적용하여 품질을 향상한다. 객체지향 방법에 따른 설계 활동에서는 도메인 모델을 입력으로 하여 클래스와 메서드 설계, 사용자 인터페이스 설계, 자료 구조 설계, 물리 구조 설계 등의 활동을 수행한다. 설계 과정의 산출물은 구현 과정의 입력으로 사용되기 때문에 코딩을 위한 세부 정보가 잘 표현될 수 있도록 해야 한다. 이번 장에서는 사용자 인터페이스, 자료 구조 및 물리 구조 설계 기법을 중심으로 살펴보고자 한다.

01 설계 원리

객체지향 분석에 의해 기능·구조·행위 모델링을 수행하면, 그다음에는 설계 과정을 진행한다. 설계는 도메인 중심의 분석 결과물을 소프트웨어 관점의 산출물로 전환하는 과정으로 정의할 수 있다. 따라서 소프트웨어 시스템을 구성하는 로직 설계, 즉 클래스와 메서드에 대한 설계를 비롯하여 사용자 인터페이스, 자료 구조 혹은 데이터베이스 설계, 물리적인 아키텍처 설계 등과 같은 활동을 포함한다.

특히 설계 과정에서는 앞 장에서 설명한 모듈화 개념 및 설계 패턴 등을 이용하여 개발 소프트웨어의 품질을 향상해야 한다. 이는 성능 및 유지보수성을 높이는 데 매우 중요하다. 설계 과정에 적용할 수 있는 기본 원리를 간략히 설명하면 다음과 같다.

- 추상화: 추상화는 사물의 대표적인 특징으로 대상물을 나타내는 것이다. 설계 과정에서는 여러 클래스의 부모 클래스를 생성하거나 유사한 클래스를 묶어서 하나의 패키지로 표현하는 데 추상화를 적용한다.
- 단계적 상세화: 클래스 멤버들에 대한 제약 사항 설계, 메서드의 내부 로직 설계 등과 같은 단계적인 구체화 작업을 진행하며, 구현과 관련된 정보들을 도출한다.
- 모듈화: 변경에 대처하고 확장성을 높이기 위한 방법으로 모듈화는 중요하다. 추후 클래스 구성 요소에 대한 통합, 분리, 이동 등을 통해 모듈화를 높일 수 있다.
- 정보 은닉: 외부에 꼭 필요한 사항만 공개하기 위하여 클래스 멤버들에 대한 참조 범위, 즉 Public, Private 등과 같은 선언이 필요하다.
- 관심사의 분할: 상위 설계, 상세 설계 등의 개발 과정에서 사용자 인터페이스, 자료 구조 등의 소프트웨어 시스템 구성 요소 등에 대한 관심사를 분리하여 설계 활동을 진행한다.

위와 같은 원리 혹은 개념을 기반으로 설계 활동을 수행할 때, 분석 결과물을 설계 결과물로 발전시키기 위해 다음과 같은 세 가지 기법을 적용한다.

■ **팩토링**Factoring

팩토링은 모델 요소의 유사점이나 차별점에 따라 별도의 모듈(예를 들면, 클래스)로 분리하는 과정을 의미한다. 새로운 클래스를 생성하는 방법으로 클래스들의 공통점을 추출하여 상위 클래스를 생성하는 일반화 과정과 상호 관련성이 존재하는 요소들을 집합 관계로 정의하는 과정을 고려할 수 있다. 즉, 추상 클래스 혹은 상위 클래스를 생성하기 위해 추상화Abstraction 과정을 진행하거나 한 클래스의 하위 클래스를 생성하기 위하여 상세화Refinement 과정을 진행함으로써 팩토링이 이루어진다.

■ **파티셔닝**Partitioning

파티셔닝, 즉 분할은 큰 모델을 세부 모델로 나누는 과정으로 작은 모델은 시스템을 구성하는 서브시스템이 될 수 있다. 이러한 분할 과정에서 모듈화 개념을 적용하는데, 모델 요소 간의 메시지 전송이 많다면 이들을 하나의 서브시스템으로 통합하는 것이 유리하다.

■ **계층화**Layering

시스템을 구성하는 요소들을 운영과 사용 환경 등을 고려하여 서로 다른 특징의 그룹으로 분리하는 과정이 계층화다. 서비스 제공을 위한 내부 처리 로직과 사용자 인터페이스를 분리하는 것이 계층화의 대표적인 활동이다. 통상적으로 계층화는 MVCModel-View-Controller와 같은 아키텍처로 시스템을 설계하는 것을 의미하기도 한다. MVC 아키텍처는 [그림 11-1]에서 보는 바와 같이 프로그램의 로직을 구현하는 Model 계층과 사용자와의 인터페이스를 구성하는 View + Controller 계층으로 구성된다. View는 사용자에게 처리 로직의 결과를 보여주는 부분이며, Controller는 로직을 수행시키기 위한 입력을 제공하는 부분이다.

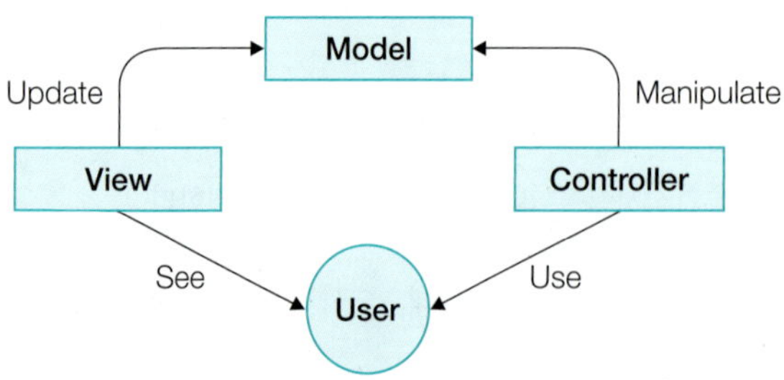

그림 11-1 MVC 아키텍처

MVC 아키텍처를 기반으로 하는 계층화 외에 시스템을 3개의 계층으로 분할하는 3계층 3-Layered 아키텍처를 기반으로 한 계층화도 있다. 이는 사용자 인터페이스 계층, 처리 로직 계층, 데이터 관리 계층으로 시스템을 분리하는 방법이다. 여기서는 3계층 아키텍처를 기반으로 설명한다.

객체지향 방법론을 근간으로 하는 소프트웨어 설계 과정에서는 다음과 같은 활동을 포함하며, 이들 활동은 모두 분석 결과의 산출물을 활용한다. 따라서 분석 결과의 품질을 설계 전에 반드시 검토해야 한다.

- 구조 모델링의 결과물인 도메인 클래스 다이어그램을 설계 모델로 진화시킨다. 이는 클래스를 구성하는 요소들에 대한 상세 정보와 메서드의 내부 로직을 설계하는 것이다.
- 구조 모델링의 결과물인 클래스 다이어그램을 입력으로 하여 패키지 다이어그램을 작성한다.
- 클래스 다이어그램을 이용하여 대응하는 UI User Interface 클래스와 데이터베이스 테이블을 생성한다.
- 각 패키지를 하드웨어 플랫폼에 할당하는 배치 Deployment 다이어그램을 작성한다.
- 소프트웨어를 구현하는 데 필요한 적용 기술 스펙을 정의한다.

위와 같은 설계 활동 중에서 클래스 및 메서드 설계 사항은 기존의 일반적인 변수 정의 및 함수 로직 설계와 같은 내용으로 구성되기 때문에 여기서 별도로 설명하지 않는다. 다만, 이 과정에서 수정된 클래스 다이어그램과 메서드 로직 명세가 작성될 수 있다.

02 패키지 다이어그램

1 패키지 다이어그램 생성

패키지 다이어그램Package Diagram은 클래스 다이어그램의 클래스 간 관계를 고려하여 서로 관련성이 높은 클래스들, 즉 클래스 간 응집력이 높은 것들을 하나의 패키지로 묶어 표현한 것이다. 이 다이어그램은 전체 시스템을 상위 수준(혹은 서브시스템 수준)에서 바라볼 수 있도록 지원하기 때문에 직관적으로 소프트웨어의 구조를 이해하기 쉽다는 장점이 있다. 그리고 추후 하드웨어 장치에 소프트웨어를 할당(혹은 배치)하기 위한 기본 단위로 패키지를 활용한다는 목적이 있다. [그림 11-2]는 환자 진료 예약 시스템에 대한 패키지 다이어그램을 나타낸다. 그림에서 왼쪽 부분을 차지하는 클래스 "Person" 및 이의 하위 클래스들은 모두 의료진이라는 명칭의 패키지로 묶을 수 있다.

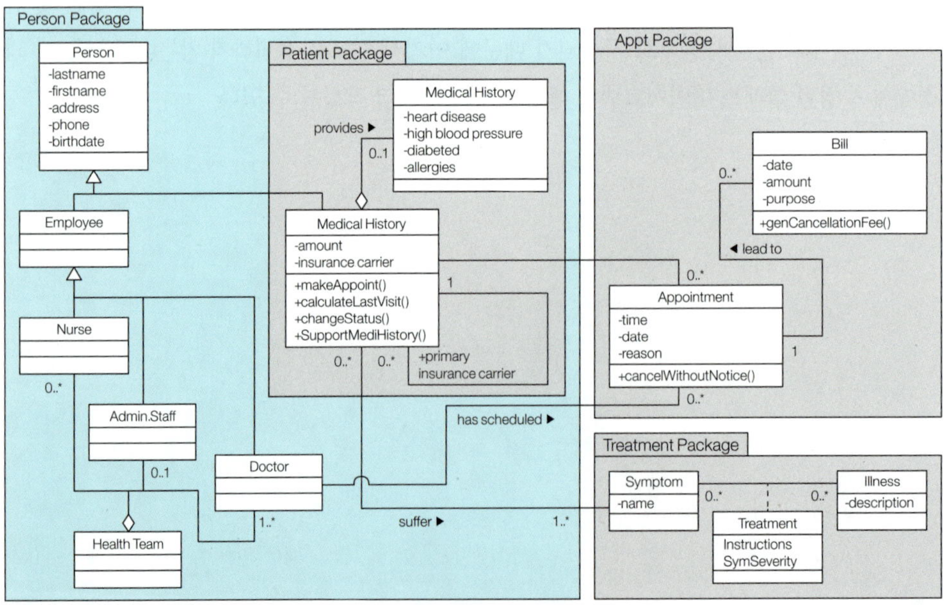

그림 11-2 환자 진료 예약 시스템의 패키지 다이어그램 작성 예

패키지 다이어그램을 작성하는 절차를 간단히 설명하면 다음과 같다. (1) 패키지 다이어그램을 작성할 대상물을 선정한다. 여기서는 도메인 클래스 다이어그램이 될 수 있다. (2) 클래스들의 관계를 고려하여 관련성이 높은 것들을 그룹핑해서 패키지로 정의한다. 이때 다음 사항을 고려한다.

- 일반화Generalization 관계를 형성하는 모든 클래스는 하나의 패키지로 묶는다.
- 집합Aggregation 관계를 형성하는 모든 클래스는 하나의 패키지로 묶는다.
- 클래스의 의미적 속성, 즉 클래스의 멤버 변수나 멤버 함수의 유사성을 고려하여 클래스를 패키지화할 것인지 결정한다.

(3) 식별된 패키지에 적절한 명칭을 부여한다. 명칭을 부여하기 어려운 패키지가 있다면 패키지 분리 가능성을 고려해야 한다. (4) 패키지 간의 관계를 부여한다. 서로 다른 패키지를 가로지르는 기존 클래스 간의 관계 타입을 고려하여 패키지 관계를 결정한다. 크게 연관관계와 의존관계가 있고 간혹 집합관계로 정의되는 것도 있다. 그러나 의존관계로 표현하는 것이 일반적이다. (5) 패키지 관계를 정의하면 다이어그램의 프레임Frame을 사용하여 패키지 다이어그램을 완성한다.

2 계층화된 아키텍처 생성

소프트웨어 아키텍처Architecture는 소프트웨어를 구성하는 컴포넌트(구성 요소)와 이들 간의 관계를 체계화하여 표현한 것이다. 객체지향 방법에 따른 단위 소프트웨어 개발 프로젝트에서는 아키텍처를 표현하기 위하여 3계층 아키텍처를 적용하는데, 3계층은 다음과 같다.

- HCIHuman Computer Interaction 계층: 사용자 인터페이스에 해당하는 클래스를 포함하는 계층
- PDProblem Domain 계층: 분석 과정에서 도출된 도메인 클래스들을 포함하는 계층
- DMData Manipulation 계층: 파일 또는 데이터베이스 테이블에 해당하는 데이터 클래스를 포함하는 계층

3계층 아키텍처를 생성하기 위해 PD 계층의 클래스들을 이용하여 UI 클래스와 DM 계층의 데이터 클래스를 생성한다. 이러한 생성은 도메인 클래스에 대한 일대일 매핑으로 이루어지는데, 이 과정에서 UI 클래스는 관련 있는 클래스들이 하나로 합쳐지기도 하고, DM 계층에

서는 도메인 클래스 간에 존재하는 관계가 하나의 데이터베이스 테이블로 생성되기도 한다. [그림 11-3]은 환자 진료 예약 시스템의 일부 클래스에 대한 단순화된 3계층 아키텍처를 보여준다.

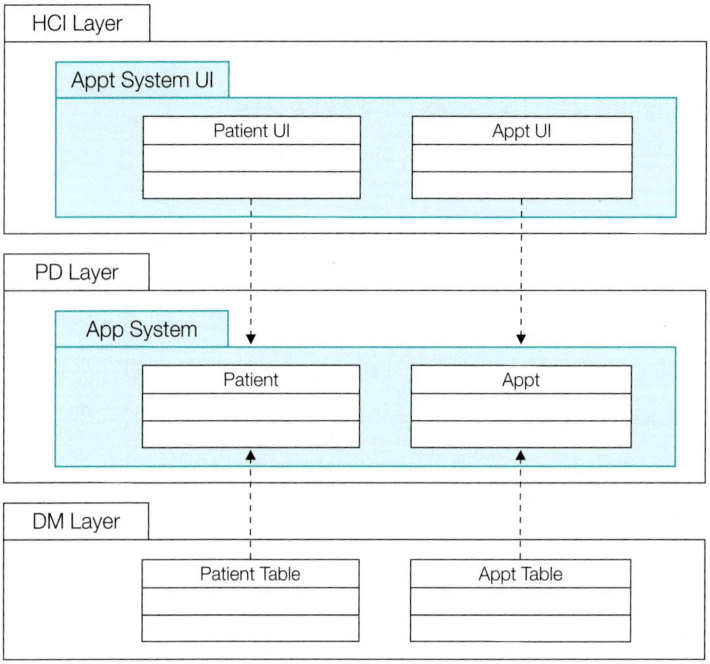

그림 11-3 환자 진료 예약 시스템의 3계층 아키텍처 예

03 자료 구조 설계

자료 구조 설계는 시스템의 3계층 아키텍처에서 하위 계층을 설계하는 데 필요하다. 즉, 지속적으로 보관해야 하는 데이터를 유지·관리하기 위하여 파일 혹은 데이터베이스 테이블을 설계하는 것이다. 자료 구조를 설계하려면 PD 계층에 포함된 모든 클래스를 살펴보고 클래스 정보로부터 자료 구조를 정의해야 한다. 일반적인 자료 구조 설계 가이드라인은 다음과 같다.

- 클래스 다이어그램으로부터 임시로 값을 저장하는 휘발성 변수를 제거한다.
- 모든 클래스를 하나의 데이터베이스 테이블로 매핑한다.
- 클래스의 멤버 변수는 테이블의 컬럼으로 매핑한다.
- 클래스의 멤버 함수는 프로그램의 함수로 매핑한다. 혹은 데이터베이스의 저장형 프로시저Stored Procedure로 매핑한다.
- 일대일 관계에 있는 연관관계 혹은 집합관계를 테이블의 키Key로 정의하는 컬럼을 추가한다.
- 다대다 관계에 있는 연관관계 혹은 집합관계에 대해 새로운 테이블을 생성하고 관련된 클래스를 연결할 키를 저장하는 컬럼을 생성한다.
- 일반화 관계에 대해서는 하위 클래스의 대응 테이블에 키를 저장할 컬럼을 추가한다.

위와 같은 규칙에 따라 데이터베이스 테이블을 구성하고, 생성된 테이블에서 발생할 수 있는 이상 현상anomaly 문제를 해결하기 위해 정규화 과정을 거친다. 추가로, 질의 처리에 대한 성능을 높이기 위하여 인덱스 테이블을 구성하는 작업을 수행해서 자료 구조 설계를 진행한다. [그림 11-4]는 일반화 관계가 있는 클래스에 대한 테이블 구성을 나타낸 것이다.

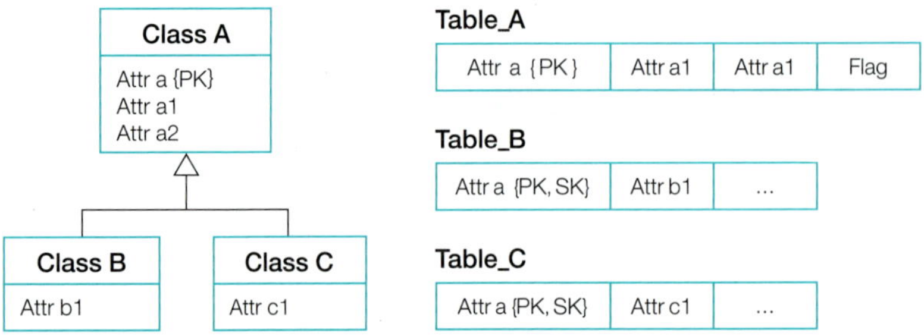

그림 11-4 일반화(상속) 관계에 대한 테이블 생성 예

실습 11-1 클래스 다이어그램에서 데이터베이스 스키마 설계하기

다음 2개의 클래스가 다대다(M:N)의 기수성을 갖는 연관관계를 형성할 때, 이를 데이터베이스 테이블 구조로 변환하시오.

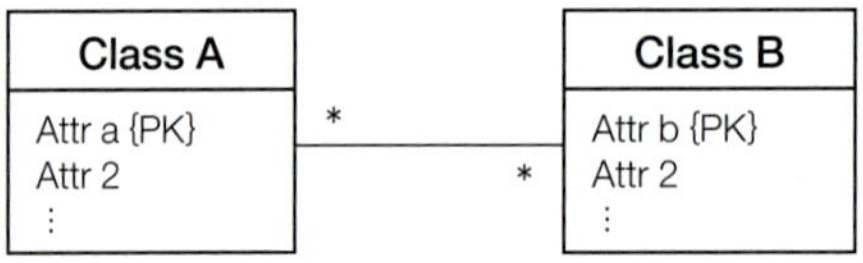

04 사용자 인터페이스 설계

사용자 인터페이스 설계는 시스템의 고유 특성과 사용자 선호도를 바탕으로 설계하는 것이 일반적이며, 간혹 사용자가 화면 구성의 요구사항을 제시하기도 한다. 따라서 설계자의 의도에 따른 융통성이 크게 발휘될 수 있는 부분이다. 여기서는 간단한 사용자 인터페이스 설계 절차와 인터페이스 클래스 생성 방법을 설명한다.

1 인터페이스 설계 절차

사용자 인터페이스를 설계하기 위한 절차를 간략히 설명하면 다음과 같다.

❶ 사용 시나리오Use Scenario 개발

사용 시나리오는 시스템 사용자 입장에서 '어떤 시나리오에 따라 시스템이 사용되는가'를 기술한 것이다. 이러한 시나리오는 유스 케이스 다이어그램의 시나리오와 유사한 형태로 표현되는데, 사용자가 원하는 서비스를 수행하기 위하여 다수의 유스 케이스와 연관성을 갖는다.

인터넷 쇼핑몰에서 특정한 상품을 주문한다고 가정해보자. 먼저 사용자는 검색을 수행하고, 검색 결과에서 특정 상품의 상세 정보를 얻는다. 그리고 상품을 장바구니에 담거나 결제하여 구매하는 과정을 표현한다. 이때 각 시나리오 스텝은 대응되는 유스 케이스 시나리오 스텝과 연결된다.

❷ 인터페이스 구조 설계

인터페이스 구조는 도출된 모든 사용 시나리오의 각 스텝을 블록 다이어그램 형태로 도식화하는 것으로, 일명 윈도우 내비게이션Window Navigation 다이어그램을 작성하는 것이다. [그림 11-5]는 쇼핑몰에서 제품 구매를 위한 윈도우 내비게이션 다이어그램을 보여준다.

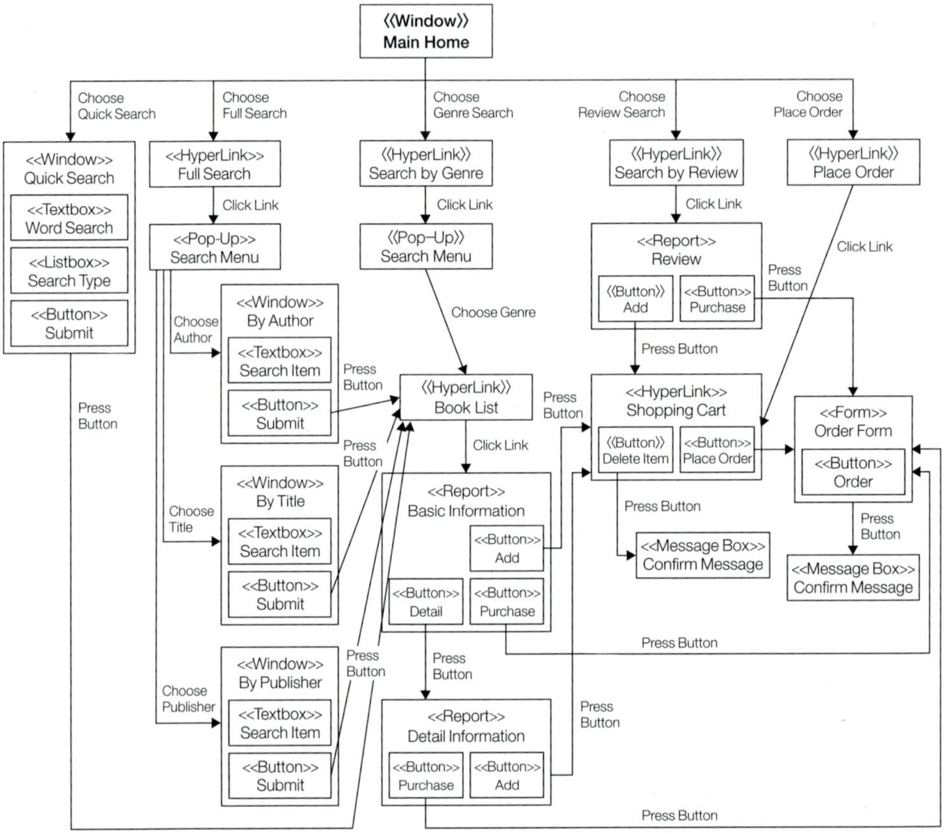

그림 11-5 윈도우 내비게이션 다이어그램의 예

❸ 인터페이스 표준 템플릿 개발

사용자가 제시한 인터페이스 스타일 혹은 개발 소프트웨어에 적합한 화면 레이아웃을 설계한다. 즉, 인터넷 쇼핑몰에서 주 메뉴와 하위 메뉴, 제품 정보를 보여줄 영역과 위치를 정해 인터페이스 개발을 위한 템플릿을 마련한다. 이때 홈 화면과 연결 화면 등 2~3개의 템플릿을 개발한다.

❹ 인터페이스 프로토타입 개발

템플릿을 기반으로 대상 시스템에 대한 인터페이스의 프로토타입을 개발한다. 프로토타입을 개발하는 방법은 다양하다. 인터페이스 구성을 잘 보여줄 방법으로 프로토타이핑한다.

❺ 인터페이스 평가

개발된 프로토타입이 적절한지를 평가한다. 먼저 개발 팀 내부 평가를 진행하고 사용자 평가 혹은 시나리오 기반 평가 등이 이루어진다.

인터페이스 프로토타입 평가 결과에 대한 피드백을 반영하여 대상 시스템에 대한 인터페이스를 설계·구현한다. 이때 데이터 특성에 따른 입력 방식, 출력 결과의 가시화 방법 등을 결정하고, 사용될 폰트 및 색상 결정을 진행하는 것이 좋다.

2 인터페이스 클래스 설계

인터페이스 클래스를 정의하는 것은 자료 구조 설계와 유사하다. 즉, 도메인 클래스의 모든 클래스에 대해 인터페이스 클래스로 정의하는 것이다. 물론 한 클래스의 멤버 함수가 모두 Private 메서드로만 구성된다면 별도의 인터페이스 클래스를 구성하지 않는다. 인터페이스 클래스는 스테레오타입 《interface》로 정의하며, 대응되는 도메인 클래스의 Public 메서드를 순수 가상 함수로 선언하여 포함한다. 인터페이스 클래스에 정의된 메서드는 사용자 인터페이스의 메뉴와 연결된다.

Java 언어를 이용하여 인터페이스를 개발하는 경우 인터페이스 클래스는 도메인 클래스와 상세화Refinement 관계를 형성한다. 따라서 모든 인터페이스 클래스의 행위는 도메인 클래스에서 구현된다. [그림 11-6]은 도메인 클래스 Order에 대한 인터페이스 클래스의 예를 보여준다.

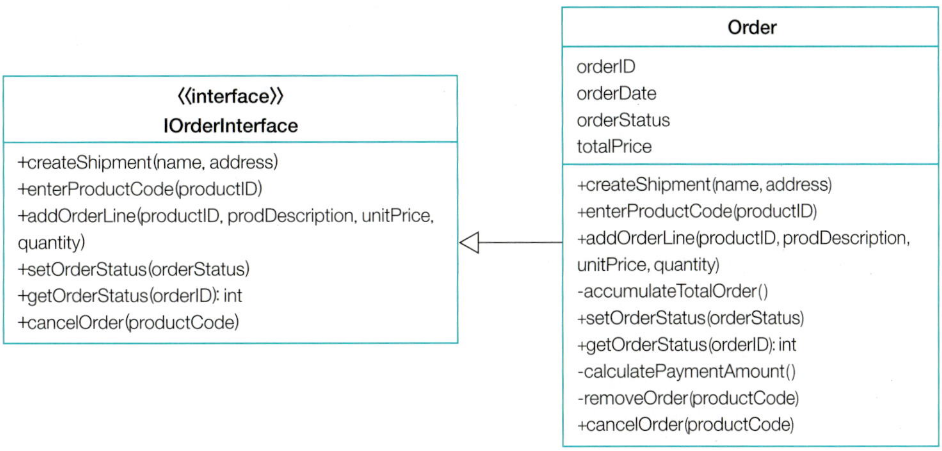

그림 11-6 Java 인터페이스 클래스의 정의

05 물리 구조 설계

물리 구조 설계에는 개발 시스템의 소프트웨어 컴포넌트를 구현할 기술과 개발된 컴포넌트를 운영 환경의 하드웨어 플랫폼에 배치하는 내용이 담긴다. 특히 소프트웨어 컴포넌트, 즉 패키지를 어떤 하드웨어 플랫폼에 배치할지는 시스템 운영 성능 및 개발 비용 등에 영향을 미치기 때문에 다양한 요소를 고려하여 결정해야 한다.

1 배치 다이어그램 작성

배치Deployment 다이어그램은 아키텍처에 나타난 모든 패키지(또는 클래스)를 플랫폼에 할당하는 것이다. 예를 들어 클라이언트-서버 구조의 소프트웨어 시스템을 개발한다면, 어떤 패키지를 클라이언트에 배치하고 어떤 패키지를 서버에 배치할지를 정하는 것이다. 어떤 형태의 클라이언트-서버 형태로 구현하느냐에 따라 클라이언트 쪽에는 UI 클래스만 탑재할 수도 있고, UI 클래스와 데이터 클래스를 함께 탑재할 수도 있다.

만약 개발하는 소프트웨어 시스템이 독립형 컴퓨터Standalone Machine에서 운영된다면 배치 다이어그램이 특별히 필요하지 않을 수 있다. 그러나 분산 환경(클라이언트-서버)에서 운영된다면 (1) 서버 기반Server-based 모델, (2) 클라이언트 기반Client-based 모델, (3) 소형 클라이언트와 서버Thin Client-Server 모델, (4) 강한 클라이언트와 서버Thick Client-Server 모델 중에서 어떤 모델이 가장 시스템 운영에 효과적인지 결정해야 한다. 이때 다음 요소들을 고려하여 모델을 선택할 수 있다.

- 개발 비용(하드웨어 구매 비용 포함): 강한 클라이언트와 서버 모델이 상대적으로 높은 개발 비용이 든다.
- 개발의 용이성: 윈도우와 같은 개발 지원 도구가 많은 클라이언트 기반 모델이 용이하다.
- 보안 통제: 서버 기반 모델이 강화된 보안 메카니즘을 구현하는 데 용이하다.
- 확장성Scalability: 추후 사용자 증가 등에 대비하기 위해 통신 증가량을 고려한다면 강한 클라이언트와 서버 모델이 상대적으로 유리할 수 있다.

위와 같은 기본 요소들 외에도 시스템 개발 초기에 정의한 비기능적 요구사항을 반드시 모두 고려하여 운영 플랫폼의 구조를 선정하는 것이 좋다. 운영 플랫폼을 결정했다면 소프트웨어 컴포넌트를 플랫폼에 배치한다. [그림 11-7]은 인터넷 쇼핑몰 시스템에 대한 배치 다이어그램이다.

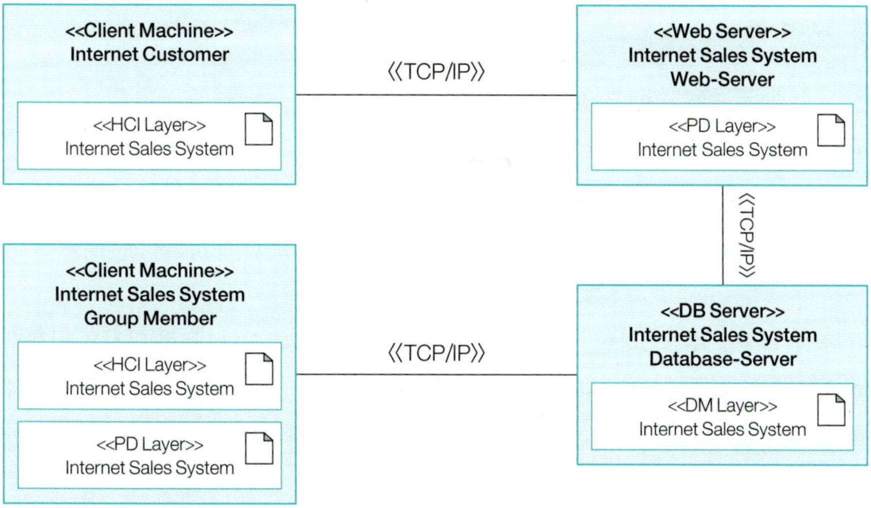

그림 11-7 인터넷 쇼핑몰 시스템에 대한 배치 다이어그램 예

[그림 11-7]의 배치 다이어그램에서는 클라이언트 워크스테이션에 HCI 계층이 할당되기도 하고, HCI와 PD 계층이 함께 할당되기도 한다. 서버는 두 가지 형태로 설계되었는데, 웹 서버와 DB 서버다. 이곳에는 각각 PD 계층과 DM 계층이 배치되었다.

실습 11-2 시스템의 물리적 아키텍처 이해하기

다음은 소프트웨어 시스템에 대한 물리적 아키텍처를 구성하는 일반적인 유형을 제시한 것이다. 각 유형의 특징을 설명하시오.

(1) 서버 기반Server-based 아키텍처
(2) 클라이언트 기반Client-based 아키텍처
(3) 클라이언트-서버 기반Client-Server based 아키텍처
(4) 피어투피어Peer-to-Peer 아키텍처
(5) 독립 운영Stand-alone 아키텍처

2 기술 환경 명세

설계 단계의 마지막 활동은 하드웨어 및 지원 소프트웨어에 대한 세부 사항을 명세하는 것이다. [표 11-1]은 인터넷 쇼핑몰의 기술 환경을 명세한 예다.

표 11-1 하드웨어 및 소프트웨어 기술 명세(예)

구분	클라이언트	웹 서버	DB 서버
운영체제	윈도우, 크롬/익스플로러	리눅스	리눅스
지원 SW	아크로뱃 리더, 리얼 오디오	아파치	오라클
하드웨어	40G HD, 17인치 모니터	200G HD	1TB HD, RAID
네트워크	Dial-up 56Kbps, Wi-Fi	Dual 100Mbps 이더넷	Dual 100Mbps 이더넷

위와 같은 설계 과정을 수행했다면, 이제는 구현 과정에 진입할 수 있다. 구현 과정은 정해진 언어를 이용하여 클래스 다이어그램을 코드로 매핑하면서 진행된다. 이때 코딩 스타일이나 코딩 규칙 등을 준수하여 개발할 수도 있고 개발 프레임워크 같은 플랫폼을 사용하여 개발할 수도 있다.

프로젝트 IX **대상 시스템 설계하기**

실습 프로젝트에서 정의한 소프트웨어 시스템의 설계 과정을 진행합니다. 설계는 크게 다음과 같은 세부 단계를 거쳐 수행하고, 설계 결과는 부록에 제시된 프로젝트 문서 양식 6번(소프트웨어 설계서 목차)을 기반으로 문서화합니다.

(1) 전체 시스템 구조를 보여주는 패키지 다이어그램을 작성한다.
(2) 3계층 아키텍처를 기반으로 DM과 HCI 계층의 클래스를 정의한다.
(3) 3계층 아키텍처를 기반으로 DM 계층의 데이터베이스 스키마를 설계한다.
(4) 3계층 아키텍처를 기반으로 HCI 계층의 인터페이스를 설계한다.
(5) 시스템이 운영될 물리적 아키텍처를 정의한다.
(6) 패키지 다이어그램과 계층화된 아키텍처 요소들을 이용하여 배치 다이어그램을 작성한다.
(7) 클래스의 변수와 메서드들에 대하여 세부 속성과 알고리즘을 정의한다.
(8) 시스템이 운영될 하드웨어, 소프트웨어, 통신 구성 요소에 대한 기술 스펙을 작성한다.

연습문제

01 소프트웨어 시스템의 설계 활동에서 적용할 수 있는 기본 원리로 적합하지 못한 것은?

① 모듈화 ② 추상화
③ 패턴화 ④ 관심사의 분할

02 다음이 설명하는 소프트웨어의 설계 과정에 적용하는 기법은?

> 모델 요소의 유사점이나 차별점을 분리하여 별도의 모듈(예를 들면, 클래스)로 표현하는 과정을 의미하며, 추상화 또는 상세화와 같은 원리가 적용된다.

① 파티셔닝Partitioning
② 계층화Layering
③ 팩토링Factoring
④ 클러스터링Clustering

03 소프트웨어 시스템의 상위 수준 아키텍처를 설계하기 위한 3계층 아키텍처의 구성 요소(계층)가 아닌 것은?

① HCI 계층 ② PD 계층
③ NC 계층 ④ DM 계층

04 MVC 아키텍처에 대한 설명으로 적절하지 않은 것은?

① 모델Model은 응용 영역의 처리 로직을 구현한다.
② 뷰View는 모델의 처리 결과를 사용자에게 보여준다.
③ 제어Controller는 뷰에 나타나는 출력 결과의 형식을 제어한다.
④ MVC 아키텍처는 시스템 물리 계층 설계를 포함한다.

05 다음 중 하나의 패키지로 묶어야 하는 경우로 적합하지 않은 것은?

① 2개 이상의 클래스가 집합관계를 갖는 경우
② 2개 이상의 클래스가 일반화 관계를 갖는 경우
③ 2개 이상의 클래스가 동일한 의미적 속성을 갖는 경우
④ 2개 이상의 클래스가 연관관계를 갖는 경우

06 객체지향 설계에서 소프트웨어 컴포넌트를 클라이언트 서버 플랫폼에 할당한 정보를 표현하는 UML 다이어그램은?

① Allocation 다이어그램　　② Deployment 다이어그램

③ Package 다이어그램　　④ Activity 다이어그램

07 인터페이스 클래스를 정의하는 방법에 대한 설명으로 적합하지 않은 것은?

① 인터페이스 클래스는 메뉴 버튼의 기능을 구현하는 클래스다.

② 기본적으로 도메인 클래스와 일대일 관계로 인터페이스 클래스를 정의한다.

③ 인터페이스 클래스에서는 순수 가상 함수로 멤버 함수를 정의한다.

④ 인터페이스 클래스와 도메인 클래스는 상속 관계로 정의한다.

08 다음 중 상호 관련성이 가장 적은 것은?

① Package 다이어그램　　② State Machine 다이어그램

③ Deployment 다이어그램　　④ Class 다이어그램

09 상속 관계에 있는 다음 클래스에 대하여 데이터베이스 테이블을 구성하고자 한다. 테이블을 2개만 사용하여 테이블의 스키마를 정의하시오.

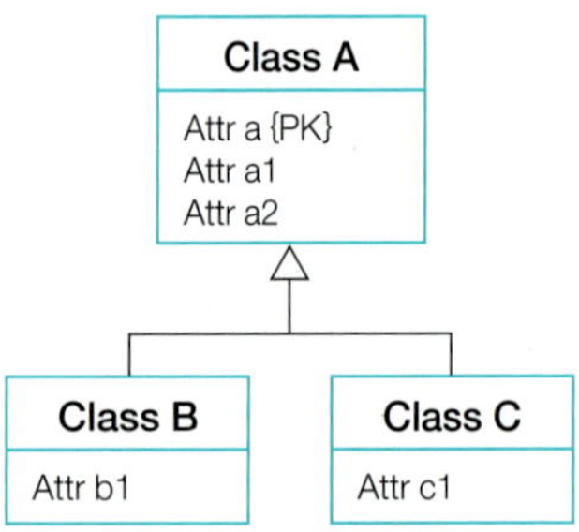

10 소프트웨어 시스템의 물리적 아키텍처를 정의하기 위해서는 비기능적 요구사항, 즉 성능 요구사항, 보안 요구사항 등을 고려해야 한다. 보안 요구사항이 높은 시스템을 개발할 때, 어떤 물리적 아키텍처(예를 들면, 클라이언트-서버 아키텍처, 피어투피어Peer-to-Peer 아키텍처, 클라이언트 기반 아키텍처, 서버 기반 아키텍처)를 선택해야 하는가? 그 이유도 설명하시오.

Chapter 12

인스펙션

학습목표

- 인스펙션의 필요성과 목적을 이해한다.
- 인스펙션 참여자의 역할과 자격에 대하여 이해한다.
- 인스펙션의 수행 절차에 대하여 학습한다.
- 인스펙션 이외의 다른 리뷰 활동을 알아본다.

PREVIEW

분석 및 설계 활동을 수행하면, 요구사항 분석서 또는 소프트웨어 설계서와 같은 산출물이 작성된다. 이러한 산출물은 다음 단계의 작업을 수행하기 위한 입력 정보로 활용되기 때문에 산출물이 정확하게 작성되었는지, 작성된 내용에 오류는 없는지 등을 꼭 확인해야 한다. 이러한 확인은 소스 코드 실행이 아닌 정적 검증 활동으로, 사용자 리뷰Review, 워크스루Walkthrough, 인스펙션Inspection과 같은 활동이 있다. 이 중 인스펙션은 정해진 절차와 양식Form에 따라 산출물을 점검하는 활동으로, 소프트웨어 개발 기업에서 널리 활용되고 있다. 인스펙션에는 어떤 장점이 있는지, 어떤 절차에 따라 인스펙션이 수행되는지 살펴보자.

01 인스펙션의 중요성

소프트웨어 개발 과정에서 작성되는 모든 산출물은 의사결정 정보로 활용되거나, 개발 후속 단계를 진행할 때 입력으로 사용된다. 따라서 각 산출 문서가 정확하게 작성되었는지를 확인하는 일은 매우 중요하다. 이러한 확인 과정은 다양한 방법으로 진행될 수 있는데, 가장 널리 사용되는 것이 인스펙션Inspection이다.

인스펙션의 개념은 IBM에서 소프트웨어 엔지니어로 활동한 미셜 페이건Michael Fagan이 1976년에 처음 제안했다. 미셜 페이건은 소프트웨어 개발 과정에서 오류를 찾기 위해 사내 엔지니어들과 개발된 산출물을 검토하였고, 이를 체계화하여 1986년 IEEE TOSE 논문지에 〈Advances in Software Inspection〉이라는 논문을 소개하였다. 이를 계기로 인스펙션의 개념이 널리 알려졌다. 이 때문에 지금도 인스펙션을 언급할 때 종종 페이건 인스펙션이라는 용어를 사용하기도 한다.

1 인스펙션의 정의

그렇다면 인스펙션의 정의는 무엇일까? 다음에서 제시하는 인스펙션에 대한 설명을 이해하면 인스펙션의 실체를 더 잘 이해할 수 있을 것이다.

> 인스펙션이란 체계적으로 정의된 절차Well-defined process를 기반으로 결함을 발견하기 위해 훈련된 엔지니어에 의해 수행되는 산출물Work product의 동료 검토Peer Review를 의미한다.

- 제품 또는 응용 영역의 다수 전문가가 프로젝트 산출물의 기술적 정확성이 충족되는지를 확인하는 모임
- 소프트웨어 개발, 유지보수, 획득, 지원 과정과 통합된 소프트웨어 공학 활동
- 결함 또는 오류가 있을 때 가능하면 발생한 소스Origin에서 식별하고자 하는 활동

이 설명들을 정리하면, 인스펙션은 '일정한 절차와 사전에 정의된 양식을 이용하여 주어진 산출물에서 오류를 찾아내는 전문가 활동'으로 정의할 수 있다.

2 인스펙션의 목적

인스펙션을 소프트웨어 개발 수명주기의 전 과정에 적용하는 이유는 가능하면 오류나 결함의 원인을 발생 시점 근처에서 찾아내기 위함이다. 이와 같은 기본적인 목적 외에도 인스펙션을 수행하는 목적을 다음과 같은 측면에서 고려할 수 있다.

- 소프트웨어가 사양을 충족하는지, 지정된 품질 속성을 나타내는지 확인하기 위해서다.
- 소프트웨어 개발의 각 단계에서 상세한 결함 분석을 수행하기 위한 기반 데이터를 확보하기 위해서다.
- 인스펙션을 통해 얻은 결과를 기반으로 조직에서 개선되어야 할 프로세스가 무엇인지를 식별하기 위해서다.
- 기술적인 정보를 프로젝트의 모든 팀원과 공유하고, 인스펙션 참여자에게 시스템 및 인스펙션 교육을 하기 위해서다.

조직 내에서 인스펙션 결과들을 지속적으로 유지·관리하는 것은 인스펙션 수행의 중요한 목적중 하나다. 여러 프로젝트에서 수집한 인스펙션 결과를 분석하여 조직 내에서 결함을 가장 많이 발생시키는 요인이 무엇인지를 식별할 수 있다. 예를 들어, 기본 설계서의 인스펙션에서 가장 많은 결함이 발견된다면 조직은 소프트웨어 아키텍처를 개발하는 지식 수준이나 기술이 낮다고 판단될 수 있다. 이 경우 아키텍트Architect를 양성하기 위한 교육이 절대적으로 필요하다. 이러한 교육 등의 활동을 통해 조직의 소프트웨어 공학 수준이 향상될 수 있으며, 이는 개발 소프트웨어의 품질을 높이는 결과로 이어진다.

소프트웨어 개발 활동의 모든 단계에서 인스펙션을 수행할 수 있다. 즉 프로젝트 계획서에 대한 인스펙션은 물론이고, 요구사항 인스펙션, 분석서 인스펙션, 소프트웨어 아키텍처 인스펙션, 코드 인스펙션, 테스트 결과 인스펙션 등을 수행할 수 있다. 이러한 인스펙션을 수행하려면 각 산출물을 인스펙션하는 데 사용할 체크리스트를 준비해야 하는데, 이 체크리스트에는 인스펙션 수행자(즉, 인스펙터)가 참고할 산출물 오류 타입이 들어 있어야 한다. 오류 타입은 기존에 잘 알려진 오류들의 유형을 정의한 것으로, 인스펙션 직전에 수정·보완할 수 있다.

3 인스펙션 효과

일반적으로 알려진 결함 수정의 비용 그래프를 보면, 유지보수 단계에서 발견한 결함의 수정fix 비용은 요구사항 식별 단계에서 발견한 결함 수정 비용의 200배에 달한다. 따라서 최대한 소프트웨어 개발 초기에 결함을 제거해야 전체적인 프로젝트 비용 절감 효과가 크다. [표 12-1]은 인스펙션의 효과를 보여주는 사례다.

표 12-1 인스펙션 적용 및 비적용 프로젝트의 비용 분석(PH: Person Hour, $: 25$/hour)

활동	프로젝트 A (인스펙션을 수행한 경우)			프로젝트 B (인스펙션을 수행하지 않은 경우)		
	결함 수	PH	$	결함 수	PH	$
상위 설계 인스펙션	50	115	2,875	0	0	0
상세 설계 인스펙션	140	700	17,500	0	0	0
코드 인스펙션	110	1,700	42,500	0	0	0
단위 테스트	50	770	19,250	125	1,520	38,000
통합 및 시스템 테스트	100	2,490	62,250	190	4,290	107,250
소계	450	5,775	144,375	315	5,810	145,250
유지보수	50	13,000	325,000	185	31,900	797,500
합계	500	18,775	469,375	500	37,710	842,750

[표 12-1]은 프로젝트 A와 B에서 동일하게 500개씩 결함을 발견하고 수정한 결과다. 인스펙션을 적용하지 않은 프로젝트 B의 경우 설계 및 코딩에 대한 인스펙션 비용은 없지만 테스트 비용과 유지보수 비용이 상대적으로 많이 들어간 것을 볼 수 있다. 인스펙션을 수행한 프로젝트 A의 경우 인스펙션에 62,875달러가 들어갔지만, 개발 초기에 300개 정도의 결함이 제거되어 테스트 및 유지보수 비용이 많이 절감되었다.

결과적으로, 프로젝트 A에는 500개의 결함을 발견·수정하는 데 469,375달러가 들어간 반면, 프로젝트 B에는 842,750달러가 들어갔다. 인스펙션 수행이 얼마나 큰 비용 절감 효과를 나타내는지 확인할 수 있다.

[표 12-2]는 또 다른 인스펙션 활동 사례다. 이 사례에서는 소프트웨어 개발 프로젝트에서 수행하는 다양한 결함 제거 활동을 조사·분석하여 결함 제거 효율성을 살펴보았다.

표 12-2 결함 제거 활동의 효율성

결함 제거 활동	효율성
개인적인 확인	< 25%
검토자/작성자 역할 교환	< 40%
비공식 검토	< 40%
인스펙션	> 65%
모델링 및 시뮬레이션	< 85%
테스트	< 45%

[표 12-2]를 보면, 결함 제거를 위한 개별 수정 활동의 효율성은 25% 미만으로 나타났다. 팀원 간 리뷰를 통해 결함을 제거할 가능성은 40% 미만, 소프트웨어 테스트의 효율성은 45% 미만으로 나타났다. 그러나 인스펙션을 사용하는 경우, 결함 제거 가능성은 최소 65% 이상으로 나타냈다. 이는 인스펙션을 결함을 제거하는 중요한 수단으로 사용할 수 있음을 의미하는 통계 정보다.

02 인스펙션 참여자

인스펙션 과정에 참여하는 사람들은 저마다 맡은 역할이 있다. 참여자의 역할은 [표 12-3]에서 볼 수 있듯이 인스펙션 수행 과정의 미팅 역할과 소프트웨어 개발 과정의 기술 역할로 크게 나뉜다. 이 중 인스펙션 수행 과정에서 요구되는 미팅 역할에 대해 살펴본다.

표 12-3 인스펙션 참여자의 역할

미팅 역할	기술 역할
(1) 인스펙션 리더(Inspection leader/Moderator/Facilitator) (2) 기록자 혹은 서기(Recorder) (3) 인스펙터(Inspector) (4) 저자 또는 산출물 개발자(Author) (5) 발표자(Presenter)	(1) 고객(Customer) (2) 시스템 아키텍트(System Architect) (3) 설계자(Designer) (4) 코더(Coder) (5) 테스터(Tester) (6) 유지보수자(Maintainer) (7) 품질 엔지니어(Quality Engineer) (8) 하드웨어 엔지니어(Hardware Engineer)

1 인스펙션 리더

인스펙션 리더Leader는 전체적으로 인스펙션 과정을 계획하고 실행하는 조정자의 역할을 담당한다. 인스펙션 리더는 관심사가 다른 사람들을 통합하고 조정하여 인스펙션 과정의 의견 충돌을 잘 해결할 수 있는 경험자가 맡아야 한다. 다음은 인스펙션 리더가 갖추어야 할 덕목 혹은 능력을 나열한 것이다.

- 리더는 기술적인 지식뿐 아니라 대인 관계에 능숙해야 한다.
- 리더는 효과적인 인스펙션을 수행할 책임이 있다.
- 리더는 인스펙션 수행이 정의된 절차에 따라 진행되도록 주도해야 한다.
- 리더는 참여자에 대한 적절한 역할이 부여되도록 결정해야 한다.

- 리더는 준비되지 않은 인스펙터가 참여하지 않도록 관리해야 한다.
- 리더는 인스펙션 스케줄을 관리해야 한다.
- 리더는 인스펙션 대상 문서가 모든 관련자에게 배포되었음을 확인해야 한다.
- 리더는 인스펙션 양식지가 올바른지, 충분하게 작성되었는지 점검한다.
- 리더는 인스펙션에서 식별된 문제가 수정되었는지 점검해야 한다.
- 리더는 인스펙션에서 얻은 결함 데이터를 조직의 히스토리 데이터베이스에 입력해야 한다.

2 인스펙션 기록자

인스펙션 기록자Recorder는 인스펙션 수행 과정에서 나온 의견 및 토론 내용을 모두 기록하고 정리하는 역할을 담당한다. 기록자는 응용 시스템이나 도메인에 대한 전문 지식이 있는 사람이어야 하며, 이는 인스펙션 과정에서 기록 내용에 대한 정확성을 보장하는 데 매우 중요하다. 다음은 인스펙션 기록자에 대한 요구사항이다.

- 기록자는 프로젝트에 사용되는 용어 및 키워드에 친숙한 사람이어야 한다.
- 기록자는 인스펙션 리더와 동일한 사람이 되어서는 안 된다.
- 기록자는 정리한 내용을 실시간으로 인스펙터에게 공개해야 한다.
- 기록자는 필요한 경우 해당 내용에 대한 의견 수렴(찬반 투표)을 해야 한다.
- 기록자는 기록한 내용의 결과를 즉시 요약·정리한다.
- 기록자는 문제 보고서를 작성하고 발행해야 한다.

3 인스펙터

인스펙터Inspector는 실제로 인스펙션을 수행해야 하는 사람으로, 인스펙션의 절차를 잘 숙지해야 할 뿐만 아니라 대상 산출물에 대한 지식도 충분해야 한다. 다음은 인스펙터가 지녀야 할 덕목과 인스펙션 과정의 요구사항 등을 정리한 것이다.

- 인스펙터는 미팅 전에 산출물을 점검 및 평가해야 한다.
- 인스펙터는 산출물을 평가해야지, 산출물 개발자를 평가해서는 안 된다.
- 인스펙터는 긍정적인 관점에서 인스펙션 결과를 제시해야 한다. 즉, 긍적적인 평가와 부정적인 평가의 균형을 잘 맞추어야 한다.

- 인스펙터는 인스펙션 양식지를 이용하여 인스펙션을 수행해야 한다.
- 인스펙터는 산출물 내용에서 잘못된 점을 비난하기보다 의구심에 대한 질문으로 평가한다.
- 인스펙터는 문제를 해결하기보다 문제를 찾아내는 데 더 집중해야 한다.
- 인스펙터는 산출물의 내용이 이해되지 않는다면 산출물 개발자에게 질문한다.
- 인스펙터는 산출물의 형식, 문서 스타일, 코딩 스타일 등에 대해서는 평가하지 않는다.
- 인스펙터는 인스펙션 결과에 대하여 공동 책임을 진다.

4 산출물 개발자

산출물 개발자Author는 인스펙션에서 검토 대상이 되는 문서를 생성한 사람이다. 인스펙션 문서를 체계적으로 작성할 책임이 있다. 또한 인스펙션 수행 과정에서 제기되는 기술적인 질문에 답변한다.

5 인스펙션 발표자

인스펙션 발표자Presenter는 산출물 개발자와 다른 사람으로 배정되어야 한다. 발표자는 산출물에 사용된 용어 및 기호에 능숙해야 하며, 산출물의 내용을 설명하기보다 작성된 내용을 읽는 역할을 수행한다.

03 인스펙션 절차

인스펙션은 앞서 설명한 것과 같이 잘 정의된 절차에 따라 수행되어야 하며 정해진 양식을 이용해야 한다. [그림 12-1]은 인스펙션 수행 절차를 나타낸 것이다.

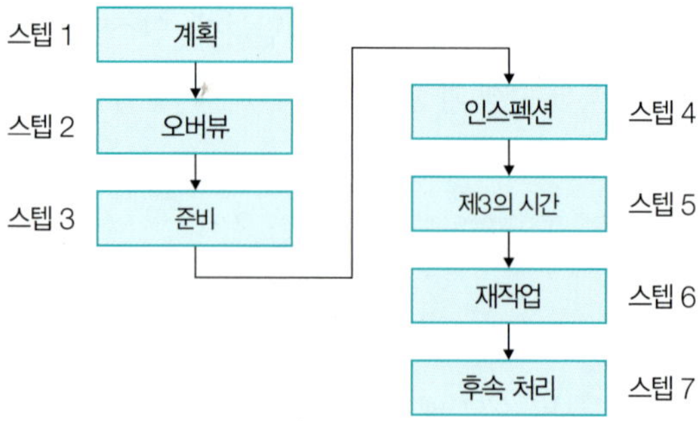

그림 12-1 인스펙션 수행 절차

1 스텝 1: 계획 활동

인스펙션 계획Planning은 인스펙션 리더에 의해 진행되는 활동이다. 계획 단계에서 수행하는 활동은 다음과 같이 요약할 수 있다.

(1) 인스펙션 팀을 구성한다.

(2) 회의 장소와 시간을 스케줄링한다.

(3) 인스펙션을 시작하기 위한 검토 산출물의 진입 조건Entrance Criteria를 점검한다.

(4) 인스펙션 산출물의 배포를 확인한다.

(5) 인스펙션 산출물이 인스펙션을 한 번 수행하는 데 적절한 규모인지 점검한다.

(6) 인스펙션 수행 팀원이 검토 대상 산출물에 익숙한지 확인한다.

인스펙터 선정 기준

인스펙션을 수행하는 인스펙터는 일반적으로 결함이나 오류를 잘 찾아낼 수 있는 응용 영역의 전문가들로, 3~5명이 선정된다. 이때, 프로젝트의 성과 또는 인스펙터의 성과를 평가하는 관리자는 인스펙터로 선정하지 않는다. 해당 프로젝트에 부정적인 사람 역시 인스펙터로 선정하지 않는 것이 좋다.

새로운 프로젝트 참여자에게 인스펙션에 대한 정보 및 경험을 제공하기 위해 인스펙터로 참여시킬 수 있다. 또한 개발 조직의 직원이 아닌 외부 전문가도 인스펙터로 참여시킬 수 있다.

인스펙터 시간 스케줄

인스펙션 시간은 어느 정도 확보해야 할까? [표 12-4]는 인스펙션 수행 시간을 산정하기 위한 기준 예다. 표를 보면, 소프트웨어 개발의 각 단계에서 작성되는 산출물의 내용에 따라 검토 시간이 다소 다르게 나타난다. 예를 들어 요구사항에 대한 인스펙션은 스텝 2(오버뷰)에서 시간당 500줄 정도 가능하게, 스텝 3(준비)과 스텝 4(인스펙션)에서는 각각 시간당 250줄 정도 가능하게 스케줄링해야 한다.

표 12-4 인스펙션 소요 시간 예측의 기준(예)

활동	요구사항	상위 설계	상세 설계	코드	테스트 계획
오버뷰(Overview)	500 LPH	500 LPH	500 LPH	300 LPH	500 LPH
준비(Preparation)	250 LPH	200 LPH	150 LPH	150 LPH	200 LPH
인스펙션(Inspection)	250 LPH	200 LPH	150 LPH	150 LPH	200 LPH

* LPH(Lines per Hour): 시간당 검토하는 줄(line) 수를 의미하며, 보통 한 페이지당 50줄로 간주함

2 스텝 2: 오버뷰 활동

인스펙션의 두 번째 단계는 오버뷰Overview 활동이다. 이는 인스펙션 절차에서 선택적으로 수행하는 단계에 해당한다. 즉, 다음과 같은 조건을 만족할 때 오버뷰 활동을 수행하고 그렇지 않으면 이 활동을 생략할 수 있다.

- 인스펙션 수행 팀이 해당 제품에 대하여 충분히 알지 못하는 경우
- 새로운 제품에 대하여 인스펙션을 수행하는 경우
- 소프트웨어 개발 조직에서 인스펙션을 처음 수행하는 경우
- 새로운 기술이 제품 개발에 적용되는 경우

위와 같은 조건 중 어느 하나에 해당된다면 오버뷰 활동을 수행한다. 오버뷰 활동은 산출물을 작성한 개발자가 진행한다. 개발자는 제품의 이론적 근거 및 개발 의도 등을 설명하고, 제품과 후속 개발 부분 간 관계, 제품의 사용 목적 및 주요 기능, 제품 개발에 사용된 접근 방법 등을 설명한다.

3 스텝 3: 준비 활동

준비 활동Preparation은 인스펙션 절차의 핵심에 해당하며, 배포된 검토 대상 산출물을 각 인스펙터가 개별적으로 검토하는 단계다. 인스펙터는 자신에게 전달된 산출물을 문장 단위로line by line 검토하고 주어진 체크리스트를 이용하여 산출물에 나타난 오류를 찾아 'Inspector Form'에 기록한다. [표 12-5]는 Inspector Form의 예이고, [표 12-6]은 결함/오류 타입을 정의하는 체크리스트의 예다.

표 12-5 인스펙터가 사용하는 양식(Inspector Form)의 예

결함 위치	설명	결함 타입	저자 수정 여부	리더 검토 여부

표 12-6 결함/오류 타입을 정의하는 체크리스트의 예

타입	코드	리더 검토 여부
CC	Code Comments	잘못되었거나 적절치 못한 코드 주석일 경우(Incorrect or inadequate code comments)
CL	Clarification	모호하게 기술되었거나 보다 자세한 설명이 필요한 경우(Clarification is needed due to incorrect/ ambiguous wording or more detail is needed)
CS	Consistency	기술된 정보나 양식에 일관성이 떨어지는 경우(Information or formatting inconsistent)
DF	Data Fault	데이터의 형식, 초기화 등 데이터 관련 결점이 있는 경우(Data type, initialization or other data fault)
DR	Design Rationale	소프트웨어 아키텍처나 설계에 오류가 있는 경우(Errors in software architecture or design)
EH	Error Handling	오류, 특별한 경우에 대한 처리가 없거나 누락된 경우(Missing or improper error/ special case handling)
HW	Hardware	본 기능을 구현하는 데 필요한 하드웨어 관련 오류일 경우(Error related to the hardware that is required to support this feature)
IC	Incorrect	기술된 정보가 틀린 경우(Information is not correct)
IE	Interface	Error 모듈 간의 인터페이스가 틀리거나 모호한 경우(Module Interfaces are incorrect or unclear)

인스펙터가 산출물에 대한 인스펙션을 완료하면, 작성한 Inspector Form을 리더에게 발송하고, 리더는 모든 인스펙터에게서 받은 검토 결과를 취합한다. 취합을 통해 가장 취약한 부분 또는 가장 심각한 부분이 어디인지 확인하고, 핵심적으로 검토·확인해야 할 부분을 체크한다. 인스펙터의 점검 결과를 모두 취합하여 확인을 마치면 Inspector Form을 다시 각 인스펙터에게 반환한다.

실습 12-1	산출물 오류 타입 정의하기

인터넷 중고 책 거래 시스템에 대한 코드 인스펙션을 수행하기 위하여 결함 및 오류 타입을 정의하는 체크리스트([표 12-6] 참조)를 작성하고자 한다. 일반적으로 빈번히 생겨날 수 있는 오류 타입을 5가지 정도 정의해 보시오.

	타입	코드	설명
1			
2			
3			
4			
5			

4 스텝 4: 인스펙션 미팅 활동

인스펙션Inspection 미팅 활동은 모든 인스펙션 역할자가 한 장소에 모여 인스펙터들이 점검한 검토 결과를 확인하는 활동이다. 발표자가 해당 산출물을 세부 절 단위로 나눠 처음부터 한 문장씩line by line 발표한다. 이때 준비 활동에서 인스펙터가 식별한 결함/오류를 확인하고 최종 결정한다. 필요하다면 산출물 개발자가 기술적인 설명을 진행할 수 있다.

인스펙션의 리더는 식별 및 검토된 결함의 심각성과 타입을 확정하고, 기록자는 이를 인스펙션 목록에 정리한다. 인스펙터가 식별한 결함을 확정하는 것과 관련하여 토의와 논쟁이 지속되는 경우, 이를 Open 또는 Unsolved Issue로 분류하고 기록한다. [표 12-7]은 인스펙션 미팅에서 사용하는 양식지의 예다.

표 12-7 인스펙션 미팅 양식의 예

프로젝트 식별자		검토 타입	Review/Inspection/Other
프로젝트 단계		산출물 크기	Pages/LOC
작성 노력	Staff days		
기타 관련 정보			
형상 식별자			
미팅 날짜와 시간		미팅 장소	

참여자	인스펙션 역할	기술 역할

미팅 시작 시간		미팅 종료 시간	
참석 인원수		예상 재작업 시간 (staff hours)	

결정	Accepted/Conditionally Accepted/Re-submit/Meeting not held		
결정 이유 및 관련 내용	(eg. Conditions)		
실재작성 시간(staff hours)		후속 처리 노력(staff hours)	
결함 요약(중결함/경결함)			

CC	X/Y	DR	/	IE	/	OT	/	TD	/	TY	/
CL		EH	/	LO	/	RQ	/	TE	/		/
CS		HW		MN	/	RY	/	TR	/		/
DF		IC		OM	/	ST		UI	/		/
발견된 결함 수:						중결함		경결함			
최종 형상 식별자											
모든 재작업/후속 처리/											

5 스텝 5: 제3의 시간 활동

제3의 시간Third hour 활동은 인스펙션 미팅 동안 해결되지 못한 오픈 이슈를 해결하는 활동이다. 산출물 개발자가 발견한 결함을 어떻게 해결할지 토의할 필요가 있을 때 수행한다.

따라서 오픈 이슈들은 이 활동을 통해 해결되거나 제거되어야 한다. 제3의 시간 활동에 참여하는 역할자는 인스펙션 미팅에 참여한 사람, 기타 문제 해결을 위해 투입한 추가 인력이 될 수 있다. 후자의 경우 관련 부서의 관리자, 외부의 기술 전문가, 이슈를 해결하는 데 영향을 미칠 수 있는 사람 등이다.

6 스텝 6: 재작업 활동

재작업Rework 활동은 인스펙션 미팅에서 결함으로 확정된 오류들을 수정하는 활동이다. 이때 모든 중결함Major defects을 수정해야 하며, 시간적 여유가 있다면 경결함Minor defects까지 수정한다.

공식적인 인스펙션 수행 절차에 표현되지 않았지만, [그림 12-2]와 같이 후속 처리 활동 전에 선택적으로 수행할 수 있는 재인스펙션 활동이 있다. 재인스펙션Reinspection 활동은 모든 결함을 수정한 후에 수정으로 인하여 추가 오류가 생기지 않았는지 점검하는 활동으로, 인스펙션에서 결함이 많이 발견되었거나 결함 내용이 제품 개발의 많은 부분에서 중요한 영향을 미치는 경우에 수행한다.

그림 12-2 인스펙션 프로세스에서 재인스펙션 활동의 수행 위치

7 스텝 7: 후속 활동

인스펙션 리더와 산출물 개발자가 모든 결함이 수정되었음을 확인하고, 더 이상의 부가적인 오류Secondary defects가 발생하지 않았음을 확인했으면 후속 처리Follow-Up 과정을 진행한다. 이때 리더는 수행하는 인스펙션 과정의 출구 조건Exit Criteria이 만족되었는지를 확인해야 한다.

8 인스펙션에 대한 평가

인스펙션 리더는 진행된 인스펙션 과정이 효율적으로 수행되었는지를 확인하여 조직의 인스펙션 프로세스에 대한 개선 활동을 수행한다. 이 과정에서는 다음과 같은 사항을 점검하고 인스펙션 결과에 대한 보고서Lesson-Learned Report를 작성한다.

- 인스펙션 절차 중 개선해야 할 부분을 식별한다.
- 인스펙션을 통해 제품의 전반적인 프로젝트 상태나 품질 수준을 이해하였는지 점검한다.
- 인스펙션 과정에 사용된 다양한 양식지(체크리스트 등)나 도구가 효과적으로 사용되었는지 점검한다.
- 발견된 결함 또는 오류에 대한 프로파일을 생성하고, 이를 조직의 데이터베이스에 저장한다.

위와 같은 과정을 통해 인스펙션 프로세스의 개선 방안을 찾고, 조직 내의 소프트웨어 프로세스 개선 활동에 활용한다. 최근에는 인스펙션 프로세스가 정형화되면서 인스펙션 수행 과정을 소프트웨어 시스템으로 구현한 전자 인스펙션e-Inspection을 수행하는 경우가 많다. [그림 12-3]은 전자 인스펙션 지원 시스템의 예를 보여준다. 그림에서 왼쪽은 인스펙터가 준비 활동 과정에서 사용하는 시스템 화면이고, 오른쪽은 인스펙션 미팅에서 사용하는 화면이다.

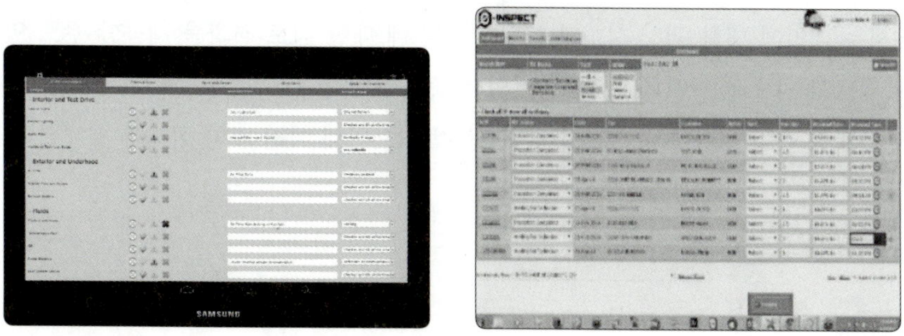

그림 12-3 전자 인스펙션(e-Inspection) 지원 시스템의 예(출처: google)

04 소프트웨어 리뷰 활동

소프트웨어 개발 과정에서 작성되는 모든 산출물은 리뷰 과정을 거쳐 베이스라인 산출물로 등록·관리된다. 소프트웨어 산출물에 대한 리뷰 활동의 형태는 매우 다양한데, 동적 테스트를 제외한 검토 활동으로 관리 리뷰Management Review, 기술 리뷰Technical Review, 인스펙션Inspection, 워크스루Walkthrough가 있다. 이와 같은 검토 활동에 대한 절차 및 입출력 정보에 대한 정의는 IEEE-STD-1028 : Software Reviews and Audit 표준에서 정의하고 있다. 표준에 제시하는 각 활동에 대한 정의는 다음과 같다.

■ **관리 리뷰**Management Review

관리 리뷰는 프로젝트 진행 상황을 모니터링하고, 계획 및 일정 상태를 관리하고, 요구사항이 시스템 요소로 적절하게 기능 할당이 되었는지 확인하거나 프로젝트 관리의 적절성을 식별한다. 성공적인 관리 리뷰를 수행하려면 기술 지식이 필요할 수 있으며, 하나의 대상에 대해 두 번 이상 리뷰 회의가 진행될 수 있다. 관리 리뷰에서 소프트웨어 제품 또는 프로세스의 모든 측면을 다룰 필요는 없다.

■ **기술 리뷰**Technical Review

기술 리뷰는 소프트웨어 제품이 의도하는 사용 적합성을 검사할 수 있는 능력, 사양 및 표준과의 일치 여부를 식별할 수 있는 능력을 갖춘 내부 팀이 수행하는 체계적인 평가다. 기술 리뷰에서는 대안에 대한 권장 사항과 다양한 대안에 대한 검토 결과를 제공할 수도 있으며, 프로젝트의 기술적 상태를 확인할 수 있는 증거를 경영진에게 제공하기도 한다. 기술 리뷰를 통해 도출되는 다양한 대안의 추천 및 검토를 위해 여러 가지 회의가 진행될 수 있다.

■ **인스펙션**Inspection

인스펙션은 오류, 표준 및 사양의 편차 등을 포함하여 소프트웨어 이상을 감지하고 식별하기 위해 소프트웨어 제품을 시각적으로 검사하는 활동이다. 인스펙션은 검사 기술에 관한 교육을 받은 공정한 진행자가 이끄는 동료 검사라고 할 수 있다. 인스펙션 회의에서 솔루션을 결정해서는 안 되지만 이상 징후에 대한 수정 또는 조치 결정은 소프트웨어 인스펙션의 필수 요소가 된다.

■ **워크스루**Walkthrough

워크스루 회의는 설계자 또는 프로그래머 주도로 진행되며, 소프트웨어 개발 팀원 및 기타 이해관계자가 참석한다. 이 회의에서는 발생 가능한 문제점, 개발 표준 위반 여부를 조사하고, 기타 문제에 대해 질문 및 의견을 제시한다.

워크스루는 소프트웨어 제품을 평가하는 것이 목적이지만, 참여자들에게 소프트웨어 제품을 교육할 목적으로 수행될 수도 있다. 또는 기술 정보 교환, 스타일 변형 등의 목적으로 수행될 수 있다. 워크스루에서 소프트웨어 제품의 효율성, 가독성 문제, 설계 또는 코드의 모듈성 문제, 테스트할 수 없는 사양 등의 결함을 지적할 수 있다.

각 검토 활동을 수행 목적, 참여자, 데이터 수집, 입력 정보 및 출력 정보 관점에서 비교하면 [표 12-8]과 같다.

프로젝트 X **프로젝트 산출물에 대한 인스펙션 수행하기**

현재 진행하는 팀 프로젝트의 산출물 중에서 요구사항 정의서, 요구사항 분석서, 소프트웨어 설계서에 대하여 인스펙션을 수행합니다.

(1) 인스펙션을 수행하기 위한 역할자를 팀원 중에서 지정한다. (단, 팀원 수가 제한적이기 때문에 각 팀원은 역할을 중복적으로 수행한다.)
(2) 인스펙션을 수행하기 위한 양식지를 준비한다. (부록 참조)
(3) 결함 혹은 오류 타입 목록을 정제하고 필요시 새로운 타입을 추가한다.
(4) 각 팀원이 요구사항 분석서에 대한 인스펙션을 수행한다.
(5) 인스펙션 미팅을 통해 결함을 확정하고 정리한다.

표 12-8 검토 활동의 비교(IEEE-STD-1028)

구분	관리 리뷰	기술 리뷰	인스펙션	워크스루
목적	진도 관리, 목표 정의 및 변경, 자원 할당 변경	사양 적합성 평가, 변경 무결성 평가	결함 발견, 솔루션 검토, 품질 검토	결함 발견, 대안 검사, 제품 개선 및 참여자 교육
의사결정	관리 부서가 회의에서 의사결정	리뷰 팀 결정 사항을 관리 부서에 요청	검사 팀에 의한 의사 결정 선택	팀 구성원의 동의
변경 검증	리더가 변경 완료 검사, 변경 결과 검증은 다른 팀이 수행	리더가 변경 완료 검사, 변경 결과 검증은 다른 팀이 수행	리더가 변경 완료 검사, 변경 결과 검증은 다른 팀이 수행	리더가 변경 완료 검사, 변경 결과 검증은 다른 팀이 수행
참여자 규모	2인 이상	3인 이상	3~6인	2~7인
참가 대상	관리자, 기술 팀장, 초대받은 자	기술 팀장, 다른 분야 팀장, 초대받은 자	사전에 식별된 동료	기술 팀장, 다른 분야 팀장, 초대받은 자
회의 진행자	관리자	기술 엔지니어	훈련된 회의 리더	회의 리더 또는 작성자
산출물 크기	문서 수준, 미팅 목적에 의존적임	문서 수준, 미팅 목적에 의존적임	하루에 검토할 수 있는 분량	적은 분량
발표자	리뷰 리더가 결정	리뷰 리더가 결정	발표자(작성자 아님)	작성자
자료 수집	정책, 표준 및 계획에 정의된 정보	정해진 것은 없으나 일부 수집 가능	반드시 수집	필요시 수집 권장
출력	관리자 리뷰 보고서, 조치 사항, 문제 해결 담당자 및 완료일	기술 리뷰 보고서, 조치 사항, 문제 해결 담당자 및 완료일	결함 목록, 결함 요약, 인스펙션 보고서	결함 목록, 조치 사항, 후속 조치 계획
사회자 공식 훈련	리뷰 리더만 교육 필요	리뷰 리더만 교육 필요	모든 참여자	리더만 교육 필요
참여자 역할 부여	부여함	부여함	부여함	부여함
체크리스트 사용	선택	선택	필수	선택
관리자 참여	필수	관리 사항 존재 시	아니요	아니요
고객 대표 참여	선택	선택	선택	선택

연습문제

01 다음 중 소프트웨어의 결함을 찾아내는 가장 효율적인 방법은?

① 소프트웨어 테스트
② 인스펙션
③ 비공식 리뷰
④ 소프트웨어 시뮬레이션

02 다음은 인스펙션 수행과 관련된 설명이다. 가정 적절하지 않은 것은?

① 문장Line by line 단위로 결함을 찾기 위해 검토한다.
② 산출물이 검토를 위한 준비 기준을 만족해야 인스펙션이 시작된다.
③ 인스펙션 미팅에서 산출물 개발자가 내용을 발표, 설명한다.
④ 인스펙션의 목적 중 하나는 프로젝트에 대한 이해를 증진시키는 것이다.

03 다음은 인스펙션을 수행하는 절차를 나타낸다. 빈칸에 들어갈 활동(단계)은?

(1) 계획 → (2) [ ] → (3) 준비 → (4) 인스펙션 미팅 → (5) 제3의 시간 → (6) 수정 작업 → (7) 후속 처리

04 인스펙션 과정에서 결함 여부를 결정할 때 상호 의견 충돌이 발생하여 해결되지 않은 문제를 해결하는 인스펙션 단계는?

① 준비 단계
② 인스펙션 미팅 단계
③ 제3의 시간 단계
④ 후속 처리 단계

05 인스펙션은 소프트웨어 개발 전체 과정에서 결함 및 오류를 찾아내기 위한 매우 효율적인 방법이다. 인스펙션 계획에 따라 코드에 대한 인스펙션을 수행한다고 할 때, 인스펙터로 참여하기에 적절하지 못한 역할자는?

① 시스템 아키텍트
② 설계자
③ 시스템 테스터
④ 품질 엔지니어

06 다음은 인스펙션 회의 참석자의 미팅 역할에 대한 설명이다. 적합하지 않은 것은?

① 인스펙션 리더는 기술적인 지식이 있는 사람이 좋다.
② 발표자는 검토 대상 산출물을 설명하기보다 읽는 데 초점을 둔다.
③ 인스펙터는 산출물에 포함된 정보에 익숙한 사람이 좋다.
④ 산출물을 작성한 사람이 발표를 진행한다.

07 인스펙션 수행 단계 중 오버뷰Overview 단계를 수행해야 하는 경우에 해당하지 않는 것은?

① 검토 대상 산출물에 대한 품질을 사전에 평가하고자 하는 경우
② 인스펙션 수행 팀이 해당 제품에 대하여 충분히 알지 못하는 경우
③ 새로운 제품에 대하여 인스펙션을 수행하는 경우
④ 소프트웨어 개발 조직에서 인스펙션을 처음 수행하는 경우

08 IEEE-STD-1028에서 정의하는 개발 산출물에 대한 검토 활동 중 기술 리뷰Technical Review에 대하여 적절하게 설명한 것은?

① 리뷰에 고객 대표는 반드시 참여한다.
② 스펙 적합성, 변경 무결성 등을 평가하기 위해 수행한다.
③ 리뷰를 위한 체크리스트를 사전에 준비하여 사용한다.
④ 리뷰 참석자는 10인 정도의 전문가로 구성한다.

09 인스펙션과 워크스루의 공통점과 차이점을 설명하시오.

10 프로젝트 진행의 매 단계 종료 시점에서 수행한 인스펙션의 결과를 살펴보니, 요구사항 분석서에 대한 인스펙션 결과에서 가장 많은 오류가 발견되었다. 이 문제를 해결하기 위해 조직에서 준비해야 할 처방전은?

Chapter

13

코딩

학습목표

- 프로그래밍 언어에는 어떤 것들이 있는지 살펴본다.
- 잘 작성된 코드의 특징과 좋은 코드 작성 규칙을 알아본다.
- 현업에서 사용되는 코딩 규칙은 무엇인지 알아본다.
- 오픈 소스 소프트웨어를 이용한 코딩 시 고려 사항을 살펴본다.

PREVIEW

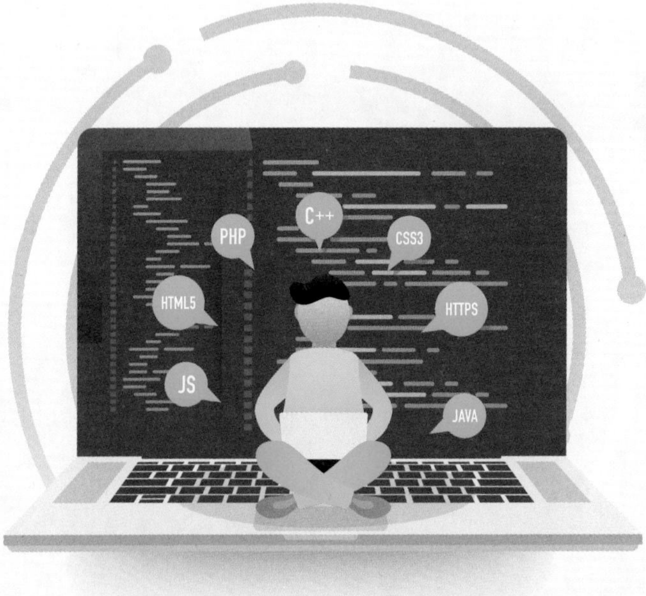

코딩Coding은 요구사항을 기반으로 분석 및 설계가 완료된 산출물을 특정 프로그래밍 언어로 구현하는 활동이다. 즉, 소프트웨어 설계서에 나타난 결과를 토대로 C/C++, Java, Python과 같은 특정 언어를 사용하여 컴퓨터로 실행 가능한 코드를 개발하는 것이다. 코드 개발은 궁극적으로 오류 없이 실행하는 프로그램을 만들기 위한 중요 활동이지만, 추후 변경 사항이나 업그레이드 요소 등의 반영을 염두에 두고 체계적으로 진행해야 한다. 이번 장에서는 어떤 코딩 방법이 좋은 소프트웨어 코드를 생성하는지, 재사용을 목적으로 한다면 어떻게 코딩해야 할지 등을 살펴보기로 한다.

01 프로그래밍 언어 유형

소프트웨어 개발을 위한 프로그래밍 언어의 수는 얼마나 될까? 인터넷 검색을 해보면 현재 존재하는 프로그래밍 언어의 수는 정보 제공 기관에 따라 매우 다르게 나타난다. TIOBE는 2017년 현재 250여 개의 유용한 언어가 존재한다고 제시하고 있으며, 위키피디아에서는 700여 개, FOLDOC Free On-Line Dictionary Of Computing에서는 1,000여 개, HOPL Online Historical encyclopaedia of Programming Languages에서는 8,945개에 이른다고 발표했다.

이처럼 프로그래밍 언어는 매우 방대하며 각 언어는 나름대로 쓰임새가 있다. [그림 13-1]은 브랜든 그리펜 Brendan Griffen이 작성한 프로그래밍 언어 그래프다.

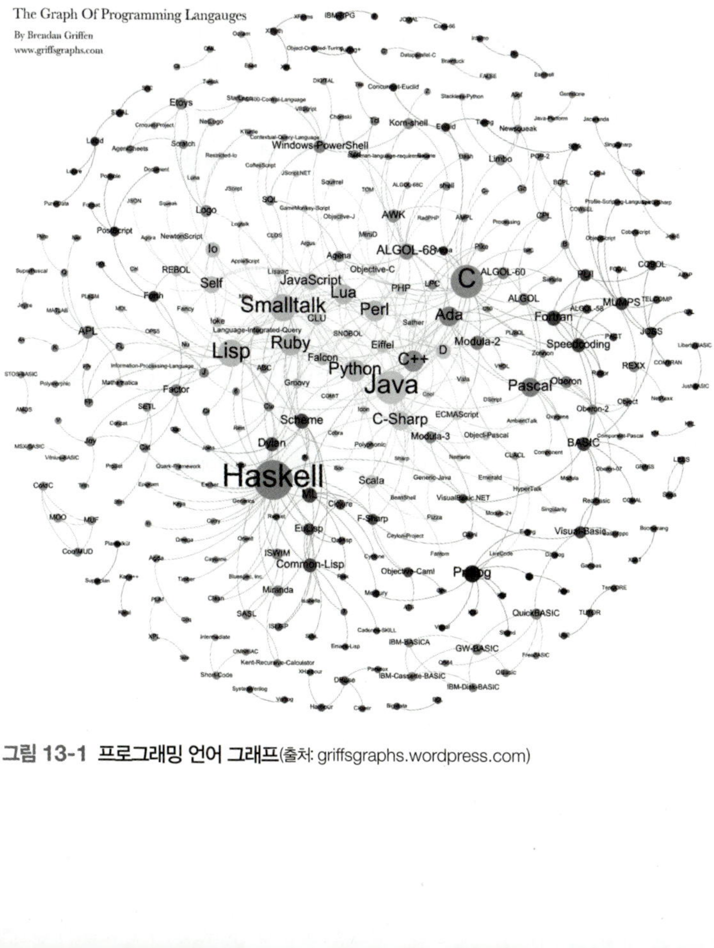

그림 13-1 프로그래밍 언어 그래프(출처: griffsgraphs.wordpress.com)

최초의 프로그래밍 언어는 1943년에 콘라트 추제Konrad Zuse가 개발한 'Plankalkül'라는 언어다.[1] 그러나 이 언어는 특정 시스템에서 단일의 목적으로만 사용할 수 있었기 때문에 널리 퍼지지 못했다. 상용으로 개발되어 보급된 최초의 프로그래밍 언어는 1954년 IBM의 존 베커스John Backus가 개발한 포트란FORTRAN, FORmula TRANslation이다.

포트란은 기존 수학 공식을 나열하는 방식의 간단한 프로그래밍 언어였으며, 과학 기술용 프로그램 개발에 널리 사용되었다. [표 13-1]은 출현 연도를 기준으로 프로그래밍 언어를 정리한 것이다.

표 13-1 주요 프로그래밍 언어의 출현 연도

출현 연대	주요 언어들	
1940년대	• 1943년 – Plankalkül • 1943년 – 에니악 코딩 시스템	• 1949년 – 유니박 코딩 시스템
1950년대	• 1951년 – Regional Assembly Language • 1954년 – 포트란 • 1954년 – IPL(LISP 언어 전신) • 1955년 – FLOW-MATIC(COBOL 언어의 전신) • 1957년 – COMTRAN(COBOL의 전신)	• 1958년 – Algol 58 • 1958년 – 리스프(LISP) • 1959년 – FACT(COBOL 언어의 전신) • 1959년 – COBOL • 1959년 – RPG
1960년대	• 1962년 – APL • 1962년 – Simula • 1962년 – SNOBOL • 1963년 – CPL(C 언어의 전신) • 1964년 – BASIC	• 1964년 – PL/I • 1967년 – BCPL(C 언어의 전신) • 1968년 – 로고 • 1969년 – B(C 언어의 전신)
1970년대	• 1970년 – Pascal • 1970년 – Forth • 1972년 – C • 1972년 – Prolog(논리 프로그램)	• 1975년 – Scheme • 1975년 – ML • 1976년 – Smalltalk (객체지향 언어) • 1978년 – SQL
1980년대	• 1980년 – C++ • 1983년 – Ada • 1984년 – Common LISP • 1984년 – MATLAB • 1985년 – 에펠(Eiffel)	• 1986년 – Objective-C • 1987년 – Perl • 1988년 – Tcl • 1988년 – Mathematica • 1989년 – FL(Backus)

1 1843년 에이다 러브레이스(Ada Lovelace)가 베르누이 수 계산 방법을 완전하고 자세하게 주석으로 추가한 것을 세계 최초의 컴퓨터 프로그램으로 간주하는 경우도 있다.

<table>
<tr><td>1990년대</td><td>• 1990년 – 하스켈
• 1991년 – Python
• 1991년 – Visual Basic
• 1991년 – HTML
• 1993년 – Ruby
• 1993년 – 루아
• 1994년 – CLOS(ANSI)</td><td>• 1995년 – JAVA
• 1995년 – Delphi(오브젝트 파스칼)
• 1995년 – Java Script
• 1995년 – PHP(웹 서버용)
• 1996년 – WebDNA
• 1997년 – Rebol
• 1999년 – D</td></tr>
<tr><td>2000년대</td><td>• 2000년 – 액션스크립트(Adobe Flex)
• 2001년 – C#
• 2001년 – VB.Net
• 2002년 – F#
• 2003년 – 그루비
• 2003년 – Scala</td><td>• 2003년 – 팩터
• 2007년 – Clojure
• 2009년 – Go
• 2011년 – 다트
• 2014년 – Swift(iOS용)
• 2015년 – 러스트</td></tr>
</table>

TIOBE가 발표한 2022년에 가장 널리 쓰이는 프로그래밍 언어 순위는 [그림 13-2]와 같다. Python(14.26%)이 가장 많이 쓰이고 그 뒤로 C 언어(13.06%), Java(11.19%), C++(8.66%) 순이다.

Mar 2022	Mar 2021	Change	Programming Language	Ratings	Change
1	3	^	Python	14.26%	+3.95%
2	1	v	C	13.06%	-2.27%
3	2	v	Java	11.19%	+0.74%
4	4		C++	8.66%	+2.14%
5	5		C#	5.92%	+0.95%
6	6		Visual Basic	5.77%	+0.91%
7	7		JavaScript	2.09%	-0.03%
8	8		PHP	1.92%	-0.15%
9	9		Assembly language	1.90%	-0.07%
10	10		SQL	1.85%	-0.02%

그림 13-2 프로그래밍 언어의 활용 순위(출처: https://www.tiobe.com/tiobe-index)

[그림 13-2]에 나타난 언어 외에도 Ruby, R, Go, MATLAB, Visual Basic, Delphi, Perl, Swift 등이 널리 사용되고 있다고 알려져 있으나, 이들의 점유율은 대부분 1% 미만을 유지하고 있다.

이렇게 언어의 활용 순위를 결정하는 요인은 무엇일까? 아마도 프로그래밍 언어의 진화 과정에서 그 이유를 찾을 수 있을 것이다. 즉 어셈블리어, C, C++, 자바 등의 언어로 프로그래밍 언어가 발전되어 온 이유는 프로그램 개발자가 좀 더 편리하고 다양하게 프로그램을 개발할 수 있도록 하기 위함이었다. 재사용할 수 있는 다양한 라이브러리나 플러그인의 지원 정도도 활용 순위에 영향을 미칠 것이다. 인공지능 기술이 출현하면서 파이썬 활용도가 점점 높아지는 추세이나 최근 자율 주행차, 로봇, 스마트 팩토리 등과 같은 임베디드 시스템의 수요가 증가하면서 C 언어에 대한 니즈도 여전히 높다.

실습 13-1 프로그래밍 언어 조사하기

매년 새로운 프로그래밍 언어가 개발되었다가 사라지기를 반복한다. 그만큼 다양한 분야에서 프로그램 개발을 쉽고 편리하게 지원하려는 시도가 많다는 뜻이다. 현재 존재하는 많은 프로그래밍 언어 중에 2009년 구글에서 개발된 Go라는 언어가 있다. Go는 어떤 언어이며, 어떤 특징이 있는지 살펴봅시다.

(1) Go 언어의 역사를 살펴보고, Go 언어가 생겨난 이유를 알아보자.
(2) Go 언어와 기존 언어의 차이점을 알아보자.
(3) Go 언어를 이용하여 "Hello World"와 같은 간단한 프로그램을 작성해보자.

02 좋은 코딩 기법

1 좋은 소프트웨어 코드의 6가지 공통점

어떤 코드가 잘 작성된 코드일까? IT World라는 잡지에 필 존슨Phil Johnson이 게재한 좋은 소프트웨어 코드의 6가지 공통점[2]을 살펴보면 좋은 프로그램을 개발하기 위한 코딩 기법을 어느 정도 이해할 수 있을 것이다.

❶ 쉽게 읽을 수 있다.

개발자들은 코드 품질을 결정하는 가장 중요한 요소 중 하나로 가독성Readability을 꼽는다. 해당 코드 개발자가 아닌 다른 개발자도 최소한의 시간과 노력만 투자해 코드를 쉽게 이해할 수 있어야 최상의 코드라고 할 수 있다.

라이온 브릿지Lion bridge 사의 선임 소프트웨어 엔지니어인 루크 번햄Luke Burnham은 "5분 이내에 개발자의 의도를 이해할 수 없는 코드는 좋은 코드가 아니다. 컴퓨터와 달리 사람은 변수의 이름이나 줄 간격을 고려한다. 한 번 개발된 코드는 수명주기 동안 수백 차례 읽힌다. 코드의 가독성을 높이기 위해 의미 있는 변수 이름을 사용해야 하고, 간격을 삽입하거나 적절한 코드 구조를 표현하기 위해 들여쓰기Indentation를 해야 한다. 그래야만 좋은 코드가 될 수 있다"라고 말했다.

고우고우Gogo 사의 선임 애플리케이션 개발자인 닐 베스트Neil Best는 "가능한 자주 줄 바꿈하는 것을 원칙으로 삼고 있다. 개인적으로 선호하는 스타일이다. 행보다는 열이 긴 것을 선호한다. 줄을 늘이고 싶은 게 아니라, 가독성을 높이기 위해서다. 함수의 Arguments가 2개라면 두 줄로, 산술식의 변수가 여러 개라면 여러 줄로 작성한다. 코드를 읽는 사람이 번거롭다고 느낄 수도 있지만, 그만한 가치가 있다"라고 말했다. 간단히 말해, 가독성이 높아야 더 쉽게 이해할 수 있다. 그래야 모든 이에게 도움이 된다.

2 https://www.itworld.co.kr/news/95751

❷ 주석이 잘 작성되어 있다.

코드를 더 쉽게 이해할 수 있도록 하는 요소로 형식과 이름 외에 주석Comments이 있다. 그러나 주석이라고 해서 다 코드를 쉽게 이해하도록 돕는 것은 아니다. 번햄L. Burnham은 "루프가 뭔지 말해주는 주석은 필요 없다. 대신에 코드가 제공하는 기능, 즉 왜 필요한가를 말해주는 주석이 필요하다. 좋은 코드에는 개발자가 코드를 개발한 목적을 설명하는 주석이 항상 존재한다"라고 말했다.

번햄은 가장 좋은 주석은 코드를 읽는 다른 개발자는 물론이고, 코드를 개발한 당사자에게도 도움을 준다고 강조했다. 그는 "훗날 코드를 다시 들여다봤을 때 개발할 당시 어떤 생각을 했는지 깜박하는 경우를 대비해야 한다. 단 한 사람이라도 해당 코드의 이름과 정보가 포함된 주석을 이용한다면, 주석의 가치는 충분하며 코드 수정 작업이 훨씬 수월하고 간결해진다. 내 경우에는 코드에서 무슨 일이 벌어지고 있는지 설명하기 위해 간결한 주석을 넘어 문학적인 프로그램 패러다임을 적극적으로 활용하고 있다"라고 말했다.

❸ 코드 구조가 간결하다.

길이가 짧은 소스 코드이지만, 아주 복잡한 일을 할 수도 있다. 많은 개발자가 아주 간결하거나 단순한 코드를 가장 좋은 코드라고 강조한다. 능력 있는 프로그래머는 코드를 지나치게 복잡하게 만들지 않으면서도 좋은 코드를 개발하는 방법을 알고 있다.

유명한 프로그래머인 모일란Moylan은 "각 코드가 각자의 기능을 훌륭히 수행하고, 다음 코드가 다른 기능을 수행하도록 프로그램을 만들어야 한다. 가장 간단한 솔루션이 최상의 솔루션이다"라고 말했다. 또한 익명의 웹 개발자는 코드를 지나치게 중복해서 사용하는 것을 경계해야 한다고 강조했다. 그는 1,000줄의 함수를 관리하는 것이 '악몽' 같았다면서 "짧지만 확실하게 한 가지 기능을 수행하도록 만들어야 한다"라고 강조했다.

간결한 코드를 개발하는 일은 매우 중요하다. 이는 앞서 설명한 가독성을 높이는 데에도 매우 큰 효과를 나타낸다. 코드를 간결하게 만들면 버그를 줄일 수 있다는 장점도 있다. 코드의 복잡성이 높아지면 버그의 수도 많아질 수 있다는 상관관계가 통계적으로 입증되었다.

❹ 변경에 탄력적이다.

기존에 개발한 코드의 기능을 추후에 수정·확대·재활용하는 상황이 빈번히 발생한다. 최근에는 소프트웨어 제품의 수명주기가 짧아짐에 따라 기존 코드를 재사용하여 신제품 모델을 개발하는 경우가 일반적이다.

번햄은 "현재 필요한 사항과 미래에 필요할 수 있는 사항 모두를 염두에 둔 소프트웨어가 좋은 소프트웨어다"라고 강조했다. 물론 미래를 예측하기란 쉽지 않다. 그러나 그는 "최소한의 수정으로 미래에 필요한 사항을 수용할 수 있도록 탄력적인 소프트웨어를 개발할 수 있어야 한다"라고 말했다. 즉, 코드의 다른 부분은 망가뜨리지 않으면서 일부만 변경 또는 추가할 수 있는 코드가 좋은 코드라고 할 수 있다.

실습 13-2 좋은 소프트웨어 코드의 특징 살펴보기

좋은 소프트웨어를 구성하는 코드의 특징 중 하나가 변경에 탄력적이어야 한다는 것, 즉 융통성이어야 한다는 것이다. 개발된 코드를 변경하기 쉽고, 새로운 요구사항을 반영하거나 업그레이드하기가 쉬워야 좋은 코드다.

(1) 변경에 탄력적인 코드를 작성하기 위한 전제 조건은 무엇인가?
(2) 변경에 탄력적인 코드가 갖는 구조는 어떠한 형태인지 설명해봅시다.

❺ 활용을 위해 관리할 수 있어야 한다.

제아무리 좋은 코드라도 버그가 있기 마련이다. 모일란은 "누군가 버그를 수정할 수 있어야 한다. 당신이 버그를 수정하는 당사자가 될 수 있으므로 쉽게 수정할 수 있도록 만들어야 한다"라고 말했다.

관리성Manageability은 좋은 코드의 속성 중 하나다. 어떤 코드든 삭제되거나 무시되는 일 없이 추후 활용될 수 있게 관리되어야 한다. 따라서 필요 이상으로 관리가 어려운 코드를 작성해서는 안 된다. 예를 들면, 소프트웨어 코드 내에 URL, 액세스 키, 데이터베이스 비밀번호, 특정 사용자의 IP 주소 등을 직접 하드 코딩하는 방식으로 소프트웨어를 개발해선 안 된다. 그래야 추후 코드 관리가 쉬워질 수 있다.

소프트웨어 코드 관리는 일반적으로 소프트웨어의 모듈화Modularization 관점에서 설명할 수 있다. 유일한 기능을 갖고 독립적으로 실행 가능한 소프트웨어 조각을 모듈이라고 정의할 수 있는데, 이때 각 모듈은 충분히 개발 당사자에 의해 관리 가능해야 한다. 개발자가 자신의 코드를 관리할 수 없다면 모듈화가 충분히 이루어지지 않은 코드라고도 볼 수 있다.

❻ 제 기능을 해야 한다.

마지막으로 좋은 소프트웨어 코드가 갖춰야 할 명백한 특징 하나가 있다. 아주 당연하면서도 절대로 간과해서는 안 되는 중요한 특징으로, 코드가 정확히 본래 기능을 수행해야 한다는 것이다.

모일란은 "코드가 원래 목적한 기능을 하는 것이 가장 중요하다"라고 말했으며, 번햄은 "아무리 좋게 보이는 코드라도 제 기능을 못하면 좋은 코드가 아니다"라고 강조했다. 제 기능을 못하는 코드라면 사용자에게 배포될 수 없는 코드다. 따라서 코드 배포 전에 충분히 제 기능을 수행하는지 점검해야 한다.

2 좋은 코드 작성을 위한 규칙

좋은 코드를 작성하려면 어떻게 해야 할까? 매우 다양한 프로그램을 개발한 경력자들이 제시하는 좋은 코드 작성의 13가지 규칙을 살펴보자. 이 규칙은 '13 Simple Rules for Good Coding(from my 15 years of experience)"으로 발표된 내용[3]을 정리한 것이다.

❶ 최적화보다는 가독성이 우선이다.

코드는 항상 읽기 쉽고 이해하기 쉽게 작성해야 한다. 이해하기 어려운 코드를 읽는 데 소요되는 시간과 비용은 최적화를 통해 얻을 수 있는 것보다 손실이 더 크다. 실제로 가독성이 높은 코드를 만들기 위해서는 모듈화 개념이 잘 반영된 코드를 작성해야 한다. 그런데 이런 모듈화 구조는 실행 관점에서 볼 때 종종 최적화에 위배되기도 한다. 그럼에도 불구하고 가독성 있는 코드를 작성하는 것이 소프트웨어의 전체 수명주기를 고려할 때 비용 효과적이다.

3 https://medium.com/hackernoon/few-simple-rules-for-good-coding-my-15-years-experience-96cb29d4acd9

❷ 아키텍처를 우선 개발하라.

개발자들은 소프트웨어 개발 프로젝트를 진행하는 데 항상 시간이 부족하다고 말한다. 따라서 프로그램을 개발하는 일에 많은 시간을 할애해야 한다고 생각한다. 이러한 생각은 소프트웨어 아키텍처를 설계할 여유가 없다는 생각으로 이어진다. 그러나 아키텍처 설계 없이 코드를 개발한 경우 대개 코드의 구조적인 문제로 어려움을 겪는다.

아키텍처를 생각하지 않고 코드를 작성한다는 것은 목표 달성을 위한 아무런 계획 없이 그냥 열심히 하겠다는 말과 같다. 코드를 작성하기 전에 선행해야 할 작업, 코드 사용 방법, 모듈화 방법, 서비스 동작 방법, 구조, 테스트 및 디버깅 방법, 업데이트 방법들을 먼저 생각하고 이해해야 한다. 이러한 이해는 기본적으로 소프트웨어의 아키텍처를 기반으로 이루어진다.

❸ 테스트 커버리지를 고려하라.

테스트는 소프트웨어의 결함을 없앰으로써 좋은 품질의 소프트웨어를 개발하는 데 중요한 역할을 한다. 그런데 테스트가 항상 비용 효율적인 것은 아니며, 이는 프로젝트의 규모나 특성에 따라 달라질 수 있다. 작성된 코드에 대하여 품질이 안 좋은 테스트 코드나 오류가 내재된 테스트 코드를 사용하면 테스트를 수행하지 않는 것보다 더 위험할 수 있다. 소프트웨어 개발에서 테스트가 필요한 경우는 다음과 같다.

- 최소 한 달은 변경하지 않을 모듈이나 마이크로서비스를 개발하는 경우
- 오픈 소스 코드를 작성하는 경우
- 핵심 코드 또는 금전적인 부분과 맞닿는 코드를 작성하는 경우
- 코드 업데이트와 동시에 테스트 업데이트를 할 수 있는 충분한 비용이 있는 경우

다음과 같이 테스트가 필요 없는 상황도 있을 수 있다. (1) 스타트업에서 홍보용 소프트웨어를 개발하는 경우, (2) 팀이 작고 코드가 빠르게 변하는 경우, (3) 출력값을 보고 수동으로 간단하게 테스트할 스크립트를 작성할 수 있는 경우에는 절차적으로 진행되어야 하는 테스트가 필요하지 않을 수 있다. 물론 디버깅과 테스트는 서로 관점이 다르다.

❹ 간단하고 단순하게 코딩하라.

이해하기 어렵게 복잡한 제어 구조를 갖는 코드를 작성해선 안 된다. 즉 KISSKeep It Simple and Stupid 원리를 지킨다. 코드를 단순하고 간단하게 작성하면 버그가 줄어들고 디버깅 시간도 줄어들 수 있다는 장점이 있다. 불필요한 추상화 및 패턴 적용 없이 딱 필요한 일만 수행하도록 코드를 작성하는 것이 좋다. 추상화나 패턴을 적용하면 코드에 대한 가독성이 높아지고 유지보수가 쉬워질 수 있으나, 과도하게 적용하면 오히려 코드가 더 복잡해진다.

❺ 주석을 작성하되 보조적으로 사용하라.

소스 코드에 주석을 달아주면 코드 가독성을 높이는 데 매우 효과적이다. 하지만 주석 없이 코드만으로도 충분히 이해할 수 있게 작성하는 것이 더 중요하다. 즉, 좋은 코드는 주석이 없어도 이해가 되는 코드다.

그런데 다른 개발자들이 해당 코드를 다루는 과정에서 시간을 절약할 수 있는 방법은 무엇일까? 메서드의 정의와 사용법을 설명하는 한 줄짜리 간단한 주석(문서화)을 작성하는 것이다. 이렇게 함으로써, 새로운 개발자가 코드를 이해하는 시간을 상당히 줄여줄 수 있고, 더 많은 사람에게 해당 코드를 재사용하고 수정할 기회를 제공할 수 있다.

❻ 강한 결합과 느슨한 결합을 추구하라.

소프트웨어 개발에서 아키텍처 설계는 매우 중요하다. 특히 마이크로서비스 아키텍처를 사용한다면 매우 다양한 환경에서도 소프트웨어가 잘 동작하도록 지원할 수 있다. 마이크로서비스 아키텍처를 사용하면 소프트웨어를 여러 서버로 분산할 수 있을 뿐 아니라 단일 서버 내에서 분산 처리(프로세스 분산)도 가능해진다. 이처럼 분산 처리 등의 효과를 얻기 위해 마이크로서비스는 구성 모듈 간에 강하게 결합해야 하고, 서비스 간에는 느슨하게 결합해야 한다.

❼ 코드 리뷰가 항상 좋은 것은 아니다.

코드 리뷰는 좋을 수도 있고 나쁠 수도 있다. 만약 개발자들이 작성되는 코드를 대체로 이해하고 있으며, 개발 대상 응용 영역에도 친숙하다면 코드 리뷰는 의미가 없다. 코드 리뷰는 코드에 내재된 오류를 찾는 것이 목적이다. 시스템을 이해하는 수단이나 다른 팀원을 가르치려는 목적으로 코드 리뷰를 하는 것은 의미가 없다.

좋은 팀은 팀원들이 각자의 역할을 가지고 있으며 자신의 업무 수행 결과에 전적으로 책임감을 느끼는 팀이다. 만약 누가 코드의 다른 부분을 이해하고 싶으면 해당 부분을 담당하는 사람을 찾아가 질문하면 된다. 코드 전체를 다 알 수는 없다. 전체보다 코드의 작은 부분(적어도 30%)을 완전히 이해하는 것이 프로젝트 수행에서 훨씬 더 낫다.

❽ 리팩토링은 작동하지 않는다.

소프트웨어 개발 과정에서 코드의 체계성을 무시하고 기능 실행에 초점을 맞추어 개발하는 경우가 종종 있다. 물론 이들의 주장은 추후 리팩토링을 통하여 코드 구조를 개선하겠다는 것이다. 하지만 이 경우, 나중에 큰 기술적 부담으로 돌아오거나 모든 코드를 다 삭제한 후 처음부터 다시 작성하게 되는 상황이 종종 발생한다.

물론 프로토타입을 단시간에 개발하고자 한다면 본 시스템을 개발하는 과정에서 리팩토링이 적용될 수 있는 여지는 충분히 있다. 그러나 처음부터 조금만 더 노력을 기울여 구조화된 코드를 작성할 수 있다면, 굳이 추후에 리팩토링할 필요가 없을 것이다. 이 점은 기술부채Technical Debt라는 관점에서 이해할 수 있다.

❾ 피곤하거나 컨디션이 좋지 않을 때는 코딩하지 마라.

개발자들이 피곤할 때는 평소보다 2~5배 더 많은 버그와 실수를 만들어낸다는 보고가 있다. 따라서 무리하게 작업하면 매우 좋지 않은 코드 체계를 생성하게 된다. 그러므로 하루의 업무를 약 6시간 정도로 국한하여 코드를 개발하는 것이 좋다. 많은 나라에서 IT 관련 기업의 프로그래머 근무 시간을 6시간으로 제한하려는 시도가 늘고 있으며, 일부 국가에서는 이미 실천하고 있다. 정신적인 일은 육체적인 일을 다루는 것과 같지 않다.

❿ 모든 것을 한 번에 작성하지 마라. 반복적으로 개발하라.

코드를 작성하기 전에 사용자 혹은 클라이언트가 정말로 필요로 하는 것이 무엇인지 분석하고 예측한 후에, 짧은 기간 동안 개발할 수 있는 MVFMost Valuable Features를 선택한다. 가능하면 작은 단위의 소프트웨어 모듈을 반복적으로 개발하고 사용자에게 확인받는 과정을 거쳐 개선하는 것이 프로그램 개발의 생산성과 소프트웨어의 품질을 높이는 방법이다. 즉, 애자일Agile 개발 방식을 적용하는 것이 좋다. 너무 무리한 요구를 해결하기 위하여 한 번에 모든 시스템을 구현하려고 하는 것은 품질을 떨어뜨리는 원인이 된다.

⑪ 가능하면 자동화 도구를 사용하라.

소프트웨어 개발을 장기적인 관점으로 볼 때 자동화는 100% 효과를 거둘 수 있는 좋은 수단이다. 따라서 지금 당장 자동화할 수 있는 게 있다면 바로 실현하는 것이 좋다. '수작업으로 5분밖에 걸리지 않는데, 왜 자동화해야 하지?'라고 생각할 수도 있다. 하지만 5명의 개발자로 이루어진 팀의 일상적인 작업을 생각할 때, 5분×5명×21일×12개월 =6,300분=105시간=13.125일 정도가 필요하다. 이를 돈으로 대략 환산하면 5,250달러에 해당하는 작업량이다.

자동화를 통해 5분 정도의 작업을 1분 이내로 줄여서 수행할 수 있으며, 그만큼 비용을 절감할 수 있다. 자동화의 또 다른 장점은 품질 향상이다. 수작업으로 코드를 개발하는 경우 오류 발생 가능성도 그만큼 커진다. 자동화는 그렇지 않다.

⑫ 취미를 가져라.

소프트웨어 개발 업무에서 벗어나 잠시 다른 일을 하면 정서적 안정감을 얻는 데도 좋고 새로운 아이디어를 개발할 기회가 되기도 한다. 그러니 잠시 쉬고 신선한 공기를 마시거나 친구들과 이야기를 하거나 기타 연주를 해보자. 이런 활동은 생산성 향상은 물론 코드 개발 작업의 집중도를 높이는 데도 매우 효과적이다.

⑬ 여유 시간에 새로운 것을 배워라.

IT 분야의 기술은 매우 빠르게 변하고 있다. 비록 내가 한 분야의 전문 지식을 확보하고 있다 할지라도, 융합적 특성을 보이는 새로운 시스템 개발에서 자신의 역량을 충분히 발휘하기 위해서는 지속적으로 학습해야 한다. 학습을 중단하면 퇴화하기 시작한다. 따라서 코드를 개발하는 과정에서 새로운 기술을 적용한다거나 새로운 환경에서 개발을 수행함으로써 새로운 스타일의 코드와 기술 변화에 대응해야 한다.

03 코딩 가이드라인

코드는 재사용 가능성을 제공한다는 측면에서 소프트웨어 조직의 큰 자산이다. 따라서 다른 시스템과 쉽게 통합할 수 있고 여러 측면에서 재사용 가능한 코드를 만들어내는 것은 매우 의미 있는 작업이다. 이 때문에 많은 조직이나 표준 기관에서 코딩 가이드라인을 제시하고, 이를 통해 코드의 유용성과 적용성을 높이고자 한다.

소프트웨어 개발이 성숙한 조직에서는 자사의 코딩 표준을 만들고 이 표준을 준수하여 프로그램 코딩을 하도록 가이드하고 있다. 여기서는 유럽 자동차 소프트웨어의 코딩 표준인 MISRA-C 코딩 표준과 안전한 소프트웨어 코드를 지원하는 시큐어 코딩Secure Coding 표준에 대해 살펴본다.

1 MISRA-C 코딩 표준

MISRA-CMotor Industry Software Reliability Association for C language는 1998년 유럽의 자동차 연합에서 자동차 탑재 소프트웨어의 신뢰성 및 호환성을 높이겠다는 의도로 개발한 C 프로그램 코딩 표준이다. MISRA에서는 C 코딩 표준에 대한 가이드라인을 개선하면서 2004년 버전과 2012년 버전으로 발표하였다. 특히 2012년 버전을 모든 임베디드 소프트웨어 개발에 적용할 수 있는 C 언어 가이드라인으로 발표하였고, 이후에 MISRA-C++ 등의 표준도 발표하였다.

MISRA-C: 1998은 총 127개의 코딩 규칙을 제공한다. 이 규칙들은 93개의 필수 적용 규칙과 34개의 권고 적용 규칙으로 구성되어 있다. MISRA-C: 2004는 총 141개의 규칙을 제시하였는데, 121개의 필수 규칙과 20개의 권고 규칙으로 구성되어 있다. 세 번째 버전인 MISRA-C: 2012 버전에서는 규칙의 분류 기준을 다시 정의하였는데, 기존 버전에서는 규칙에서 정의된 프로세스 및 문서 관련 요구사항을 Directive라는 영역으로 분류하였다. 전체 규칙의 수도 기존 141개에서 159개로 늘었다. 이는 기존 MISRA-C: 2004에 나타난 문제점이나 불명확했던 부분을 구체화하는 과정으로 발전시킨 것이다.

다음은 MISRA-C: 2012 버전에서 정의한 몇 가지 규칙을 영역별로 선별하여 제시한 것이다.

■ Directives

식별 번호	내용	카테고리	적용 언어
Dir 1.1	프로그램의 출력으로 정의된 행위는 모두 문서화하고 이해될 수 있어야 한다.	Required	C90, C99
Dir 2.1	모든 소스 파일은 오류 없이 컴파일되어야 한다.	Required	C90, C99
Dir 3.1	모든 코드는 문서화된 요구사항을 기반으로 추적 가능해야 한다.	Required	C90, C99
Dir 4.1	실행 시간 오류가 최소화되어야 한다.	Required	C90, C99
Dir 4.2	모든 어셈블리 언어의 사용은 문서화되어야 한다.	Required	C90, C99
Dir 4.3	어셈블리 언어는 캡슐화되고 독립적이어야 한다.	Required	C90, C99
Dir 4.4	코드의 섹션을 주석 처리해서는 안 된다.	Advisory	C90, C99

■ Rules

MISRA-C: 2012 버전의 규칙은 총 22개의 영역으로 구분되어 있다. 표준 문서의 8장에 제시된 각 영역의 명칭은 [그림 13-3]과 같다. 이 규칙에서는 C 언어를 프로그래밍하는 데 사용하는 일반적인 Construct들에 대한 코드 작성의 준수 사항을 세부적으로 정의하고 있다.

- 8.1 A standard C environment
- 8.2 Unused code
- 8.3 Comments
- 8.4 Character sets and lexical conventions
- 8.5 Identifiers
- 8.6 Types
- 8.7 Literals and constants
- 8.8 Declarations and definitions
- 8.9 Initialization
- 8.10 The essential type model
- 8.11 Pointer type conversions
- 8.12 Expressions
- 8.13 Side effects
- 8.14 Control statement expressions
- 8.15 Control flow
- 8.16 Switch statements
- 8.17 Functions
- 8.18 Pointers and arrays
- 8.19 Overlapping storage
- 8.20 Preprocessing directives
- 8.21 Standard libraries
- 8.22 Resources

그림 13-3 MISRA-C: 2012 버전 규칙의 분류

다음 표는 [그림 13-3]의 세부 영역으로부터 선택된 몇 가지 규칙의 내용과 카테고리, 적용 언어를 보여준다. 카테고리 필드는 해당 규칙이 필수적으로 적용되어야 하는지, 선택적으로 적용되어야 하는지를 나타낸다.

식별 번호	내용	카테고리	분석 대상	적용 언어
Rule 1.1	프로그램은 표준 C 언어의 문법과 제약 사항을 준수해야 한다.	Required	STU	C90, C99
Rule 1.2	언어 확장은 사용해서는 안 된다.	Advisory	STU	C90, C99
Rule 3.1	문자열 /* 와 //는 주석 내에서 다시 사용되지 않아야 한다.	Required	STU	C90, C99
Rule 5.1	외부 식별자는 구별되어야 한다.	Required	System	C90, C99
Rule 7.3	소문자 l(엘)은 문자의 접미사로 사용해서는 안 된다.	Required	STU	C90, C99
Rule 8.5	외부 객체나 함수는 하나의 파일에서 한 번만 선언되어야 한다.	Required	System	C90, C99
Rule 9.2	배열이나 유니온의 초기화는 괄호로 묶여야 한다.	Required	STU	C90, C99
Rule 11.1	함수 포인터와 다른 타입 간 형 변환은 이루어지면 안 된다.	Required	STU	C90, C99
Rule 12.3	콤마 연산자는 사용하지 않는다.	Advisory	STU	C90, C99
Rule 16.4	모든 switch 문장에는 반드시 default 가 존재해야 한다.	Required	STU	C90, C99
Rule 18.4	포인터 타입의 연산에서 +=, -= 등의 연산자는 사용하지 않는다.	Advisory	STU	C90, C99
Rule 22.6	파일 포인터 값은 관련된 장치의 Close 후에 사용해서는 안 된다.	Mandatory	System	C90, C99

* STU: Single Translation Unit

위와 같이 MISRA-C 코딩 표준에서 제공하는 규칙들은 프로그래밍을 수행하는 과정에서 준수되어야 한다. 규칙을 위반하는 경우, 소프트웨어의 성공적 실행을 모든 플랫폼에서 보장할 수 없거나 프로그래밍 과정에서 오류 발생 확률이 높아진다. 또한 다양한 플랫폼에 적용하는 특성, 즉 이식성이 줄어든다는 문제가 있다.

일반적으로 150여 개나 되는 규칙을 모든 준수하면서 프로그래밍하기는 쉽지 않다. 다행히 MISRA-C 코딩 규칙을 자동으로 검사하는 도구가 많다. 가장 가벼운 도구인 Lint를 비롯해 SQMint, LDRA 등이 있다.

실습 13-3 내 코딩 스타일 되돌아보기

프로그램 개발자는 항상 효과적이고 정확한 프로그램을 작성하기 위해 노력한다. 소스 코드를 많이 작성해본 사람은 자신만의 독특한 코딩 스타일을 구사하면서 프로그램을 작성해간다. 내가 프로그램을 작성할 때, 어떠한 코드 구조로 프로그래밍하는지 생각해봅시다.

(1) 그동안 프로그램을 개발할 때 가장 많이 사용한 프로그래밍 언어는 무엇인가?
(2) 프로그램의 도입부, 주석 달기, 함수 쪼개기 등을 포함하는 모든 소스 코드 작성에서 자신만의 독특한 스타일을 세 가지 이상 찾아보자.

2 시큐어 코딩

2012년 5월, 행정안전부는 정보 시스템 구축 운영 지침 개정안 행정 예고를 통해 시큐어 코딩 의무화 법안을 발표하고, 그해 12월부터 이를 시행하였다. 또한 최근에는 40억 원을 들여 시큐어 코딩이 이루어지도록 소프트웨어 개발 분야에 투자하였다.

일반적인 소프트웨어 개발은 보통 요구사항 도출 → 분석 → 설계 → 구현(개발) → 테스트 → 배포 순으로 진행된다. 시큐어 코딩Secure Coding은 구현(개발) 단계에서 해킹 등의 공격을 유발할 가능성이 있는 잠재적인 보안 취약점을 사전에 제거하여, 외부 공격으로부터 안전한 소프트웨어를 개발하기 위한 프로그래밍 기법을 의미한다.

시큐어 코딩을 위하여 CMU/SEI의 CERT Coordination Center에서 CERT C 코딩 표준을 2008년에 발표하였다. CERT C 코딩 표준을 개발한 이유는 소프트웨어의 안전성, 신뢰성, 보안성을 향상하기 위함이다. 이 표준은 규칙Rules과 권고Recommendations로 구성되어 있으며, 표준에서 제공하는 각각의 규칙에는 다음과 같은 세 가지 항목에 대한 수준을 나타내는 숫자가 할당되어 있다.

- 심각성Severity: 규칙을 무시하면 얼마나 심각한 문제를 유발하는가의 척도

  1 = 낮음(서비스 거부 공격, 비정상 종료)

  2 = 중간(데이터 무결성 위반, 의도하지 않은 정보 공개)

  3 = 높음(임의 코드 실행)

- 발생 가능성Likelihood: 규칙을 무시함으로써 생길 수 있는 결함으로 인해 취약점이 발생할 가능성에 대한 척도

  1 = 예상 밖unlikely 2 = 아마도probable 3 = 가능성 높은likely

- 교정Remediation 비용: 규칙을 준수하기 위해 요구되는 비용의 척도

  1 = 높음(수작업에 의한 탐지 및 수정)

  2 = 중간(자동 탐지/수작업 교정)

  3 = 낮음(자동 탐지 및 자동 교정)

CERT C 코딩 표준에서 제공하는 규칙과 권고 사항들은 [그림 13-4]와 같다.

Rules	Recommendations
Rule 01. Preprocessor (PRE)	Rec. 01. Preprocessor (PRE)
Rule 02. Declarations and Initialization (DCL)	Rec. 02. Declarations and Initialization (DCL)
Rule 03. Expressions (EXP)	Rec. 03. Expressions (EXP)
Rule 04. Integers (INT)	Rec. 04. Integers (INT)
Rule 05. Floating Point (FLP)	Rec. 05. Floating Point (FLP)
Rule 06. Arrays (ARR)	Rec. 06. Arrays (ARR)
Rule 07. Characters and Strings (STR)	Rec. 07. Characters and Strings (STR)
Rule 08. Memory Management (MEM)	Rec. 08. Memory Management (MEM)
Rule 09. Input Output (FIO)	Rec. 09. Input Output (FIO)
Rule 10. Environment (ENV)	Rec. 10. Environment (ENV)
Rule 11. Signals (SIG)	Rec. 11. Signals (SIG)
Rule 12. Error Handling (ERR)	Rec. 12. Error Handling (ERR)
Rule 13. Application Programming Interfaces (API)	Rec. 13. Application Programming Interfaces (API)
Rule 14. Concurrency (CON)	Rec. 14. Concurrency (CON)
Rule 48. Miscellaneous (MSC)	Rec. 48. Miscellaneous (MSC)
Rule 50. POSIX (POS)	Rec. 50. POSIX (POS)
Rule 51. Microsoft Windows (WIN)	Rec. 51. Microsoft Windows (WIN)

그림 13-4 CERT C 코딩 표준을 구성하는 규칙과 권고 사항

앞에서 제시한 규칙 및 권고 사항 중 한 규칙의 세부 내용을 살펴보면 다음과 같다.

Rule 01. Preprocessor (PRE)

Created by Confluence Administrator, last modified by Will Snavely on Oct 28, 2016

- PRE30-C. Do not create a universal character name through concatenation
- PRE31-C. Avoid side effects in arguments to unsafe macros
- PRE32-C. Do not use preprocessor directives in invocations of function-like macros

이 중 PRE32-C 규칙은 "함수와 같은 매크로의 호출문 내에서 전처리기를 사용하지 마라"로 정의하고 있다. 이 규칙을 적용하지 않는 경우와 적용하는 경우의 코드 예는 [그림 13-5]와 같다.

(a)

```
void func(const char *src) {
   /* validate the source string; calculate the size */
   char *dest;
   /* malloc() destination string */
   memcpy(dest, src,
      #ifdef PLATFORM
         12
      #else
         24
      #endif
   );
   /* . . . */
}
```

(b)

```
void func(const char *src) {
   /* validate the source string; calculate the size */
   char *dest;
   /* malloc() destination string */
   #ifdef PLATFORM
      memcpy(dest, src, 12);
   #else
      memcpy(dest, src, 24);
   #endif
   /* . . . */
}
```

그림 13-5 CERT C 코딩 규칙: PRE32-C의 위반(a)과 준수(b) 코드 예

[그림 13-5]의 (a)는 PRE32-C 규칙을 준수하지 않은 C 코드다. 함수 "memcpy()" 내에서 전처리 선언(#ifdef ..) 절이 사용되었다. 반면, (b)는 해당 규칙을 준수하여 프로그래밍한 C 코드다. 전처리기를 함수 외부에서 사용함으로써, 함수 내에서 전처리부가 정의되지 않도록 프로그래밍하였다.

이상과 같이 소스 코드를 개발하는 과정에서 지켜야 할 규칙은 매우 많다. 규칙을 제공하는 목적은 사용자 서비스를 제공하는 과정에서 발생하는 취약점을 예방하거나 코드 자체의 품질 향상을 통해 확장성 및 유지보수성을 높이기 위함이다. 그러나 다양한 코딩 규칙을 준수하면서 프로그램을 개발하는 일이 쉽지 않기 때문에 최근에는 이러한 규칙을 준수하는 코드가 자동 생성되는 방향으로 진화하고 있다.

04 오픈 소스 기반 개발

최근 오픈 소스를 이용하여 소프트웨어를 개발하는 추세가 증가하고 있다. 개발의 신속성과 효율성을 목적으로 개인뿐 아니라 소프트웨어 개발 조직에서도 오픈 소스를 기반으로 한 개발이 활발하다. 특히 시장의 빠른 변화와 GitHub 및 오픈 소스 커뮤니티의 활성화로 인하여 오픈 소스의 사용 빈도 및 활용 범위가 폭발적으로 증가하고 있다.

소프트웨어를 개발할 때 오픈 소스를 사용하면 개발자가 처음부터 모든 것을 다 구축하지 않아도 된다. 따라서 편리성, 신속성, 비용 절감 등의 효과를 얻을 수 있는 소프트웨어의 빌딩 블록이라고 할 수 있다. 현재 대규모 시스템에 대해서도 응집력이 높은 기능 단위로 시스템을 분할하여 오픈 소스를 이용한 조립이 이루어지고 있다.

1 오픈 소스 기반 개발 프로세스

오픈 소스를 이용하여 소프트웨어를 개발할 때는 전통적인 소프트웨어 개발 방법과는 다른 접근 방법이 필요하다. 시스템의 요구 기능에 오픈 소스가 적합한지를 확인해야 하며, 오픈 소스의 통합 및 테스트를 통해 시스템이 올바른 동작을 잘 수행하는지 평가해야 한다. [그림 13-6]은 오픈 소스 기반의 소프트웨어 개발 프로세스를 나타낸 것이다.

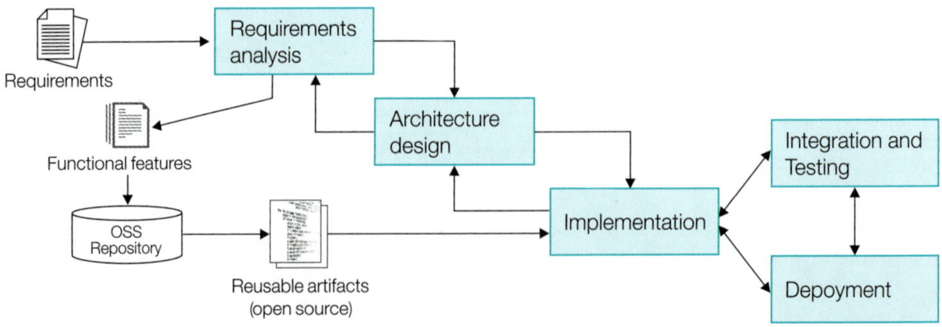

그림 13-6 오픈 소스 기반의 소프트웨어 개발 프로세스

오픈 소스를 이용해 소프트웨어를 개발하려면 먼저 소프트웨어 시스템의 기능을 충분히 지원할 수 있는 오픈 소스를 선택해야 한다. 오픈 소스를 검색하는 일은 쉽지 않지만 다양한 검색 도구를 이용하여 적합한 구조의 소스 코드를 발견할 수 있다. 소프트웨어 시스템에 대한 아키텍처는 잘 정제된 기능 단위의 시스템 구조를 나타내고 있기 때문에 아키텍처를 구성하는 하나의 컴포넌트로 오픈 소스를 사용할 수 있다.

오픈 소스가 선정되면, 구현 과정에서 선정한 오프 소스를 통합하고, 오픈 소스가 커버하지 못하는 부분에 대한 코딩을 진행한다. 물론 이 과정에서 오픈 소스에 대한 리팩토링이 가능할 수 있다. 오픈 소스 기반의 개발 과정에서는 모든 기능에 대한 구현을 완료하여 테스트를 수행하기보다는 소스 통합이 이루어지는 시점에서 지속적으로 테스트를 수행하고 문제점이 발견되면 수정한다.

2 오픈 소스 활용 시 주의 사항

오픈 소스 기반의 소프트웨어 개발이 보편화되고 있지만, 오픈 소스를 무분별하게 사용하면 문제가 생길 수 있다. 다음은 오픈 소스를 이용한 소프트웨어 개발에서 고려할 사항들이다.

■ **라이선스 권한의 확인 검토**

오픈 소스를 사용하려면 먼저 오픈 소스에 대한 라이선스를 확인해야 한다. 공개된 코드를 사용할 수 있는지, 수정할 수 있는지, 수정하여 재배포할 수 있는지 등을 살펴본다. 일반적으로 GPL, LGPL, BSD, Apache, MIT 등의 라이선스 형식이 있으며, 각각 다른 수준의 제한 또는 제약이 걸려 있다. 오픈 소스 라이선스의 유형을 정리하면 [표 13-2]와 같다.

표 13-2 오픈 소스 소프트웨어 라이선스 유형

유형	설명
GPL 2.0 라이선스	• GPL(General Public License)은 가장 많이 채택하고 있는 라이선스 방식 • 소프트웨어를 배포할 때 저작권 표시, 보증 책임 없음 표시, GPL 배포라는 사항 명시 • GPL 라이선스를 사용하는 소프트웨어를 변경 수정, 링크하는 경우 다시 공개
LGPL(Lesser GPL) 2.1 라이선스	• GPL 라이선스의 공개 부담을 줄이기 위해 라이브러리와 모듈로 링크 허용 • 본래 Library GPL로 명명되었으나, 추후 Lesser GPL로 명칭 변경 • 소프트웨어를 배포할 때 저작권 표시, 보증 책임 없음 표시, LGPL에 의한 배포라는 사항 명시 • LGPL Library의 일부를 수정하는 경우, 수정한 Library를 LGPL에 공개
BSD 라이선스	• BSD(Berkeley Software Distribution)는 GPL/LGPL보다 덜 제한적임. • 허용 범위가 넓으며, 소스 코드를 공개하지 않아도 됨. • 소프트웨어를 배포할 때 특정 표시에 요구사항이 없어, 상용 소프트웨어 개발에 무제한 사용 가능
Appache 라이선스	• ASF(Apache Software Foundation)에서 제공하는 라이선스 • 아파치 재단의 모든 공개 소프트웨어 이용 시에 적용 • BSD 라이선스와 같이 공개 등의 의무는 없으나 'Apache' 상표권 침해 불허
MIT 라이선스	• MIT(Massachusetts Institute of Technology) 대학에서 대학 내 소프트웨어 개발자를 지원하는 라이선스 • 라이선스와 저작권 관련 명시만 지키면, 누구라도 무상으로 제한 없이 사용할 수 있음. • 저자 또는 저작권자는 소프트웨어에 대하여 책임 없음.

오픈 소스 라이선스와 관련한 사례 하나를 소개한다. 시스코Cisco에서 링크시스Linksys라는 회사를 인수한 적이 있는데, 당시 링크시스는 라이선스를 위반하여 소프트웨어를 개발·사용하고 있었다. 이 사실이 추후 발견되어 Free Software Foundation이 시스코를 고소하였다. 일단 소송이 일어나면 쉽게 끝나지 않기 때문에 기업 입장에서는 주의가 필요하다.

■ 오픈 소스 검증 체계 구축

오픈 소스 사용은 개발의 신속성과 용이성이란 장점 때문에 개발자가 가장 먼저 선택하는 개발 접근 방법이다. 그런데 사용하려는 오픈 소스에 심각한 문제가 내포되어 있음을 알게 된다면, 해당 오픈 소스는 버려질 것이다. 이런 심각한 문제는 일반적으로 외형상 드러나지 않고 코드를 대충 살펴보는 것으로 발견할 수도 없다.

따라서 오픈 소스를 활용한 소프트웨어 개발이 빈번하게 이루어진다면, 오픈 소스 검색과정에서 라이선스 유형을 확인하고, 오픈 소스에 보안 취약성과 같은 문제가 없는지 점검해주는 자동화된 도구를 사용하는 것이 좋다.

■ 지속적인 오픈 소스 관리

오픈 소스를 이용하여 개발한 후, 오픈 소스에 대한 라이선스가 변경되거나 새로운 취약점이 발견되어 공지되는 경우가 있다. 따라서 사용 중인 오픈 소스의 라이선스를 지속적으로 준수하고 있는지, 새로운 취약점은 없는지 정기적으로 점검해야 한다.

이를 위하여 개발 시스템별로 사용된 오픈 소스 목록을 관리해야 하며, 정기적으로 오픈 소스 관리 도구를 이용하여 라이선스 체크 및 관련 정보를 확인해 리포팅하는 방법을 마련해야 한다. 자동화된 점검 및 보고 기능을 활용한다면 오픈 소스를 지속적으로 관리하기가 쉽다.

■ 철저한 기술 검토

오픈 소스를 이용해 소프트웨어를 개발한다면 오픈 소스의 품질 검토는 필수다. 단지 오픈 소스가 제공하는 기능이 우수하고 좋아 보여서 아무런 기술 검토 없이 하나의 블록으로 개발 소프트웨어와 통합하여 사용하는 경우 추후 문제가 발생할 수 있다.

오픈 소스를 사용하기 전에는 버그 리포트나 버그 수정이 없었는지, 인터페이스가 정확히 일치하는지, 내부적으로 처리하는 데이터 형식이 일치하는지 등을 점검해야 한다. 충분한 기술적 검토 없이 사용하여 추후 문제가 발생한다면 이를 수정하거나 재구성하는 데 많은 시간과 노력이 들어갈 수 있다. 또한 추후 시스템 확장을 고려한다면, 상호 연동에 문제가 없는 구조로 개발된 것인지도 점검해야 한다.

■ 오픈 소스 변경 사항 기록

오픈 소스를 이용한 소프트웨어 개발 시, 통합되는 오픈 소스에 대한 수정이 이루어졌다면 해당 변경 사항을 기록한다. 가능하면 소스 코드 내에 주석문으로 처리하고 링크를 제공하여 변경 사항을 쉽게 추적할 수 있도록 지원한다.

오픈 소스를 변경한 뒤 단순히 오픈 소스의 이름이나 링크만 프로젝트 팀에 전달한 경우, 프로젝트 전체 차원에서 오픈 소스 관리에 일관성이 결여될 수 있고 중복 수정이 발생할 여지가 있다. 따라서 오픈 소스 사용에 대한 체계적인 가이드라인을 조직 차원에서 제공하여 이러한 문제를 예방해야 한다.

이외에도 오픈 소스를 제공하는 프로젝트가 어느 정도 활성화되어 있는지, 오픈 소스의 관리가 체계적인지, 오픈 소스 프로젝트를 지원하는 조직이 구글이나 페이스북 같은 글로벌 기업인지 등을 고려할 수 있다.

오픈 소스는 다양한 기능 개발을 지원하고, 이를 통해 시스템 개발이 용이해진다. 이와 같은 장점으로 인하여 전 세계 소프트웨어 개발자들이 소프트웨어 개발에 오픈 소스를 매우 유용하게 활용하고 있다. 그런 만큼 오픈 소스에 존재할 수 있는 위험성을 잘 살펴보아야 하며, 자신의 개발 소스를 공개하는 경우에도 우수한 품질 특성을 갖는 코드를 개발하여 배포하겠다는 책임감이 있어야 한다.

3 오픈 소스 활용 환경

오픈 소스를 활용하여 소프트웨어를 개발하고자 할 때 어떤 환경을 구축해야 하는지 살펴보자.

오픈 소스 검색 및 분석 도구

우리는 일반적으로 특정 정보를 검색할 때 구글, 야후, 네이버 등의 검색 엔진을 사용한다. 이러한 일반적인 검색 엔진 외에도 오픈 소스를 검색할 수 있도록 지원해주는 도구들이 있다. 오픈 소스 검색 엔진이 제공하는 주요한 기능은 다음과 같다.

- 크롤링Crawling과 인덱싱Indexing: 검색을 위해 제공되는 키워드 및 검색 제약 사항을 기반으로, 공개된 웹 정보를 수집하고 수집된 정보에 인덱스를 부여함.
- 검색 조건 제한: 검색 대상 사이트, 검색 대상의 유형, 생성일 등과 같은 제약 사항을 부여하고 이를 이용한 검색이 가능하도록 지원함.
- 순위 기반 결과 제공: 검색 결과에 대하여 사용자 요구에 가장 적합하다고 판단되는 내용에 높은 순위를 부여하고 순위에 따라 검색 결과를 표시함.

- 메트릭 정보 제공: 특정 검색 결과의 세부 정보에 대해 다양한 척도 정보를 제공하여 사용자가 검색 결과에 대한 품질과 상태를 파악할 수 있도록 지원함.
- 코드 취약성 분석: 검색 결과에 대한 코드 분석을 통하여 의심되는 보안 취약점의 존재 여부를 확인하고 이에 대한 정보를 제공함.
- 고객 중심의 검색: 사용자가 빈번히 사용하거나 검색하는 주제에 대하여 보다 높은 순위를 부여하는 방식으로 고객의 업무에 적합한 검색 및 결과를 제공함.

위와 같은 검색 기능을 모든 검색 엔진에서 제공하지는 않는다. 이는 오픈 소스 개발자들이 소스 코드 기반 검색을 수행하는 데 필요한 기본 기능이라 할 수 있다. 주요 오픈 소스 검색 엔진은 다음과 같다.

- Solr: 전체 텍스트 검색, 실시간 인덱싱, 100% 결과 강조 표시, 동적 클러스터링, 패싯facet 검색, 서식 문서(예: Word, PDF) 처리 등의 기능을 갖춘 자바 언어로 구현된 오픈 소스 검색 플랫폼
- ElasticSearch: 확장성이 뛰어난 전체 텍스트 검색 및 분석을 지원하는 엔진. 자바 언어로 개발되었으며 HTTP 웹 인터페이스 및 스키마가 없는 JSON 문서가 포함된 검색을 지원함. 분산형 및 다중 사용자 공유를 지원함.
- Lucene: 자바로 작성된 텍스트 검색 엔진 라이브러리를 사용하는 오픈 소스 검색 엔진 중 하나. 다양한 플랫폼에서 사용할 수 있고 재구성 가능한 스토리지 엔진을 가지고 있으며 근접 쿼리 및 구문 쿼리와 같은 강력한 쿼리 유형을 지원함.
- Sphinx: 오픈 소스 전체 텍스트 검색 서버. 검색 및 인덱싱 과정에서 검색어 인코징, 불용어 처리, 동의어 처리, 예외 및 혼합 문자 처리 등과 같은 기능을 제공함.

이외에도 오픈 소스 검색 엔진으로 MeiliSearch, Nutch, Xapian, Lemur, Zettair 등이 널리 활용되고 있다.

실습 13-4	오픈 소스 검색 도구 설치해보기

대표적인 오픈 소스 검색 도구 중 ElasticSearch가 있다. 이 도구를 설치해보고, 측정 함수 이름을 갖는 오픈 소스를 검색해봅시다.
(참고: https://www.elastic.co/kr/elasticsearch/features)

(1) 어떤 함수를 찾을 것인지, 함수에 대한 시그너처Signature을 정의하자.
(2) 검색 엔진을 통해 얻은 검색 결과의 품질을 설명해보자.

오픈 소스 개발 지원 도구

소프트웨어를 개발할 때 개발 지원 도구를 선택하는 일은 매우 중요하다. 개발 지원 도구는 개발 프로세스의 지원, 코드 통합, 문서화 지원 등 다양한 업무에 사용된다. 특히 프로젝트 전체에 동일한 도구가 사용된다는 점에서 도구 선정은 중요한 이슈가 된다. 오픈 소스 기반 개발에서 제공되는 도구들을 살펴보면 다음과 같다.

■ Git

Git은 소규모 프로젝트와 대규모 프로젝트를 모두 지원할 수 있도록 구축된 오픈 소스 기반의 분산 버전 제어 시스템이다. 독립적인 분기를 만들어 여러 프로젝트를 관리할 수 있으며, 컨텍스트 전환, 역할 기반 코드 관리, 워크플로우 지원, 일회용 실험 등을 수행할 수 있다. 구글, 페이스북, 마이크로소프트, 트위터, 링크드인 등의 회사에서 Git을 사용하고 있다.

■ Eclipse IDE

Eclipse는 여러 언어를 지원하는, 포괄적인 Java 중심 통합 개발 환경이다. 개발자는 Java, JavaScript/TypeScript, C/C++, PHP, Rust 등을 이용해 작업할 수 있으며, 다양한 플러그인을 설치하여 프로젝트에 쉽게 활용할 수 있다. Eclipse는 서버, 웹 도구 및 모델링 플랫폼 개발을 지원하며, 100개 이상의 다양한 커뮤니티가 업로드한 프로젝트에 액세스할 수 있다.

■ Apache NetBeans

Apache NetBeans는 개발자가 Java, JavaScript, HTML5, PHP, C/C++ 등을 사용하여 데스크톱, 모바일 및 웹 응용 프로그램을 만들 수 있는 오픈 소스 기반 통합 개발 환경이다. 여러 플랫폼에서 액세스할 수 있는 NetBeans는 소스 코드를 구문 및 의미적으로 강조하고 사용자가 코드를 빠르게 리팩토링할 수 있도록 지원한다. NetBean의 오픈 소스 특성을 통해 사용자는 문제 및 버그 보고서를 제출하고 활용할 수 있다.

■ Ruby on Rails

Rails라고도 알려진 Ruby on Rails는 오픈 소스 웹 애플리케이션 개발 프레임워크다. 데이터베이스, 웹 서비스 및 웹 페이지에 대한 구조를 제공하는 MVC 아키텍처를 지원하며, JSON, XML, HTML, CSS, JavaScript를 사용할 수 있다. 원활한 데이터베이스 테이블 생성, 마이그레이션 및 뷰 스캐폴딩과 같은 기능을 기반으로 웹 앱 개발을 지원한다. Rails는 현재 Airbnb, GitHub, Shopify, Hulu 등의 회사에서 사용하고 있다.

■ Bootstrap

Bootstrap은 웹에서 반응형 모바일 프로젝트를 구축하는 데 사용되는 프런트 엔드Front-End 구성 요소를 제공하는 라이브러리라고 할 수 있다. 개발자는 HTML, CSS, JavaScript에서 작업할 수 있으며 jQuery 플러그인 등을 사용할 수 있다. 특히 소프트웨어 개발을 위한 다양한 템플릿을 포함하고 있으며, 웹 페이지 개발을 단순화하기 위해 웹 프로젝트의 색상, 크기, 글꼴, 레이아웃 등을 쉽게 활용할 수 있게 하였다.

이외에도 Apache Cordova, GNU Emacs, Brackets, Atom, Azure, Cloud 9 등의 다양한 도구가 소프트웨어 개발을 지원하는 도구로 활용되고 있다.

오픈 소스 기반 개발의 베스트 프랙티스

오픈 소스 개발 모델은 신속한 개발, 신속한 테스트, 개방성과 투명성을 제공한다는 측면에서 소프트웨어 개발의 성공적인 접근 방법으로 인식되고 있다. 많은 IT 조직 혹은 소프트웨어 개발자들이 오픈 소스 기반 소프트웨어 개발을 진행하면서 다음과 같은 유용한 실천 사항Best Practices을 사례로 제시하고 있다.

- 팀 의사소통 증대: 이메일, 채팅, 위키Wiki 등을 활용하여 쉽고 편리하게 의사소통을 증진한다.
- 사용자 피드백: 개발이 진행되면서 피드백을 얻기 위하여 적극적인 사용자 참여를 유도한다.

- 동료 검토Peer review: 개발 결과를 개선하기 위해 동료 간 검토를 활성화하고, 이를 통해 다양한 의견과 피드백을 받도록 한다.
- 신속한 배포: 개발 결과물을 가능한 신속하게 자주 배포하고, 이를 위해 자동화된 지속적인 통합과 테스트 환경을 구축한다.
- 투명성: 전체 개발 조직에 공개된 오픈 소스 코드 트리, 버그 추적 데이터베이스, 메일링 리스트 등을 활용할 수 있도록 투명성과 개방성을 도입한다.
- 좋은 코드 설계: 최소한의 코드 베이스를 구축하고, 별도의 모듈로 구축된 기능들을 코드 베이스에 쉽게 추가할 수 있도록 재사용을 장려하며, 이를 통해 테스트를 쉽게 할 수 있도록 한다.

프로젝트 XI **프로젝트 대상 시스템 코딩하기**

현재 프로젝트에서 요구사항 정의, 분석, 설계 단계를 진행하였습니다. 프로젝트에서 개발하는 소프트웨어 시스템에 대하여 코드를 작성해봅시다. 규모가 큰 시스템을 정의했다면 코딩에 많은 시간이 소요될 수 있기 때문에, 핵심이 되는 기능을 한두 개 선정하여 먼저 코딩을 진행합니다.

(1) 어떤 언어(예: Java, C++)를 이용하여 코딩할 것인지 결정한다.
(2) 나만의 코딩 스타일을 적용하여 코딩 작업을 진행한다.
(3) 필요에 따라서 오픈 소스를 검색하고, 이를 이용하여 코드를 작성한다.

연습문제

01 다음 프로그래밍 언어 중 성격이 다른 하나는?

① Java ② C++

③ C ④ Python

02 좋은 소프트웨어 코드의 공통 특징과 거리가 먼 것은?

① 코드의 의미를 쉽게 파악할 수 있다.

② 주석이 쉽게 잘 정리되어 있다.

③ 코드가 모듈화되어 있고 간결하다.

④ 하나의 함수로만 작성되어 있다.

03 프로그램 구현 언어를 선택하는 기준으로 가장 적절하지 않은 것은?

① 가장 널리 사용되는 언어를 선택한다.

② 프로젝트 팀에서 정한 것을 따른다.

③ 개발자가 가장 자신 있는 언어를 선정한다.

④ 개발 방법론에 의존하여 선택한다.

04 소프트웨어를 코딩하기 위한 다양한 표준이 존재한다. 다음 중 자동차에 탑재되는 소프트웨어의 코딩을 가이드라인하기 위해 처음에 제안된 표준은?

① Java 코딩 표준

② MISRA–C 코딩 표준

③ COBOL 코딩 표준

④ CERT C 코딩 표준

05 CMU/SEI에서 CERT C 코딩 표준을 개발한 근본 목적으로 가장 적합한 것은?

① 플랫폼 이식성 향상

② 상호 운용성 향상

③ 안전성 및 보안성 향상

④ 코드 가동성 및 이해성 향상

06 오픈 소스를 이용한 구현 과정에서 일반적인 고려 사항으로 적합하지 못한 것은?

① 소스 코드의 라이선스 형태를 체크한다.

② 기존 코드와 통합이 가능한지 버전을 체크한다.

③ 코드 분석 도구로 취약점이 있는지 확인한다.

④ 오픈 소스 개발 도구가 함께 제공되는지 점검한다.

07 다음 중 쓰임새가 다른 하나는?

① Elasticsearch ② Together

③ Lucene ④ Solr

08 오픈 소스 라이선스 중에서 수정 및 변경, 재사용, 배포 등의 활동에 제약이 가장 적은 라이선스는?

① MIT License ② Appache License

③ GPL 2.0 ④ BSD

09 소스 코드는 시간이 흐르면서 수정·보완된다. 그에 따라 코드의 제어 복잡도도 증가한다. 코드의 복잡도를 나타내는 Cyclomatic Complexity에 대한 다음 물음에 답하시오.

(1) Cyclomatic Complexity의 정의

(2) Cyclomatic Complexity의 계산 방법

(3) Cyclomatic Complexity의 용도

10 오픈 소스 기반의 소프트웨어 개발을 위한 소스 검색용 무료 도구들이 많다. 대표적인 도구인 ElasticSearch의 핵심 기능 세 가지를 찾아서 설명하시오.

(1) ______________________________

(2) ______________________________

(3) ______________________________

Chapter 14

화이트박스 테스트

학습목표

- 소프트웨어 테스트를 위한 핵심 용어의 의미를 알아본다.
- 화이트박스 테스트를 위한 테스트 케이스 생성 방법을 학습한다.
- 진보된 코드 기반 테스트 기법에 대하여 이해한다.

PREVIEW

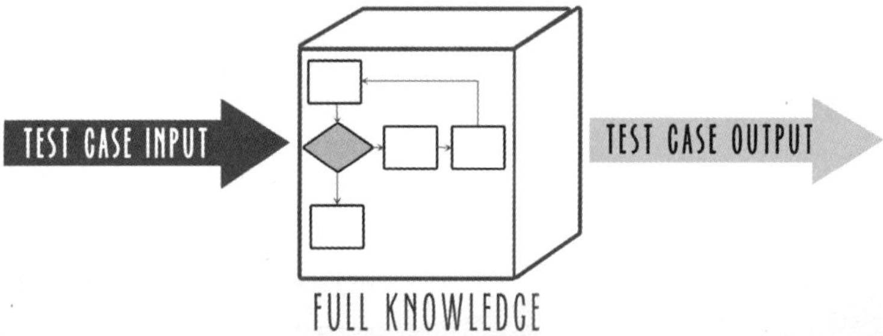

소프트웨어 테스트는 개발된 소프트웨어에 결함이 존재하는지를 확인하여 찾아내는 활동이다. 코드 개발 과정에서 진행하는 버그 수정과 달리, 개발된 소프트웨어가 정상적인 상황에서뿐만 아니라 비정상적인 상황에서도 적절하게 동작하는지를 점검하는 것이다. 따라서 정상적인 데이터 입력뿐 아니라 비정상적으로 입력될 수 있는 데이터를 생성하여 테스트를 수행한다. 테스트는 코드를 확인하면서 테스트를 수행하는 화이트박스 테스트와 코드 없이 실행 파일만으로 테스트하는 블랙박스 테스트로 크게 구분할 수 있다. 이번 장에서는 먼저 코드를 기반으로 수행하는 화이트박스 테스트에 대하여 살펴보기로 한다.

01 테스트 개요

일반적으로 테스트를 설명할 때 V&V, 즉 Verification(검증)과 Validation(검사)을 언급한다. [그림 14-1]에서 나타낸 것과 같이, Verification은 이전 단계의 결과물과 현재 단계의 결과물이 동일한지를 확인하는 활동이라면 Validation은 산출물이 사용자의 요구사항을 충족하는지를 확인하는 활동이다.

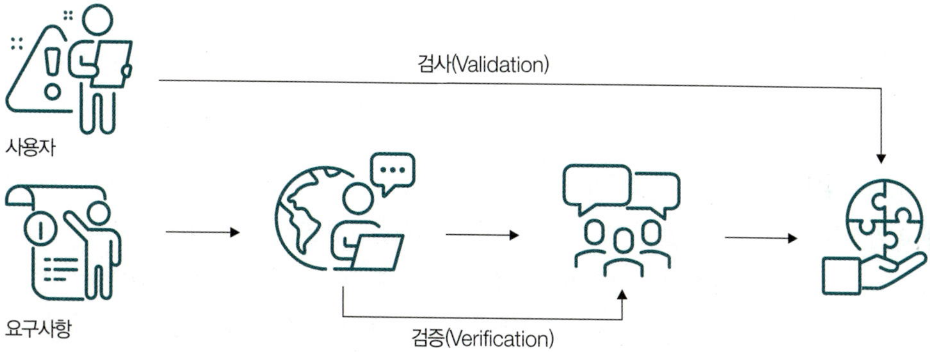

그림 14-1 소프트웨어 검사와 검증의 의미

소프트웨어 V&V 활동은 크게 정적 활동과 동적 활동으로 구분된다. 정적 활동은 소프트웨어를 실행하지 않고 정적인 형태로 V&V 활동을 수행하는 것이다. 대표적인 정적 활동으로 리뷰, 코드 리딩reading, 프로그램 증명proving 등이 있다. 동적 활동은 코드를 실행하면서 그 과정을 살펴보는 것으로, 소프트웨어 테스트가 이 활동에 속한다. 이러한 V&V 활동을 수행하는 목적은 무엇인가? 소프트웨어 산출물에 내재된 오류나 결함을 찾아 품질 좋은 소프트웨어를 개발하기 위함이다.

1 소프트웨어 테스트

동적인 V&V 활동인 소프트웨어 테스트의 목적은 무엇인가? 기본적으로는 사용자가 의도한 결과와 소프트웨어 실행 결과에 차이가 있는지를 식별하려는 것이다. 이를 통해 소프트웨어의 정확성, 신뢰성, 성능을 높이려는 것이다. 소프트웨어 테스트는 기본적으로 다음과 같은 세 가지 활동으로 수행된다.

- 대상 소프트웨어를 테스트하기 위한 입력 데이터를 준비한다.
- 입력 데이터를 이용하여 소프트웨어를 실행하고 결과를 모니터링한다.
- 의도된 결과와 실제 실행 결과를 비교한다.

위와 같은 과정을 거쳐 소프트웨어 테스트를 수행할 때, 정상적으로 실행되는 입력 데이터만 이용하여 테스트를 수행하는 경우, 소프트웨어에 내재된 오류나 결함은 찾기 어렵다. 프로그램 개발자가 정상적인 실행에 대해서는 충분히 고려하여 소프트웨어를 개발하였기 때문이다. 따라서 정상적이지 않은 데이터들도 입력 데이터의 범주에 포함해야 한다.

또한 입력 데이터 준비 시 데이터양도 고려 대상이다. 예를 들어 정수형인 입력 변수 X가 있다고 가정할 때, X에 입력할 수 있는 모든 경우를 고려한다면 32비트의 워드 사이즈에서 2^{32}만큼 가능하다. 물론 정상적인 상황이라는 전제가 붙는다. 아주 단순한 프로그램이라 하더라도 모든 경우의 수를 테스트한다면 프로그램에 오류가 존재하지 않는다고 말할 수 있으나, 모든 경우의 수를 테스트한다는 것은 현실적으로 불가능하다. 다음 예를 생각해보자.

- 주어진 문제: 2개의 정수형 입력 X와 Y를 비교하는 모듈을 테스트한다.
- 가정 사항
  - 워드 사이즈는 32비트로 가정한다.
  - 처리기[CPU]가 두 입력에 대한 비교 연산 하나를 수행하는 데 0.1μs가 소요된다.

위와 같은 상황에서 변수 X와 Y에 대하여 모든 가능한 입력을 테스트하려면 시간이 얼마나 걸릴까? 변수 X와 Y가 각각 가능한 입력이(물론, 정상적인 경우에 한하여) 2^{32}개씩 존재하기 때문에 모든 가능한 입력의 조합은 2×2^{32}이 된다. 테스트 수행을 완전 자동화하여 수행한다고 할 때, 2×2^{32}을 처리하는 데 58,494년이 필요하다.

위의 예에서 알 수 있듯이, 전수 테스트를 하여 오류가 존재하지 않는다는 것을 증명할 수는 없다. 따라서 입력 데이터의 샘플Sample을 적절히 선택하고, 이를 이용하여 테스트를 수행할 수밖에 없다.

2 테스트 케이스와 테스트 오라클

소프트웨어를 테스트하기 위한 입력 데이터를 어떻게 작성해야 할까? 앞서 설명했듯이, 모집단에서 샘플링하여 테스트에 사용할 적정 규모의 입력 데이터를 준비해야 한다. 이때 모집단으로부터 무작위로 샘플을 선택한다면 테스트를 통해 결함을 잘 찾아낼 수 있는지 고민해야 한다. 즉, 결함을 잘 찾아낼 수 있는 테스트 데이터를 선택하는 것이 무엇보다도 중요하다.

일반적으로 테스트를 수행하기 위한 입력 데이터를 테스트 케이스Test Case라고 부른다. 앞서 테스트가 입력 데이터를 통한 실행 결과를 모니터링하여 실행 결과와 예상 결과를 비교하는 활동이라고 설명했다. 즉, 입력 데이터들에 대한 예상 결과가 필요하다. 테스트 케이스는 입력 데이터와 예상 결과의 쌍으로 정의한다. 테스트 케이스를 명세하기 위한 항목은 다음과 같다.

- 테스트 케이스 식별자(예: T1, T2, T3, ...)
- 테스트 항목(예: 비교 연산 모듈)
- 입력 데이터(예: X = 10, Y = 20)
- 예상 결과(예: 거짓/참)
- 기타 사항(테스트를 수행하기 위해 요구되는 장비나 특별한 절차)

소프트웨어 테스트에서 테스트 케이스와 함께 고려해야 할 것이 테스트 오라클Test Oracle이다. 테스트 오라클은 테스트 실행 결과를 검증하기 위한 메커니즘에 해당한다. 앞서 테스트 케이스가 예상 결과를 포함해야 한다고 설명하였다. 그런데 예상 결과는 어떻게 만들어내야 하는가? 직관적으로 하자면 요구사항 명세를 기반으로 예상 결과를 도출할 수 있지만, 불행하게도 요구사항 명세로부터 명확한 예상 결과를 계산하기 어려운 경우가 매우 많다. 요구사항은 대개 추상적으로 기술된 사용자 관점의 표현이므로 코드와 1:1 매칭을 하기가 쉽지 않다. 또 개발된 소프트웨어가 과도하게 복잡하거나 기존에 알려진 일반적인 소프트웨어가 아닌 경우, 주어진 입력 데이터에 대한 예상 결과를 계산 혹은 추론하기 어려울 수 있다.

간단한 프로그램이라면 쉽게 예상 결과를 작성할 수 있으므로 이때는 예상 결과와 실행 결과를 비교하여 테스트 성공Pass 및 실패Fail를 판단하면 된다. 그러나 예상 결과를 만들어내지 못하는 상황이라면 별도의 오라클을 준비해야 한다. 오라클을 생성하기 위한 소스로는 (1) 테스터Tester의 주관적인 판단, (2) 기존 유사 프로그램의 실행 결과 활용, (3) 회귀 테스트에서 사용된 테스트 결과 활용(수정에 대한 테스트인 경우), (4) 정형 명세, 즉 정형화된 수학 공식을 통한 산출 등이 있다.

3 테스트의 단계

소프트웨어 테스트를 여러 단계로 수행할 수 있는데, 이러한 단계를 잘 표현한 모델이 V 모델이다. V 모델에 대해서는 2장에서 간략히 설명하였다. V 모델을 나타내는 절차를 다시 인용하면 [그림 14-2]와 같다. 그림과 같이 테스트는 단위 테스트, 통합 테스트, 시스템 테스트, 인수 테스트 등으로 구분되어 수행된다.

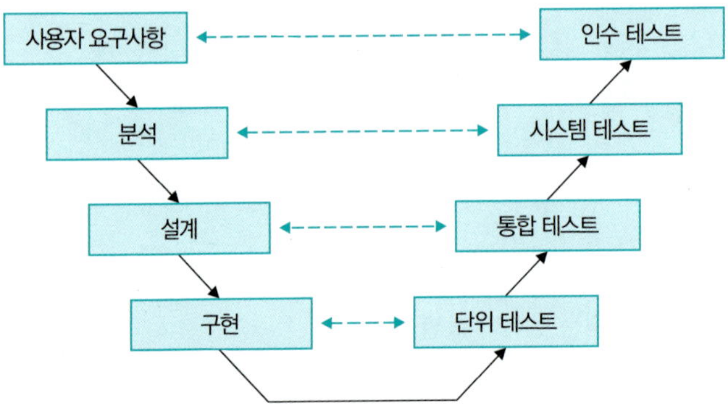

그림 14-2 V 모델의 테스트 단계

- **단위 테스트**Unit Testing

  단위 테스트는 소프트웨어를 구성하는 단위, 즉 모듈/함수를 중심으로 테스트하는 활동이다. 따라서 모듈 내부를 구성하는 프로그램에 존재할 수 있는 결함을 찾아내는 것이 목적이다.

- **통합 테스트**Integration Testing

  통합 테스트는 단위 테스트가 종료된 모듈들을 하나씩 통합하면서 수행하는 테스트다. 모듈의 내부 로직에 대한 테스트가 수행되었기 때문에 통합 테스트에서는 모듈 간의 인터페이스 정확성이 주 관심 사항이다.

■ **시스템 테스트**System Testing

시스템 테스트는 개발된 소프트웨어를 테스트하는 것이다. 먼저 개발자 환경에서 통합된 소프트웨어를 테스트하는 소프트웨어 테스트 활동을 진행한다. 그리고 실제로 소프트웨어가 운영될 하드웨어 환경을 갖추어 테스트하는 시스템 테스트 활동을 진행한다.

■ **인수 테스트**Acceptance Testing

인수 또는 수락 테스트는 사용자 환경에서 개발된 소프트웨어를 테스트하는 활동이다. 사용자가 요구한 기능을 하나씩 실행시키는 데모 형식으로 진행된다.

V 모델에는 없지만, 추가 테스트 활동으로 회귀 테스트Regression Test가 있다. 회귀 테스트는 소프트웨어 테스트 과정에서 발견된 결함을 수정하고 난 후에 수행하는 테스트, 소프트웨어 운영 과정에서 결함을 수정하거나 기능 개선으로 코드가 변경된 경우에 수행하는 테스트를 의미한다.

단위 테스트나 통합 테스트를 수행하는 과정에서 사용하는 테스트 지원 프로그램이 있다. [그림 14-3]은 테스트 지원 프로그램인 테스트 스텁Stub과 테스트 드라이버Driver를 의미 구조로 표현하는 것이다.

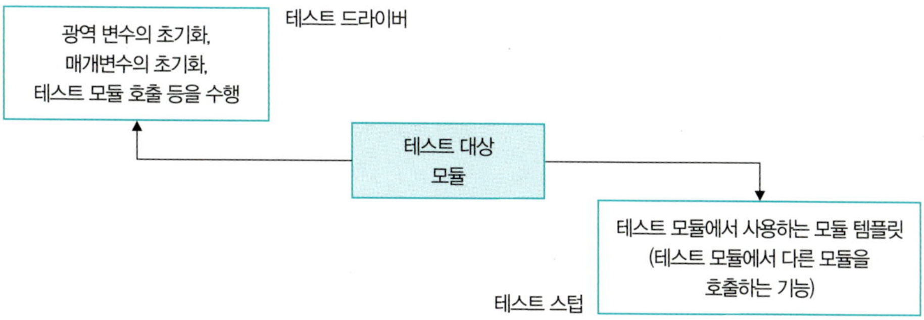

그림 14-3 테스트 수행을 위한 스텁과 드라이버의 역할

[그림 14-3]과 같이 하나의 대상 모듈Unit under Test을 테스트하려면 모듈을 호출하고, 호출된 모듈로 매개변수를 전달하는 작업을 선행해야 한다. 이를 수행하기 위해 개발된 테스트 코드가 테스트 드라이버다. 이렇게 테스트 모듈 내에 다른 모듈을 호출하는 부분이 존재한다면, 호출되는 모듈의 실행을 통해 결과를 받는 부분도 필요하다. 이를 지원하기 위해 개발된 테스트 코드가 스텁이다. 테스트 드라이버와 테스트 스텁을 만드는 것은 단위 테스트나 통합 테스트에서 중요한 활동이지만, 테스트를 위해 이들을 만드는 작업에도 상당한 시간이 소요된다. 그래서 최근에는 드라이버와 스텁을 자동으로 생성하는 도구들이 활용되고 있다.

02 코드 기반 테스트 케이스 생성 기법

화이트박스White-Box 테스트는 코드를 실제로 수행하지 않고 구현된 코드의 구조만 고려하여 테스트 케이스를 생성하는 방법이다. 그래서 화이트박스 테스트를 구조적 테스트Structural Test라고도 한다.

1 제어 흐름 그래프

제어 흐름 그래프Control Flow Graph는 소스 코드를 입력하여 코드의 실행 시작부터 종료 지점까지의 제어 흐름을 플로우차트Flowchart로 표현한 것이다. 화이트박스 테스트를 수행하려면 제어 흐름 그래프를 먼저 작성해야 한다. [그림 14-4]는 제어 흐름 그래프를 생성하기 위한 예제 코드를 보여준다.

```
01  insertion_procedure (int a[], int p[], int N)
02  {
03      int i, j, k;
04      for (i=0; i<=N; i++) p[i] = i;
05      for (i=2; i<=N; i++)
06      {
07          k = p[i];
08          j = 1;
09          while (a[p[j-1]] > a[k]) { p[j] = p[j-1]; j--; }
10          p[j] = k;
11      }
12  }
```

그림 14-4 제어 흐름 그래프를 생성하기 위한 예제 코드

위 코드에 대하여 제어 흐름 그래프를 생성하기 위해, 먼저 [그림 14-5]의 (a)와 같이 의미 있는 문장에 고유 번호를 부여한다. 특히 반복을 나타내는 for 문에서는 조건절을 각각의 문장으로 분리하여 번호를 부여하였다. 07~08행은 순차적인 수행이어서 결코 다른 경로로 이탈

하지 않기 때문에 ❺로 통합하여 하나의 식별 번호를 부여하였다. 이를 기반으로 생성된 제어 흐름 그래프는 (b)와 같다.

```
insertion_procedure (int a[], int p[], int N)
{
  ❶ int i, j, k;
  ❷ for (ⓐi=0; ⓑi<=N; ⓒi++)
  ❸      p[i] = i;
  ❹ for (ⓐi=2; ⓑi<=N; ⓒi++)

  ❺      k = p[i]; j = 1;
  ❻      while (a[p[j-1]] > a[k]) {
  ❼           p[j] = p[j-1];
  ❽           j--;
         }
  ❾      p[j] = k;
  ❿ }
}
```

(a) [그림 14-4]에 고유 번호를 부여한 코드

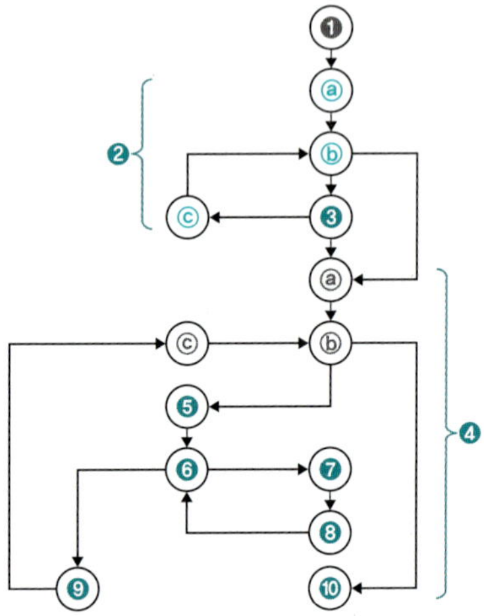

(b) 그림 (a)의 제어 흐름 그래프

그림 14-5 제어 흐름 그래프 예

실습 14-1 제어 흐름 그래프 작성해보기

선택 정렬Selection Sorting을 수행하는 함수의 소스 코드를 구하여, 이를 입력으로 하는 제어 흐름 그래프를 생성해봅시다.

(1) 어떤 언어로 작성된 소스 코드를 얻었는가?
(2) 제어 흐름 그래프 작성에서 얻은 그래프의 노드Node 수는 몇 개인가?
(3) 제어 흐름 그래프에 나타나는 노드의 개수를 줄일 수 있는 방법은 무엇인가?

2 경로 기반 테스트 케이스 생성

제어 흐름 그래프를 기반으로 테스트 케이스를 생성할 수 있다. 테스트 케이스를 생성할 때 고려할 사항은 '그 테스트 케이스가 전체 코드를 어느 정도 커버하는가'다. 다시 말해서 테스트를 위한 준비 데이터가 입력으로 주어졌을 때 코드를 구성하는 문장과 제어 흐름을 모두 거쳐 가는가를 고려해야 한다. 이는 테스트 케이스의 커버리지Coverage로 정의되는데, 테스트 케이스 생성 기법에 따라 커버리지가 결정될 수 있다.

제어 흐름 그래프의 경로Path를 기반으로 테스트 케이스를 생성하는 것은 코드를 구성하는 문장과 분기를 순차적으로 거쳐 가는 경로를 선택하여 테스트 케이스를 선정하는 방법이다.

문장 커버리지Statement Coverage

경로 기반 테스트 케이스를 선정하는 첫 번째 방법은 문장 커버리지다. 코드를 구성하는 모든 문장을 최소한 한 번씩은 거쳐 가야 한다는 조건을 만족하도록 패스Path를 선택하는 것이다.

코드를 구성하는 모든 문장을 한 번씩 거쳐 가면 문장 커버리지를 100% 달성하는 것이지만, 이것이 곧 프로그램에 오류가 없음을 보장하지는 않는다. 물론 어떤 임의의 문장을 거쳐 가지 않는 것보다는 훨씬 좋은 전략이다. [그림 14-6]에 주어진 소스 코드와 제어 흐름 그래프는 문장 커버리지를 설명하기 위한 예제다.

```
int select(int A[], int N, int X)
{
    int i=0;
    while (i<N or A[i]<X)
    {
        if (A[i]<0)
            A[i] = -A[i];
        i++;
    }
    return(1);
}
```

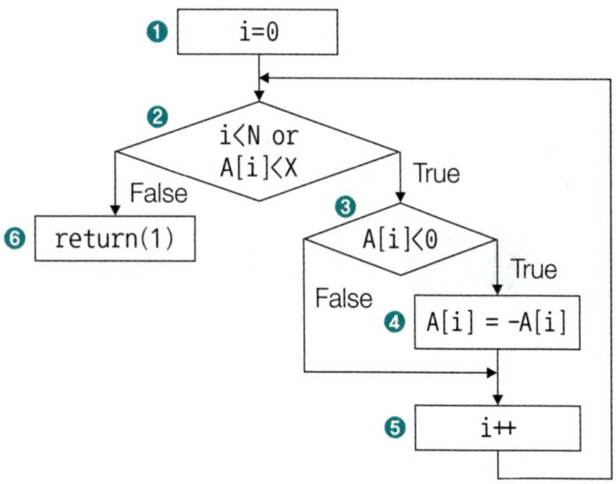

그림 14-6 문장 커버리지를 설명하기 위한 예제: 소스 코드와 제어 흐름 그래프

[그림 14-6]에서 왼쪽의 코드가 오른쪽과 같은 제어 흐름 그래프로 표현되었다. 제어 흐름 그래프에서 모든 문장을 한 번씩 거쳐 가는 경로를 선택하면 다음과 같다.

문장 커버리지: ❶ – ❷ – ❸ – ❹ – ❺ – ❷ – ❻

위와 같이 단지 하나의 경로만으로 코드의 모든 문장을 한 번씩 거쳐 갈 수 있음을 알 수 있다. 이러한 경로를 거쳐 가는 테스트 데이터를 생성하여 테스트를 수행하면 100% 문장 커버리지를 달성할 수 있다.

분기 커버리지Branch Coverage

분기 커버리지는 모든 분기를 적어도 한 번씩은 거쳐 가도록 패스를 선정하는 방법이다. 분기 제어 구조는 if 문, switch 문, for 문, while 문 등에서 나타난다. if 문의 경우 참과 거짓의 두 경로가 각각 한 번씩 선정되어야 하며, switch 문에서는 모든 case 문과 default 문이, for 문이나 while 문에서는 적어도 한 번 루프loop의 내부가 실행되어야 한다.

100% 문장 커버리지를 수행했다 하더라도 모든 분기가 포함되는 것은 아니기 때문에 분기 커버리지를 별도로 고려할 필요가 있다. 그러나 100% 분기 커버리지를 달성했어도 프로그램에 오류가 없음을 보장하는 건 아니다. [그림 14-6]에서 100% 분기 커버리지를 달성하는 패스 선정은 다음과 같다.

분기 커버리지: ❶ – ❷ – ❸ – ❹ – ❺ – ❷ – ❻ [Path 1]
❶ – ❷ – ❸ – ❺ – ❷ – ❻ [Path 2]

동일한 예제에서 분기 커버리지로 2개의 패스가 선정되었음을 알 수 있다. 따라서 이 두 가지 경로에 해당되는 테스트 케이스를 준비해야 한다.

실습 14-2 선택 정렬 알고리즘에 대한 분기 커버리지 찾기

[실습 14-1]에서 선택 정렬 알고리즘에 대한 제어 흐름 그래프를 작성하였다. 그래프를 이용하여 분기Branch 커버리지를 만족하는 테스트 케이스를 생성해봅시다.

(1) 선택 정렬 알고리즘에서 찾아낸 분기 커버리지의 경로는 무엇인가?
(2) 함수의 입력 변수(매개변수)에 따라 분기 커버리지를 만족하는 테스트 케이스를 생성한다.

데이터 흐름 커버리지Data Flow Coverage

데이터 흐름 커버리지는 소스 코드에 나타나는 변수 선언과 변수 사용에 의존하여 테스트 데이터를 선정하는 방법이다. 따라서 제어 흐름 그래프에서 각 노드는 변수의 선언과 사용 관점에서 표현되어야 한다. 데이터 커버리지를 결정하는 기준은 다음과 같다.

- All-Defs: 선언된 모든 변수를 적어도 한 번 사용하는 경로까지 테스트해야 하는 경우
- All-Uses: 선언된 하나의 변수를 사용하는 모든 지점까지 테스트해야 하는 경우
- All-DU: 선언된 모든 변수를 사용하는 모든 지점까지를 커버해야 하는 경우

[그림 14-7]은 데이터 흐름 커버리지를 기준으로 경로를 선택하는 예제를 보여준다.

```
int select(int A[], int N, int X)
{
    int i=0;
    while (i<N or A[i]<X)
    {
        if (A[i]<0)
            A[i] = -A[i];
        i++;
    }
    return(1);
}
```

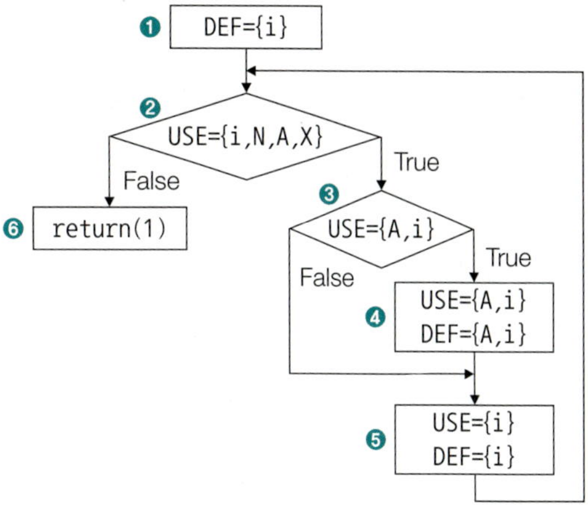

그림 14-7 데이터 흐름 커버리지 예제: 소스 코드와 제어 흐름 그래프

[그림 14-7]에서 보는 것과 같이 오른쪽의 제어 흐름 그래프는 각 노드의 내용이 DEF, USE의 항목들로 표현되었다. 이는 소스 코드의 변수가 선언되었는지 혹은 사용되었는지를 나타낸다. 코드에 사용되는 변수를 기준으로 All-Defs에 대한 경로를 선정하면 다음과 같다.

데이터 흐름 커버리지(All-Defs):

변수 i에 대하여: ❶ – ❷ 또는 ❹ – ❺ [2 Path]

변수 A에 대하여: ❹ – ❺ – ❷ [1 Path]

위와 같이 All-Defs를 기준으로 데이터 흐름 커버리지에 근거한 경로를 선정하는 경우, 두 변수 i와 A에 대해 3개의 경로가 선정됨을 알 수 있다.

조건 커버리지Condition Coverage

조건 커버리지는 조건문에 대하여 모든 가능한 결과가 적어도 한 번씩은 나타날 수 있도록 테스트 케이스를 준비하는 방법이다. 일반적으로 하나의 조건이 OR 연산에 의한 복합 조건문으로 기술된 경우, 실행 과정에서 단순히 OR 연산의 앞쪽 조건을 참으로 판단하면 뒤쪽 조건을 평가하지 않는 경우가 대부분이다. 따라서 뒤쪽 조건에 의해 문제가 발생하는 경우를 탐지하는 상황이 발생한다.

이러한 문제를 해결하기 위해 조건 커버리지가 제기되었다. 조건 커버리지에서는 진리표에 나타날 수 있는 모든 경우에 대하여 테스트 케이스를 준비해야 한다. [그림 14-6]의 제어 흐름 그래프에 나타난 (2)번 노드는 (i<N or A[i]<X)의 조건을 가지고 있다. 따라서 [표 14-1]과 같이 해당 조건에 대하여 네 가지 테스트 케이스를 선정해야 한다.

표 14-1 조건 커버리지의 테스트 케이스 선정 예

선 조건	후 조건	진리 값		i	N	A[i]	X
i<N	A[i]<X	True	True	1	10	2	100
		True	False	1	10	200	100
		False	True	20	10	2	100
		False	False	20	10	200	100

다수 조건 분기 커버리지MC/DC Coverage

다수 조건 분기 커버리지Multiple Condition/Decision Coverage는 조건 커버리지와 분기 커버리지를 동시에 만족하는 테스트 케이스를 생성하기 위한 방법이다. 따라서 MC/DC 커버리지는 조건식을 판단하기 위한 모든 조건에 대하여 최소한 한 번씩 참과 거짓이 고려되어야 하며, 각 조건이 전체 진리 값의 결정에 영향을 미친다는 것을 보여야 한다.

조건 커버리지에서는 각 조건식에 대하여 참과 거짓을 모두 나열하여 테스트 케이스를 생성할 수 있었다. 그러나 MC/DC 커버리지에서는 각 독립적인 조건식이 전체 조건의 판단에 영향을 미치는 경우를 고려하도록 하여, 전체적으로 영향을 미치지 않는 경우에는 테스트 케이스에서 제외한다.

예를 들어 (i<N && A[i]<X)의 조건을 생각해보자. 이 조건문에서 개별 조건식인 i<N과 A[i]<X이 각각 참과 거짓을 갖도록 설계하면, 조건 커버리지를 만족시킬 수 있다. 즉 다음과 같은 경우를 생각할 수 있다.

	조건 A: i < N	조건 B: A[i] < X	조건 C: (A) && (B)
Case 1	1	1	1
Case 2	1	0	0
Case 3	0	1	0
Case 4	0	0	0

위의 표에서 조건 A가 참인 경우(Case 1과 Case 2), 조건 B의 평가 결과에 따라 최종 조건문인 C 값이 변경됨을 알 수 있다. 따라서 이 경우에는 모두 테스트 대상이 되어야 한다. 그런데 Case 3과 Case 4는 조건 B의 값이 바뀌어도 조건 C의 값이 변하지 않는다. 또한 B의 값이 0인 경우(Case 2와 Case 4), 조건 A의 값이 변해도 조건 C의 값은 변하지 않는다. 따라서 어떠한 변화에도 최종 판단에 영향을 미치지 않는 Case 4는 테스트 케이스에서 삭제될 수 있다. 이와 같이 MC/DC 방법은 조건 커버리지에서 고려하는 테스트 케이스 조합의 수를 줄이면서 개별 조건식에 대한 테스트를 수행할 수 있도록 고안된 기법이다.

03 오류 기반 테스트

오류 기반 테스트 기법은 프로그래밍 과정에서 개발자의 실수가 잠재적으로 내재되었는지를 평가하기 위한 목적으로 수행하는 테스트 기법이다. 따라서 프로그래머가 만들어내기 쉬운 결함을 찾는 데 목적이 있다. 이런 오류들은 기존에 빈번히 발생한 프로그래머의 실수에 대한 히스토리, 오류 발생이 쉬운 문법적 요소의 목록, 응용 영역의 특성을 반영하는 예측 가능한 오류 등을 기반으로 도출될 수 있다.

오류 기반 테스트 기법을 적용한 대표적인 테스트 케이스 생성 방법은 뮤턴트 커버리지Mutant Coverage다. 뮤턴트 커버리지는 원본 코드에서 프로그래머가 실수하기 쉬운 부분에 결함을 주입하여 뮤턴트 코드를 생성하는 것이다. 즉, 원본 코드에 나타나는 요소(변수, 연산자 등)들을 다른 것으로 대체하여 뮤턴트를 생성한다. 뮤턴트 코드를 생성하기 위해 대체할 수 있는 코드 요소(뮤턴트 생성자)들은 다음과 같다.

- 논리 연산자의 대체(예: && 연산자를 || 연산자로 대체)
- 관계 연산자의 대체(예: <= 연산자를 < 연산자로 대체)
- 문장 삭제
- 단항 연산자의 삽입(예: 양의 정수를 갖는 변수 X를 −X로 대체)
- 배열 참조에 대한 대체(예: A[i]를 A[i − 1]로 대체)
- 산술 연산자의 대체(예: a + b를 a − b로 대체)

이외에도 뮤턴트 생성자로 쓸 코드 요소가 있을 수 있다. 뮤턴트 기반의 테스트 개념은 [그림 14-8]과 같이 나타낼 수 있다.

그림 14-8 뮤턴트 기반 테스트의 개념

[그림 14-8]에서 흰색 물고기는 정상적인 코드 요소이고, 진한 별색 물고기는 잠재적인 결함이라고 예상되는 코드 요소다. 여기에 임의로 결함이 있는 물고기(흐린 별색 물고기)를 주입한 후 결함 물고기를 낚아내면 잠재적 결함이 함께 올라올 수 있다는 개념이다.

이와 같은 개념에서는 결함 물고기, 즉 뮤턴트 생성자를 적절하게 배치하는 것이 관건이다. 예를 들어 다음과 같은 코드를 생각해보자.

```
01 int main() {
02     int num[]={3,2,4,1};  //초깃값
03     int i, j, temp;
04
05     for(i=0; i<3; i++)  {
06         for(j=0; j<3; j++)  {
07             if(num[j] > num[j+1])  {
08                 temp = num[j];
09                 num[j] = num[j+1];
10                 num[j+1] = temp;
11             }
12         }
13     }
14 }
```

```
01 int main() {
02     int num[]={3,2,4,1};  //초깃값
03     int i, j, temp;
04
05     for(i=0; i<=3; i++)  {
06         for(j=0; j<3; j++)  {
07             if(num[j] > num[j+1])  {
08                 temp = num[j];
09                 num[j] = num[j+1];
10                 num[j+1] = temp;
11             }
12         }
13     }
14 }
```

그림 14-9 원본 소스 코드(왼쪽)로부터 생성된 뮤턴트 코드(오른쪽)

[그림 14-9]에서 왼쪽은 원본 소스 코드다. 이 소스 코드에 관계 연산자를 대체하는 뮤턴트 생성자를 적용하여 05행의 조건문 i<3;을 i<=3;로 대체한 뮤턴트 코드를 생성할 수 있다.

이와 같은 방법으로 뮤턴트 코드를 생성한다고 할 때, 100% 커버리지에 해당하는 뮤턴트 커버리지를 생성하기는 꽤 까다롭다. 따라서 뮤턴트 코드를 생성하기 위한 생성자를 잘 찾아내서 정의하는 것이 중요하다.

뮤턴트 커버리지의 테스트 케이스는 해당 뮤턴트 생성자를 포함하는 실행 경로에 대하여 테스트 케이스를 생성하는 것이다. 테스트 케이스를 이용하여 원본 소스 코드와 뮤턴트 코드를 각각 실행한다. 이때 원본 소스 코드와 뮤턴트 소스 코드의 실행 결과가 동일하다면, 원본 소스 코드에 결함이 존재하는 것이다. 만약 두 코드의 실행 값이 동일하지 않다면 생성한 뮤턴트 코드는 삭제한다. 이 경우, 해당 뮤턴트 생성자는 원본 코드의 값이 올바르게 작성된 코드임을 확인해주는 역할을 한 것이다.

04 동적 심볼릭 테스트

동적 심볼릭 테스트 기법은 소스 코드를 기반으로 하는 테스트 케이스를 선정하여 프로그램 내에 존재하는 버그를 찾아내는 데 목적이 있다. 동적 심볼릭 테스트는 다른 말로 콘콜릭Concolic 테스트라고도 하는데, Concolic은 Concrete와 symbolic의 합성어다. 단어에서 유추할 수 있듯이, 콘콜릭concolic 테스트는 특정 입력에 따라서 실행되는 전통적인 실행concrete execution 기반 테스트와 프로그램의 변수 값을 심볼로 대체하여 실행하는 기호 실행Symbolic execution 기반 테스트를 혼합한 기법이라고 할 수 있다.

1 기호 실행

기호 실행Symbolic Execution은 실제 입력값을 이용하여 프로그램을 실행시키는 대신 입력에 대한 기호 값을 기반으로 프로그램 실행을 진행하는 방법이다. 기호 실행을 쉽게 이해하기 위하여 다음 코드의 기호 실행 과정을 살펴보기로 한다. 우리는 이 코드를 통해 fail() 함수에 도달할 수 있는 입력값으로 무엇을 제공해야 하는지 결정하기를 원한다.

```
01  y = read();
02  y = 2 * y;
03
04  if (y == 12) {
05    fail();
06  }
07
08  success();
```

위의 코드에서 01행 문장의 read() 함수에 의해 입력되는 값을 S라고 할때, 위의 코드는 다음과 같이 다시 작성될 수 있다.

```
01  y = S;
02  y = 2 * S;
03
04  if (2S == 12) {
05    fail();
06  }
07
08  success();
```

따라서 04행 문장에서 조건 2S = 12를 만족시키기 위하여 결정되어야 하는 S값은 6임을 알 수 있다. 이처럼 심볼 S를 이용하여 문장을 대체해가면 특정 문장에서 원하는 값을 쉽게 알 수 있게 된다.

2 콘콜릭 실행

[그림 14-10]은 콘콜릭 실행Concolic Execution의 기본 개념을 기반으로 콘콜릭 테스트를 수행하는 과정을 설명하기 위한 예제 코드다. 이 코드를 이용하여 테스트를 수행해보자. 콘콜릭 테스트를 수행하려면 SMTSatisfiability Modulo Theories Solver가 필요하다. SMT는 어떤 제약 사항이 주어졌을 때, 모든 가능한 조합을 고려하여 만족할 만한 해를 결정해주는 기능으로, 콘콜릭 테스트에서는 실제 사용할 입력 값을 계산하는 기능을 수행한다. 콘콜릭 테스트의 예제를 설명하기 위하여 다음과 같은 세 가지 변수를 사용한다.

- CSConcrete Store: 코드의 특정 지점에 있는 실제 값을 저장하는 변수
- SSSymbolic Store: 코드의 특정 지점에 있는 심볼 값을 저장하는 변수
- PCPath Constraints: 특정 지점에서 만족되어야 하는 분기 조건을 저장하는 변수

```
int twice (int v) {
  return (2 * v);
}

void test (int x, int y) {
  z = twice (y);
  if (x == z) {
    if (x > y+10)
      print(Error!);
  }
}

int main() {
  x = read();
  y = read();
  test (x, y);
  return 0;
}
```

그림 14-10 콘콜릭 테스트를 위한 예제 코드

[그림 14-10]의 예제 코드에 대한 테스트는 09행에 존재하는 Error! 출력문을 실행하기 위한 적절한 입력값을 찾아내고, 이를 입력으로 실행하여 해당 문장까지 도달하는지를 검사하는 것이 목적이다.

❶ main 함수를 시작으로 14행과 15행 문장을 통해 두 값을 읽어 들였다고 가정하자. 이때 입력되는 구체적인 실행 값은 임의의 값 2와 1로 가정한다. 또한 PC 값은 초기에 참[true]으로 주어진다. 15행 문장이 실행된 후에 콘콜릭 변수 값은 다음과 같다.

CS	SS	PC
x → 2, y → 1	x → x0, y → y0	true

❷ 16행 문장에 의해 test() 함수가 호출되고, 제어가 이동한 다음 06행 문장의 twice() 함수가 실행된 후에 콘콜릭 변수 값은 다음과 같다.

CS	SS	PC
x → 2, y → 1, z → 2	x → x0, y → y0 z → 2 * y0	true

❸ 07행 문장의 조건(x == x)이 참으로 실행되면 다음 변수 값이 저장된다. CS와 SS의 값에는 변화가 없지만 PC 값이 변경되었다.

CS	SS	PC
x → 2, y → 1, z → 2	x → x0, y → y0 z → 2 * y0	x0 = 2 * y0

❹ 08행 문장의 조건(x > y + 10)이 참으로 결정되면 09행 문장이 실행된다. 08행 문장이 실행된 후에 콘콜릭 변수 값은 다음과 같다.

CS	SS	PC
x → 2, y → 1, z → 2	x → x0, y → y0 z → 2 * y0	(x0 = 2 * y0) ∧ (x0 > y0 + 10)

이 시점에서 SMT Solver는 PC를 만족하는 x0와 y0 값을 찾아낸다. 즉, 조건 (x0 = 2 × y0) ∧ (x0 > y0 + 10)을 만족하는 값을 찾는다. 선 조건에 따라 x0는 y0의 2배여야 하며, 후 조

건에 따라 x0는 최소한 10보다는 큰 수가 될 것이다. 이러한 선 조건과 후 조건을 만족하는 값을 찾으면 x0 = 30, y0 = 15임을 알 수 있다. 이 두 값을 입력으로 넣어 [그림 14-10]의 코드를 실행하면 09행 문장에 도달함을 알 수 있다. 이때 문장 커버리지는 100%에 해당된다.

위와 같은 콘콜릭 테스트를 수행한다면 자동화된 테스트 도구를 사용하는 것이 좋다. 규모가 큰 코드에서 수동으로 CS, SS, PC 값을 찾아내는 것은 쉬운 작업이 아니다. 지원 도구로 다음과 같은 것들이 제시되고 있다.

- jCUTE: 버클리 대학UC Berkeley의 자바용 연구 전용 라이선스 도구
- CREST: CUTE를 대체하고 C 언어를 지원하는 오픈 소스 솔루션
- KLEE: 스탠퍼드 대학Stanford University에서 제공하는 오픈 소스 솔루션
- CATG: 자바용 오픈 소스 솔루션(BSD 라이선스)

콘콜릭 테스트를 이용하면 테스트를 수행할 데이터를 결정하는 과정이 신속하게 이루어질 수 있으며, 오류도 보다 신속하게 검출할 수 있어 코드 기반 테스트에 많이 사용되고 있다. 특히 SMT에 의한 적절한 솔루션을 찾아내는 데 기계 학습과 같은 방법을 적용하기도 한다.

프로젝트 XII **프로젝트 개발 코드에 대하여 화이트박스 테스트 실행하기**

진행 중인 프로젝트가 마감되는 시점이 다가오고 있습니다. 이번 단계에서는 개발된 소스 코드에 대하여 화이트박스 테스트를 수행해봅시다. 화이트박스 테스트 기법 중 MC/DC 기법을 이용하여 테스트 케이스를 작성하고 테스트를 수행합니다.

(1) 프로젝트에서 개발된 핵심적인 함수들을 팀원들에게 1개씩 배분한다.
(2) 배분된 모듈에 대하여 MC/DC 기반의 테스트 케이스를 생성한다.
(3) 테스트 수행 결과를 위하여 필요한 테스트 드라이버와 테스트 스텁을 생성한다.
(4) 테스트 수행 결과를 통합하고, 상호 비교한다.

연습문제

01 소프트웨어 테스트에 대한 설명으로 적합한 것은?

① 테스트를 통해 소프트웨어에 존재하는 모든 결함을 찾아낼 수 있다.

② 테스트는 소프트웨어가 항상 정확하게 동작한다는 것을 증명하는 활동이다.

③ 테스트는 일반적으로 코드 개발자가 아닌 다른 전문가가 수행해야 한다.

④ 검증Verification은 사용자 요구사항을 충족하는지 확인하는 과정이다.

02 테스트를 중심으로 하는 소프트웨어를 개발하고자 할 때, 가장 적합한 프로세스 모델은?

① 폭포수 모델 ② 나선형 모델

③ V 모델 ④ 프로토타입 모델

03 소프트웨어를 테스트하기 위한 테스트 케이스의 구성 항목과 거리가 먼 것은?

① 테스트 케이스 식별자 ② 테스터 성명

③ 입력 데이터 ④ 예상 결과

04 소프트웨어의 단위 테스트를 수행할 때, 단위 모듈을 호출하거나 함수의 매개변수 값을 전달하는 역할을 수행하기 위해 개발되는 테스트 코드는?

① 테스트 드라이버Test driver ② 테스트 스텁Test stub

③ 테스트 벤치Test bench ④ 테스트베드Testbed

05 화이트박스 테스트를 위한 테스트 케이스 생성에서 코드 내의 모든 조건 분기가 최소 한 번씩은 실행되어야 하는 조건을 만족하는 커버리지는?

① 문장 커버지지Statement Coverage

② 분기 커버리지Branch Coverage

③ 조건 커버리지Condition Coverage

④ 데이터 커버리지Data Coverage

06 오류 기반 테스트 기법에서 뮤턴트를 생성하는 연산자로 가장 적절하지 않은 것은?

① 주석 식별자 ② 관계 연산자

③ 산술 연산자 ④ 문장 제거

07 다음 테스트 기법 중 성격이 다른 하나는?

① 문장 커버리지Statement Coverage

② 뮤턴트 커버리지Mutant Coverage

③ 분기 커버리지Branch Coverage

④ 데이터 커버리지Data Coverage

08 다음 코드에 대하여 제어 흐름 그래프를 작성하고, 이를 이용하여 문장 커버리지를 100% 달성하기 위해 선택해야 하는 경로 수가 몇 개인지 답하시오.

```
int Sorting(int *num) {
  int i, j, temp;
  for(i=0; i<3; i++) {
     for(j=0; j<3; j++) {
        if(num[j] > num[j+1]) {
           temp = num[j];
           num[j] = num[j+1];
           num[j+1] = temp;
        }
     }
  }
}
```

09 콘콜릭Concolic 테스트를 실행하기 위해 요구되는 세 가지 변수를 제시하고, 이들의 쓰임새를 설명하시오.

10 본문에서 진행한 선택 정렬에 대해 화이트박스 기반 테스트를 수행하기 위하여 다음을 수행하시오.

① MC/DC 기법을 이용하여 테스트 케이스를 선정하시오.

② 뮤턴트 테스트 기법을 이용하여 테스트 케이스를 선정하시오.

③ 콘콜릭 테스트 기법을 이용하여 테스트 케이스를 선정하시오.

④ 위의 세 가지 방법으로 도출한 테스트 케이스를 비교하시오.

Chapter

15

블랙박스 테스트

학습목표

- 블랙박스 테스트의 개념 및 절차를 이해한다.
- 블랙박스 테스트를 위한 테스트 케이스 생성 방법을 학습한다.
- 시나리오 기반 테스트 케이스 생성 방법을 학습한다.
- 소프트웨어 테스트의 단계별 활동을 이해한다.

PREVIEW

소프트웨어 테스트는 테스트 케이스를 생성하는 관점에서 코드 구조를 기반으로 하는 화이트박스 테스트와 코드 구조 없이 요구사항 스펙을 기반으로 하는 블랙박스 테스트로 구분한다. 즉, 블랙박스 테스트는 구현된 코드를 확인하기 어려운 상황에서 적용하는 테스트 기법이다. 이번 장에서는 블랙박스 기반의 테스트 케이스 생성 기법에 대하여 살펴본다. 한편, 테스트 방법으로 단순히 모듈을 테스트하는 단위 테스트 이외에 통합 테스트, 시스템 테스트, 수락 테스트 등이 있다. 이는 소프트웨어 개발 단계와 비슷하게 테스트 단계로 테스트 과정을 세분화하여 테스트 대상에 대한 관심사 분할 원칙을 적용한 것이다. 각 테스트 단계의 관심사는 무엇인지에 대해서도 함께 살펴보자.

01 블랙박스 테스트 개요

테스트 케이스 생성 방법으로 화이트박스 테스트와 블랙박스Black-box 테스트가 있다. 이 중 블랙박스 테스트는 소스 코드에 대한 정보 없이 요구사항 명세만 이용하여 테스트 케이스를 생성하는 기법이다. 그래서 블랙박스 테스트를 기능적 테스트Functional Test라고도 부른다.

블랙박스 테스트는 소프트웨어의 내부 구조나 세부 작동 원리를 모르는 상태에서 소프트웨어의 동작을 검사하는 방법이다. 주로 올바른 입력과 올바르지 않은 입력을 일일이 다 동원하여 올바른 출력을 판별하는 방식으로 검사한다. 블랙박스 테스트에 필요한 것은 소프트웨어의 특징, 요구사항, 공개된 설계도 등 대외적으로 공개된 사항들이다. 검사 자체는 기능에 관한 것일 수도 있고 기능 외의 것에 관한 것일 수도 있다. 블랙박스 테스트는 단위 테스트, 통합 테스트, 시스템 테스트, 인수 테스트 등 소프트웨어 검사의 모든 단계에 적용할 수 있다.

요구사항이 정의된 명세서software requirements specification/formal functional specification에서 테스트 케이스를 추출하기 때문에 화이트박스 테스트에서처럼 패스 선택을 수행할 방법은 없다. 그럼에도 불구하고 오류를 잘 찾아낼 수 있는 테스트 케이스를 선정해야 한다. 이를 위해 블랙박스 테스트 기법에서는 다음과 같은 몇 가지 휴리스틱Heuristic을 제공한다.

- 동치 분할Equivalence Partitioning
- 경계치 커버리지Boundary coverage 분석
- 특수치 커버리지Special Value coverage 분석
- 원인/효과 커버리지(의사결정 테이블 분석)

이와 같은 휴리스틱을 이용하여 블랙박스 테스트를 수행하는 절차는 [그림 15-1]과 같이 표현할 수 있다. 먼저 계획을 수립하고 테스트의 목적과 목표를 설정한다. 이때 결함 제거를 통한 품질 향상이나 유지보수성 향상 등을 목표로 삼을 수 있다. 이와 함께 테스트 종료 조건을 정의해야 하는데, 일반적으로 '테스트 기간을 일주일로 설정한다'와 같이 기간을 중심으로 정

의한다. 또는 '모듈당 결함의 개수가 0.01개 이하가 될 때까지 수행한다'와 같이 결함 수를 기준으로 종료 조건을 정의할 수 있다.

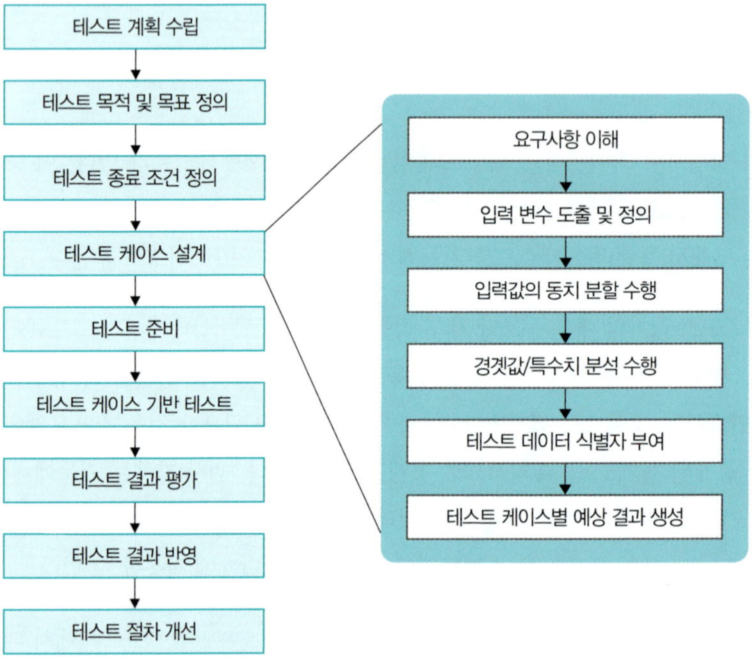

그림 15-1 소프트웨어 테스트 및 블랙박스 테스트 수행 절차

이어서 테스트 케이스 설계 활동을 진행한다. 블랙박스 테스트에서는 먼저 요구사항을 충분히 이해한 후에 프로그램에 입력되는 변수들을 확정하고, 이러한 변수들에 대하여 동치 분할을 수행한다. 동치 분할은 적절한 테스트 케이스를 샘플링하기 위한 공간을 분할하는 활동이다. 동치 분할 결과를 기반으로 경계치 분석 등을 통한 입력 변수의 테스트 데이터를 보완한 후에 각 테스트 데이터에 대한 고유 식별자를 부여한다. 식별자가 부여되면 이들에 대하여 각각 예상 결과를 산출하여 최종 테스트 케이스를 설계한다.

설계된 테스트 케이스를 기반으로 테스트를 실행하고, 실행 결과로 찾은 결함을 수정함으로써 기본적인 테스트 활동이 마무리된다. 이후 추가로, 테스트 수행 과정이 효율적·효과적이었는지 평가하는 작업을 진행한다. 이를 통해 조직의 테스트 프로세스를 개선할 수 있다.

02 기능 기반 테스트 케이스 생성 기법

블랙박스 테스트를 수행하기 위한 테스트 케이스 생성 기법은 앞서 언급했듯이 (1) 동치 분할 Equivalence Partitioning, (2) 경계치 커버리지Boundary coverage 분석, (3) 특수치 커버리지Special Value coverage 분석, (4) 원인/효과 커버리지(의사결정 테이블) 분석 등이 있다. 각 기법에 대하여 구체적으로 살펴보자.

1 동치 분할 기법

동치 분할이란 모집단 구간을 동등한 처리를 수행하는 그룹으로 분할한다는 의미다. 동치 분할은 모듈이 제공하는 인터페이스와 모듈의 기능을 중심으로 수행된다. 다시 말해, 모듈에 입력되는 데이터와 이를 이용하여 수행되는 기능 간 관계를 이용하여 테스트 데이터를 생성한다.

입력 데이터의 영역, 즉 입력 도메인은 동등한 연산에 의해 처리되는 데이터들의 부분집합으로 분할된다. 이렇게 분할된 부분집합을 동치 클래스Equivalent Class라고 부르는데, 같은 클래스에 속하는 모든 입력 데이터는 동등한 연산 과정을 통해 처리된다. 예를 들면 다음과 같은 몇 가지 상황을 고려할 수 있다.

■ **입력 조건이 일정 값의 영역을 갖는 경우**

주어진 영역의 값 범위 내에 존재하는 임의의 값과 범위 밖에 존재하는 임의의 값이 선정된다. 예를 들어, 주어진 입력 변수의 범위가 1~99의 값으로 정의되었다면 다음과 같은 테스트 데이터가 선정될 수 있다.

선정된 테스트 데이터 = {50, 120}

■ **입력 조건이 데이터 타입으로 정의된 경우**

임의의 변수가 정수형 혹은 실수형 변수로 정의되었다고 가정할 때, 위의 경우와 마찬가지로 특정 타입의 1개 데이터와 다른 타입의 1개 데이터를 테스트 데이터로 선정할 수 있다. 예를 들어, 입력 변수 X가 정수형으로 정의되었다면 다음과 같은 테스트 데이터를 선정할 수 있다. 즉, 정수형 범위 내에 존재하는 숫자 값 5와 실수형 범주에 속하는 값 5.0을 테스트하도록 정의한다.

선정된 테스트 데이터 = {5, 5.0}

■ **입력 조건이 제약 조건을 갖는 데이터 타입으로 정의된 경우**

예를 들어, 변수 Y가 정수형으로 선언되었지만 이 변수가 인덱스index 변수로 사용되는 경우 양의 정수Positive integer라는 제약 사항을 가질 수 있다. 따라서 이 경우에는 다음과 같은 테스트 데이터가 선정될 수 있다.

선정된 테스트 데이터 = {1, −5}

■ **동치 클래스 내에서 제약 조건을 갖는 경우**

동치 분할에 의해 같은 처리를 수행하는 동치 클래스에 속한 멤버들이 프로그램 내에서 동등한 연산에 의해 처리되지 않는 경우가 발생한다면, 동일한 클래스 내에서도 다수의 데이터가 선정될 수 있다. 예를 들어 정수형으로 선언된 동치 클래스 내에서 그 값이 100보다 작으면 가중치 1.1을 곱한 결과를, 100과 200 사이라면 가중치 1.2를 곱한 결과를, 200보다 크면 가중치 1.0을 곱한 결과를 요구하여 더 세분할 수 있다. 따라서 다음과 같은 동치 클래스가 생성될 수 있으며, 3개의 하위 클래스 각각에 대하여 테스트 데이터가 선정되어야 한다.

- 하위 동치 클래스 1 = 100보다 작은 정수형
- 하위 동치 클래스 2 = 100과 200 사이의 정수형
- 하위 동치 클래스 3 = 200보다 큰 정수형

이상과 같은 동치 분할 과정을 거쳐 테스트 데이터를 선정할 때, 반드시 앞의 예에서 제시한 테스트 데이터 이외에 올바르지 않은 데이터Invalid Data도 고려해야 한다. 예를 들어, 정수형 변수라는 값의 영역이 입력 변수로 정의되었다면 정수 값이 아닌 문자형, 실수형 등의 값이 테스트 데이터로 함께 선정되어야 한다.

실습 15-1	동치 분할하기

다음은 주사위를 두 번 던져서 나온 수Face value의 합에 대한 처리 방법을 설명한다. 두 수의 합에 대하여 동치 분할을 수행해보시오.

(1) 두 수의 합이 7보다 작으면 합의 값에 0.8을 곱한 상금을 준다.
(2) 두 수의 합이 7보다 크면 합의 값에 1.2를 곱합 상금을 준다.
(3) 두 수의 합이 7이면 합의 값(7)에 3을 곱한 상금을 준다.

2 경계치 커버리지 분석

경계치 커버리지 분석은 동치 분할에 의해 분리된 동치 클래스의 경계에 해당하는 값을 테스트 데이터로 선정하는 방법이다. 즉, 입력 변수에 정의된 값의 특정 영역에 대한 경곗값을 선정한다. 예를 들면 다음과 같은 상황을 생각할 수 있다.

- 입력 변수가 특정 영역 [−1.0, +1.0]으로 정의된 경우: 경계치 커버리지에 의해 {−1.1, −1.0, +1.0, +1.1}과 같은 4개의 데이터를 테스트 데이터로 선정할 수 있다.
- 입력 변수가 1부터 100까지의 값을 갖는 범위로 정의된 경우: 경계치 커버리지에 의해 최솟값과 최댓값을 기준으로 테스트 데이터를 선정할 수 있다. {0, 1, 100, 101}과 같은 4개의 값을 선정한다.
- 입력 변수가 순서를 갖는 집합, Ordered Set = {A, B, C, D, F}로 정의되었다면, 첫 번째 요소와 마지막 요소를 경계치 커버리지에 의한 테스트 데이터로 선정한다.

3 특수치 커버리지 분석

특수치 커버리지는 모듈의 인터페이스가 아닌 모듈의 기능을 중심으로 테스트 케이스를 선정하는 방법이다. 즉, 모듈의 알고리즘에 대한 특징을 반영하거나 내부적으로 특수한 함수를 사용하는 경우, 오류 발생이 빈번하다고 알려진 특정 변수를 사용하는 경우에 특수치 커버리지를 적용한다.

예를 들어, 테스트 대상 프로그램에 삼각 함수의 일종인 사인 함수Sine function를 사용했다면, 동치 분할과 경계치 분석으로 테스트 데이터를 선정하지 않더라도 추가적인 데이터를 테스트에 포함시킬 수 있다.

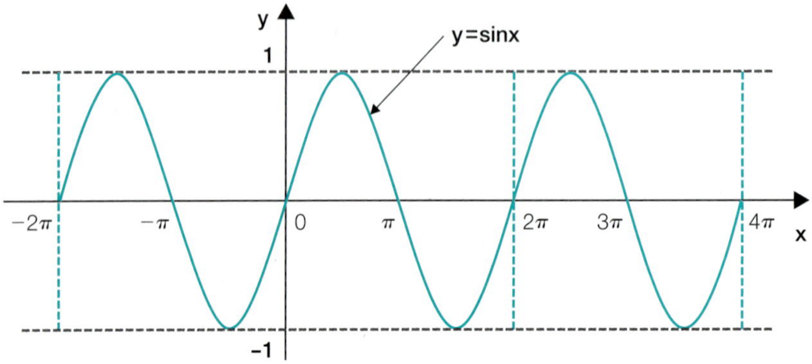

그림 15-2 삼각 함수(Sine) 그래프

[그림 15-2]에서 변수 y의 값이 동일한 1 또는 −1의 값을 갖는다 하더라도 변수 x에 대한 테스트 데이터로 0, π/2, π, 3π/2, 2π와 같은 값이 선정되어야 한다.

4 원인 결과 커버리지 분석

원인 결과 커버리지는 입력 조건에 따라 결과가 다르게 나타날 때 해당 입력 조건을 각각 테스트 데이터로 선정하는 방법이다. 원인 결과 커버리지를 표현하는 방법으로 다음 두 가지가 있다.

- 의사결정 테이블Decision table
- 원인–결과 그래프Cause–Effect graph

먼저 의사결정 테이블을 살펴보자. 의사결정 테이블은 동치 클래스와 이들의 조합 클래스 구조를 테이블 형태로 쉽게 표현한 테스트 데이터 선정 방법이다. [표 15–1]은 의사결정 테이블의 예다. 테이블 상단에는 입력 변수 조건을 나열하고, 하단에는 상단 조건에 의해 수행될 수 있는 동작을 기술한다. 의사결정 테이블의 각 컬럼Column은 하나의 테스트 데이터가 될 수 있다.

[표 15–1]은 자동차 보험의 갱신 조건을 나타내는 요구사항을 의사결정 테이블로 나타낸 것이다. 입력 변수Condition Section는 사고 건수Number of Claims와 가입 연령Insured Age이다. 사고 건수와 가입 연령에 따라 보험 갱신 처리Action Section가 달라지는 경우다.

표 15-1 의사결정 테이블의 예

		1	2	3	4	5	6	7
조건 (Condition)	사고 건수	0	0	1	1	2 to 4	2 to 4	5 or more
	가입 연령	25 or younger	26 or older	25 or younger	26 or older	25 or younger	26 or older	Any
액션 (Action)	프리미엄 추가 비용($)	50	25	100	50	400	200	0
	주의 경고	No	No	Yes	No	Yes	Yes	No
	가입 불가	No	No	No	No	No	No	Yes

테이블에서 3번 컬럼의 경우 사고가 1회 발생하고 나이가 25세 이하라면, 프리미엄 보험료는 100달러가 올라가고 보험료 증가의 경고 대상이 될 수 있다. 마지막에 있는 7번째 컬럼의 경우는 사고가 5번 이상 발생한 경우이므로 보험 갱신 요청이 수락되지 않음을 의미한다. 이처럼 의사결정 테이블을 이용하면 주어진 입력 변수에 대하여 서로 다른 처리, 즉 서로 다른 액션을 수행하는 테스트 데이터를 선정할 수 있다.

다음은 원인-결과 그래프Cause-Effect graph로 입력과 처리 결과를 표현하는 방법이다. 그래프에는 입력 조건에 해당하는 원인 노드와 결과 노드가 있고, 이들 간의 처리 관계를 나타내는 에지Edge가 있다. [그림 15-3]은 [표 15-1]의 보험 갱신 요구사항에 대한 원인-결과 그래프를 보여준다.

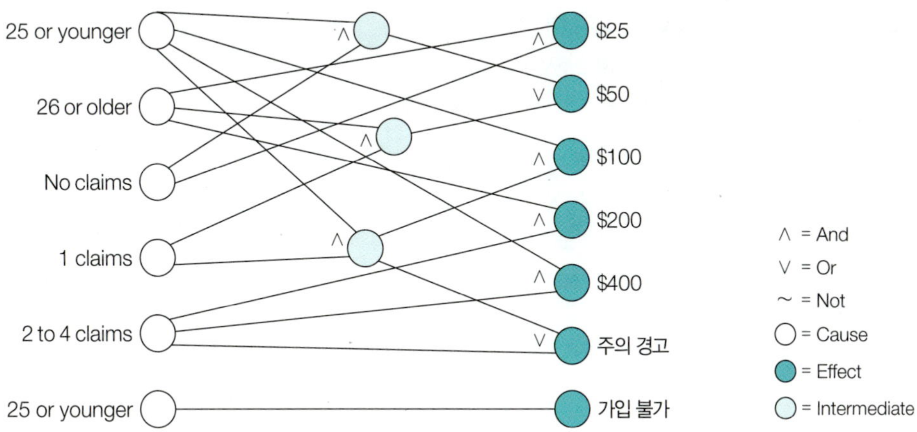

그림 15-3 보험 갱신 예에 대한 원인-결과 그래프의 예

[그림 15-3]의 왼쪽 노드는 원인을 나타내는 것으로, 의사결정 테이블의 조건절에 해당한다. 각 원인은 오른쪽의 결과 노드와 연결되어 있다. 이때, 원인 노드가 2개 이상 조합되어 결과 노드와 연결되는 것을 볼 수 있다.

실습 15-2 **의사결정 테이블 생성해보기**

다음은 쇼핑몰의 고객 등급에 따라 상품 구매 할인율 적용 기능을 설명한 것이다. 이를 기반으로 의사결정 테이블을 생성해보시오.

(1) 고객 등급은 일반, 우수, 프리미엄의 3유형으로 구분한다.
(2) 일반 고객에게는 구매에 따른 할인이 적용되지 않는다.
(3) 우수 고객의 경우 상품 구매액이 10만 원 미만이면 구매액의 5%를 할인하고, 10만 원 이상이면 5% 할인과 함께 1만 원 쿠폰을 지급한다.
(4) 프리미엄 고객의 경우 상품 구매액이 10만 원 미만이면 구매액의 10%를 할인하고, 10만 원 이상이면 20%를 할인한다.

5 블랙박스 테스트 케이스 생성 예제

지금까지 블랙박스 테스트 케이스 생성을 위한 휴리스틱들을 살펴보았다. 이 휴리스틱들이 어떻게 적용되는지 각각의 예제를 통해 살펴보자. 다음 예제는 주급 시스템에 대한 요구사항 명세를 나타낸 것이다.

편의점의 주급 계산 프로그램에는 다음과 같이 2개의 입력이 있다.
(1) 첫 번째 입력은 고유 번호를 나타내는 5자리 숫자다.
(2) 두 번째 입력은 주당 근무 시간을 나타내며, 실수로 표현된다.

주급을 계산하기 위한 규칙은 다음과 같다.
- 근무 시간 40시간까지는 시간당 10달러를 받는다.
- 40시간이 넘어가면 시간당 1.5배를 받는다.
- 일주일에 근무할 수 있는 최대 시간은 56시간을 넘지 못한다.
- 출력은 고유 번호와 산출된 주급이다.

동치 분할

주어진 요구사항을 기반으로 동치 분할을 수행할 때, 2개의 입력 변수에 대한 분할이 이루어져야 한다. 분할 과정에서 반드시 고려할 사항은 정상 처리 클래스뿐 아니라 비정상 처리 클래스도 함께 나타내야 한다는 것이다. [표 15-2]는 예제에 대한 동치 분할표를 나타낸다.

표 15-2 편의점 주급 산정 프로그램의 동치 분할 결과

상태	직원 고유 번호(ID-Number)	근무 시간(HR)
Valid	V1: 5-digit	V2: 0 <= HR <= 40 V3: 40 < HR <= 56
Invalid	I1: all zero or all 9 I2: more than 5-digit I3: Less than 5-digit I4: non digit	I5: less than zero I6: greater than 56 I7: others

[표 15-2]에 나타난 결과를 살펴보면, 정상 처리 부분Valid과 비정상 처리 부분Invalid을 구분하여 정의하였으며, 각각 V와 I를 사용하여 인덱스화하였다. 또한 비정상 처리 부분은 한 가지 사례만 고려한 것이 아니라 발생 가능한 모든 경우를 고려하였다.

커버리지 매트릭스Coverage Matrix 작성

커버리지 매트릭스는 단순히 동치 분할 결과에 대한 테스트 케이스를 식별하는 데 사용되는 부가적인 테이블 형태의 자료다. 다양한 입력 조건들의 조합을 나타내는 데 사용된다. [표 15-2]의 동치 분할 결과를 이용하여 작성된 커버리지 매트릭스는 [표 15-3]과 같다.

[표 15-3]에서 테스트 케이스 T1은 두 입력(고유 번호와 주당 근무 시간)이 모두 정상적인 값들로 구성되는 경우이며, 테스트 케이스 T3은 고유 번호는 정상적인 값을, 주당 근무 시간은 비정상적인 값을 갖는 경우다. 이처럼 동치 분할에서 식별된 정상적인 경우와 비정상적인 경우의 모든 가능한 조합을 통해 테스트 케이스를 생성해낸다.

표 15-3 동치 분할 결과에 대한 커버리지 매트릭스

테스트 케이스	T1	T2	T3	T4	T5	T6	T7	T8	T9	...
V1	×	×	×	×	×					
V2	×					×	×	×	×	
V3		×								
I1						×				
I1							×			
I2								×		
I3									×	
I4										
I5			×							
I6				×						
I7					×					

경계치 분석

편의점 주급 산정 프로그램의 두 가지 입력 변수에 대하여 각각 경계치를 고려할 수 있다. 경계치를 고려하는 상황은 크게 두 가지다. 첫째, 직원 고유 번호가 5자리로 한정되어 있지만 99999의 번호를 부여하는 경우, 추가적인 직원 고유 번호가 5자리를 초과하는 경우다. 둘째, 일반적인 요구사항에 기술된 이상, 이하, 미만 등의 표현을 프로그래밍하는 과정에서 관계 연산자(< 또는 <=) 사용에 오류가 발생하는 경우다. 따라서 주급 산정 프로그램의 경계치로 다음과 같은 추가적인 테스트 케이스를 고려할 수 있다.

- 직원의 고유 번호에 대하여: 00001, 99998
- 직원의 근무 시간에 대하여: 0, 40, 41, 56, 57

예제로 제시한 편의점 주급 산정 프로그램은 내부적으로 특수한 함수 등을 사용하지 않는 단순 연산 프로그램이기 때문에 특수치 커버리지 분석은 적용하지 않는다.

테스트 케이스 작성

앞서 커버리지 매트릭스에 나타난 각각의 테스트 케이스와 경계치 분석에서 식별된 추가적인 테스트 케이스를 고려하여 프로그램의 테스트 과정에 입력할 실제 값들을 선정해야 한다. 이때, 각 테스트 케이스에는 입력값에 의한 예상 출력값도 함께 표시하여 추후 테스트 실행 결과에 대한 성공/실패의 오라클로 사용한다. 예제 프로그램에 대한 테스트 케이스 설계 결과는 [표 15-4]와 같다.

표 15-4 편의점 주급 산정 프로그램의 테스트 케이스 설계

Test Case ID	ID-number	HR	예상 결과	
T1	12345	38	12345, 380	❶
T2	45671	45	45671, 475	❶
T3	84777	−12	84777, Invalid HR	❶
⋮				❶
T6	99999	35	Invalid ID	❶
T7	5868	43	Invalid ID	❶
⋮				❶
TN	0001	38	0001, 380	❷
TN+1	99998	48	99998, 475	❷
TN+2	45678	0	45678, 0	❷
TN+3	55562	40	55562, 400	❷
⋮				❷

[표 15-4]에서 ❶의 테스트 케이스는 커버리지 매트릭스에 의해 설계된 테스트 케이스이고 ❷는 경계치 분석에 의해 추가적으로 식별된 테스트 케이스다. 이처럼 블랙박스 기반의 테스트 케이스 산정에서는 구현된 코드를 사용하지 않고(즉, 구현된 코드를 사용할 수 없는 경우), 요구사항 명세 정보를 이용하여 테스트 케이스를 산정한다.

블랙박스 기반의 테스트 케이스 선정에서 가장 중요한 것은 동치 분할 영역을 잘 나누는 것이다. 동치 분할 결과에 따라 테스트 케이스가 설계되고, 몇 개의 테스트 케이스를 생성할 것인가가 결정된다. 따라서 가능한 모든 경우의 분할이 조심스럽게 이루어져야 한다. 커버리지 매트릭스를 작성하면 모든 동치 분할의 가능한 조합이 전부 나타나기 때문에 매우 방대해질 수 있다. 따라서 커버리지 상황에 따라 테스트 케이스를 줄일 수 있다. 즉, 비정상적인 상황만 고려하는 테스트 케이스에서는 대표적인 경우만 고려하여 테스트 케이스의 수를 줄일 수 있다.

03 시나리오 기반 테스트

시나리오 기반 테스트는 시스템 개발이 이루어진 후에 수행되는 시스템 테스트의 한 유형이다. 일반적으로 객체지향 소프트웨어에서 클래스가 갖는 메서드 기반의 단위 테스트Unit Test를 수행할 수 있지만, 대체적으로 요구사항 명세를 기반으로 하는 시스템 테스트를 수행한다.

1 테스트 시나리오 생성 방법

객체지향 시스템에 시스템 테스트를 수행하기 위한 테스트 시나리오 생성 방법은 크게 두 가지다. 첫 번째 방법은 관련된 기능의 연계성을 고려하여 시나리오를 구성하는 아웃라인Outline 방법이고, 두 번째 방법은 시스템의 액터actor를 중심으로 시나리오를 생성하는 유스 케이스Use Case 방법이다. 이 중 어떤 방법을 이용하여 시나리오를 생성할 것인가는 다음 기준에 따라 결정한다.

- 테스터의 경험과 선호도에 따라 선택한다.
- 시스템 요구사항에 주어진 형식에 따라 선택한다(객체지향 시나리오 존재 여부).
- 테스트 시나리오를 개발하기 위한 도구의 가용성에 따라 결정한다.

2 테스트 시나리오 생성 예제

[그림 15-4]는 대형 쇼핑몰 아울렛의 구성도다. 이 예제를 통해 객체지향 시스템의 시나리오 생성 과정을 살펴보자.

[그림 15-4]의 쇼핑몰에는 남성복 매장 2곳, 여성복 매장 3곳, 아동복 매장 4곳, 여성 구두 매장 2곳, 남성 구두 매장 4곳, 꽃집 1곳, 레스토랑 5곳, 선물 가게 2곳이 있다. 안내 시스템을 사용하는 액터, 즉 사용자는 몰에서 상점을 찾는 고객과 상점의 변화를 시스템에 반영하는 관리자로 구분할 수 있다. 이와 같은 시스템 구성 요소에 대하여 [그림 15-5]와 같이 화면으로 구성된 터치touch 방식의 안내 시스템이 구축되었다고 가정한다.

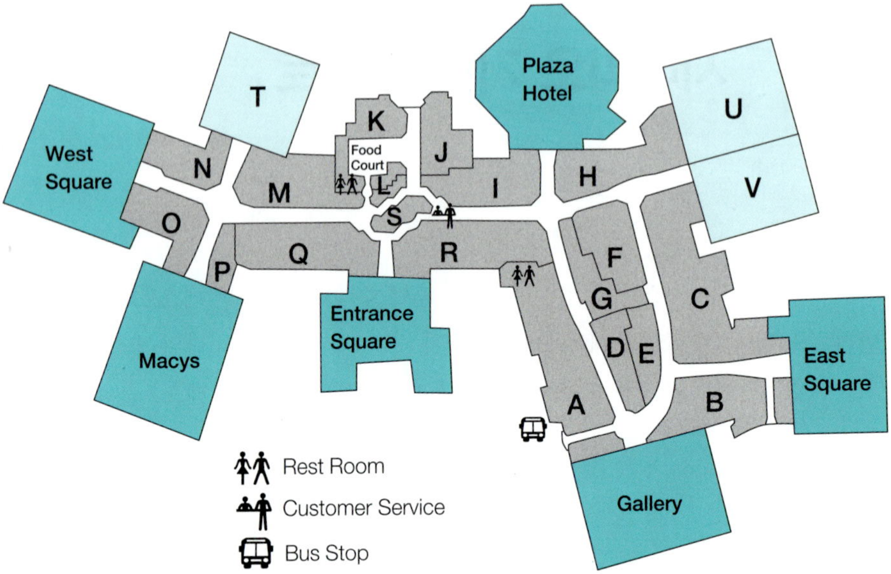

그림 15-4 쇼핑몰 아울렛의 구성도

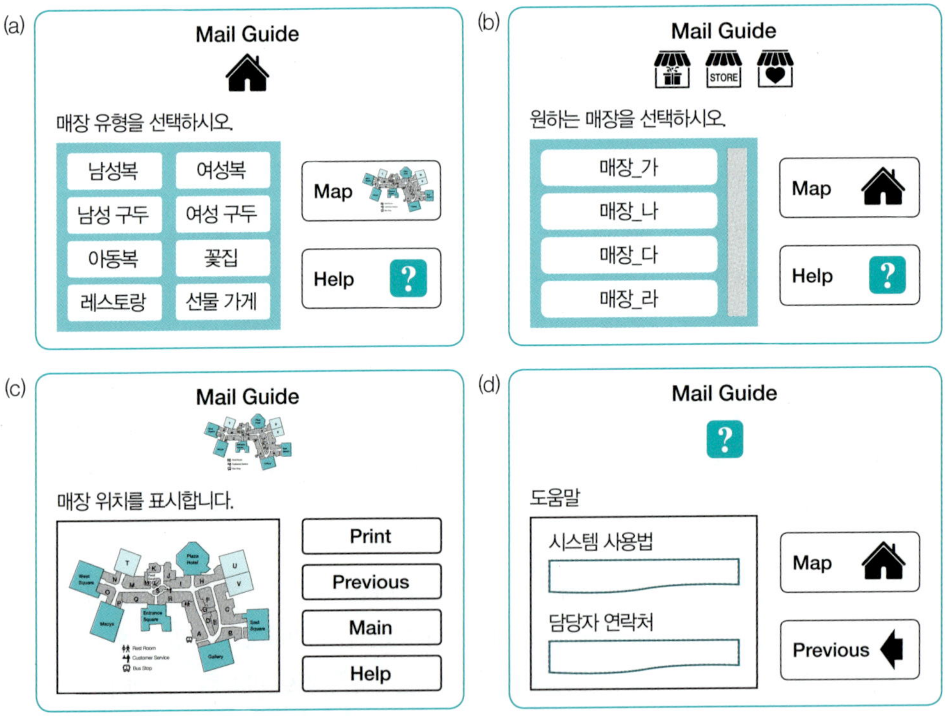

그림 15-5 쇼핑몰 안내 시스템의 화면 구성

[그림 15-5]의 (a) 화면은 쇼핑몰 안내 시스템의 메인 화면이다. 매장 유형 선택과 지도, 도움말을 선택할 수 있다. (b) 화면은 고객이 선택한 특정 유형의 매장 목록을 보여준다. 이때 메인으로 돌아가기 위한 버튼이 Map 버튼을 대체했다. (c) 화면은 Map을 선택한 화면이다. 이 화면은 (b) 화면에서 특정 매장을 선택하면 나타난다. Map 화면에서는 이전 화면으로 이동하는 버튼을 포함하여 4개의 기능 버튼이 구현되었다. 마지막으로 (d) 화면에서는 도움말을 제공하는 화면이 구현되었다.

[그림 15-5]와 같이 개발된 쇼핑몰 안내 시스템에서 각 액터(사용자)를 기준으로 각 화면에서 이루어질 수 있는 입력 선택 사항은 [표 15-5]와 같다.

표 15-5 쇼핑몰 안내 시스템의 사용자별 입력 정보

구분	입력 선택 사항
고객 입력 〈Main 메뉴〉	1. 고객이 매장 유형에서 하나를 터치하면 매장 목록이 나타난다. 2. 고객이 Map 버튼을 터치하면 쇼핑몰의 Map이 나타난다. 3. 고객이 Help 버튼을 터치하면 도움말 화면이 나타난다.
고객 입력 〈매장 목록〉	4. 고객이 특정 매장을 터치하면 화면에 해당 매장을 표시하는 Map이 나타난다. 5. 고객이 Main 버튼을 터치하면 Main으로 복귀한다. 6. 고객이 Help 버튼을 터치하면 도움말 화면이 나타난다.
고객 입력 〈Map〉	7. 고객이 Print 버튼을 터치하면 해당 Map이 출력된다. 8. 고객이 Previous 버튼을 터치하면 이전 화면이 표시된다. 9. 고객이 Main 버튼을 터치하면 Main으로 복귀한다. 10. 고객이 Help 버튼을 터치하면 도움말 화면이 나타난다.
고객 입력 〈Help〉	11. 고객이 Previous 버튼을 터치하면 이전 화면이 표시된다. 12. 고객이 Main 버튼을 터치하면 Main으로 복귀한다.
관리자 입력	13. 관리자가 신규 매장의 이름을 추가한다. 14. 관리자가 기존 매장의 이름을 삭제한다. 15. 관리자가 쇼핑몰의 Map을 수정한다.

3 아웃라인 방법에 의한 테스트 케이스 생성

아웃라인Outline 방법으로 테스트 케이스(시나리오)를 생성하려면 사용자가 시스템 사용을 시작하는 입력으로부터 서비스 종료까지 순차적인 과정을 식별해야 한다. 다음은 Main 메뉴에서 사용자(고객) 입력에 따른 서비스 전개의 순차적인 흐름을 나타낸다.

1. Main

1.1 [1] 고객이 매장 유형에서 하나를 터치하면 매장 목록이 나타난다.

1.1.1 [D] 남성복(매장 2곳)

1.1.2 [D] 여성복(매장 3곳)

1.1.3 [D] 남성 구두(매장 2곳)

...

1.1.8 [D] 선물 가게(매장 2곳)

1.2 [2] 고객이 Map 버튼을 터치하면 쇼핑몰의 Map이 나타난다.

1.2.1 [7] 고객이 Print 버튼을 터치하면 해당 Map이 출력된다.

1.2.2 [8] 고객이 Previous 버튼을 터치하면 이전 화면이 표시된다.

1.2.3 [9] 고객이 Main 버튼을 터치하면 Main으로 복귀한다.

1.2.4 [10] 고객이 Help 버튼을 터치하면 도움말 화면이 나타난다.

1.2.4.1 [11] 고객이 Previous 버튼을 터치하면 이전 화면이 표시된다.

1.2.4.2 [12] 고객이 Main 버튼을 터치하면 Main으로 복귀한다.

1.3 [3] 고객이 Help 버튼을 터치하면 도움말 화면이 나타난다.

1.3.1 [11] 고객이 Previous 버튼을 터치하면 이전 화면이 표시된다.

1.3.2 [12] 고객이 Main 버튼을 터치하면 Main으로 복귀한다.

매장 목록에서 발생하는 사용자 입력에 대한 순차적인 동작은 다음과 같이 정의할 수 있다.

2. 매장 목록

2.1 [4] 고객이 특정 매장을 터치하면 화면에 해당 매장을 표시하는 Map이 나타난다.

2.1.1 [7] 고객이 Print 버튼을 터치하면 해당 Map이 출력된다.

2.1.2 [8] 고객이 Previous 버튼을 터치하면 이전 화면이 표시된다.

2.1.3 [9] 고객이 Main 버튼을 터치하면 Main으로 복귀한다.

2.1.4 [10] 고객이 Help 버튼을 터치하면 도움말 화면이 나타난다.

2.1.4.1 [11] 고객이 Previous 버튼을 터치하면 이전 화면이 표시된다.

2.1.4.2 [12] 고객이 Main 버튼을 터치하면 Main으로 복귀한다.

2.2 [5] 고객이 Main 버튼을 터치하면 Main으로 복귀한다.

2.3 [6] 고객이 Help 버튼을 터치하면 도움말 화면이 나타난다.

2.3.1 [11] 고객이 Previous 버튼을 터치하면 이전 화면이 표시된다.

2.3.2 [12] 고객이 Main 버튼을 터치하면 Main으로 복귀한다.

이와 같은 방법으로 다른 화면에 대해서도 사용자 동작을 정의할 수 있다. [표 15-6]은 앞에서 정의한 사항을 기반으로 아웃라인 방법에 의해 생성된 테스트 케이스다. 테스트 케이스 생성 방법을 간략히 설명하면 다음과 같다.

- 구현된 시스템에서 각 화면 단위의 사용자 입력에 대하여 테스트 케이스를 생성한다.
- 테스트의 결과는 화면 전환이 이루어지도록 구성한다.
- 요구사항에 제시된 스펙에 따라 테스트 입력에 대한 결과를 예상 결과Expected results로 정의한다.
- 각 화면에서 다음 화면으로 분기 가능한 모든 입력에 대하여 예상 결과를 생성한다.
- 예상 결과대로 구현한 시스템이 동작하는지를 점검하고 Pass 또는 Fail을 실제 결과Actual Results에 기록한다.

표 15-6 아웃라인 방법에 의한 시스템 수준의 테스트 케이스(일부)

TC ID	Test Source	Test Input	Expected Results	Actual Results
MG-1	1.1.1	Main 메뉴: 여성복 매장 유형 선택	화면에 3개의 여성복 매장이 나타남.	
⋮				
MG-5	1.1.5	Main 메뉴: 아동복 매장 유형 선택	화면에 5개의 아동복 매장이 나타남.	
⋮				
MG-11	1.2.3	Main 메뉴: (a) Map 버튼 터치 (b) Main 버튼 터치	(a) 화면에 쇼핑몰 Map이 나타남. (b) Mian으로 돌아감.	
⋮				
MG-17	2.1.2	Main 메뉴: (a) 남성 구두 유형 선택 (b) 목록에서 2번째 매장 선택 (c) Previous 버튼 터치	(a) 화면에 2개의 구두 매장이 나타남. (b) 2번째 매장의 Map이 화면 표시됨. (c) 남성 구두 매장 목록이 나타남.	
⋮				

4 유스 케이스 방법에 의한 테스트 케이스 생성

유스 케이스Use Case를 이용하여 시스템 수준의 테스트 케이스를 생성하는 이유는 사용자 관점으로 분석 단계의 산출물인 유스 케이스 설명서에서 시스템에 포함된 사용 사례를 얻기 위함이다. 이 방법을 설명하기 위해 다음과 같이 3개의 유스 케이스를 가정하였다. 일반적으로 유스 케이스 설명서는 객체지향 기반 소프트웨어 개발 과정의 산출물이기 때문에 이를 활용한다.

<table>
<tr><td rowspan="3">유스 케이스
#1</td><td colspan="2">Goal: 고객이 특정한 상점을 찾기 원하는 경우</td></tr>
<tr><td colspan="2">Success guarantees
- 고객은 원하는 매장이 표시된 Map을 얻을 수 있다.</td></tr>
<tr><td>Main Success scenario
1. 고객은 매장 유형을 선택한다.
2. 고객은 매장 이름을 선택한다.
3. 고객은 Print 버튼을 터치한다.</td><td>Extensions
1a. 고객은 매장 유형 선택에 대한 도움말을 원한다.
1b. 고객이 원하는 매장 유형을 찾을 수 없다.
2a. 고객은 매장을 선택하기 위한 도움말을 원한다.
2b. 고객이 원하는 매장이 존재하지 않는다.</td></tr>
</table>

<table>
<tr><td rowspan="3">유스 케이스
#2</td><td colspan="2">Goal: 고객이 모든 선물 가게에 대한 최단 경로를 알고자 하는 경우</td></tr>
<tr><td colspan="2">Success guarantees
- 고객은 각 선물 가게에 대한 인쇄된 Map을 얻는다.</td></tr>
<tr><td>Main Success scenario
1. 고객이 매장 유형을 선택한다.
2. 고객이 매장 목록에서 첫 번째 매장을 선택한다.
3. 고객이 Print 버튼을 터치한다.
4. 고객이 매장 목록으로 돌아간다.
5. 고객이 매장 목록에서 두 번째 매장을 선택한다.
6. 고객이 Print 버튼을 터치한다.</td><td>Extensions
None</td></tr>
</table>

<table>
<tr><td rowspan="3">유스 케이스
#3</td><td colspan="2">관리자가 새로운 상점을 추가하고자 하는 경우</td></tr>
<tr><td colspan="2">Success guarantees
- 추가된 상점이 매장 목록에 나타난다.
- 추가된 상점이 쇼핑몰 지도에 나타난다.</td></tr>
<tr><td>Main Success scenario
1. 관리자는 매장 유형을 선택한다.
2. 관리자는 신규 매장을 추가한다.
3. 관리자는 쇼핑몰 지도를 수정한다.</td><td>Extensions
1a. 신규 매장이 속할 적절한 매장 유형이 존재하지 않는다.
2a. 매장 목록에 추가할 상점이 이미 존재한다.
3a. 선택된 매장 위치에 이미 다른 매장이 존재한다.</td></tr>
</table>

제시된 유스 케이스를 기반으로 테스트 케이스를 생성하는 방법을 간략히 설명하면 다음과 같다.

- 유스 케이스의 메인 시나리오에 기술된 스텝별로 하나의 테스크 케이스를 생성한다.
- 이때 사용자 입력을 기준으로 테스트 케이스를 생성하고, 사용자 입력에 대한 시스템 반응은 예상 결과로 정의한다.
- 유스 케이스의 예외 처리Extensions에 대해서도 각각 테스트 케이스로 정의한다.

위와 같은 과정을 거쳐 생성된 유스 케이스 #1에 대한 테스트 케이스는 [표 15–7]과 같다.

표 15-7 유스 케이스 방법에 의한 시스템 수준의 테스트 케이스

TC ID	테스트 대상	초기 상태	테스트 입력	예상 결과	실행 결과
u1-1	UC #1	Main 메뉴	(a) 남성복 유형 선택 (b) 첫 번째 매장 선택 (c) Print 버튼 터치	(a) 남성복 매장 2곳이 화면에 나타남. (b) 해당 매장 지도가 화면에 나옴. (c) 인쇄된 Mpa을 얻음.	
u1-2	UC #1 ext. 1a	Main 메뉴	(a) Help 버튼 터치 (b) Previous 버튼 터치	(a) 메뉴 도움말이 나타남. (b) Main으로 돌아감.	
u1-3	UC #1 ext. 1b	Main 메뉴	[입력 없음: 고객은 서점을 찾고자 함.]	Main 메뉴의 매장 유형에 서점은 없음.	
u1-4	UC #1 ext. 1a	Main 메뉴	(a) 레스토랑 선택 (b) Help 버튼 터치	(a) 레스토랑 매장 5곳이 나타남. (b) 매장 메뉴의 도움말이 나타남.	
u1-5	UC #1 ext. 1a	W-Shoes 매장 이름 없음. Main 메뉴	여성 구두를 선택함.	여성 구두 매장 2곳이 나타남. 그러나 W-Shoes 매장은 존재하지 않음.	

제시되는 모든 유스 케이스에 대해 테스트 케이스를 작성해야 한다. 시스템 수준의 테스트를 수행하는 경우, 정상적인 동작뿐 아니라 비정상적인 동작에 대해서도 반드시 테스트를 수행해야 하므로 유스 케이스의 예외 처리 부분에 대한 테스트를 필수적으로 수행해야 한다.

04 테스트 단계

소프트웨어 개발 프로젝트에서 V 모델을 기반으로 테스트를 수행할 때 단위 테스트, 통합 테스트, 시스템 테스트, 인수 테스트(또는 수락 테스트) 등의 단계를 거쳐 테스트를 수행한다. 테스트 단계마다 어떤 관심사가 있으며 어떤 기법을 사용하는지 구체적으로 살펴보자.

1 단위 테스트

단위 테스트Unit Test은 모듈이 정확히 동작하는지를 테스트하는 것이다. 즉, 모듈의 구현 코드 구조를 볼 수 있으므로 화이트박스 테스트가 가능하다. 물론 블랙박스 테스트를 수행할 수도 있다. 단위 테스트의 대상으로는 함수, 독립적으로 컴파일될 수 있는 모듈, 작업 분할도WBS에 나타난 하나의 태스크, 구현된 화면 단위가 될 수 있다.

단위 테스트에서 고려할 사항은 크게 두 가지다. 첫째, '테스트 케이스를 생성하기 위해 어떻게 예상 결과를 작성할 것인가'를 생각해야 한다. 단순 연산으로 예상 결과를 산출할 수 있다면 문제없지만 매우 복잡하거나 방대한 크기의 프로그램에서는 예상 결과를 작성하기가 쉽지 않기 때문이다. 이 경우에는 테스트 오라클 선정 방법을 적용할 수 있다. 둘째, 단위 모듈을 테스트하기 때문에 드라이버와 스텁을 개발해야 한다. 특히, 드라이버와 스텁 개발 시 오류가 존재하면 테스트를 정확히 수행할 수 없기 때문에 신중하게 개발해야 한다.

2 통합 테스트

통합 테스트Integration Test은 단위 테스트를 통과한 모듈들이 통합되어 실행될 때 발생할 수 있는 문제를 검사하기 위한 활동이다. 단위 테스트를 수행하는 동안 각 모듈의 수행 정확성은 평가되었기 때문에 통합 테스트의 관심사는 모듈 간의 상호작용, 즉 인터페이스의 일관성에 있다. 따라서 다음과 같은 이유로 통합 테스트가 필요하다.

- 인터페이스가 잘못 사용된 경우: 본래 설계 과정에서 인터페이스 명세에 오류가 존재하거나, 인터페이스 구현 과정에서 실수가 발생하는 경우
- 모듈 기능 구현에 대한 잘못된 가정이 존재하는 경우: 한 모듈의 단위 테스트에는 문제가 발견되지 않았지만, 다른 모듈과 통합하는 과정에서 모듈 기능에 대한 가정이 잘못 정의된 경우
- 테스트 드라이버와 스텁에 오류가 존재하는 경우: 드라이버와 스텁에 오류가 있는 상태로 테스트를 수행하여 올바르지 못한 단위 테스트가 수행된 경우

통합 테스트는 단위 모듈을 통합하는 과정에서 오류를 점검하는 활동이기 때문에 크게 다음과 같은 두 가지 접근 방법에 의해 이루어질 수 있다.

비점증적 통합Non-Incremental Integration

모든 모듈을 한 번에 통합하여 테스트를 수행하는 방식이다. 이런 방식의 통합 테스트를 빅뱅Big Bang 테스트라고도 한다. 비점증적 통합은 테스트 실행을 한 번에 진행할 수 있다는 장점이 있다. 하지만 테스트 과정에서 결함이 발견된 경우 결함의 원인이 무엇인지, 즉 어떤 모듈 간의 인터페이스에서 문제가 발생하였는지 식별하기 어렵다는 문제가 있다.

점증적 통합Incremental Integration

단위 모듈을 한 번에 하나만 통합하여 테스트를 수행하는 방식이다. 따라서 단위 모듈이 추가될 때마다 테스트가 수행된다. 이 방법의 장점은 인터페이스 간에 발생하는 오류의 검출이 매우 쉽다는 점이다. 점증적 통합 방식으로 테스트하면 통합되지 않은 모듈에 대한 스텁을 개발해야 하므로 추가적인 노력이 필요하다. 모듈 통합 방법은 다음과 같다.

■ 하향식Top-Down 통합

전체 시스템 구성에서 메인 함수(main())를 중심으로 통합 과정이 수행된다. 이 방식은 독립적으로 분리된 서브시스템 단위로 테스트할 수 있다는 장점이 있다. [그림 15-6]은 하향식 통합을 개념적으로 설명한 것이다.

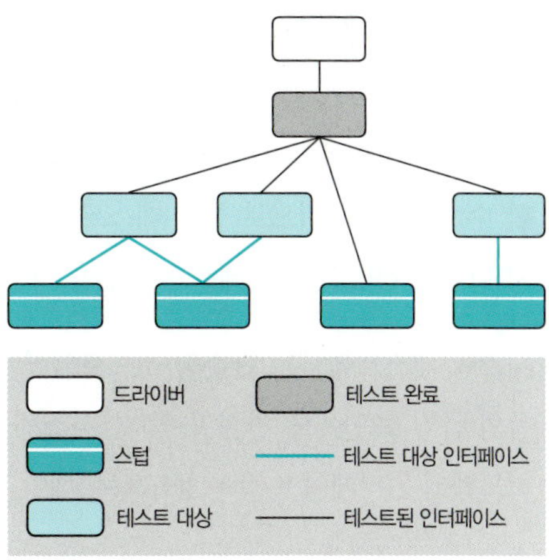

그림 15-6 하향식 통합 테스트의 진행 과정

- **상향식Bottom-Up 통합**

  최하위의 단위 함수를 기준으로 상위 호출 모듈을 단계적으로 통합하면서 진행하는 방식이다. 통합을 수행하는 후반부에 결함이 발생하는 경우, 결함 수정으로 인해 하위 모듈에 영향을 미칠 수 있기 때문에 테스트를 다시 수행해야 한다는 단점이 있다.

- **스레드Thread 기반 통합**

  전체 모듈에서 제어의 중심에 있는 스레드를 기반으로 주변에 있는 모듈을 하나씩 통합하면서 테스트를 수행하는 방식이다.

- **샌드위치Sandwich 통합**

  하향식 통합과 상향식 통합이 동시에 진행되는 방식으로 대형 프로그램 테스트에 적합하다. 한 테스트 팀은 하향식 통합 테스트를, 다른 테스트 팀은 상향식 통합 테스트를 수행하는 식이다. 이때 맨 마지막에 만나는 지점의 테스트에서 결함이 발견된다면, 결함의 원인을 두고 팀 간에 논란이 발생할 수 있다.

- **핵심 모듈Critical Module 기반 통합**

  프로그램 전체에서 가장 중요한 모듈을 먼저 살펴보겠다는 의도가 담긴 방법이다. 중요한 모듈을 중심으로 하나씩 모듈을 통합하면서 인터페이스에 오류가 존재하는지 검사한다.

3 시스템 테스트

시스템 테스트System Test는 개발된 시스템을 이 시스템이 사용될 하드웨어 플랫폼에 설치한 뒤 수행하는 활동이다. 즉 전체 시스템을 대상으로 테스트 케이스를 생성하여 테스트를 진행할 수 있다. 일반적으로 통합 테스트, 시스템 테스트, 인수 테스트는 테스트 케이스를 생성하기 위해 블랙박스 기반 테스트 기법을 사용한다.

시스템 테스트에서는 단순히 소프트웨어가 제공하는 기능에만 관심이 있는 게 아니라, 성능 등의 품질 측면에도 관심이 있다. 시스템 테스트를 수행하려면 필요한 메모리의 양, 필요한 하드웨어 인터페이스 장치 등도 준비해야 한다.

4 인수 테스트

인수 테스트Acceptance Test 혹은 수락 테스트는 개발 소프트웨어 시스템을 사용자에게 전달하기 전에 수행하는 활동이다. 따라서 구축된 시스템에 각 요구사항이 올바르게 구현되었는지 점검하는 데모 형식으로 테스트를 진행한다.

일반적으로 소프트웨어 개발 팀에서 시스템 테스트를 수행한 후에, 알파Alpha 테스트와 베타Beta 테스트를 수행한다. 알파 테스트는 구축된 소프트웨어 시스템에 대해 전문가 및 전문적 지식이 있는 사용자 일부를 테스터로 선정하여 개발 팀과 함께 개발 장소에서 테스트를 수행하는 것이다. 이때 시스템 수준에서 요구사항의 만족 여부가 철저하게 검사된다. 베타 테스트는 사용자가 일하는 장소에 소프트웨어 시스템을 설치하고 일정 기간 동안 개발된 소프트웨어를 시범적으로 운영하면서 문제점을 찾아내는 테스트다. 또한 사용자가 시스템을 사용하며 성능, 사용의 편의성 등과 같은 사항을 테스트하는 감마Gamma 테스트도 수행한다.

이처럼 단위 테스트부터 인수 테스트까지 단계별로 진행하여 하나의 소프트웨어 시스템에 대한 테스트를 완료한다. 따라서 테스트 수행 기간이 짧으면 충분히 수행하지 못할 수 있다. 소프트웨어를 개발하기에 충분한 프로젝트 기간을 확보하지 못한 경우, 개발자는 단위 테스트 및 시스템 테스트를 수행하고 데모 형식의 인수 테스트를 거쳐 사용자에게 배포하는 경우가 많다.

5 회귀 테스트

회귀 테스트Regression testing는 개발된 소프트웨어 혹은 운영 중인 소프트웨어에 대해 기능을 추가하거나 결함을 제거한 후 해당 소프트웨어를 테스트하는 활동으로, 새롭게 유입된 결함이 없는지를 확인하는 것이다. 일종의 반복 테스트에 해당한다. 따라서 테스트 수행 방법에 따라 다음과 같이 분류된다.

■ **전수 회귀Retest All 테스트**

본래 소프트웨어 테스트를 수행했던 모든 테스트 케이스와 추가된 기능에 대한 테스트 케이스를 모두 준비하여 테스트하는 기법이다. 수정 변경으로 발생 가능성이 있는 모든 경우에 대해 테스트한다. 따라서 테스트 비용이 더 들어갈 수 있으나, 테스트 커버리지가 높아진다는 장점이 있다.

■ **선택적Selective 회귀 테스트**

변경된 부분을 중점적으로 테스트하기 위하여 변경에 영향받는 범위를 정하고 이를 기반으로 테스트 케이스를 준비한다. 테스트 수행 범위를 최소화하기 때문에 비용 효과적일 수 있으나 완전한 테스트가 이루어지지 않는다는 단점이 있다.

■ **우선순위Priority 기반 회귀 테스트**

변경·추가된 부분을 포함하여 소프트웨어를 구성하는 핵심 기능 위주로 우선순위를 정하여 테스트를 수행한다. 중요도와 결함 위험 가능성을 기반으로 테스트를 수행하기 때문에 비용 효과적일 수 있다. 그러나 우선순위 결정 과정에서 낮은 우선순위에 대한 변경 영향을 고려하지 못하는 상황이 발생할 수 있다.

일반적으로 소프트웨어의 수명이 길어지면, 운영 과정에서 변경이 발생하여 영향을 많이 받게 된다. 즉, 비즈니스의 변화에 따라 소프트웨어가 지속적으로 변경되기 때문에 회귀 테스트는 필수적으로 진행된다. 그러나 이런 변경이 잦아지면 소프트웨어 제어 구조가 복잡하게 엉키는 스파게티spaghetti화가 발생하며, 회귀 테스트는 점점 더 오랜 시간에 걸쳐 진행되고, 결국 결함을 찾아낼 확률도 줄어든다. 따라서 더 이상 코드 수정이 어려울 정도로 코드가 복잡해지면 소프트웨어 재구조화를 통해 소프트웨어 구조를 개선하거나 불가피하게 소프트웨어를 폐기하고 새로 개발해야 한다.

프로젝트 XIII　프로젝트 개발 코드에 대하여 블랙박스 테스트 실행하기

진행 중인 프로젝트의 최종 활동으로 시스템 수준에서 진행하는 시나리오 기반 테스트를 수행해봅시다. 테스트 케이스를 생성하기 위하여 유스 케이스Use Case에 의한 방법을 사용합니다.

(1) 이전 산출물 중에서 요구사항 정의서와 기능 모델링 결과를 검토한다.
(2) 사용자가 시스템을 사용하는 관점에서 사용 사례(사용 목적)를 도출하여 목록화한다.
(3) 각 사용 사례에 대하여 시나리오를 작성한다.
(4) 작성된 시나리오를 기준으로 [표 15-7]과 같은 형식의 테스트 케이스를 개발한다.
(5) 개발된 시스템을 실행하면서 각 테스트 케이스의 성공/실패 여부를 확인하고, 테스트 수행을 종료한다.

연습문제

01 블랙박스Black-Box 테스트에 대한 설명으로 적합한 것은?

① 소스 코드 없이 실행 파일을 이용하여 테스트를 수행한다.
② 제어 흐름 그래프를 생성하여 테스트 데이터를 생성한다.
③ 단위 테스트에서 일반적으로 적용하는 방법이다.
④ 상대적으로 결함 위치 파악이 용이하다.

02 소프트웨어 테스트를 위한 테스트 케이스에 대한 설명으로 가장 적절하지 못한 것은?

① 테스트 케이스는 모든 입력 가능한 경우를 다 고려해야 한다.
② 테스트 케이스는 입력 데이터에 대한 예상 결과를 포함한다.
③ 테스트 케이스는 정상적 입력 이외에 비정상적 입력도 고려해야 한다.
④ 테스트 케이스는 결함을 잘 찾기 위한 데이터로 작성하는 것이 좋다.

03 블랙박스 테스트에서 테스트 케이스 개발을 위한 휴리스틱과 거리가 먼 것은?

① 동치 분할
② 경계치 커버리지
③ 특수치 커버리지
④ Def/Use 커버리지

04 블랙박스 테스트에서 동치 분할 결과를 이용하여 조합된, 가능한 테스크 케이스를 나타내는 자료는?

① 원인 결과 그래프
② 커버리지 매트릭스
③ 복잡도 그래프
④ CRUD 매트릭스

05 소프트웨어 테스트 단계 중 모듈 간의 인터페이스에서 발생하는 오류를 테스트하기 위해 수행하는 테스트는?

① 알파 테스트
② 베타 테스트
③ 통합 테스트
④ 인수 테스트

06 소프트웨어의 기능 변경으로 수정이 발생한 후 수행되는 테스트는?

① 회귀 테스트
② 시스템 테스트
③ 단위 테스트
④ 인터페이스 테스트

07 다음 중 시나리오 기반 테스트를 위한 테스트 케이스 생성 기법은?

① 뮤테이션Mutation 기법 ② 심볼릭Symbolic 실행 기법

③ 아웃라인Outline 기법 ④ 동치 분할 기법

08 다음 중 쓰임새가 다른 하나는?

① Code Scroll ② DOORS

③ jUnit ④ Selenium

09 다음은 주식 거래 수수료를 부과하기 위한 요구사항이다. 입력 조건에 대한 동치 분할을 수행하고, 그 결과를 표로 제시하시오.

[변수 1] 주식 거래자의 고유 번호 (ID, 5자리 숫자)
[변수 2] 주당 가격(Value, 정수형): 주당 가격이 10만 원 미만이면 기본 수수료(주가의 0.1%)를 부과하고, 10만 원 이상이면 기본 수수료의 5%를 추가 부과한다.
[변수 3] 주식 거래량(Trading, 정수형): 거래량이 10,000주 이상이면 주당 가격과 무관하게 부과 수수료의 10%를 할인한다.

10 객체지향 소프트웨어의 시스템 테스트를 위한 테스트 케이스 생성 방법 중 아웃라인Outline 방법과 유스 케이스Use case 방법을 비교하여 설명하시오.

Chapter

16

소프트웨어 개발 적용 기술

학습목표

- 소프트웨어 변경 및 버전 관리를 위한 형상 관리에 대하여 살펴본다.
- 코드의 재구조화를 지원하는 리팩토링 기법에 대하여 살펴본다.
- 관점지향 프로그래밍의 개념과 활용 방법을 이해한다.
- 탐색기반 소프트웨어 공학의 의미와 적용 방안에 대하여 살펴본다.

PREVIEW

지금까지 소프트웨어 개발을 위한 공학적 접근 방법을 소프트웨어 개발 프로세스에 따라 살펴보았다. 이러한 공학적 개발 활동에 더해 소프트웨어 개발을 지원하는 활동도 다수 존재한다. 그중 대표적인 활동으로 소프트웨어 개발 과정의 다양한 변경을 체계적으로 지원하는 형상 관리 활동, 코드 품질의 저하로 인해 코드를 재구조화하는 리팩토링 기법, 코드에 존재하는 공통적인 횡단 관심사를 지원하는 관점지향 프로그래밍, 최근 많은 관심을 끌고 있는 탐색기반 소프트웨어 공학이 있다. 각 활동에 대해 자세히 살펴보자.

01 형상 관리

소프트웨어 개발 시 불가피하게 발생하는 문제는 소프트웨어 개발 과정이나 유지보수 단계에서 변경 사항이 발생한다는 것이다. 기본적으로 운영체제나 DBMS 같은 운영 플랫폼 변경뿐만 아니라 사용자의 요구 변경, 새로운 사용자에게 맞춤형 소프트웨어를 제공하기 위해 발생하는 변경 등이 있다. 이러한 변경을 어떻게 관리하고 소프트웨어 버전과 일관되게 유지할 것인가가 매우 중요하다. 소프트웨어 공학적 관점에서 이는 형상 관리Configuration Management 기법을 통해 이루어진다.

형상 관리가 중요한 이유는 개발 과정에서 사용자의 변경 요청이 빈번하게 발생하기 때문이기도 하지만, 소프트웨어가 배포된 후에도 변경이 빈번하게 발생하여 소프트웨어의 버전을 체계적으로 관리할 필요가 있기 때문이다. 예를 들면, 자동차에는 많은 소프트웨어가 탑재되어 출시된다. 그런데 판매되는 자동차의 모델별로 탑재되는 소프트웨어가 조금씩 달라질 수 있다. 이는 제품 모델별 기능 사양에 차이가 있기 때문이다. 정비 공장에 입고된 차량의 결함을 해결하기 위해 소프트웨어를 다시 설치해야 한다면 어떤 버전의 소프트웨어가 해당 차량에 설치되어야 하는가? 만약 기존과 다른 버전의 소프트웨어가 설치된다면 차량 운행 중 오동작으로 인한 치명적인 사고가 발생할 수 있다.

1 형상 관리 정의

형상 관리 활동은 소프트웨어 품질 관리 활동의 일환이다. 따라서 소프트웨어 제품이 진화(즉, 변경으로 인한 새로운 버전의 소프트웨어 탄생)를 겪는 과정에서 적용받아야 할 절차와 표준을 포함하고 있다. 형상 관리는 1962년 미 공군이 제트 항공기를 개발하며 부품 제어 및 통신상에서 발생하는 변경을 체계적으로 관리하기 위해 처음 쓰기 시작한 개념이다. 소프트웨어 관점에서는 2005년에 'IEEE 828 Standards for Software Configuration Management Plan' 표준이 발표되면서 형상 관리의 중요성이 더욱 강조되었다. IEEE

12207 프로세스에서도 형상 관리 프로세스를 정의하고 소프트웨어 개발 과정에서 형상 관리 활동이 체계적으로 수행될 수 있도록 가이드하고 있다. IEEE 12207의 형상 관리 정의는 다음과 같다.

> 형상 관리라 함은
> - 변경의 기준의 되는 항목을 식별하고 정의하며,
> - 정의된 항목에 대하여 변경과 배포를 통제하고,
> - 변경 요청 및 항목의 변경에 대하여 기록·관리함으로써
>
> 개발 항목에 대한 완전성, 일관성, 정확성을 보장하기 위한 목적으로 수행하는 프로세스다.

소프트웨어 개발 활동에 형상 관리 활동을 적용하면 다음과 같은 장점이 있다. (1) 개발되는 형상에 대한 정보를 적시에 제공받을 수 있다. (2) 제품 개발의 일관성을 확보할 수 있다. (3) 비일관성을 해결하는 데 필요한 비용을 절감할 수 있다. (4) 요구사항에 부합하는 소프트웨어를 개발할 수 있다.

형상 관리는 소프트웨어 개발의 전 단계에 걸쳐 진행된다. [그림 16-1]은 형상 관리와 소프트웨어 개발 프로세스의 관계를 나타낸 것이다.

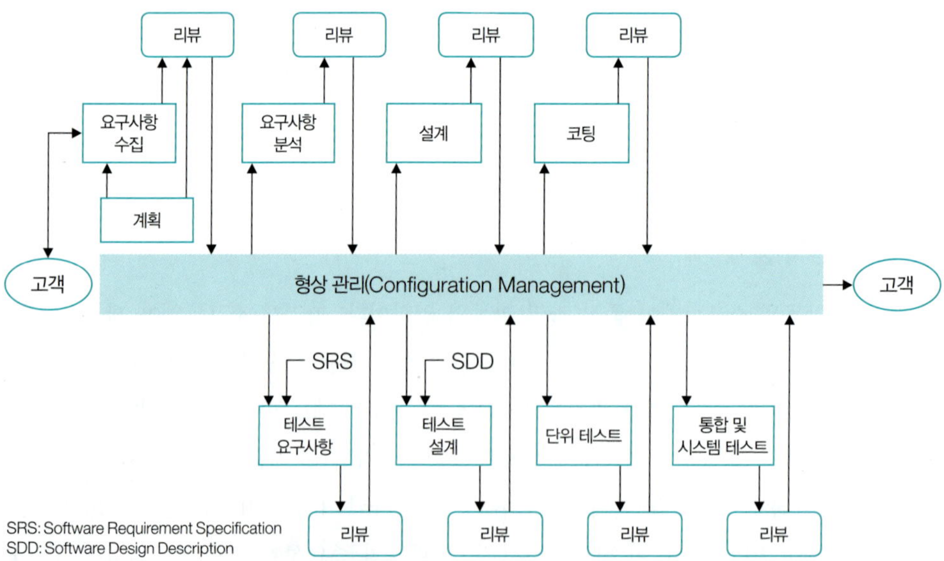

그림 16-1 형상 관리와 소프트웨어 개발 프로세스

[그림 16-1]에 나타난 것과 같이 소프트웨어 개발의 수명주기 단계에서 개발되는 모든 산출물이 형상 관리의 대상이 된다. 형상 관리 대상의 변경은 체계적으로 관리된다.

2 형상 관리 절차

IEEE 12207 표준 프로세스에서는 형상 관리 활동을 소프트웨어 개발을 지원하는 프로세스의 하나로 정의한다. 이는 곧 형상 관리 활동을 소프트웨어 개발 활동과 통합해 수행해야 한다는 의미다. [그림 16-2]는 형상 관리를 위한 전체 프로세스를 소프트웨어 개발 수명주기 SDLC, Software Development Life Cycle와 매핑하여 나타낸 것이다.

[그림 16-2]에서 알 수 있듯이, 소프트웨어 개발 프로젝트가 시작되면 형상 관리 활동을 위한 준비 활동도 시작된다. 즉, 형상 관리 활동을 지원하기 위해 형상 관리를 위한 계획 수립 및 형상 관리 팀 구성, 형상 관리 정보를 저장하고 유지 관리하기 위한 정보 저장소 및 인프라의 구축, 형상 관리 팀원과 프로젝트 팀원들에 대한 교육 등을 진행한다. 특히 형상 관리 수행을 위해 구성해야 할 조직 중에 형상통제위원회CCB, Configuration Control Board가 있는데, 이 위원회는 형상 변경에 대한 반영 여부를 결정하는 중요한 임무를 수행한다.

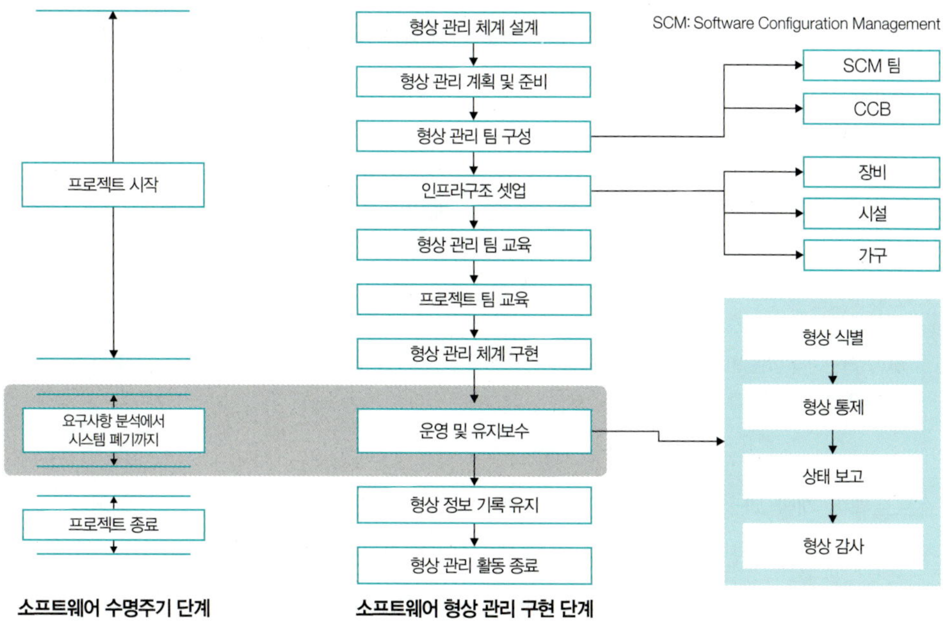

그림 16-2 소프트웨어 개발 수명주기와 형상 관리 절차

[그림 16-2]의 오른쪽 하단에 보면, 형상 식별Configuration Identification, 형상 통제Configuration Control, 상태 보고Status Accounting, 형상 감사Configuration Audits의 네 가지 활동이 제시되어 있다. 이 네 가지는 소프트웨어 개발 과정에 통합하여 수행해야 할 형상 관리 활동이다.

형상 식별

형상 식별은 변경을 반영하기 위해 기장 기본이 되는 단위 식별 활동으로 다음과 같은 단계를 거쳐 수행된다.

(1) 형상 항목Configuration Item을 식별하기 위한 기준을 정의한다.
(2) 기준에 따라서 형상 항목을 선정하고, 항목 간의 관계를 정의한다.
(3) 소프트웨어 컴포넌트의 계층 구조를 생성한다.
(4) 형상 항목을 식별하기 위해 고유한 식별자 명명Naming 체계를 개발한다.
(5) 변경과 배포를 제어하기 위한 시스템을 개발한다.
(6) 형상 항목에 대한 변경 등을 관리하기 위한 인터페이스를 정의한다.
(7) 베이스라인을 설정하기 위한 절차를 정의한다.
(8) 식별된 모든 형상 항목에 식별자를 부여한다.

위와 같은 절차에 따라, 소프트웨어 개발 계획 단계에서 식별된 모든 산출물에 형상 식별자를 부여한다. 이 같은 형상 관리를 위한 활동 계획은 프로젝트 초기에 작성되는 SCMPSoftware Configuration Management Plan에 기술된다.

형상 식별 단계에서 정의해야 할 중요한 사항은 베이스라인Baseline을 설정하는 것이다. 베이스라인은 다음과 같이 정의할 수 있다.

> 베이스라인이라 함은 변경에 대한 모든 사항이 관련된 형상 항목에 반영되고 확정된 후에, 다음 단계를 시작하기 위한 출발점을 의미한다.

소프트웨어 개발 과정에서 베이스라인은 매우 중요한 역할을 수행한다. 소프트웨어 개발 과정에서 지속적으로 변경이 발생하고 있을 때, 해당 변경 사항을 반영하기 위한 기준점은 어디인가를 알아야 한다. 예를 들어, 소프트웨어 테스트 시점에 변경이 발생했는데 초기 요구사항부터 변경 반영 작업을 수행해야 한다면, 너무 방대한 재작업이 발생할 수 있다. 따라서 소프트웨어 개발 수명주기 단계에 적절한 베이스라인을 정의하고, 변경이 발생한 시점에서 가장 근접한 이전의 베이스라인을 기준으로 산출물에 대한 변경 작업을 진행해야 한다. 물론 변경이 요구사항 변경과 같이 전체 산출물에 영향을 미치는 경우라면 추적성 매트릭스를 이용하여 변경을 추적·반영할 필요가 있다.

[그림 16-3]은 소프트웨어 개발 프로젝트에 정의할 수 있는 베이스라인의 예를 보여준다. 베이스라인을 어떻게 정의하느냐는 프로젝트의 특성에 따라 달라질 수 있다. 장기간에 걸쳐 개발되는 대규모 프로젝트라면 다수의 베이스라인을 정의하여 변경 반영에 대한 부담을 줄일 수 있으나, 베이스라인이 많으면 관리 부담도 증가한다. 작은 규모의 프로젝트에서는 그림과 같이 4개의 베이스라인을 잡는 것이 일반적이다.

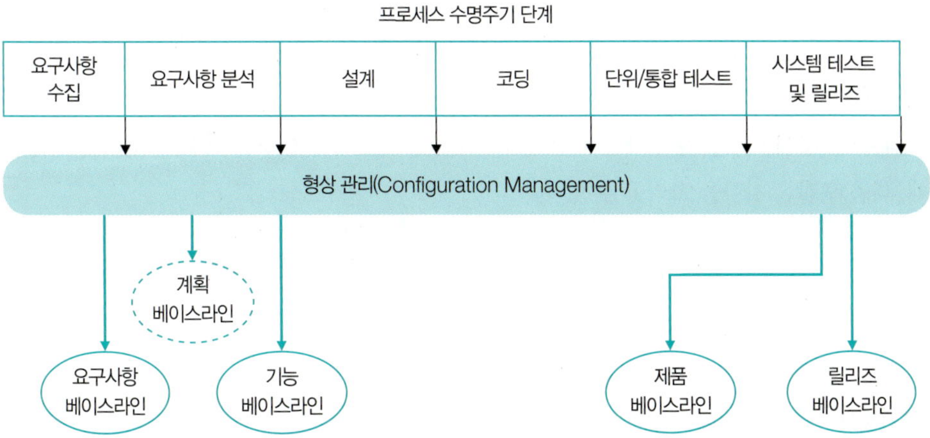

그림 16-3 소프트웨어 개발 프로세스의 베이스라인

일반적으로 소프트웨어 개발 활동에서 변경이 가장 많이 발생하는 부분은 사용자의 요구사항을 분석하고 이를 기반으로 소프트웨어를 설계하는 과정이다. 따라서 분석 과정에서는 사용자가 제시하는 요구사항을 확정한다는 관점에서 베이스라인을 정의하는 것이 유리하다. 설계, 코딩, 단위 테스트에서는 변경에 대한 반영 작업을 용이하게 하고 융통성을 부여하기 위해 별도의 베이스라인을 설정하지 않는다.

형상 통제

형상 통제는 변경 요청이 발생했을 때 해당 변경에 대한 평가, 조정, 변경 승인 등의 활동을 수행하는 단계다. 요청받은 변경을 수락할지 거절할지를 결정하는 단계이기 때문에 프로젝트의 전체적인 일정이나 업무 발생 등을 결정하는 매우 중요한 활동이다.

형상통제위원회CCB에서 형상 통제 활동을 진행하는데, CCB가 승인한 변경 사항은 형상 관리 데이터베이스에 저장·관리된다. CCB가 수행하는 주요 업무는 다음과 같다.

- 베이스라인 변경의 승인
- 변경 요청에 대한 평가
- 변경 요청의 승인 및 기각 결정
- 변경 요청의 종결 처리

변경 요청에 대한 평가는 매우 다양한 측면에서 정밀하게 진행되어야 한다. 이 평가 결과는 변경 요청을 수락할지 기각할지를 결정하는 매우 중요한 자료가 된다. 즉, 프로젝트 수행 업무의 추가/증가 여부를 결정하는 기반 정보가 된다. 따라서 변경 요청에 대한 평가를 수행할 때, 다음과 같은 사항을 고려할 수 있다.

- 제안된 변경이 소프트웨어 시스템 운영에 얼마나 영향을 미치는가?
- 변경이 반영되면 스케줄에 어떤 영향은 미치는가?
- 변경에 대하여 고객 동의가 있었는가?
- 변경을 수용하기 위해 요구되는 비용은 어느 정도인가?
- 변경을 반영하기 위한 개발 노력은 어느 정도인가?
- 변경이 대상 시스템의 품질에 영향을 미치는가?
- 제안된 변경이 기술적으로 구현 가능한가?
- 변경으로 인하여 다른 시스템과의 인터페이스에 영향을 미치는가?

위와 같은 사항을 고려하여 제안된 변경을 평가하고, 평가 결과를 기반으로 CCB에서 변경 수락 여부를 결정한다. CCB에 참여하는 위원은 형상 관리자Configuration Manager, 담당 팀장Technical Lead, 프로젝트 관리자Project Manager, 품질 담당자Quality Engineer, 고객Customer 대표 등이다.

형상 상태 보고

형상 상태 보고는 형상 항목에 대한 상태(변경 히스토리)를 기록하고 보고하는 활동으로, CSAR Configuration Status Accounting Report를 작성하여 형상 상태를 보고한다. 모든 형상 항목에 대한 정보는 형상 관리 데이터베이스에 저장·유지되며, 베이스라인 정보도 함께 관리된다. 따라서 특정 베이스라인 시점에 현재의 모든 형상 항목이 어떤 변경을 거쳐 왔는가를 보고서로 작성하여 관련자에게 알려주게 된다. CSAR 보고서는 그간 발생한 문제 보고서의 처리 상태와 변경 요청에 대한 처리 상태 정보를 포함한다. 형상 상태에 대한 보고가 왜 중요한지를 요약하면 다음과 같다.

- 프로젝트 관리 측면에서 문제를 식별하기 좋다.
- 계획 대비 실제 프로젝트의 성과를 쉽게 알 수 있다.
- 문제의 원인이 무엇이었는지를 쉽게 파악할 수 있다.
- 더 나쁜 상황이 전개되기 전에 대책을 수립할 수 있다.
- 형상 항목에 대한 이해를 통해 문제를 신속하게 해결할 수 있다.

형상 감사

형상 감사는 개발된 소프트웨어 제품이 승인된 제품의 명세와 정확히 일치하는지를 평가하는 활동이다. 따라서 형상 항목이 베이스라인을 통해 배포되기 직전 또는 변경을 반영한 소프트웨어 제품이 사용자에게 배포되기 전에 수행된다.

형상 감사 활동은 크게 기능 형상 감사FCA, Functional Configuration Audit와 물리 형상 감사 Physical Configuration Audit로 나뉜다. 기능 형상 감사는 모든 기능적 요구사항이 충족되고 있는가를 평가하는 것으로, SRS 또는 SDD와 같은 개발 산출물을 기반으로 수행한다. 기능 형상 감사는 품질 관리자에 의해 수행되며, 소프트웨어 테스트와는 별도로 수행된다. 물리 형상 감사에서는 변경에 대한 반영이 정확히 이루어졌는지, 베이스라인의 형상 항목이 정확한 버전을 제공하고 있는지를 CSAR 보고서를 이용하여 평가한다. 물리 형상 감사는 설계 내용과 코드가 일치하고 있는지를 확인하는 과정이 주를 이루며, 형상 관리자가 이 평가를 담당한다. [그림 16-4]는 형상 감사의 수행 시점을 나타낸다.

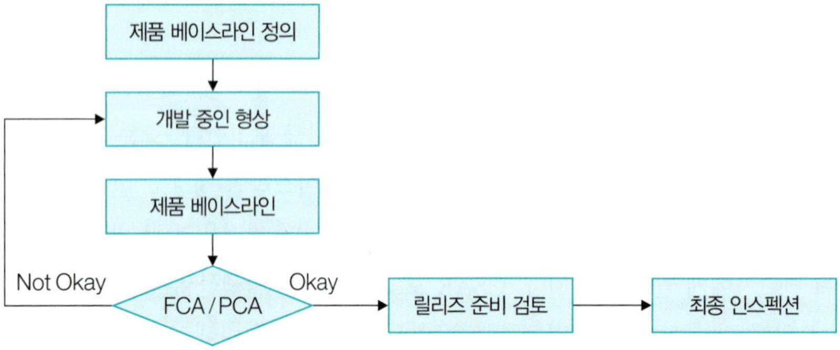

그림 16-4 형상 감사의 수행 절차

실습 16-1 형상 관리를 위한 산출물 이름 체계 정하기

소프트웨어 개발 프로젝트를 수행하는 동안 시스템 정의서, 요구사항 정의서, 프로젝트 관리 계획서 등 매우 다양한 문서들이 개발된다. 이러한 베이스라인 중심의 산출물 이외에도 회의록, 인스펙션 보고서 등 관리 중심의 문서들도 작성·관리된다. 소프트웨어 개발 조직에서는 다수의 프로젝트가 진행될 수 있기 때문에 이들 문서를 전사적으로 관리하기 위한 명명Naming 방법이 필요하다.

(1) 프로젝트 수행 과정에서 작성되는 산출물의 유형을 정리해보자.
(2) 산출물 유형을 고려하여 전사적으로 문서를 식별하기 위해 명명 체계를 설계하시오.
(3) 명명 체계를 적용하여 프로젝트 산출물에 대한 식별자를 생성해보시오.

02 코드 리팩토링

리팩토링Refactoring은 외부 동작을 바꾸지 않으면서 내부 구조를 개선하는 방법으로, 소프트웨어 시스템을 변경하는 프로세스다. 리팩토링을 수행하는 목적은 소프트웨어를 보다 이해하기 쉽고 수정하기 쉽게 만드는 것이며, 사용자에게 보이는 소프트웨어의 기능을 변경하지 않는 것이다. 따라서 리팩토링을 할 때는 새로운 기능을 추가하지 않고 단지 코드의 구조만 신경 써야 한다. 다음은 리팩토링을 수행하는 목적을 정리한 것이다.

- 리팩토링을 통해서 소프트웨어의 설계 사항을 개선한다.
- 리팩토링을 수행하지 않는 소프트웨어는 유지보수를 거치면서 본래 의도했던 설계 구조(예: 모듈화 구조)가 무너질 것이다. 리팩토링을 통해 설계 구조를 유지할 수 있다.
- 리팩토링은 소프트웨어에 대한 가독성과 이해도를 높인다.
- 리팩토링을 통해 코드 구조를 변경할 때, 버그를 찾도록 도와준다.
- 리팩토링은 코드 가독성을 높여 프로그램을 신속히 작성할 수 있도록 한다.

그렇다면 리팩토링을 수행하는 시기는 언제인가? 다음과 같은 사항을 고려할 수 있다.

- 동일한 형태의 수정이 3번 반복될 때, 코드를 리팩토링한다.
- 새로운 기능을 추가할 때, 기존 코드의 리팩토링을 통해 통합한다.
- 소프트웨어가 갖는 결함을 수정할 때, 리팩토링도 함께 수행한다.
- 인스펙션을 통해 코드 리뷰Code Review을 수행할 때, 리팩토링을 수행한다.

코드 리팩토링은 보통 소프트웨어의 유지보수성을 향상하기 위해 사용하는 기법이며, 최근에는 성능, 안전성 같은 다양한 품질 속성을 향상할 목적으로 활용되고 있다. 최근 이슈가 되고 있는 전력 효율성은 코드 리팩토링에서도 고려되어야 한다. 예를 들어, 개발자가 저전력 소프트웨어의 코드를 대상으로 유지보수성을 향상하기 위해 코드 리팩토링 기법을 적용하고자 할 때 상황에 따라 전력 효율성이 오히려 감소하는 결과를 초래할 수 있다. 즉, 개발자가 저전력 소프트웨어를 리팩토링할 때 널리 알려진 기법들을 직관적으로 적용하기가 쉽지 않은 실정이다. 이러한 문제를 해결하려면 코드 리팩토링의 본래 목적인 유지보수성 향상뿐 아니라 전력 효율성도 고려해야 한다.

코드 리팩토링 기술은 마틴 파울러Marine Fowler의 연구에 잘 제시되어 있다. 마틴 파울러는 소프트웨어 코드에 나타나는 취약점을 개선하기 위해 매우 다양한 리팩토링 기법을 제시하였다. 파울러가 제시하는 코드 리팩토링 수행 원칙은 중복된 코드Duplicated Code, 긴 메서드Long Method, 거대한 클래스Large Class, 매개변수가 많은 경우Long Parameter List, 메시지 체인Message Chains 등의 문제가 발생했을 때, 이들을 제거하는 방법을 제시한다.

[표 16-1]은 마틴 파울러가 제안하는 코드 리팩토링 기법 68개를 적용 기법 유형을 기준으로 정리한 것이다.

표 16-1 마틴 파울러의 코드 리팩토링 기법

No.	코드 리팩토링 기법
적용 기법 유형: 메서드 구성(Composing Method)	
R1	메서드 추출(Extract Method)
R2	인라인 메서드(Inline Method)
R3	인라인 임시 변수(Inline Temp)
R4	임시 변수의 질의 대체(Replace Temp with Query)
R5	설명 변수 도입(Introduce Explaining Variable)
R6	임시 변수 분리(Split Temporary Variable)
R7	매개변수 할당 제거(Remove Assignments to Parameters)
R8	메서드 객체로 메서드 대체(Replace Method with Method Object)
R9	알고리즘 대체(Substitute Algorithm)
적용 기법 유형: 객체 간 특성 이동(Moving Features Between Objects)	
R10	메서드 이동(Move Method)
R11	필드 이동(Move Field)
R12	클래스 추출(Extract Class)
R13	인라인 클래스(Inline Class)
R14	위임 감추기(Hide Delegate)

R15	중간자 제거(Remove Middle Man)
R16	외부 메서드 도입(Introduce Foreign Method)
R17	지역 확장 도입(Introduce Local Extension)

적용 기법 유형: 데이터 구조화(Organizing Data)	
R18	자체 캡슐화 필드(Self Encapsulate Field)
R19	데이터 값을 객체로 대체(Replace Data Value with Object)
R20	값을 참조로 대체(Change Value to Reference)
R21	참조를 값으로 대체(Change Reference to Value)
R22	배열을 객체로 대체(Replace Array with Object)
R23	관찰 데이터 복제(Duplicate Observed Data)
R24	단방향 관계의 양방향 변경(Change Unidirectional Association to Bidirectional)
R25	양방향 관계의 단방향 변경(Change Bidirectional Association to Unidirectional)
R26	매직 넘버의 기호 상수화(Replace Magic Number with Symbolic Constant)
R27	필드 캡슐화(Encapsulate Field)
R28	집합 캡슐화(Encapsulate Collection)
R29	레코드를 데이터 클래스로 대체(Replace Record with Data Class)
R30	타입 코드를 클래스로 대체(Replace Type Code with Class)
R31	타입 코드를 서브 클래스로 대체(Replace Type Code with Subclass
R32	타입 코드를 상태로 대체(Replace Type Code with State/Stratedgy
R33	서브 클래스를 필드로 대체(Replace Subclass with Fields)

적용 기법 유형: 조건절 단순화(Simplifying Conditional Expressions)	
R34	조건 분리(Decompose Conditional)
R35	조건절 통합(Consolidate Conditional Expression)
R36	중복 조건의 통합(Consolidate Duplicate Conditional Fragments)
R37	제어 플래그 제거(Remove Control Flag)
R38	중첩 조건을 가드절로 대체(Replace Nested Conditional with Guard Clauses)
R39	조건을 다형성으로 대체(Replace Conditional with Polymorphism)
R40	널 객체 도입(Introduce Null Object)
R41	핵심 내용 추가(Introduce Assertion)

적용 기법 유형: 메서드 호출 단순화(Making Method Calls Simpler)	
R42	메서드 재명명(Rename Method)
R43	매개변수 추가(Add Parameter)
R44	매개변수 제거(Remove Parameter)
R45	수정자에서 질의 분리(Separate Query from Modifier)
R46	매개변수화된 메서드(Parameterize Method)
R47	매개변수를 기존 메서드로 대체(Replace Parameter with Explicit Methods)
R48	전체 객체 보존(Preserve Whole Object)
R49	매개변수를 메서드로 대체(Replace Parameter with Method)
R50	매개변수 객체 도입(Introduce Parameter Object)
R51	설정 메서드 제거(Remove Setting Method)
R52	메서드 감추기(Hide Method)
R53	팩토리 메서드를 생성자로 대체(Replace Constructor with Factory Method)
R54	다운캐스트 캡슐화(Encapsulate Downcast)
R55	에러 코드를 예외 처리로 대체(Replace Error Code with Exception)
R56	예외 처리를 테스트로 대체(Replace Exception with Test)

적용 기법 유형: 일반화하기(Dealing with Generalization)	
R57	필드 올리기(Pull Up Field)
R58	메서드 올리기(Pull Up Method)
R59	생성자 몸체 올리기(Pull Up Constructor Body)
R60	메서드 내리기(Push Down Method)
R61	필드 내리기(Push Down Field)
R62	서브 클래스 추출(Extract Subclass)
R63	슈퍼 클래스 추출(Extract Superclass)
R64	인터페이스 추출(Extract Interface)
R65	계층 구조 해체(Collapse Hierarchy)
R66	템플릿 메서드 구성(Form Template Method)
R67	상속을 위임으로 대체(Replace Inheritance with Delegation)
R68	위임을 상속으로 대체(Replace Delegation with Inheritance)

소프트웨어 개발자가 코드 리팩토링을 위한 모든 기법을 인식하고, 소스 코드를 보았을 때 어떤 리팩토링 기법을 적용할 수 있는지 식별할 수 있어야 한다. 그러나 적용 기법을 식별하여 선택하는 일은 쉽지 않다. 그래서 리팩토링 지원을 위한 도구들이 많이 보급되고 있다. 개발자는 이러한 도구를 사용하여 자신의 코드에서 리팩토링된 코드를 자동으로 쉽게 확보할 수 있다.

다음 코드는 [표 16-1]의 'R7: 매개변수 할당 제거Remove Assignments to Parameters' 기법에 대한 리팩토링 적용 전과 후를 나타낸다.

(a) 기법 적용 전

```
int descount ( int inputVal, int Quantity, int yearToDate) {
    if (inputVal > 50) inputVal -= 2;
    ...
```

(b) 기법 적용 후

```
int descount ( int inputVal, int Quantity, int yearToDate) {
    int result = inputVal;
    if (inputVal > 50) result -= 2;
    ...
```

위 예제에서 기법 R7은 매개변수에 값을 할당하는 경우, 매개변수의 변경이 발생하면 영향받는 부분이 증가할 수 있고, 이로 인하여 Side Effect가 발생할 수 있기 때문에 매개변수에 직접 배정된 값을 제거하도록 권고하고 있다. 따라서 기법 적용 후의 코드는 별도의 지역 변수 "result"를 선언하고, 이 변수에 값을 배정하는 리팩토링 결과를 보여주고 있다.

이와 같은 작은 단위의 리팩토링 기법뿐 아니라 설계 수준의 리팩토링도 가능하다. 이를 빅 리팩토링Big Refactoring이라고 하는데, 상속 구조가 2레벨 이상이면 매우 이해하기 어려운 코드를 생성할 수 있기 때문에 가능한 1레벨의 상속으로 변경하여 표현하거나, 표현 클래스 Presentation Class에 포함된 도메인 정보를 분리해 2개의 클래스로 나누어 리팩토링하도록 권고하고 있다. 이때, 9장에서 제시한 설계 패턴을 기반으로 리팩토링하는 경우가 많다.

실습 16-2　코드 리팩토링이 필요 없는 클린 코드의 조건 알아보기

클린 코드Clean Code란 가독성이 높은 코드를 말한다. 즉, 쉽게 이해할 수 있고 깔끔하게 정리된 코드다. 만약 코드가 클린하지 못하다면 코드를 재구조화하거나 리팩토링을 수행해야 한다. 다음은 클린 코드를 생성하기 위한 조건이다. 각 조건이 필요한 이유를 설명해보시오.

(1) 변수 이름을 정할 때, 의미 있는 단어를 사용한다.
(2) 함수로 전달되는 매개변수는 사용하지 않거나 한두 개로만 정의한다.
(3) 주석은 가능하면 작성하지 않는 것이 좋다.
(4) 리턴 값으로 Null을 반환하지 않는다.

03 관점지향 프로그래밍

소프트웨어 개발 패러다임에서 객체지향 프로그래밍OOP, Object-Oriented Programming은 가장 널리 활용되고 있는 대표적인 소프트웨어 개발 패러다임이다. 이 방법에서는 계층적인 모듈화 메커니즘을 제공하고 있으나, 애플리케이션의 구조와 구현 내용이 갈수록 복잡하고 다차원적으로 되어감에 따라 모듈화할 수 없는 부분이 발생하기도 한다. 따라서 이러한 문제를 해결하기 위하여 새로운 기술의 흐름과 방향이 출현하게 되었다. 이것이 단순함과 수정 용이성을 추구하는 관점지향 프로그래밍AOP, Aspect-oriented programming 기법이다.

관점지향 프로그래밍 기법이 나타난 근본적인 원인은 소프트웨어 공학의 기본 원리에 해당하는 '관심사의 분리Separation of Concerns'가 필요했기 때문이다. 즉, 모든 프로그래밍 패러다임은 관심사의 분리 과정을 통해 문제 영역problem domain을 독립적인 모듈로 분해할 수 있으며, AOP는 OOP를 적용한다고 할지라도 충분히 분리해낼 수 없는 부분이 존재한다는 문제의식에서 출발하였다. 기존 OOP가 제공하는 문제를 정리하면 다음과 같다.

- 중복되는 코드: Copy & Paste로 만들어진 여러 모듈에서 중복되는 코드가 발생할 수 있으며, 어떠한 추상화와 리팩토링을 통해서도 반복되는 코드를 피하기 어렵다.
- 지저분한 코드: 횡단 관심과 관련된 코드들이 핵심 기능 코드 사이사이에 끼어 있어 가독성이 떨어지며 유지보수에 어려움을 준다.
- 생산성 저하: 횡단 관심을 구현한 코드를 함께 작성하기 때문에 생산성이 저하된다.
- 재활용성 저하: OOP라 하더라도 완전하게 모듈화되지 않는 부분이 존재한다.
- 변화의 어려움: 쉽게 새로운 요구사항을 적용하기 힘들다는 문제가 있다.

AOP에서 기본적으로 고려하는 관심사는 소프트웨어 시스템의 핵심 관심사와 횡단 관심사다. [그림 16-5]는 핵심 관심사와 횡단 관심사의 예를 보여준다.

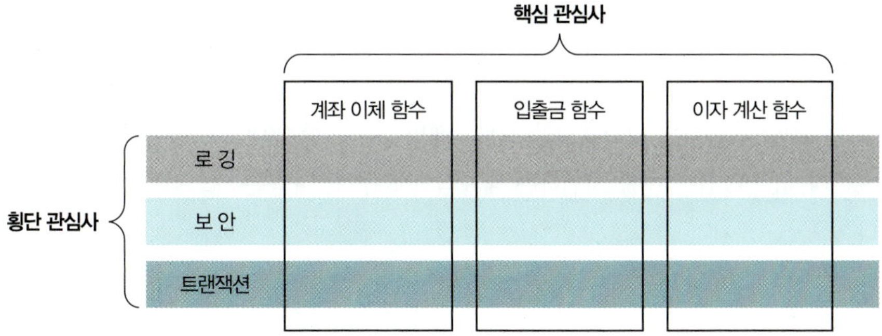

그림 16-5 핵심 관심사와 횡단 관심사의 예

[그림 16-5]에서 핵심 관심사는 소프트웨어 시스템의 핵심 가치와 목적이 그대로 드러난 관심 영역으로, 은행 시스템Banking System의 계좌 이체 함수, 입출금 함수, 이자 계산 함수 등이다. 횡단 관심사는 쉽게 분리된 모듈로 작성하기 힘든 요구사항으로, 로그 작성, 보안 및 인증, 에러 검사 등과 같이 모든 기능에 공통으로 요구되는 부분이다.

이와 같은 횡단 관심사를 모든 핵심 기능에 구현하면, 계좌 이체, 입출금, 이자 계산 함수들은 동일한 기능을 수행하는 코드를 중복하여 갖게 된다. 따라서 핵심 관심사를 비즈니스 로직 차원에서 프로그램하고 횡단 관심사를 관점 측면에서 프로그래밍한 후에, 이들을 직조Weaving 하여 실행시킬 수 있다면 횡단 관심사를 중복하여 프로그래밍하지 않더라고 요구사항 기능을 구현할 수 있다. AOP 프로그램을 작성하고 그 개념을 설명하기 위해 사용하는 용어들은 다음과 같다.

- 조인 포인트Joinpoint: 횡단 관심 모듈의 기능이 삽입되어 동작할 수 있는 실행 가능한 특정 위치를 의미한다. 예를 들면, 메서드가 호출되는 부분, 리턴되는 시점, 예외 처리가 필요한 시점, 인스턴스가 생성되는 지점 등이 조인 포인트에 해당한다.
- 포인트 컷Point-cut: 어떤 클래스의 어느 조인 포인트를 사용할 것인지를 결정하는 선택 기능이며, 일종의 조인 포인트 선정 룰과 같은 개념이다.
- 어드바이스Advice: 각 조인 포인트에 삽입되어 동작할 수 있는 코드로, 실제적인 횡단 관심사의 기능을 수행하는 부분이다.
- 위빙Weaving: 포인트 컷에 의해 결정된 조인 포인트에 지정된 어드바이스를 삽입하는 과정을 의미한다. AOP가 기존 핵심 관심 모듈의 코드에 전혀 영향을 주지 않으면서 필요한 횡단 관심 기능을 추가할 수 있게 해주는 처리 과정이다.

- 애스팩트Aspect: 포인트 컷과 어드바이스를 합친 것이다. 기본 작업 단위이며, 객체지향의 클래스와 비슷한 역할을 수행한다.

관점지향 프로그래밍을 하려면 애스팩트를 프로그래밍하기 위한 언어와 이를 직조하기 위한 도구가 필요하다. AspectJ는 이를 지원하는 대표적인 도구다. 다음은 애스펙트 클래스를 작성한 예제다.

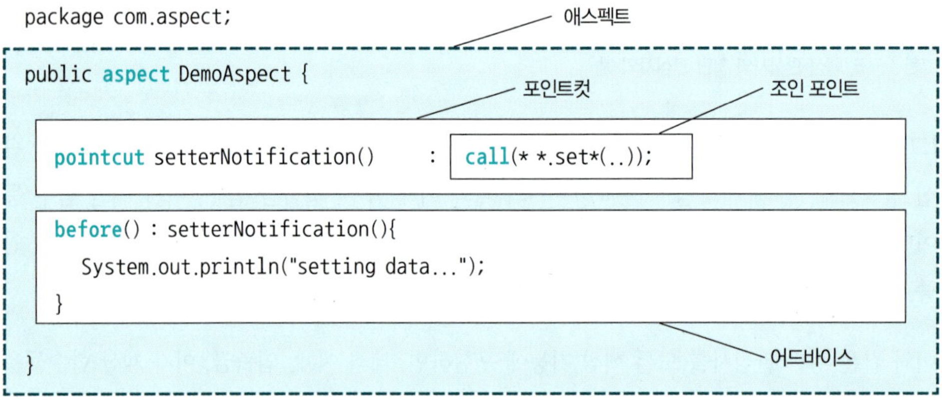

이 예제에서 포인트 컷은 setterNotification이라는 이름으로 정의되었으며, 이때 조인 포인트를 그 내용으로 정의하고 있다. 조인 포인트는 핵심 관심사를 갖는 프로그램에 나타나는 메서드를 정의하는데, 예제 코드에서는 *(wildcard 문자)를 사용하여 set을 포함하는 모든 함수의 원형에 적용하는 것으로 선언되었다. 다시 말해, 조인 포인트는 비즈니스 로직에서 정의된 메서드의 원형을 적는 부분이다.

조인 포인트에 정의된 메서드가 호출되면, 애스펙트가 이를 감지하여 SetterNotification의 이름으로 정의된 어드바이스를 찾아 실행한다. 어드바이스는 Before(), after() 등의 키워드와 함께 시작되는데, 각각 비즈니스 로직의 메서드가 실행되기 직전과 실행된 직후를 의미한다. 예제 코드에서는 *.set*() 형식의 메서드가 호출되면 메서드 실행 전에 어드바이스에 정의된 출력문을 먼저 실행하라는 의미가 된다.

이와 같이 핵심 관심사의 메서드가 호출되었을 때 횡단 관심사의 어드바이스가 실행되려면 이들을 연결할 방법이 필요하다. 이 역할을 위버weaver가 담당한다. [그림 16-6]은 위빙과 컴파일의 개념을 보여준다.

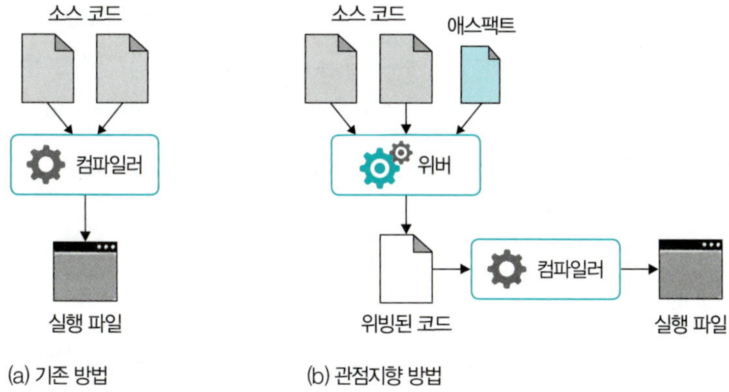

그림 16-6 관점지향 프로그래밍의 위빙과 컴파일

[그림 16-7]에서 자바로 작성된 Messenger 클래스는 입력한 문자열을 출력해주는 deliver() 메서드를 정의하고 있다. 클래스 Test는 일정한 매개변수를 가지고 Messenger. deliver 메서드를 호출한다. 그리고 왼쪽 하단에는 "aspect"를 키워드로 갖는 애스팩트 클래

Messenger.java

```
public class Messenger {
  public static void deliver(String
message) {
     System.out.println(message);
  }
  public static void deliver(String p,
String m){
     System.out.println(p+ " , " +m);
  }
}
```

Test.java

```
public class Test {
  public static void main(String args) {
     Messenger.deliver( " Hello Hong " );
     Messenger.deliver( " Kim " , " Hello " );
  }
}
```

MannerAspect.aj

```
public aspect MannersAspect {
  pointcut deliverMessage(*): call(void
Messenger.deliver(*));
  before(): deliverMessage() {
     System.out.println( " Hi ! " );
  }
}
```

Result

```
Hi ! Hello Hong
Hi ! Kim, Hello
```

그림 16-7 AOP 기반 프로그램의 코드 및 실행 결과 예제

스가 선언되어 있다. 애스팩트 클래스의 내용을 살펴보면 Messenger 클래스의 deliver 메서드가 호출call될 때마다 이 메서드를 실행하기 전before에 deliverMessage() 함수를 수행하도록 작성되었다. 이때 deliverMessage() 함수는 "Hi !"라는 문자열를 출력한다. 따라서 출력 결과를 살펴보면 클래스 Test에서 Messenger.deliver 메서드가 호출될 때마다 문자열 "Hi !"가 먼저 출력되는 것을 알 수 있다.

표 16-2 AOP를 지원하는 개발 도구들

	AspectJ	JBossAOP	SpringAOP
출시 연도	2001	2004	2004
Aspect 선언	전용 코드	XML, 어노테이션	XML
어드바이스	전용 코드	Java method	
조인 포인트	Method, 생성자, Advice, Instance		method
포인트 컷	Signature, Widecard, Annotation		정규식
위빙	컴파일, 로딩타임,	런타임 인터셉션 및 프록시	
IDE 지원	Eclipse, Jdeveloper, Jbuilder, Net.Bean	Eclipse	없음

AOP 개발 도구 중에서 가장 널리 사용되는 도구는 역시 AspectJ다. AspectJ로 자바 언어를 확장하여 애스팩트 클래스를 작성할 수 있으며, 다양하고 풍부한 기능을 활용해 확장성이 뛰어난 이상적인 AOP를 개발할 수 있다.

실습 16-3 관점지향 프로그래밍에서 어드바이스 이해하기

관점지향 프로그램에서는 애스팩트 클래스를 생성하여 횡단 관심사의 기능을 구현한다. 애스팩트 클래스를 구성하는 요소로 조인 포인트Joinpoint, 포인트 컷Point-cut, 어드바이스advice 등이 존재한다. 이 중 어드바이스는 하나의 메서드를 정의하는 구조로 나타난다.

(1) 어드바이스의 유형에는 어떠한 것이 있는가?
(2) 도메인 클래스의 실행 중 어드바이스의 각 유형이 어떻게 동작하는지 설명하시오.

04 탐색기반 소프트웨어 공학

최근 인공지능 기술이 영상 인식 및 의료 분야 등 특정 영역에서 우수한 성능을 보여주고 있어 인공지능 활용 영역이 확대되고 있다. 빅데이터, 자연어 등 방대한 비정형 데이터를 처리하는 데 인공지능 기술을 사용한다. 인공지능 기술은 인간의 지능과 유사한 방법으로 컴퓨터 시스템을 동작시키는 기술이다. 컴퓨터에 지능을 부여하려면 학습이 필요한데, 이러한 학습을 기계 학습Machine Laerning이라고 한다. 기계 학습은 사용자가 데이터에 레이블을 부여하여 해당 데이터가 무엇인지를 지정하고 이를 학습시키는 것이다. 이러한 기계 학습의 발전된 형태가 딥 러닝Deep Learning이다. 딥 러닝에서는 입력하는 데이터(인공지능에서는 피처feature라고 부름)에 대한 답을 사용자가 지정해주는 것이 아니라 입력 데이터로부터 컴퓨터가 피처를 추출하여 스스로 학습하도록 한다.

소프트웨어 공학 분야에서도 매우 다양한 영역에 인공지능 기술이 활용되고 있다. 인공지능 기술을 활용하는 목적은 기본적으로 더욱 정확하고 품질 좋은 소프트웨어를 개발하고자 함이다. 또한 소프트웨어 개발 프로젝트에서 요구되는 활동들을 보다 정확히 예측하여 리스크를 예방하고, 시간과 노력을 절감하며, 문제점을 사전에 식별할 수 있도록 하기 위함이다.

프로젝트를 계획할 때 전문가의 판단이나 알고리즘적 계산 방식으로 예측을 할 수도 있지만, 과거의 다양한 프로젝트 경험 데이터를 활용하여 예측하는 경우가 많다. 그러나 방대한 데이터에서 특정 제약 사항을 만족하는 정보를 찾아내기는 쉽지 않다. 모든 가용한 정보를 검색하려고 하면 많은 시간과 비용이 요구되며, 적시에 의사결정을 내릴 수 없다. 소프트웨어 공학 분야에서는 방대한 데이터로부터 최적의 솔루션을 찾는 방법으로 메타 휴리스틱을 기반으로 하는 탐색기반 소프트웨어 공학SBS, ESearch-based Software Engineering 연구를 진행해오고 있다.

1 탐색기반 소프트웨어 공학의 의미

SBSE는 유전자 알고리즘, 시뮬레이티드 어닐링Simulated Annealing, 타부Tabu 검색과 같은 메타 휴리스틱 검색 기술을 이용하여 소프트웨어 엔지니어링 문제를 해결하려는 시도다. 시뮬레이티드 어닐링은 큰 탐색 공간에서 주어진 함수의 최적 값Global Optimum에 대해 적합한 근사치를 찾으려는 확률적 접근 방식이며, 타부 검색은 최적화 문제를 해결하기 위한 조합 검색 기법이다.

소프트웨어 공학에서는 많은 활동이 최적화 문제로 연결된다. 공학적 활동을 하려면 계획을 세우거나 가장 적합한 기법을 찾아 적용해야 한다. 그러나 선형 프로그래밍 또는 동적 프로그래밍 같은 최적화 기술은 계산 복잡성이나 문제에 대한 가정으로 대규모 소프트웨어 공학 문제를 해결하는 데 비실용적인 경우가 많다. 따라서 문제 구조를 가정하지 않는 메타 휴리스틱 검색 기술을 사용하여 최적에 가깝거나 충분히 좋은good-enough 솔루션을 찾고자 하는 것이다.

SBSE는 소프트웨어 공학의 문제를 메타 휴리스틱으로 해결할 수 있는 탐색 문제로 변환한다. 이때 문제에 대한 탐색 공간 또는 가능한 모든 솔루션 집합이 고려되지만, 이 공간이 너무 커서 모든 것을 탐색하기 어렵기 때문에 메타 휴리스틱 접근 방식을 적용한다. 그런 다음 적합도 함수Fitness Function, 비용 함수, 목적 함수 등을 사용하여 잠재적 솔루션의 품질을 측정한다. 이처럼 너무 커서 탐색할 수 없는 공간으로부터 근사 최적을 찾기 위한 접근 방법이 많은 소프트웨어 공학 문제를 해결하는 방법으로 사용되고 있다.

> 메타 휴리스틱metaheuristic은 너무 커서 전체를 표현(혹은 나열)하거나 탐색할 수 없는 솔루션에 대한 부분집합을 샘플링함으로써, 불완전한 정보 또는 제한된 계산 용량으로 최적화 문제에 대해 충분히 좋은 솔루션을 제공하고자 하는 절차다. 따라서 최적화 문제에 대하여 상대적으로 적은 가정을 기반으로 매우 다양한 문제에 사용할 수 있다.

SBSE에서 사용되는 최적화 알고리즘은 적합도 함수Fitness function를 풀기 위해 탐색 알고리즘을 적용하는 것이다. 즉, 하나의 솔루션에서 좀 더 적합한 좋은 솔루션으로 이동하는 것이다. [그림 16-8]은 상태 공간에 존재하는 솔루션들의 목적 함수 그래프를 나타낸다. 현재 상태current state에서 적합도를 평가하는 목적 함수Object Funtion의 값 중 높은 값을 찾기 위해

힐 클라이밍Hill climbing, 타부 검색Tabu search 등의 기법을 이용하여 지역 최대Local Max 값을 찾을 수 있다. 그러나 보다 좋은 전역 최대Global Max 값을 얻기 위해서는 랜덤 검색Random search, 유전자 알고리즘Genetic algorithm 등의 기법을 사용한다.

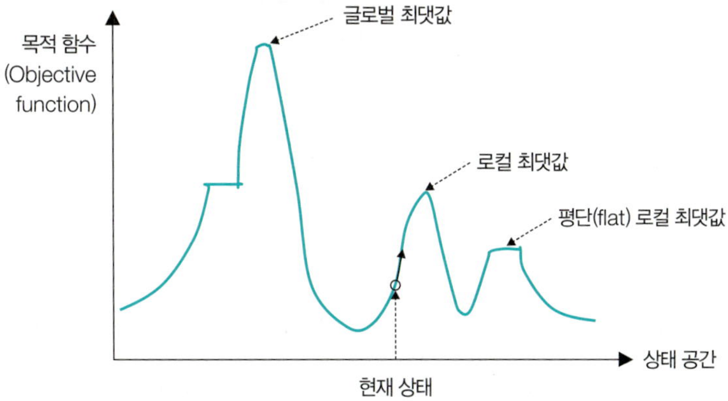

그림 16-8 솔루션 공간의 적합도에 따른 목적 함수 그래프

랜덤random하게 선택된 초기 상태에서 이웃하는 솔루션을 선택하고, 선택한 솔루션의 적합도를 평가하여 현재보다 좋은 적합도를 갖는다면, 탐색 알고리즘은 현재 상태를 이웃 상태로 옮긴다. 이러한 과정을 반복함으로써 지역 최댓값을 찾거나 전역 최댓값을 찾는 것이다.

실습 16-4 솔루션 탐색을 위한 유전 알고리즘 이해하기

유전 알고리즘Genetic Algorithm은 주어진 문제를 해결하기 위한 솔루션을 찾아내는 방법으로, 어떤 미지의 함수 y=f(x)에서 최적의 해Optimal Solution에 해당하는 x를 찾는 것이다. 문제가 계산하기 불가능할 정도로 복잡한 경우에 유전 알고리즘을 사용한다. 유전 알고리즘은 실제 최적 해를 구하지는 못하더라도 최적 해에 가까운 답을 얻기 위한 방안으로 접근할 수 있다.

(1) 이 기법의 이름이 왜 유전 알고리즘인가?
(2) 알고리즘을 구성하는 핵심 요소인 적합도 함수Fitness function란 무엇이며, 이 함수는 어떠한 역할을 수행하는가?
(3) 유전 알고리즘을 구성하는 선택Selection, 교차Crossover, 변이Mutation 연산에 대하여 설명하시오.

2 탐색기반 소프트웨어 공학의 적용

SBSE는 소프트웨어 개발 과정의 모든 활동에 적용할 수 있으며, 그중에서도 소프트웨어 테스트에 가장 활발하게 적용하고 있다. 소프트웨어 개발 과정을 (1) 프로젝트 계획 단계, (2) 문제(요구사항) 분석 단계, (3) 설계 단계, (4) 구현 단계, (5) 테스트 단계, (6) 유지보수 단계로 구분할 때, 단계별로 탐색기반 소프트웨어 공학 기술을 사용해서 어떤 문제를 해결하는지 간단히 살펴보자.

■ 프로젝트 계획 단계

이 단계는 아직 소프트웨어 개발이 시작되지 않은 시점이기 때문에 개발 비용 산정, 개발 업무의 규모, 일정 스케줄, 작업 할당 등의 예측 활동이 이루어져야 한다. 이러한 계획 과정에서 보다 전문적인 공학적 기법을 통해 최대한 근삿값을 예상하는 것이 중요하다.

이때 매우 다양한 프로젝트 관련 빅데이터를 활용하여 제약 조건을 만족하는 솔루션을 찾을 수 있다. 이러한 솔루션을 찾아내기 위해 효율적인 탐색 기술을 활용한다. 특정 기능이 있는 소프트웨어를 개발하기 위해 적합한 비용을 예측하거나 제한된 자원과 인력에 따른 개발 스케줄을 찾는 방법도 최적화 문제를 통해 해결할 수 있다.

■ 문제 분석 단계

요구 공학Requirement Engineering은 소프트웨어 사용자 및 환경에 대한 요구사항을 결정하고 관리하는 활동 및 절차다. 제한된 자원과 요구사항 간의 상호 종속성 같은 제약 조건 아래 사용자가 원하는 것과 일치하는 하위 요구사항을 선택하는 과정에서 SBSE가 적용될 수 있다. SBSE는 요구사항을 결정하고 분석할 때 비용과 사용자 만족도, 요구사항에 내포된 리스크 등을 고려하여 좋은 대안을 찾고, 이로부터 의사결정이 이루어질 수 있도록 지원한다.

■ 설계 단계

설계 단계에서는 개발 대상 시스템에 대한 아키텍처 및 설계 패턴을 찾기 위해 최적화 알고리즘을 적용할 수 있다. 주어진 제한 조건에서 정의된 기능에 적합한 설계 패턴은 무엇인가, 리스크를 가장 최소화하기 위한 아키텍처를 어떻게 결정할 것인가에 대한 답을 찾을 수 있다. 일반적으로 설계 패턴이나 아키텍처 패턴은 널리 알려진 솔루션들이다. 그러나 일반적이지 않은 제약 조건이 있거나 널리 알려지지 않은 특정 분야의 패턴을 찾고자 할 때 최적화 알고리즘을 유용하게 쓸 수 있다.

■ **구현 단계**

구현된 프로그램을 최적화하기 위하여 SBSE를 사용하거나 소프트웨어를 수정함으로써, 실행 속도와 자원 사용 측면에서 더욱 효율적인 코드를 생성할 수 있다. 50,000줄의 프로그램을 유전자 알고리즘을 적용하여 개선했을 때, 프로그램의 실행 속도가 평균 70배 빨라졌다는 개발 사례도 있다. 구글의 구아바Guava는 프로그램에서 사용하는 자료 구조를 최적화함으로써 실행 속도가 9% 빨라졌으며, 메모리 사용량이 13%, CPU 사용량이 4% 개선되었다고 발표하였다.

■ **테스트 단계**

테스트 케이스(테스트 데이터) 자동 생성, 테스트 케이스 최소화 및 테스트 케이스 우선순위 결정 등을 포함한 다양한 테스트 관련 이슈를 SBSE를 사용하여 해결하고 있다. 또한 최근에는 수정된 코드에 대해 회귀 테스트를 하고자 할 때 어떤 테스트 데이터를 결정할 것인가에 대한 문제를 탐색 기법으로 해결하고 있다.

■ **유지보수 단계**

소프트웨어 버그(또는 코드 스멜)를 식별한 다음 소프트웨어를 디버깅(또는 리팩토링)하는 일은 대부분 수동적이고 노동 집약적인 작업이다. 그러나 최근에는 소스 코드에서 발생 가능한 버그나 코드 스멜 찾는 일을 SBSE로 해결하고 있다. 또한 이렇게 찾아낸 버그나 코드 스멜을 자동으로 수정하는 것도 이 연구에 포함되어 있다. 유전 알고리즘 등을 통해 프로그램을 진화시키고, 기능이 변경된 부분에 대하여 테스트를 자동으로 수행하는 활동도 가능하다.

탐색기반 소프트웨어 공학은 최적화된 솔루션을 찾는다는 측면에서 인공지능 기술과 유사하다. 인공지능 분야에서도 유전자 알고리즘이나 어닐링annealing 기법 등을 이용하여 근사 최적이나 전역 최적 값을 찾기 때문이다. 다만 소프트웨어 공학 활동에서 이러한 인공지능 기술을 적용할 때, 다양한 탐색 공간을 준비하거나 많은 양의 학습용 데이터를 준비하는 과정이 어려울 수 있다.

연습문제

01 소프트웨어 형상 관리 단계에 해당하지 않는 것은?

① 형상 식별Configuration Identification

② 형상 통제Configuration Control

③ 형상 감사Configuration Audits

④ 개발자 통제Developer Control

02 형상 관리를 위해 설정된 베이스라인으로 가장 적절하지 못한 것은?

① 요구사항 베이스라인

② 기능 베이스라인

③ 설계 베이스라인

④ 제품 베이스라인

03 형상 관리 활동에서 변경 요청에 대한 영향을 분석하고 변경 수용을 결정하는 조직은?

① PMOProject Management Office

② QMOQuality Management Office

③ CCBConfiguration Control Board

④ STGSoftware Testing Group

04 코드 리팩토링을 수행하는 목적과 가장 거리가 먼 것은?

① 리팩토링을 통해서 소프트웨어의 가격 경쟁력을 높일 수 있다.

② 리팩토링을 통해서 소프트웨어의 설계 사항을 개선한다.

③ 리팩토링은 소프트웨어에 대한 가독성과 이해도를 높인다.

④ 리팩토링은 코드 가독성을 높여 신속한 개발을 가능하게 한다.

05 마틴 파울러가 제시하는 코드 리팩토링 기법 중 적용 기술이 다른 것은?

① Move Method

② Pull Up Method

③ Extract Clas

④ Inline Class

06 AOP 도입을 통해 해결하고자 하는 기존 문제와 거리가 가장 먼 것은?

① 모듈에 중복적으로 코드가 존재한다.

② 코드의 가독성과 유지보수성이 저하된다.

③ 새로운 요구사항을 수용하기 어렵다.

④ 모듈 인터페이스가 복잡해지는 문제가 있다.

07 AOP 프로그램 개발에서 다음 설명이 의미하는 것은?

> 횡단 관심 모듈의 기능이 삽입되어 동작할 수 있는 실행 가능한 특정 위치를 의미한다. 메서드 호출 부분, 예외 처리 시작 시점 등이 여기에 해당될 수 있다.

① 조인 포인트Joinpoint

② 포인트 컷Point-cut

③ 어드바이스Advice

④ 위빙 포인트Weaving Point

08 다음은 은행의 입출금 프로그램 코드다. 제시된 코드의 로깅logging 동작에 대하여 관점지향 개념에 의한 Aspect 클래스를 정의하고, 이에 따라 클래스 Power를 수정하시오.

```
class Logger {
   private PrintStream stream;
   Logger( ) {
      ... create stream
   }
   void log(String message) {
      stream.println(message);
   }
}
```

```
class Power {
  int balance;
  Logger logger = new Logger();
  void deposit(int amount) {
     logger.log( "deposit amount: " + amount);
     balance = balance + amount;
  }
  boolean withdraw(int amount) {
     logger.log( "withdraw amount: " + amount);
     if (balance - amount >= 0) {
        balance = balance - amount;
        return true;
     } else  return false;
  }
}
```

09 탐색기반 소프트웨어 공학의 목적은 무엇이며, 어떻게 소프트웨어 공학적 문제를 해결하는지 간단히 설명하시오.

10 소프트웨어 공학은 소프트웨어의 품질을 향상하기 위하여 개발 과정에서 다양한 공학적 기법을 적용하는 학문 또는 기술 영역이다. 최근 인공지능, 빅데이터, 스마트 IoT 분야의 소프트웨어 개발이 늘면서, 소프트웨어 개발과 관련한 새로운 문제들이 출현할 것으로 예측된다. 그럼에도 불구하고 지속적인 소프트웨어 품질 향상에 대한 요구가 증가할 것이다. 향후 새로운 소프트웨어 공학 기술이 요구된다면 어떠한 기술이 필요할지 예상해보시오.

Appendix

문서 틀

01 시스템 정의서 양식
02 프로젝트 관리 계획서 목차
03 기능 점수 정규법 산정 양식
04 요구사항 정의서 목차
05 요구사항 분석서 목차
06 소프트웨어 설계서 목차
07 인스펙션(동료 검토) 양식
08 테스트 결과서 목차
09 블랙박스 테스트 휴리스틱 양식
10 시나리오 기반 테스트 케이스 기술서 양식

1. 시스템 정의서 양식

<table>
<tr><td rowspan="2">시스템명</td><td colspan="4">(국문)</td></tr>
<tr><td colspan="4">(영문)</td></tr>
<tr><td rowspan="2">담당자</td><td>소 속</td><td></td><td>성 명</td><td></td></tr>
<tr><td>전 화</td><td></td><td>이메일</td><td></td></tr>
<tr><td>개발 기간</td><td colspan="4">200 년 월 일～200년 월 일(개월)</td></tr>
<tr><td rowspan="4">관련자</td><td>역할</td><td colspan="2">직무</td><td>성명</td></tr>
<tr><td></td><td colspan="2"></td><td></td></tr>
<tr><td></td><td colspan="2"></td><td></td></tr>
<tr><td></td><td colspan="2"></td><td></td></tr>
<tr><td>시스템 설명</td><td colspan="4"></td></tr>
<tr><td>핵심 기능</td><td colspan="4"></td></tr>
<tr><td>유사 관련 시스템</td><td colspan="4"></td></tr>
</table>

2. 프로젝트 관리 계획서 목차

[시스템 명칭]

프로젝트 관리 계획서

년 월 일

문서번호 :

소 속 :

작 성 자 :

제/개정 이력

버전	날짜	작성자	제/개정 사항	비고

목차

3. 기능 점수 정규법 산정 양식

(1) 프로젝트 요약 및 기능 점수 산정 범위

<table>
<tr><td>시스템 명칭</td><td colspan="3"></td></tr>
<tr><td>시스템 설명</td><td colspan="3"></td></tr>
<tr><td>프로젝트 타입</td><td colspan="3">[ ] 신 개발 프로젝트
[ ] 개선 프로젝트
[ ] 유지보수 프로젝트</td></tr>
<tr><td>담당 부서</td><td colspan="3"></td></tr>
<tr><td rowspan="2">산정 범위</td><td>산출 범위</td><td colspan="2">[ ] 전체 시스템
[ ] 응용 소프트웨어 전체
[ ] 응용 소프트웨어 일부
[ ] 기타 :</td></tr>
<tr><td>개발 방법</td><td colspan="2">[ ] 자체 개발
[ ] 외부 개발
[ ] 패키지 구매
[ ] 기타 :</td></tr>
<tr><td>산정 참여자</td><td colspan="2">1. 조정자(리더) :
3. 분석가 :</td><td>2. 분석가 :
4. 분석가 :</td></tr>
<tr><td>비고</td><td colspan="3"></td></tr>
</table>

(2) 시스템 경계 분석

<table>
<tr><td>시스템 명칭</td><td></td></tr>
<tr><td colspan="2">시스템 또는 응용 소프트웨어 범위</td></tr>
<tr><td colspan="2"></td></tr>
<tr><td>인터페이스
요구사항</td><td></td></tr>
<tr><td>비고</td><td></td></tr>
</table>

(3) 데이터 기능 분석표

<table>
<tr><th colspan="6">데이터 기능 분석표</th></tr>
<tr><th>시스템 명칭</th><td colspan="5"></td></tr>
<tr><th>기능 그룹</th><th>파일명</th><th>파일 타입</th><th>필드명</th><th>필드 타입</th><th>비고</th></tr>
<tr><td rowspan="8"></td><td rowspan="8"></td><td rowspan="8"></td><td></td><td></td><td rowspan="8"></td></tr>
<tr><td></td><td></td></tr>
<tr><td></td><td></td></tr>
<tr><td></td><td></td></tr>
<tr><td></td><td></td></tr>
<tr><td></td><td></td></tr>
<tr><td></td><td></td></tr>
<tr><td></td><td></td></tr>
<tr><td rowspan="8"></td><td rowspan="4"></td><td rowspan="4"></td><td></td><td></td><td rowspan="4"></td></tr>
<tr><td></td><td></td></tr>
<tr><td></td><td></td></tr>
<tr><td></td><td></td></tr>
<tr><td rowspan="4"></td><td rowspan="4"></td><td></td><td></td><td rowspan="4"></td></tr>
<tr><td></td><td></td></tr>
<tr><td></td><td></td></tr>
<tr><td></td><td></td></tr>
</table>

(4) ILF/EIF에 대한 태스크 목록

<table>
<tr><th colspan="4">ILF/EIF 태스크 목록</th></tr>
<tr><th>시스템 명칭</th><td colspan="3"></td></tr>
<tr><th>유형</th><th>파일명</th><th>처리 태스크</th><th>비고</th></tr>
<tr><td rowspan="12">ILF</td><td rowspan="5">Customer</td><td>Create_Customer( )</td><td></td></tr>
<tr><td>Customer_Inquiry( )</td><td></td></tr>
<tr><td></td><td></td></tr>
<tr><td></td><td></td></tr>
<tr><td></td><td></td></tr>
<tr><td rowspan="7"></td><td></td><td></td></tr>
<tr><td></td><td></td></tr>
<tr><td></td><td></td></tr>
<tr><td></td><td></td></tr>
<tr><td></td><td></td></tr>
<tr><td></td><td></td></tr>
<tr><td></td><td></td></tr>
<tr><td rowspan="2">EIF</td><td rowspan="2"></td><td></td><td></td></tr>
<tr><td></td><td></td></tr>
</table>

(5) 트랜잭션 기능 산정표

데이터 기능 분석표				
시스템 명칭				
처리 유형	파일명	처리 태스크	데이터 항목 수	참조 파일

(6) 조정 전 기능 점수 산정표

조정 전 기능 점수 산정표						
시스템 명칭						
컴포넌트	파일명	데이터 수	레코드 수	복잡도	가중치	예비 FP 값
ILF						
EIF						
EI						
EO						
EQ						
초기 기능 점수 값의 합계						

(7) 시스템 조정 인자 값 산출

조정 전 기능 점수 산정표				
시스템 명칭				
No.	시스템 조정 인자	제공 특징	영향도	비고
1	데이터 통신			
2	분산 데이터 처리			
3	성능			
4	비중 있는 구성			
5	처리율			
6	온라인 데이터 입력			
7	사용자 효율성			
8	온라인 갱신			
9	복잡한 처리			
10	재사용성			
11	설치 용이성			
12	운영 용이성			
13	다수 사이트			
14	변경 지원			
15	/* 추가 가능			
영향도의 합계				

(8) 최종 기능 점수 산출

산출식	최종 기능 점수 값
(초기 기능 점수 값) * (영향도) =	

4. 요구사항 정의서 목차

목차

5. 요구사항 분석서 목차

목차

6. 소프트웨어 설계서 목차

목차

7. 인스펙션(동료 검토) 양식

(1) 개별 인스펙션 양식

인스펙터 이름		검토 기관명	
프로젝트 명칭			
프로젝트 단계	설계 단계	미팅 유형	리뷰 / 인스펙션 /
문서 식별 번호		문서 사이즈	Pages/Loc
소요 시간		검토 장소	

결함 위치	설명	결함 타입	저자 수정 여부	리더 검토 여부

CC		DR		IE		OT		TD		TY	
CL		EH		LO		RQ		TE			
CS		HW		MN		RY		TR			
DF		IC		OM		ST		UI			
찾은 결함 수 :					중결함				경결함		

타입	코드	설명
CC	Code Comments	잘못되었거나 적절치 못한 코드 주석일 경우
CL	Clarification	모호하게 기술되었거나 보다 자세한 설명이 필요한 경우
CS	Consistency	기술된 정보나 양식이 비일관적인 경우
DF	Data Fault	데이터의 형식, 초기화와 같은 데이터에 관련된 결점이 있는 경우
DR	Design Rationale	소프트웨어 아키텍처나 설계에 오류가 있는 경우
EH	Error Handling	오류나 특별한 경우에 대한 처리가 없거나 누락된 경우
⋮		

(2) 인스펙션 미팅 양식

▶ 인스펙션 개요

프로젝트 식별자		검토 타입	Review/Inspection/Other
프로젝트 단계		산출물 크기	Pages/LOC
작성 노력	Staff days		
기타 관련 정보			
형상 식별자			
미팅 날짜와 시간		미팅 장소	

참여자	소속	기술 역할	인스펙션 역할	서명

미팅 시작 시간		미팅 종료 시간	
참여 인원 수		예상 재작업 시간 (staff hours)	

▶ 미팅 준비 체크리스트

점검 항목	예 / 아니요	비고
검토 대상 문서가 충분히 준비되었는가?		
문서의 구성과 내용이 적절한가?(누락된 것이 있는가?)		
문서의 변경 관리가 이루어졌는가?(최종 버전인가?)		
문서 페이지 번호가 있는가?		
문서 오타 점검이 이루어졌는가?		

▶ 최종 미팅 결과

결정	수락 / 조건부 수락 / 재작성 제출 / TBD
결정 이유 및 관련 내용	

▶ 발견된 결함 요약

CC		DR		IE		OT		TD		TY	
CL		EH		LO		RQ		TE			
CS		HW		MN		RY		TR			
DF		IC		OM		ST		UI			
찾은 결함 수 :					중결함				경결함		

▶ 발견 결함 목록

결함 위치	설명	심각도		결함 유형	저자 확인 여부	리더 확인 여부
		중	소			

▶ 결함 코드표

타입	코드	설명
CC	Code Comments	잘못되었거나 적절치 못한 코드 주석일 경우
CL	Clarification	모호하게 기술되었거나 보다 자세한 설명이 필요한 경우
CS	Consistency	기술된 정보나 양식이 비일관적인 경우
DF	Data Fault	데이터의 형식, 초기화와 같은 데이터에 관련된 결점이 있는 경우
DR	Design Rationale	소프트웨어 아키텍처나 설계에 오류가 있는 경우
EH	Error Handling	오류나 특별한 경우에 대한 처리가 없거나 누락된 경우
EW	Hardware	본 기능 구현에 필요한 하드웨어 관련 오류일 경우
IC	Incorrect	기술된 정보가 틀린 경우
IE	Interface Error	모듈 간의 인터페이스가 틀리거나 모호한 경우
LO	Logic	프로그램의 흐름이 틀린 경우, 설계와 프로그램이 다른 경우, 코딩이 표준과 다른 경우

MA	Maintainability	향후 유지보수 문제가 발생할 수 있는 설계일 경우
OM	Omission	기술되어야 할 정보가 누락된 경우
OT	Other	기술된 결함 유형에 포함되지 않는 경우
RQ	Requirements	고객의 요구 또는 정의된 요구사항을 충족하지 못할 경우
RL	Reliability	제품의 신뢰성 문제를 야기하는 설계일 경우
ST	Standards	제품이 표준이나 템플릿과 일치하지 않을 경우
TD	Too Mach Detail	문서가 너무 상세한 내용을 규정한 경우
TS	Test Strategy	요구사항이 시험 가능하지 않거나, 설계 또는 요구사항을 검증하지 못하는 시험일 경우
TR	Traceability	다른 문서에 대한 추적성이 누락되거나 틀린 경우
TY	Typo	오타가 있는 경우
UI	Usability	사용자 인터페이스와 관련되어 사용 용이성 문제일 경우

* 기타 위에서 언급하지 않은 다른 결함의 유형에 대해서 추가 가능함.

(3) 인스펙션 종료 후 점검 양식

최종 결정		수락 / 조건부 수락 / 재작성 제출 / TBD									
결정 이유 및 관련 내용											
실재작성 시간 (staff hours)						**후속 처리 노력 (staff hours)**					
수정 후 추가로 발견된 결함 요약											
CC	X/Y	DR	/	IE	/	OT	/	TD	/	TY	/
CL		EH	/	LO		RQ	/	TE	/		/
CS		HW		MN		RY	/	TR	/		/
DF		IC		OM		ST		UI	/		/
발견된 결함 수 :							중결함		경결함		
최종 형상 식별자											
모든 재작업/후속 처리/추적 활동 완료 확인											
			인스펙션 리더 서명 및 날짜								
			프로젝트 관리자 서명 및 날짜								

8. 테스트 결과서 목차

목차

9. 블랙박스 테스트 휴리스틱 양식

(1) 입력 변수의 동치 분할표

입력 변수	입력 변수 1	입력 변수 2	…
Valid 범주	V1: V2: :	V1: V2: :	
Invalid 범주	I1: I2: :	I5: I6: :	

(2) 커버리지 매트릭스

식별자	T1	T2	T3	T4	T5	T6	T7	T8	T9	…
V1	X	X	X							
V2	X									
V3		X								
I1										
I2										
I3										
I4										
I5			X							
I6										
I7										
⋮										

(3) 테스트 케이스 설계

테스트 케이스 식별자	입력 변수 1 값	입력 변수 2 값	…	예상 결과
T1	12345	38		12345, 380
T2				
T3				
T4				
T5				
T6				
T7				
T8				
T9				
⋮				
Tn				
Tn+1				
⋮				

10. 시나리오 기반 테스트 케이스 기술서 양식

테스트 케이스 식별자	테스트 대상	초기 상태	테스트 입력	예상 결과	실행 결과 (Pass/Fail)
TC1	UC-01	초기 메뉴	(1) 입력 값 1 (2021) (2) 입력 값 2 (5) (3) 버튼 클릭	- 2021년 5월의 제품 목록 출력	Pass
TC2	UC-01	초기 메뉴	(1) 입력 값 1 (2021) (2) 입력 값 2 (5) (3) 버튼 클릭	- 올바르지 않은 입력 메시지	Fail (해당 제품이 없습니다.)
TC3	UC-02				
TC4					
TC5					
TC6					
TC7					
TC8					
TC9					
⋮					

1장 소프트웨어공학 개요

- Arthur G. Stephenson, wt. al., Mars Climate Orbiter Mishap Investigation Board, Phase I Report, November 10, 1999.
- B. W. Boehm, "Software Engineering", IEEE Transactions on ComputersVolume, 25(12), 1976, pp.1226–1241
- Carlo Ghezzi, Mehdi Jazayeri, et al., Fundamentals of Software Engineering, Pearson, 2002
- C. Miller and C. Valasek, "Remote Exploitation of Unaltered Passanger Vehicle", 2015
- David Gelles, "Boeing 737 Max: What's Happened After the 2 Deadly Crashes", The NewYork Times, October 28, 2019, https://www.nytimes.com/interactive/2019/business/boeing-737-crashes.html
- David Lorge Parnas, "Software Engineering:Multi–person Development of Multi–version Programs", LNCS 6875, 2011, pp. 413–427
- Edward Yourdon, Death March: The Complete Software Developer's Guide to Surviving "Mission Impossible" Projects, Prentice Hall, 1997
- Ian Sommerville, Software Engineering, 10th edition, Pearson, 2015
- ISO Standards, ISO/IEC/IEEE 24765: 2017, Systems and software engineering–Vocabulary, ISO, 2017
- Michael S. Mahoney, "Finding a History for Software Engineering", IEEE Annals of the History of Computing, IEEE Computer Society, 2004
- Nate Nead, "10 Examples of Software Development Failure", Aug. 2020, readwrite, https://readwrite.com/2020/08/20/software–development–failure/
- Roger S. Pressman and Bruce Maxim, Software Engineering: A Practitioner's Approach, 8th edition, McGraw–Hill Education, 2014
- Sanam Fayaz Sahito, et. al., Research Publication Trends in Software Engineering, The 13th International Conference on Mathematics, Actuarial Science, Computer Science and Statistics (MACS), 2019
- Standish Group, CHAOS Report 2015, https://www.standishgroup.com/sample_research_files/CHAOSReport2015–Final.pdf
- Sungdeok Cha, Richard N. Taylor, and Kyochul Kang, Handbook of Software Engineering, Springer, 2019

- W. Eric Wong, et. al., “Catastrophic Accidents: Investigating How Software Was Responsible”, The Fourth IEEE International Conference on Secure Software Integration and Reliability Improvement, 2012, pp. 14–22.
- 정준호, “자율주행차 안전성 또 빨간불”, 엠파크 매거진, 2016년 7월, http://www.m-park.co.kr/magazine/article_view.asp?idx=73&gubun=10&PageSize=6&gotoPage=1
- 차성덕, 소프트웨어공학 이야기, 도서출판 홍릉, 2020

2장 소프트웨어 품질

- Abu Sayed Mahfuz, Software Quality Assurance: Integrating Testing, Security, and Audit, Auerbach Publications, 2016
- Anas Bassam AL-Badareen, et. al., “Software Quality Models: A Comparative Study”, Internatioal Conference on Communications in Computer and Information Science, 2011, pp. 46–55, 2011
- European Standards, DIN SPEC 92001-1: Artificial Intelligence-Life Cycle Processes and Quality Requirements-Part 1: Quality Meta Model, 2019
- European Standards, DIN SPEC 92001-2: Artificial Intelligence-Life Cycle Processes and Quality Requirements-Part 2: Robustness, 2020
- Gaku Fujii, et. al., “Guidelines for Quality Assurance of Machine Learning-Based Artificial Intelligence”, International Journal of Software Engineering and Knowledge Engineering, 30(11), 2020, pp. 1589–1606
- Grupa ekspertów wysokiego szczebla ds. sztucznej inteligencji, Ethics guidelines for trustworthy AI, EU Publications, 2019
- IEEE 1012: 2012, System and Software Verification and Validation, 2012
- IEEE 730: 2014 (Revision of IEEE 730: 2002), Software Quality Assurance Processes, 2014
- IEEE 829: 2008, Software and System Test Documentation, 2008
- IEEE Standards, 610.12: 1990 IEEE Standard Glossary of Software Engineering Terminology, 2002
- ISO 15504: 2000, Information technology-Process assessment (also termed as Software Process Improvement and Capability Determination(SPICE)), 2000
- ISO/IEC 12207: 2017, Systems and software engineering-Software life cycle processes, 2017

- ISO/IEC 25010: 2011, Systems and software engineering–Systems and software Quality Requirements and Evaluation (SQuaRE)–System and software quality models, 2011
- ISO/IEC 33001: 2015 Information technology–Process assessment–Concepts and terminology, 2015
- ISO/IEC 9126 Software engineering–Product quality was an international standard for the evaluation of software quality, 2001
- J. A. McCall, P. K. Richards, and G. F. Walters, "Factors in Software Quality. Volume I. Concepts and Definitions of Software Quality", Defense Technical Information Center, 1977
- Jeff Tian, Software Quality Engineering, Wiley, 2005
- José P. Miguel, David Mauricio, and Glen Rodríguez, "A Review of Software Quality Models for the Evaluation of Software Products", International Journal of Software Engineering & Applications, 5(6), November 2014, pp. 31–53.
- Nazakat Ali, Manzoor Hussain, Jang–Eui Hong, Analyzing Safety of Collaborative Cyber–Physical Systems Considering Variability, IEEE Access (8), 2020, pp. 162701–162713
- Stephen H. Kan, Metrics and Models in Software Quality Engineering, Addison–Wesley, 2002
- Titus Winters, Tom Manshreck, et al., Software Engineering at Google: Lessons Learned from Programming Over Time, O'Reilly Media, 2020

3장 소프트웨어 개발 프로세스

- Adam Hayes, Six Sigma, Investopedia, 2021, https://www.investopedia.com/terms/s/six–sigma.asp
- Ali Basiri, et. al., Chaos Engineering, IEEE Software, 33(3), 2016, pp. 35–41
- ASPICE 101: What You Need to Know About Automotive SPICE, IMTLAND Software, 2021, https://content.intland.com/blog/aspice–101–what–you–need–to–know–about–automotive–spice
- Dennis M. Ahern, Aaron Clouse, et al., CMMI Distilled: A Practical Introduction to Integrated Process Improvement, Addison–Wesley Professional, 2008
- Gene Kim, Jez Humble, et al., The DevOps Handbook: How to Create World–Class Agility, Reliability, and Security in Technology Organizations, IT Revolution Press, 2016
- ISO 12207: Systems and software engineering–Software life cycle processes, 2017
- ISO 15288: Systems and software engineering–System life cycle processes, 2015

- ISO 29110: Systems and Software Life Cycle Profiles and Guidelines for Very Small Entities, 2016
- ISO/IEC TS 33061: 2021, Information technology–Process assessment–Process assessment model for software life cycle processes, 2021
- Ivar Jacobson, Grady Booch, and James Rumbaugh, The Unified Software Development Process, Addison–Wesley Professional, 1999
- Kenneth Rubin, Essential Scrum: A Practical Guide to the Most Popular Agile Process, Addison–Wesley Signature Series, Addison–Wesley Professional, 2012
- Kent Beck, Test Driven Development: By Example, Addison–Wesley Professional, 2002
- Mary Beth Chrissis, Mike Konrad, et al., CMMI for Development: Guidelines for Process Integration and Product Improvement (SEI Series in Software Engineering), Addison–Wesley Professional; 2011
- Mary Beth Chrissis, Mike Konrad, et al. CMMI: Guidelines for Process Integration and Product Improvement, Addison–Wesley, 2003
- Nazakat Ali, Horn Daneth, Jang–Eui Hong, "A hybrid DevOps process supporting software reuse: A pilot project", Journal of Software: Evolution and Process, (32:e2248), 2020
- Ralf Kneuper, Software Processes and Life Cycle Models: An Introduction to Modelling, Using and Managing Agile, Plan–Driven and Hybrid Processes, Springer, 2018
- Raymond J. Madachy, Software Process Dynamics, Wiley–IEEE Press, 2008
- Robert Martin, Agile Software Development, Principles, Patterns, and Practices, Pearson, 2002
- Pekka Abrahamsson, Outi Salo, Jussi Ronkainen and Juhani Warsta, "Agile Software Development Methods: Review and Analysis", VTT publication 478, Finland, 2002
- VDA QMC WG13, Automotive SPICE Process Assessment/Reference Model, Quality Management in the Automotive Industry, 2015
- Watts S. Humphrey, Managing the Software Process, Addison–Wesley Professional, 1989
- William A Florac and Anita D Carleton, Measuring the Software Process: Statistical Process Control for Software Process Improvement, Addison–Wesley Professional, 1999

4장 DevOps

- Ali Basorl, Niosha Behnam, et. al., "Chaos Engineering", IEEE Software, May 2016, pp. 35–41
- Christof Ebert, Gorka Gallardo, Josune Hernantes, Nicolas Serrano, "DevOps", IEEE Software 33(3), May 2016, pp. 94–100

- Gene Kim, Jez Humble, et al., The DevOps Handbook: How to Create World–Class Agility, Reliability, and Security in Technology Organizations, IT Revolution Press, 2016
- IEEE 2675, DevOps: Building Reliable and Secure Systems Including Application Build, Package, and Deployment, IEEE Standards, 2021
- Joakim Verona, Practical DevOps: Harness the power of DevOps to boost your skill set and make your IT organization perform better, Packt Publishing, 2016
- Len Bass, Ingo Weber, Liming Zhu, DevOps: A Software Architect's Perspective, Addison–Wesley Professional, 2015
- Mary Poppendieck, Tom Poppendieck, Lean Software Development: An Agile Toolkit. Addison–Wesley Professional. 2003
- Muhammad Mansoor, Ajit Zadgaonkar, et. al., Introduction to DevOps om AWS, Amazon Web Service, October, 2020
- Pooja Batra, Aman Jatain, "Measurement Based Performance Evaluation of DevOps", International Conference on Computational Performance Evaluation (ComPE), 2020, pp. 757–760
- Prashant Agrawal, Neelam Rawat, "Devops, A New Approach To Cloud Development & Testing", International Conference on Issues and Challenges in Intelligent Computing Techniques (ICICT), 2019, pp. 1–4
- Pratibha Jha and Rizwan Khan, "A Review Paper on DevOps: Beginning and More To Know", International Journal of Computer Applications 180(48), 2018 pp. 16–20
- Sanjeev Sharma, Bernie Coyne, DevOps for Summies, Jphn Wiley & Sons, 2015

5장 프로젝트 관리

- Adkins Lyssa, Coaching Agile Teams: A Companion for ScrumMasters, Agile Coaches, and Project Managers in Transition, Addison–Wesley Signature Series, 2010
- Barry W. Boehm, Software Engineering Economics, Prentice Hall, 1981
- Carl L. Pritchard, Risk Management: Concepts and Guidance, Fifth Edition, Auerbach Publications, 2014
- Ellis Horowitz, et. al., Software Cost Estimation With Cocomo II. Prentice Hall, 2000
- ISO/IEC/IEEE 16326: 2019, Systems and software engineering–Life cycle processes–Project management, 2019

- Kissflow, 10 Best Free Project Management Tools–Features Comparison, May, 2021, https://kissflow.com/project/best-project-management-tools/
- Mark C. Layton, Steven J. Ostermiller, et al., Agile Project Management For Dummies, For Dummies, 2020
- Michaela Rollings, 9 Steps To Choose The Best Project Management Tool, June 2021, https://hive.com/blog/choosing-project-management-tool/
- M. Rizwan Jameel Qureshi, "Requirements and the baseline plan", CoRR, 2012
- Paul Hopkin, Fundamentals of Risk Management: Understanding, Evaluating and Implementing Effective Risk Management, Kogan Page, 2018
- Robert K. Wysocki, Effective Project Management: Traditional, Agile, Extreme, Hybrid, Wiley, 2019
- Rose Keefe, What Is a Project Baseline And Why Is It Important?, togglplan, 2019 https://toggl.com/blog/what-is-a-project-baseline-and-why-is-it-important
- Walker Royce, Software Project Management: A Unified Framework, Addison-Wesley Object Technology, 1998
- 정보통신산업진흥원(한국 소프트웨어진흥원), 공공부문 SW 사업 발주 · 관리 표준 프로세스 지침 V1.0 (ISO/IEC 12207 기반 SW수명주기 표준 프로세스), 2005

6장 소프트웨어 비용 산정

- CAST, Function Point Counting Tool, 2021, https://www.castsoftware.com/glossary/function-point-counting-tool
- David Garmus, Certified Function Point Specialist Examination Guide, Auerbach Publications, 2017
- David Garmus, David Herron, Function Point Analysis: Measurement Practices for Successful Software Projects, Addison-Wesley, 2000
- Gerardus Blokdyk, Function Point Analysis–A Complete Guide, 5STARCooks, 2020
- IFPUG, International Function Point User Group, https://www.ifpug.org/
- ISO/IEC 14143-1:2007 INFORMATION TECHNOLOGY–SOFTWARE MEASUREMENT–FUNCTIONAL SIZE MEASUREMENT–PART 1: DEFINITION OF CONCEPTS, 2007
- ISO/IEC 14143-2:2011 INFORMATION TECHNOLOGY–SOFTWARE MEASUREMENT–FUNCTIONAL SIZE MEASUREMENT–PART 2: CONFORMITY EVALUATION OF SOFTWARE

SIZE MEASUREMENT METHODS TO ISO/IEC 14143-1, 2011

- ProjectSizer, oftware Project Sizing and Estimation Made Easy Using Function Point Analysis, 2021http://www.projectsizer.com/
- Vitor A. Batista, et. al., ReMoFP: A Tool for Counting Function Points from UML Requirement Models, Advances in Software Engineering, Vol(2011), 2011
- Vivian Xia, Danny Ho, Luiz F. Capretz, "Calibrating Function Points Using Neuro-Fuzzy Technique", The 21st International Forum on Systems, Software and COCOMO Cost Modeling, 2006
- 한국정보기술원가표준원, 기능점수 측정 실무 매뉴얼, 2004

7장 요구사항 도출

- Axel van Lamsweerde, Requirements Engineering: From System Goals to UML Models to Software Specifications, Wiley, 2009
- Dean Leffingwell, Agile Software Requirements: Lean Requirements Practices for Teams, Programs, and the Enterprise, Addison-Wesley Professional, 2011
- Georgia Dede, Persefoni Mitropoulou, Christos Michalakelis, "Safety requirements for symbiotic human-robot collaboration systems in smart factories: a pairwise comparison approach to explore requirements dependencies", Requirements Engineering Journal, 26(1), 2020, pp.115-141
- Karl Wiegers and Joy Beatty, Software Requirements (Developer Best Practices) Part of: Developer Best Practices, Microsoft Press, 2013
- Klaus Pohl, Requirements Engineering: Fundamentals, Principles, and Techniques, Springer, 2010
- Lane Bailey, REQUIREMENTS GATHERING FOR THE NEW BUSINESS ANALYST: The Simplified Beginners Guide to Business Systems Analysis, Independently published, 2017
- Lawrence Chung, et. al., Non-Functional Requirements in Software Engineering, Springer, 1999
- Nazakat Ali, Jang-Eui Hong, Lawrence Chung, "Social network sites and requirements engineering: A systematic literature review", Journal of Software: Evolution and Process, (33:e2332), 2021
- Shaun Howell, Thomas Beach, Yacine Rezgui, "Robust requirements gathering for ontologies in smart water systems", Requirements Engineering Journal, 26(1), 2020, pp.97-114
- Suzanne Robertson), James Robertson, Mastering the Requirements Process: Getting Requirements Right, Addison-Wesley Professional, 2012

- Tree Swing Cartoon: A Decade of Hard–Won Lessons from Microsoft, Eric Brechner, 2011

8장 객체지향 분석

- Alan Dennis, System Analysis and Design: An Object–Oriented Approach with UML, Wiley, 2015
- Craig Larman, Applying UML and Patterns: An Introduction to Object–Oriented Analysis and Design and Iterative Development, Pearson, 2004
- Grady Booch, Object–Oriented Analysis and Design with Applications, Addison–Wesley, 2007
- Hans–Erik Eriksson, et. al., UML 2 Toolkit, Wiley, 2003
- Hyunseok Min, Sangyoon Cho, Jang–Eui Hong, "Light UML with Automatically Generated Diagrams–How to use UML lightly in industry", IEEE/ACM 42nd International Conference on Software Engineering: Korean Co–Located Events (ICSE–KCLE:KIP), 2020, pp. 41–46
- Ivar Jacobson, Object–Oriented Software Engineering: A Use Case Driven Approach, Addison–Wesley, 1992
- James R Rumbaugh, Object–Oriented Modeling and Design with UML, Pearson, 2004
- Jim Arlow, et. al., UML 2 And The Unified Process: Practical Object–Oriented Analysis And Design, Addison–Wesley Professional, 2005
- Lenny Delligatti, SysML Distilled: A Brief Guide to the Systems Modeling Language, Addison–Wesley Professional, 2013
- Martin Fowler, UML Distilled: A Brief Guide to the Standard Object Modeling Language, Addison–Wesley, 2003
- Object Management Group, Unified Modeling Language: Superstructure, version 2.1.1, 2007
- Sanford Friedenthal, et. al., A Practical Guide to SysML: The Systems Modeling Language, Morgan Kaufmann, 2014
- Scott W. Ambler, The Elements of UML 2.0 Style, Cambridge University Press, 2005
- Scott W. Ambler, The Object Primer: Agile Model–Driven Development with UML 2.0, Cambridge University Press, 2004

9장 모듈화 설계

- Amarjeet Prajapati and Jitender Kumar Chhabra, "Optimizing Software Modularity with Minimum Possible Variations", Journal of Intelligent Systems 29(1), 2020, pp. 1135–1150

- Doohwan Kim, Jang–Eui Hong, Lawrence Chung, "Investigating relationships between functional coupling and the energy efficiency of embedded software", Software Qual Journal (26), 2018, pp. 491–519
- Eric Hare and Andee Kaplan, Designing Modular Software: A Case Study in Introductory Statistics, arXiv:1608.02533v2, 2016, https://arxiv.org/pdf/1608.02533.pdf
- Josikakar, Software Engineering–Coupling and Cohesion, GeeksfoGeeks, 2020, https://www.geeksforgeeks.org/software–engineering–coupling–and–cohesion/
- Kargar, M., Isazadeh, A. & Izadkhah, H. "Improving the modularization quality of heterogeneous multi–programming software systems by unifying structural and semantic concepts", Journal of Supercomputing (76), 2020, pp. 87–121
- Karl Brategren, Software Modularity, Modular Management, 2021, https://www.modularmanagement.com/blog/software–modularity

10장 설계 패턴

- Alexander Shvets, Dive Into Design Patterns, Source making, 2021
- Eric Freeman, et. al., Head First Design Patterns: A Brain–Friendly Guide, O'Reilly Media, 2004
- Erich Gamma, et. al., Design Patterns: Elements of Reusable Object–Oriented Software, Addison–Wesley Professional, 1994
- Source Making, Design Patterns, 2020, https://sourcemaking.com/design_patterns
- 김치수, IT CookBook, 쉽게 배우는 소프트웨어 공학(2판), 한빛아카데미, 2021

11장 객체지향 설계

- Adream Blair–Early, Mike Zender, "User Interface Design Principles for Interaction Design", Design Issues 24(3), 2008, pp. 85–107
- Alan Dennis, System Analysis and Design: An Object–Oriented Approach with UML, Wiley, 2015
- Michael R. Blaha, William J. Premerlani, James E. Rumbaugh, "Relational database design using an object–oriented methodology", Communications of the ACM 31(4), 1988, pp. 414–427
- Philippe Kruchten, "Architectural Blueprints—The "4+1" View Model of Software Architecture", IEEE Software 12(6), 1995, pp. 42–50
- Ravi Chandra and Chaitanya Guntupalli, User Interface Design–Methods and Qualities of a Good User Interface Design, West University, PR002, 2008

- S. Dietrich and S. Urban, Fundamentals of Object Databases: Object-Oriented and Object-Relational Design, Morgan & Claypool Publishers, 2010
- 최은만, 객체지향 소프트웨어 공학, 한빛아카데미, 2017

12장 인스펙션

- B. Brykczynski, "A survey of software inspection checklists", ACM SIGSOFT Software Engineering Notes, 1999
- Gerardus Blokdyk, Software Inspection A Complete Guide, 5STARCooks, 2021
- Gerardus Blokdyk, Software inspection: The Ultimate Step-By-Step Guide, CreateSpace Independent Publishing Platform, 2018
- IEEE 1028, IEEE Standard for Software Reviews, IEEE Computer Society, 1997
- ISO/IEC 20246: 2017, Software and systems engineering-Work product reviews, 2017
- Sami Kollanus and Jussi Koskinen, "Survey of Software Inspection Research", The Open Software Engineering Journal (3), 2009, pp.815-34
- Sanjay Misra, Luis Fernandez-Sanz, Ricardo Colomo-Palacios, "A simplified model for software inspection", Journal of Software: Evolution and Process 26(12), 2014
- Tom Gilb, et. al., Software Inspection, Addison-Wesley Professional, 1993
- Yang-Ming Zhu, Software Reading Techniques: Twenty Techniques for More Effective Software Review and Inspection, Apress, 2016

13장 코딩

- Andrey Nikishaev, "13 Simple Rules for Good Coding (from my 15 years of experience)", 2017
- Arthur Hicken, An Ounce of Prevention: Safety & Security Through Software Coding Standards, Parasoft, 2020, https://www.parasoft.com/blog/an-ounce-of-prevention-software-safety-security-through-coding-standards/
- Burak Guzel, Top 18 Best Practices for Writing Super Readable Code, 2021, https://code.tutsplus.com/tutorials/top-15-best-practices-for-writing-super-readable-code--net-8118
- Chandra Sekhar Pillai, Object Oriented Programming with C++, Independently published, 2021
- Dusty Phillips, Python 3 Object-Oriented Programming: Build robust and maintainable software with object-oriented design patterns in Python 3.8, Packt Publishing, 2018
- Martin Robert, Clean Code: A Handbook of Agile Software Craftsmanship, Pearson, 2008

- McConnell Steve, Code Complete (Developer Best Practices), Microsoft Press, 2004
- MISRA–C: 2004, Guidelines for the use of the C language in critical systems, MISRA(Motor Industry Software Reliability Association for C language), 2004
- Nicholas C. Zakas, Why Coding Style Matters, 2012, https://www.smashingmagazine.com/2012/10/why-coding-style-matters/
- SEI, CERT C Coding Standard–Rules for Developing Safe, Reliable, and Secure Systems, 2016

14장 화이트박스 테스트

- Cem Kaner , Jack Falk, et al., Testing Computer Software, Wiley, 1999
- Dorothy Graham, Rex Black, Erik Veenendaal, Foundations of Software Testing ISTQB Certification, Cengage Learning EMEA, 2019
- Glenford Myers, Corey Sandler, et al., The Art of Software Testing, Wiley, 2004
- Hakjoo Oh, et. al, "Automatically Generating Search Heuristics for Concolic Testing", ICSE 2018
- ISO/IEC 30130:2016 SOFTWARE ENGINEERING–CAPABILITIES OF SOFTWARE TESTING TOOLS, 2016
- ISO/IEC/IEEE 29119–1: 2013 Software and systems engineering–Software testing–Part 1: Concepts and definitions, 2013
- ISO/IEC/IEEE 29119–2: 2013 Software and systems engineering–Software testing–Part 2: Test Process, 2013
- ISO/IEC/IEEE 29119–3: 2013 Software and systems engineering–Software testing–Part 3: Test Documentation, 2013
- ISO/IEC/IEEE 29119–4: 2013 Software and systems engineering–Software testing–Part 4: Test Techniques, 2013
- ISO/IEC/IEEE 29119–11: 2020 Software and systems engineering–Software testing–Part 11: Guideines on the Testing of AI–based Systems, 2020
- Lisa Crispin and Janet Gregory, Agile Testing: A Practical Guide for Testers and Agile Teams, Addison–Wesley Professional, 2009
- Mike Papadakis, et. al., "Mutation Testing Advances: An Analysis and Survey", Advances in Computers 112, 2019, pp. 275–378
- Roberto Baldoni, et. al, "A Survey of Symbolic Execution Techniques", ACM Computing Surveys, 51(3), 2018.

- Ron Patton, Software Testing, Sams Publishing, 2005
- Rupak Majumdar, Koushik Sen, "Hybrid Concolic Testing", ICSE 2007, pp. 416–426
- Vladimir Khorikov, Unit Testing Principles, Practices, and Patterns: Effective testing styles, patterns, and reliable automation for unit testing, mocking, and integration testing with examples in C#, Manning Publications, 2020
- Yi–Chen Wu, Chin–Feng Fan, "Automatic test case generation for structural testing of function block diagrams", Information and Software Technology 56(10), 2014 pp. 1360–1376
- 권용래, 소프트웨어 테스팅, 생능출판사, 2010

15장 블랙박스 테스트

- Daniel J. Fremont, Edward Kim, et. al., "Formal Scenario–Based Testing of Autonomous Vehicles: From Simulation to the Real World", arXiv:2003.07739, 2020
- Demin Nalic, wt. al., "Scenario based Testing of Automated Driving Systems: A Literature Survey", FISITA Web Contress, 2020
- Elsayed A. Elsayed, "Overview of Reliability Testing", IEEE Transaction on Reliability, 61(2), 2012
- Eran Kinsbruner, Accelerating Software Quality: Machine Learning and Artificial Intelligence in the Age of DevOps, Perforce, 2020
- Ilene Burnstein, Practical Software Testing: A Process–Oriented Approach, Springer, 2003
- J. N. Hooker, "Testing Heuristics: We Have It All Wrong", Journal of Heuristics 1(1), 1995, pp. 33–42
- Johannes Ryser and Martin Glinz, "A Scenario–Based Approach to Validating and Testing Software Systems Using Statecharts", ICSSEA 1999
- Rick D. Craig and Stefan P. Jaskiel, Systematic Software Testing, Artech House, 2002
- Robert Binder, Testing Object–Oriented Systems: Models, Patterns, and Tools, 1999
- Zhen Ming Jiang, wt. al, "Automatic Identification of Load Testing Problems", ICSM 2008

16장 소프트웨어 개발 적용 기술

- Abhishek Pandey, Soumya Banerjee, "Search based software testing: An emerging approach for automating the software testing phase of SDLC", ICRCWIP Conference, 2015
- Anne Hass, Ross Venables, et al., Configuration Management Principles and Practice, Addison–Wesley Professional, 2003

- B. Vasundhara, KV. Chalapati Rao, "Improving Software Modularity using AOP", International Journal of Computer Science and Informatics, 3(1), 2013
- David Tuffley, Software Configuration Management: A How To Guide for Project Staff, CreateSpace Independent Publishing Platform, 2011
- Doohwan Kim, Jang-Eui Hong, Ilchul Yoon, Sang-Ho Lee, "Code refactoring techniques for reducing energy consumption in embedded computing environment", Cluster Computing 21(1), 2018, pp. 1079–1096
- E. M. Novikov, "An Approach to Implementation of AspectOriented Programming for C", Programming and Computer Software, 39(4), 2013, pp. 194–206.
- Ivar Jacobson and Pan-Wei Ng, Aspect-Oriented Software Development with Use Cases, Addison-Wesley Professionalby, 2005
- Joseph D. Gradeck, Mastering AspectJ: Aspect-Oriented Programming in Java, John Wiley & Sons, 2003
- Joshua Kerievsky, Refactoring to Patterns, Addison-Wesley Professional, 2004
- Khari, M., Kumar, P. "An extensive evaluation of search-based software testing: a review", Soft Computing 23, 2019, pp. 1933–1946
- Mario E. Moreira, Software Configuration Management Implementation Roadmap, Wiley, 2004
- Martin Fowler, Refactoring: Improving the Design of Existing Code, Addison-Wesley, 2018
- P. McMinn, "Search-Based Software Testing: Past, Present and Future", IEEE Fourth International Conference on Software Testing, Verification and Validation Workshops, 2011
- Wasif Afzal, Richard Torkar, Robert Feldt, "A systematic review of search-based testing for non-functional system properties", Information and Software Technology 51, 2009, pp. 957–976

찾아보기

찾아보기

찾아보기